beck'sche reihe

bsr

Seit Jacob Burckhardt wird die Geburtsstunde des «modernen» Menschen auf das Zeitalter der Renaissance datiert. Der Staat als Kunstwerk, die Entdeckung der Welt und des Menschen und vor allem die Entstehung des Individuums sind die tragenden Säulen einer kulturhistorischen Architektur, die bis heute unser Bild der Jahrhunderte von Petrarca bis Descartes prägt. Eine regelrechte «Renaissance der Renaissance» in der Geschichtswissenschaft hat in den vergangenen Jahrzehnten an diesem Bild zahlreiche Korrekturen vorgenommen.

Peter Burke bietet in seinem brillanten Porträt der Renaissance als kultureller Bewegung eine Zusammenschau dieser Einzelforschungen. Der Bruch zwischen Mittelalter und postmittelalterlicher «Modernität» verliert dabei an Eindeutigkeit, während der kulturelle Abstand zwischen der Epoche und den späteren Jahrhunderten klarer hervortritt. Vor allem aber «dezentralisiert» Burke die Renaissance, indem er sie als eine Kultur neben anderen darstellt, die mit ihren Nachbarn, besonders Byzanz und dem Islam, enge und fruchtbare Beziehungen unterhielt.

Peter Burke, geb 1937, ist Professor für Kulturgeschichte an der Universität Cambridge und einer der bedeutendsten Renaissanceforscher unserer Zeit. Viele seiner Werke sind in deutscher Sprache erschienen, darunter «Die Renaissance in Italien» (1992), «Venedig und Amsterdam» (1993) und «Ludwig XIV. Die Inszenierung des Sonnenkönigs» (1955).

Peter Burke

Die europäische Renaissance

Zentren und Peripherien

Aus dem Englischen von Klaus Kochmann

Verlag C. H. Beck

Titel der englischen Originalausgabe:
The European Renaissance
Centres und Peripheries

Dieser Band erschien zuerst in der Reihe «Europa bauen».
Erste gebundene Auflage 1998

Erste Auflage in der Beck'schen Reihe 2005

Mit 25 Abbildungen

2. Auflage (in der Beck'schen Reihe). 2012

Satz: Fotosatz Janß, Pfungstadt
Druck und Bindung: Druckerei C. H. Beck, Nördlingen
Umschlagentwurf: malsyteufel, Willich
Umschlagabbildung:
links: Piero della Francesca: Porträt der Battista Sforza,
Uffizien, Florenz/Italien
rechts: Piero della Francesca: Porträt des Federico da Montefeltro,
Uffizien, Florenz/Italien
Printed in Germany
ISBN 978 3 406 63221 1

www.beck.de

Inhalt

Anhang

On n'a pas encore écrit, ni même tenté d'écrire, pas à pas, l'histoire complète de la diffusion des biens culturels à partir de l'Italie qui éclairerait dons et transferts d'une part, acceptations, adoptions, adaptations et refus d'autre.

Fernand Braudel

Für Maria Lúcia

Danksagung

Ich bin Jacques Le Goff zu Dank für seinen Vorschlag verpflichtet, dieses Buch für die Reihe «Europa bauen» zu schreiben. Ich danke auch der Bibliothek des Warburg Institute, das die Aufgabe hat, interdisziplinäre Forschungen auf diesem Gebiet zu fördern. Überall in Europa habe ich Gelehrten, die sich mit der Renaissance beschäftigen, für Gespräche, Hinweise, Buchgeschenke, Artikel und Fotokopien zu danken; und schließlich gebührt Dank meiner Frau Maria Lúcia Pallares-Burke, weil sie mir geholfen hat, meine Ideen niederzuschreiben.

Peter Burke
März 1998

Die europäische Renaissance

Einleitung: Restitution der Renaissance

Welchen Sinn kann ein weiteres Buch über die Renaissance noch haben? Der überzeugendste Anlaß für eine neue Untersuchung ist der Fortschritt in der Erforschung des Gegenstandes. Nie zuvor ist über verschiedene Aspekte der Renaissance so viel geschrieben worden wie heute. In ihrer Gesamtheit fügen sich alle vorliegenden Studien zu einer neuen Interpretation zusammen – zumindest sollte es so sein. Ironischerweise jedoch macht gerade die weitreichende Forschung, die zu Veröffentlichungen in Hunderten von spezialisierten Zeitschriften führte, eine Synthese immer schwieriger. Könnten sie zur Erde zurückkehren, dann würden die Künstler, Schriftsteller und Gelehrten jener Epoche sicherlich mit Erstaunen sehen, wie die Bewegung, an der sie einst teilhatten, in Monographien über verschiedene Regionen und unterschiedliche Disziplinen – etwa die Geschichte der Architektur, der Philosophie, der französischen Literatur und so weiter – zerlegt und aufgeteilt wird. Während sie sich über die Bedeutung des «Renaissancemenschen» äußern, vermeiden viele Spezialisten die Universalität wie die Pest.

In bewußtem Gegensatz dazu will dieses Buch – obwohl der Autor sich der Grenzen seiner Kenntnisse nur allzusehr bewußt ist – den Versuch unternehmen, die Bewegung als Ganzes zu beschreiben. Der Schwerpunkt wird dabei auf der Renaissance als Bewegung und nicht so sehr als Ereignis oder als Periode liegen. Hier geht es nicht um eine allgemeine Geschichte Europas zwischen 1330 und 1630. Es handelt sich nicht einmal um eine Kulturgeschichte Europas zu einer Zeit, als die Reformation und die Gegenreformation möglicherweise das Leben von mehr Menschen noch tiefer beeinflußt hat als die Renaissance. Wir wollen vielmehr die Geschichte einer kulturellen Bewegung vorlegen, über die wir – sehr vereinfacht – sagen können, daß sie mit Petrarca begann und mit Descartes endete.

Obwohl diese Bewegung Neuerungen und «Restitutionen» gleichermaßen umfaßte, wird das zentrale Thema dieses Buches als Führer durch das Labyrinth der Einzelheiten die Begeisterung für die Antike und die Wiederbelebung, Rezeption und Transformation der klassischen Tradition sein. Während die Kultur unserer Zeit das Neue über beinahe alles andere preist, präsentierten sogar die großen Neuerer der Renaissance ihre Erfindungen und Entdeckungen als eine Rückkehr zu antiken Traditionen nach einer langen Zwischenphase dessen, was sie als erste das Mittelalter nannten – und oftmals begriffen sie ihre Leistungen auch in dieser Richtung.

Die nachdrückliche Betonung der Wiederentdeckung der Antike hat Tradition. Jacob Burckhardt, der große Schweizer Historiker, dessen Ansichten über die italienische Renaissance einflußreich geblieben sind, behauptete, es habe sich hier nicht allein um das Wiederaufleben der Antike gehandelt. Seiner Ansicht nach lag der Renaissance die Verbindung dieses Geschehens mit dem «Geist» der italienischen Nation zugrunde (Burckhardt 1860). Dennoch haben es später viele Gelehrte vorgezogen, ihre Aufmerksamkeit auf die Wiederbelebung des Klassischen, das leichter zu definieren oder gar zu erkennen ist als der «italienische Geist», zu richten; ihrem Beispiel werde ich folgen. In anderer Hinsicht jedoch werde ich von ihrer Tradition abweichen. Zwei Aspekte sind besonders zu nennen.

An erster Stelle soll der Versuch unternommen werden, die Renaissance von der Moderne zu unterscheiden. Für Burckhardt, der sein Werk um die Mitte des 19. Jahrhunderts verfaßte, lag die Bedeutung dieser Bewegung in der europäischen Geschichte darin, daß sie der Ursprung der Moderne war. In der farbenreichen Sprache des 19. Jahrhunderts erschien Italien ihm als «der Erstgeborene unter den Söhnen des modernen Europa». Zu den Merkmalen dieser Modernität zählten die Idee des Staates als «Kunstwerk», «der moderne Begriff des Ruhms», «die Entdeckung der Welt und des Menschen» und vor allem das, was Burckhardt als «die Vollendung der Persönlichkeit» bezeichnete.

Heute ist es nicht leicht, diesen Vorstellungen zuzustimmen. Zum einen erscheint der Bruch mit der unmittelbaren Vergangenheit nun viel weniger scharf, als die Gelehrten und Künstler des 15. und 16. Jahrhunderts behaupteten. Jedenfalls waren diese Gelehrten und Künstler, selbst wenn sie sich bewußt als «nachmittelalterlich» verstanden, nicht «modern» in dem Sinne, daß sie ihren Nachfahren im 19. und 20. Jahrhundert glichen. Ganz sicher unterschätzte Burckhardt die kulturelle Distanz zwischen seiner Zeit und jener der Renaissance. Seit seiner Zeit ist der Unterschied zwischen der Renaissancekultur und der jeweiligen zeitgenössischen Kultur, trotz fortgesetztem Interesse an Leonardo, Montaigne, Cervantes, Shakespeare und anderen führenden Gestalten jener Epoche, tatsächlich immer deutlicher geworden (vgl. unten, S. 294). Aufgabe dieses Buches wird daher sein, erneut zu überprüfen, welchen Platz die Renaissance in der europäischen, ja sogar der Weltgeschichte hat. Dabei folgt es der Kritik an dem, was man oftmals die «große Erzählung» vom Aufstieg der westlichen Zivilisation genannt hat, also einer triumphalischen Darstellung der westlichen «Errungenschaften» seit den Griechen, bei der die Renaissance nur ein Glied in einer Kette darstellt, zu der auch die Reformation, die wissenschaftliche Revolution, die Aufklärung, die industrielle Revolution etc. gehören (Lyotard 1979; Bouwsma 1979).

Im Gegensatz zu ihrer traditionellen Position im Zentrum der Bühne wird die Renaissance hier als «dezentrale» Erscheinung dargestellt (Farago 1995). Meine Absicht ist es in der Tat, die Kultur Westeuropas als eine Kultur unter anderen zu betrachten, eine Kultur, die mit ihren Nachbarn koexistierte und interagierte, insbesondere mit Byzanz und dem Islam, die beide ihre eigene «Renaissance» der griechischen und römischen Antike erlebten. Dabei ist es überflüssig zu erwähnen, daß man von westlicher Kultur eher im Plural als im Singular reden sollte, zählten zu ihr doch auch Kulturen von Minderheiten wie jene der Juden, von denen in Italien und anderswo viele an der Renaissance teilhatten (Bonfil 1984, 1990). Die Historiker, die sich mit der Renaissance beschäftigten, haben im allgemeinen den Beiträgen der Juden und der Araber zu dieser Bewegung zuwenig Aufmerksamkeit und zuwenig Raum gewidmet. Dies gilt etwa für Leo den Hebräer, der auch unter dem Namen Judah Abrabanel bekannt wurde, aber auch für Leo den Afrikaner, der auch Hasan al-Wazzân genannt worden ist (vgl. unten, S. 259, 266).

Zwei Texte, die das Interesse von Humanisten der Renaissance auf sich zogen, waren die *Picatrix* und der *Sohar*. Die *Picatrix* war ein arabisches Handbuch der Magie aus dem 12. Jahrhundert, und der *Sohar* ist das in Aramäisch geschriebene Hauptdokument über die Kabbala, den jüdischen Mystizismus aus dem 13. Jahrhundert (Druck 1558 in Cremona). Die berauschende Mischung aus Platonismus und Magie, die Marsilio Ficino und seinen Kreis in Florenz so erregte (vgl. unten, S. 58), hat eine Parallele in den Vorstellungen des arabischen Gelehrten Suhrawardi, der im Jahre 1191 wegen seiner Abweichungen von der muslimischen Orthodoxie hingerichtet wurde. Auch ist das muslimische Gelehrten- und Bildungsideal des *adab*, das Literatur mit Erziehung verbindet, nicht weit vom Renaissanceideal der *humanitas* entfernt (Scholem 1941; Yates 1964: 49–57, 92 ff.; Rosenthal 1975).

Auch Architekten und Künstler lernten von der Welt des Islam. Die Baupläne der Hospitäler von Florenz und Mailand aus dem 15. Jahrhundert stützen sich direkt oder indirekt auf die Hospitäler von Damaskus und Kairo (Quadflieg 1985). Der Goldschmied Benvenuto Cellini bewunderte die «arabeske» Verzierung türkischer Dolche und eiferte ihr nach. Diese Form von Verzierung findet sich gleichermaßen auch auf den Einbänden und den Seiten französischer und italienischer Bücher des 16. Jahrhunderts (Morison 1955; Hobson 1989).

Aus dieser Absicht, die westliche Renaissance aus dem Mittelpunkt zu rücken, ergibt sich ein Ansatz, den man «anthropologisch» nennen kann. Wenn wir als Zeitgenossen der zweiten Jahrtausendwende die Kultur verstehen wollen, in der sich diese Bewegung entwickelte, dann wären wir gut beraten, uns nicht allzu leichtfertig mit ihr zu identifizieren. Bereits die bloße Vorstellung, die Kultur einer fernen Vergangenheit wiederzubeleben, ist uns fremd geworden, da sie zur Idee des Fortschritts oder der Modernität im Gegensatz steht, die trotz vieler Kritik in neuerer Zeit weithin noch für selbstverständlich gehalten wird. Zumindest sollten wir – da es Grade der Verschiedenheit gibt – die Kultur der Renaissance als eine halb-fremdartige Kultur betrachten, die uns nicht nur fern steht, sondern die sich immer weiter von uns wegbewegt, uns also von Jahr zu Jahr noch fremder wird. Daher soll auf den folgenden Seiten versucht werden, das explizit zu formulieren, was implizit als selbstverständlich betrachtet wurde, nämlich die zu jener Zeit allgemein verbindlichen Grundannahmen, die vorherrschenden Arten des Denkens oder «Mentalitäten».

Zweitens liegt bei diesem Buch wie bei den anderen Werken dieser Reihe die Betonung auf Europa als einer Einheit. Natürlich ist es leicht, Darstellungen der europäischen Kultur während der Ära der Renaissance zu finden (Hale 1993). Es ist ebenfalls nicht schwer, Untersuchungen über die Renaissance in verschiedenen europäischen Ländern oder über bestimmte Aspekte der Renaissance aufzuspüren. Was aber fehlt, obwohl für ein solches Werk Bedarf vorhanden wäre, ist eine Untersuchung dieser Bewegung, die ganz Europa umfaßt. Selbst allgemeine Untersuchungen über die Renaissance haben sich oftmals, trotz der Bedeutung der Renaissancekunst und des Humanismus in Ungarn und Polen, auf Westeuropa beschränkt.

Ein immer wiederkehrendes Thema wird auf den Seiten, die nun folgen, nicht nur die Bedeutung des Transports von Texten und Bildern, sondern auch die der Ortsveränderung von Menschen sein. Vier Enklaven der Diaspora spielten in diesem Zusammenhang eine besondere Rolle. An erster Stelle standen die Griechen. Eine der bekanntesten Legenden der Renaissance schreibt den neuen Aufschwung der Gelehrsamkeit den griechischen Flüchtlingen zu, die nach dem Fall von Konstantinopel im Jahre 1453 in den Westen gelangten (Burke 1996a). Das hat, was die Ursprünge betrifft, kaum Überzeugungskraft. Dennoch leisteten die griechischen Gelehrten, die etwa zu Anfang des 15. Jahrhunderts im Westen eintrafen, einen wichtigen Beitrag zu den humanistischen Studien, und griechische Schriftsetzer waren für den Druck von Werken Homers, Platons und anderer klassischer Texte in ihrer Originalsprache unentbehrlich. Es kam nicht oft vor, daß griechische Künstler gen Westen zogen, doch einer von ihnen war in Italien und Spanien wohlbekannt: El Greco. Zweitens gab es eine italienische Diaspora von Künstlern und Humanisten, aber auch von Kaufleuten in Lyon, Antwerpen und anderen Städten, deren Interesse an der Kunst und Literatur ihres Heimatlandes Italien dazu beitrug, die Aufmerksamkeit ihrer Nachbarn in diese Richtung zu lenken (Braudel 1974: 2142–8). Die dritte Diasporagemeinschaft bildeten die Deutschen. Unter ihnen waren die Drucker von besonderer Bedeutung, wenn auch die Rolle deutscher Künstler im Ausland (von

England bis Polen) nicht vergessen werden sollte. Schließlich gab es da noch die Niederländer, meist Maler oder Bildhauer, die insbesondere im Ostseeraum aktiv waren (vgl. unten, S. 140; Geldner, 1968–70; Białostocki 1976b).

Ganz eindeutig war die Verbreitung eines klassischen oder an der Klassik orientierten Stils außerhalb Italiens ein gesamteuropäisches Unternehmen des kulturellen Austauschs (Sorelius und Srigley 1994). Ein ungewöhnliches Beispiel dafür ist, daß französische Steinmetzen in Linlithgow Palace italianisierende Motive in die schottische Architektur einführten. Dieses Beispiel aus Schottland wirkte seinerseits als Anregung für niederländische Handwerker, die dänische Schlösser bauten (Campbell 1995a). Bei der Ausschmückung von Gebäuden oder Möbeln wurden, wie wir unten noch sehen werden (vgl. unten, S. 228), römische Grotesken mit spanischen (oder türkischen) Arabesken und niederländischen Bandverzierungen verbunden – das führte zu einem internationalen Stil.

Eine sehr wichtige Konsequenz der Entscheidung, die Renaissance auf einer gesamteuropäischen Ebene zu betrachten, liegt in der Hervorhebung der «Rezeption» im Sinne eines aktiven Prozesses der Assimilation und Transformation im Gegensatz zu einer bloßen Ausbreitung klassischer und italienischer Ideen. Das Interesse an der Rezeption führt seinerseits dazu, Kontexte in den Mittelpunkt zu stellen; es geht hier um Netzwerke und Schauplätze, wo neue Formen und Ideen diskutiert und übernommen wurden; um die Peripherie Europas; um die Spätrenaissance; und schließlich um das, was man die «Veralltäglichung» oder «Domestizierung» der Renaissance nennen könnte, also – mit anderen Worten – ihr schrittweises Eindringen in das Alltagsleben.

Rezeption

Die traditionelle Art, die Renaissance außerhalb Italiens darzustellen, bedient sich nicht nur gewisser, immer wiederkehrender Begriffe oder Modelle, sondern sie wird auch durch diese geprägt. Da ist beispielsweise das Modell der Einwirkung, demzufolge die Bewegung eine Region nach der anderen «durchdringt». Da gibt es das «epidemische Modell», wonach verschiedene Teile Europas sich den «Virus» der Renaissance durch eine Art Infektion «einfangen». Schließlich gibt es das kommerzielle Modell des «Leihens» oder «Borgens», der Schulden, der Exporte und der Importe – das manchmal im wörtlichen Sinne gemeint ist, etwa wenn es um Gemälde und Bücher geht, sonst aber, im Falle von Ideen, metaphorisch zu verstehen ist. Am weitesten verbreitet aber ist das hydraulische Modell, demzufolge die Bewegung nach dem Muster von «Ausbreitung», Einfluß, Kanälen und Absorption gesehen wird.

Es wird nicht leicht sein, diese Metaphern auf den folgenden Seiten ganz zu vermeiden. Das Grundmuster, das hier Anwendung finden soll, ist jedoch das Modell der durch Italien vermittelten «Rezeption» neuer Formen der italienischen Kultur und der klassischen Antike. Michelangelo und Machiavelli beispielsweise «nahmen» die Botschaften der Antike in einer kreativen Weise «an» und wandelten um, was sie empfingen. Ihre Betrachter und Leser behandelten ihre Botschaften wiederum in einer ähnlichen Weise. In diesem Buch geht es nicht so sehr um die Absichten von Michelangelo, Machiavelli und anderen wichtigen Gestalten wie um die Art und Weise, in der die Werke, die sie produzierten, zu jener Zeit insbesondere außerhalb Italiens interpretiert wurden. Die Betonung liegt dabei auf den Unterschieden bei der Rezeption in verschiedenen Generationen, Regionen und gesellschaftlichen Gruppen.

Der Begriff der Rezeption ist jedoch zwiespältiger, als man vielleicht annehmen möchte. Im 19. Jahrhundert schrieben Rechtsgelehrte über die Rezeption des römischen Rechts in Deutschland, und einige Kulturhistoriker wie Gustav Bauch erörterten bereits damals die Rezeption der Renaissance (Bauch 1903). Rezeption war der komplementäre Gegensatz zum Begriff der Tradition. Der letztgenannte stand für einen Prozeß des Weitergebens, der vorgenannte für einen Akt des Entgegennehmens. Es wurde mehr oder weniger vorausgesetzt, daß das, was empfangen wurde, das gleiche war wie das, was gegeben wurde, und zwar nicht nur im Falle materieller Objekte, sondern auch hinsichtlich nichtmaterieller Güter wie eben Ideen.

Im Gegensatz dazu glauben Rezeptionstheoretiker unserer Gegenwart, daß sich alles, was auch immer übergeben wird, durch den Prozeß der Übermittlung verändert. Den scholastischen Philosophen (ob nun bewußt oder unbewußt) folgend, behaupten sie: «Was immer empfangen wird, wird der Art und Weise des Empfängers entsprechend empfangen (*Quidquid recipitur, ad modum recipientis recipitur*)». Sie stellen sich also auf den Standpunkt des Empfängers und nicht auf den des ursprünglichen Schöpfers oder Produzenten und sagen daher relativ wenig darüber, was der Produzent als «Mißverständnisse» oder als «Fehlinterpretationen» von Texten oder Kunstwerken bezeichnen mag. Statt dessen stellen sie die Rezeption oder den Konsum selber als eine Form von Produktion dar, beschreiben die kreativen Aspekte von Akten der Aneignung, der Assimilation, der Adaption, der Reaktion, der Erwiderung und sogar der Zurückweisung (Jauss 1974; Certeau 1980). Zur damaligen Zeit wechselte die Betrachtung der klassischen wie auch der italienischen Tradition zwischen Annäherungen und Phasen des Rückzugs, wie etwa jenem Rückzug vom «italianisierenden Klassizismus», den ein Kunsthistoriker jüngst für die Kunst des elisabethanischen England feststellte (Friedman 1989b).

Vom Standpunkt der Rezeptionstheoretiker betrachtet, schuf die Renaissance genausosehr die Antike wie die Antike die Renaissance hervorbrachte. Künstler und Schriftsteller ahmten nicht so sehr nach, sondern formten um. Es beruhte wohl nicht auf einem Zufall, daß ausgerechnet zwei Dichter der klassischen Antike, die vom Phänomen der Metamorphose besonders fasziniert waren, nämlich Ovid und Apuleius, zu jener Zeit mit derartigem Enthusiasmus gelesen wurden.

Eine nützliche Metapher zum Verständnis der Rezeptionsvorgänge zu dieser Phase wie auch zu anderen Zeiten ist das Bild der *Brikolage*: in anderen Worten, der Herstellung von etwas Neuem aus den Bruchstücken älterer Gebilde. Einige Autoren jener Zeit haben dies selbst ähnlich gesehen. Der niederländische Humanist Justus Lipsius erklärte, in seinen *Büchern über Politik* (die im wesentlichen eine Auswahl aus Texten klassischer Autoren darstellt), daß dies hier «alles von mir ist», aber daß gleichzeitig «nichts von mir ist». Robert Burton benutzte eine ähnliche Formulierung in seiner *Anatomy of Melancholy* von 1621: «*Omne meum, nihil meum*» [»Es ist alles von mir, und nichts ist von mir«]. Die Versuchung liegt nahe, diese Bemerkung auch auf dieses Buch anzuwenden.

Die Vorstellung von der kreativen Rezeption hat eine längere Geschichte, als ihre Befürworter zu meinen scheinen. Im Falle der Renaissance wurden die Umformungen der klassischen Traditionen bereits um die Jahrhundertwende von Aby Warburg erörtert, einem Außenseiter der akademischen Welt, der nicht nur Gründer eines Instituts, sondern auch Begründer eines kulturgeschichtlichen Verständnisses war (Warburg 1932; vgl. Gombrich 1970). In den zwanziger Jahren wies der französische Historiker Lucien Febvre das Konzept der «Anleihe» zurück, weil die Künstler und Schriftsteller des 16. Jahrhunderts «kombiniert, adaptiert [und] übertragen» haben und damit «etwas gleichzeitig zusammengesetztes und originales» produzierten (Febvre 1925: 584). Als Fernand Braudel über das Fehlen einer umfassenden Geschichte der Verbreitung dessen klagte, was er als italienische «Kulturgüter» zur Zeit der Renaissance bezeichnete, weitete er die Idee der Diffusion derart aus, daß sie auch Anpassungen und Zurückweisungen umfaßte (Braudel 1974; vgl. Białostocki 1988). Ein derart knapp gefaßtes Werk wie das vorliegende kann auf Braudels Appell nicht eingehen, aber das von ihm gestellte Thema wird uns immer wieder begegnen.

Der bedeutende schwedische Volkskundler Carl von Sydow übernahm aus der Botanik den Begriff des «Ökotypus», um die Art zu beschreiben, wie Volkssagen in verschiedenen Teilen Europas feste lokale Varianten entwickelten, als seien sie den örtlichen Böden angepaßt. Der Begriff ist insbesondere für die Analyse der Architektur, einer kollektiven Kunstform, nützlich, in der lokales Gestein, wenn nicht örtlicher Boden dazu beiträgt, Formen herauszubilden, und er wird auf den folgenden Seiten hin und wieder angewandt werden. Ähnliches gilt von dem Ausdruck «kulturelle Übertragung», der insbesondere von Anthropologen für die Darstellung einer Kultur in einer Art und Weise benutzt wird, die sie für eine andere begreiflich macht (Sydow 1948; Pálsson 1993).

Während der Renaissance selbst wurden andere Begriffe verwendet. Autoren diskutierten über Nutzen und Gefahren der «Imitation» (vgl. unten, S. 97). Die Metapher von den italienischen «Pfropfen» und den französischen Früchten, wie sie der französische Humanist Blaise de Vigenère im Vorwort seiner Übertragung des Tasso verwandte, implizierte die Kreativität der

Rezeption. Missionare und andere sprachen von einer «Akkomodierung» des Christentums an neue Umgebungen, und in ähnlichem Sinne schrieb Hans Vredemann de Vries, ein Niederländer des 16. Jahrhunderts, über Architektur und betonte dabei die Notwendigkeit, die Architektur «zu accomodieren nach der gelegenhayt dess landts artt und gebrauch». In seiner *Architecture française* von 1624 kritisierte der gelehrte Arzt Louis Savot die Architekten seines Landes, weil sie dem italienischen Modell folgten, «ohne in Betracht zu ziehen, daß jede Region ihre eigene besondere Bauweise besitzt» (*sans considérer que chaque province a sa façon particulière de bastir*).

Eine der zentralen Ideen oder Metaphern in modernen Untersuchungen über die Rezeption ist die Vorstellung von einem «Sieb» oder «Filter», das manches, aber nicht alles durchläßt. Was ausgewählt wird, muß der Kultur «kongruent» sein, in die das Ausgewählte eingebracht wird. Im Falle der Renaissance müssen wir uns des altrömischen Filters bewußt sein, da die Römer die griechische Kultur nicht nur übernahmen, sondern sie überdies ihren eigenen Bedürfnissen anpaßten. Weiterhin müssen wir die byzantinischen und arabischen Filter kennen, durch die die griechische Kultur der Antike ins Mittelalter gelangte. Und schließlich gab es da noch einen mittelalterlichen Filter. Eine Zeichnung des Parthenon aus dem 15. Jahrhundert stellt dieses Bauwerk beispielsweise in leicht gotischer Manier dar. Letztendlich gab es noch den italienischen Filter, da die Italiener die Pioniere bei der Wiederbelebung und Übernahme der Antike waren, während der Rest Europas die Antike oft über Italien aufnahm. Doch auch die Vorstellung von einem bestimmten «Italien» bedarf der kritischen Analyse, da das Wiederaufleben der Antike sich auf Florenz und Rom konzentrierte und in Mailand oder Venedig bloß übernommen wurde, und diese Übernahmen wurden dann später exportiert. Im Falle der Architektur beispielsweise empfing, den normalen Handelswegen folgend, Frankreich die lombardische Version der italienischen Renaissance, während Deutschland die venezianische Version kennenlernte.

Kontexte

Ein weiteres zentrales Thema von Rezeptionsuntersuchungen bilden die Zusammenhänge, die «Kontexte», ein Begriff, der aus der Fachsprache des Weberhandwerks übernommen ist. Zunächst wurde er auf Teile eines Textes angewandt, die einem bestimmten Zitat vorausgingen oder diesem folgten. Der Begriff erweiterte sich allmählich und bezog sich schließlich auf die kulturellen, gesellschaftlichen und politischen Umfelder eines Textes, einer Vorstellung, einer Idee, einer Institution und so weiter. Ideen kreativ zu «übernehmen» heißt, sie mit in einem neuen Kontext anzuwenden. Präziser gesprochen, macht es diese Adaption erforderlich, an einer doppelten Bewegung teilzunehmen. Der erste Schritt besteht in der Dekontextualisierung, Dislozierung oder Aneignung, der zweite in der Rekontextualisierung, der Relokalisierung oder Veralltäglichung. Im letzten dieser Fälle müssen wir nicht nur das Repertoire der verwendeten Gegenstände überprüfen, sondern auch die ihrer Auswahl zugrundeliegende Logik und ihre Verwendung zur Herausbildung eines spezifischen Stils. Klassische oder italienische Elemente wurden immer wieder «in einen neuen Rahmen gestellt», sie erhielten dabei mit anderen Worten eine neue Bedeutung. Sehr häufig finden wir Fälle dessen, was man als *Brikolage*, Synkretismus oder Hybridisierung bezeichnen könnte, also die Kombination von christlichen und heidnischen, gotischen und klassischen Elementen, wobei diese Kombination der bewußten Absicht eines bestimmten Künstlers oder Autors entsprechen oder das Ergebnis eines Mißverständnisses des ursprünglichen Textes oder Bildes sein kann (Mariás 1989; Farago 1995). In diesem intellektuellen Bereich gibt es keine unproblematischen oder unumstrittenen Begriffe, doch wird im weiteren Verlauf dieses Buches der Versuch unternommen, den Begriff «Synkretismus» für bewußte Versuche der Harmonisierung von Elementen aus unterschiedlichen Kulturen zu verwenden (wie es Ficino im Falle des Platonismus und des Christentums tat), «Hybridisierung» bleibt dann demgegenüber ein weniger genauer Begriff für die Beschreibung einer Vielzahl von Interaktionen zwischen Kulturen.

Eine Untersuchung der europaweiten Rezeption der Renaissance muß sich mit der Art und Weise beschäftigen, in der Zeitgenossen sowohl die Antike als auch Italien begriffen und interpretierten. Ihre Einstellungen zeugten, wie wir sehen werden (siehe unten, S. 219–222), nicht immer von Begeisterung. Viele Leute haßten italienische «Moden», wie sie sie nannten, und insbesondere das «Nachäffen» italienischer Verhaltensweisen (eine weitere Metapher für das Wort Imitation). Andere lehnten das Griechenland und das Rom der Antike ab, weil sie heidnisch waren. Selbst die vermeintlichen Bewunderer Italiens und der klassischen Antike brachten manchmal eine gewisse Ambivalenz zum Ausdruck. Die Beziehungen zwischen europäischen Künstlern und ihren klassischen und italienischen Modellen stellten hin und wieder Verhältnisse dar, in denen sich Liebe und Haß, Bewunderung und Neid miteinander verbanden. Abweichungen von den Vorbildern waren häufig das Ergebnis des Wunsches, diese zu übertreffen oder wenigstens etwas anderes zu schaffen, das sich mit den örtlichen Traditionen deckte. Historiker, die sich mit der Geschichte Japans beschäftigt haben, bemerkten eine ähnliche Ambivalenz in den japanischen Einstellungen gegenüber der chinesischen Kultur. Es wird deswegen notwendig sein, sowohl den Widerstand gegen die Renaissance als auch ihre Rezeptionen zu erörtern, ob es sich nun um einen Fall christlichen Widerstands gegen das Heidentum, den Widerstand eines Logikers gegenüber der Rhetorik oder den Widerstand des Nordens gegen Italien handelt. Wie im Falle des Rezeptionsverhaltens leisteten unterschiedliche Gruppen stärkeren oder schwächeren Widerstand gegenüber den neuen Tendenzen. Es soll versucht werden, ihre Haltungen verständlich zu machen, also mit anderen Worten, die Renaissance aus einer Vielzahl von Blickwinkeln zu präsentieren, um sowohl die distanzierte als auch die freundliche Art ihrer Aufnahme zu erörtern.

Netzwerke und Schauplätze

Eine Untersuchung über die Renaissance in ihrem Kontext muß sich auch mit den Kanälen, Netzwerken oder Gruppen beschäftigen, in denen der Rezeptionsprozeß stattfand. Die wissenschaftlichen Arbeiten über die Renaissance werden (in einem meiner Meinung nach unglücklichem Maße) von Monographien über Einzelpersönlichkeiten beherrscht. Diese Tradition ist so alt wie die Renaissance selber, in der bereits Giorgio Vasari eine Darstellung der Kunstgeschichte gab, die von Heroen wie Giotto, Leonardo und vor allem Michelangelo dominiert wurde. Eine zentrale Rolle im Prozeß der Innovation spielen jedoch oftmals nicht so sehr Individuen als vielmehr kleine Gruppen oder «Zirkel», insbesondere wenn sie mit anderen im Wettbewerb stehen und wenn ihre Mitglieder intensiven gesellschaftlichen Umgang miteinander pflegen (Loewenberg 1995: 46–89). Selbstverständlich sollte man nicht annehmen, daß jedes Mitglied einer derartigen Gruppe gleichermaßen kreativ ist oder daß jeder einzelne mit den Ansichten aller anderen in jeder Hinsicht übereinstimmt. Für Historiker ist es nicht einfach, Austauschprozesse zu rekonstruieren, die oft informell waren und in mündlicher Form erfolgten. Dennoch sollten Kulturhistoriker ohne Zweifel mehr Gewicht auf kleine Gruppen legen, als sie es in der Vergangenheit getan haben. Eine derartige Schwerpunktverlagerung stellt eine doppelte Reaktion auf solche Erklärungen der kulturellen Austauschprozesse dar, die angeblich entweder auf romantische Art durch heroische, einsame Genies oder im anderen Extrem nach marxistischer Logik durch die *Gesellschaft* vorangetrieben werden. Sie ist auch ein wertvolles Korrektiv gegen eindrucksvolle Phrasen wie «die Renaissance in Portugal» oder «der Humanismus in Böhmen».

Direkte Kontakte wurden durch Örtlichkeiten oder Schauplätze wie Höfe, Klöster, Kanzleien, Universitäten, Akademien oder Museen erleichtert. Die Bedeutung dieser «Kleinräume» als Unterstützungssysteme für kleine Gruppen, die sich ihrer bedienen, ist in letzter Zeit durch eine ganze Anzahl von Historikern, insbesondere solchen, die auf dem Gebiet der Wissenschaftsgeschichte arbeiten, betont worden (Foucault 1963; Ophir und Shapin 1991). Das Kloster beispielsweise, ein traditioneller Ort der Gelehrsamkeit, war in der Geschichte des Humanismus in Italien und anderswo wichtig. In Florenz gehörten die Mönche Luigi Marsili und Ambrogio Traversari zu dem Kreis um Leonardo Bruni (vgl. unten, S. 46), und ihre Zellen in den Klöstern von Santo Spirito und Santa Maria degli Angeli waren Örtlichkeiten, an denen sich Humanisten trafen. Eine ganze Reihe von italienischen Benediktinerklöstern waren ebenfalls Zentren des Humanismus (Stinger 1977: 6; Collett 1985). Klöster waren im 15. Jahrhundert die wichtigsten Zentren des Humanismus in den Niederlanden – die Zisterzienserabtei von Aduard nördlich von Groningen wurde beispielsweise von Rodolphus Agricola und seinen Freunden immer wieder besucht. In Deutschland spielte das Benediktinerkloster Sponheim, als der Gelehrte Johannes Trithemius dessen Abt war, eine wichtige Rolle in der humanistischen Bewegung (vgl. unten, S. 118; Brann 1981).

Doch ein Netzwerk mußte nicht von realen Orten des Zusammentreffens abhängig sein. Es konnte auch durch Briefwechsel zusammengehalten werden; so war es in den Fällen reisender Gelehrter wie Petrarca, Erasmus und Lipsius. Auf jeden Fall benötigt eine Gruppe andere Kanäle der Kommunikation, wenn ihre Ideen ein breiteres Publikum erreichen sollen. In jener Zeit gestattete es die Erfindung des Druckens (einschließlich des Druckens von Bildern, eine Kunst, die älter ist als die beweglichen Buchstaben) neuen Ideen, sich schneller zu verbreiten und weit mehr Menschen als bisher zu erreichen. Als eine Konsequenz ihrer Schwerpunktbildung im Bereich der Rezeption wird diese Arbeit – auch was ihre Illustrationen betrifft – die graphische Kunst auf Kosten der Malerei, der Bildhauerei und der Architektur sowie Reproduktionen gegenüber Originalwerken in den Vordergrund stellen. Eine andere Konsequenz der Entscheidung, besonderen Wert auf die Rezeption zu legen, besteht darin, jene Elemente und Persönlichkeiten in der italienischen Kultur hervorzuheben, auf die andere Europäer zu jener Zeit am stärksten reagierten. Raffael beispielsweise spielt dann eine größere Rolle als Piero della Francesca, den man erst im 20. Jahrhundert als sehr wichtigen Maler erkannte.

Zentren und Peripherien

Das besondere Interesse am Empfänger schließt auch eine spezielle Aufmerksamkeit für die Interaktion zwischen einer internationalen Bewegung und den örtlichen Bedingungen ein (seien sie nun kultureller, gesellschaftlicher oder politischer Art). Daher rührt die Entscheidung, in diesem Buche den Randgebieten Europas eine größere Aufmerksamkeit als üblich zu widmen. Dabei ist es wohl nicht notwendig zu sagen, daß der Begriff der «Peripherie» genauso problematisch ist wie die Bezeichnung «Zentrum». Wo liegt denn das Zentrum Europas? Etwa in Prag oder anderswo in «Mittel»europa? Oder in Florenz, das zu jener Zeit der Mittelpunkt der Renaissance war? Oder in Rom, dessen Bewohner stolz darauf waren, im «Zentrum der Welt» zu leben? Italien wird notwendigerweise in diesem Buch stets eine zentrale Rolle spielen, aber was als Randgebiet zählt, variiert doch erheblich von Periode zu Periode und auch je nach der Kunstrichtung oder Wissenschaftsdisziplin, die gerade betrachtet wird.

Was die bildenden Künste angeht, so waren Ungarn und auf jeden Fall Buda und seine Umgebung im späten 15. Jahrhundert in dem Sinne von zentraler Bedeutung, daß man dort die Renaissance früher aufnahm als in den meisten anderen Teilen Europas (vgl. unten, S. 83–5), selbst wenn diese Gegend aufgrund ihrer Lage an der Grenze zwischen Christentum und Islam eine Randstellung einnahm. Kroatien wird nicht oft unter dem Gesichtspunkt betrachtet, ob es von zentraler Bedeutung für die europäische Kultur gewesen ist, doch seine Nähe zu Italien führte dazu, daß Tendenzen, die aus der Kunst, dem Humanismus und der Literatur der Renaissance resultierten, dort relativ früh einsetzten (Torbarina 1931; Kadic 1962). Man sollte sich auch damit beschäftigen, welche Regionen von Zeitgenossen aus unterschiedlichen Teilen Europas als den Zentren der Kultur fernliegend betrachtet worden sind. Sowohl von Erasmus als auch von Kochanowski (vgl. unten, S. 180) wurde England als ein Beispiel für die Peripherie genannt. Es lag besonders im späten 16. Jahrhundert stark am Rande, als die Religionskriege in Frankreich und in den Niederlanden das Reisen ungewöhnlich mühsam und gefährlich machten.

Hier geht es nicht etwa darum, darauf zu bestehen, daß etwa Iwan der Schreckliche oder der irische Häuptling Manus O'Donnell Renaissancefürsten waren, obwohl, was diese beiden angeht, einige Gelehrte dergleichen vorgetragen haben (Cherniavsky 1968; Bradshaw 1979). Man sollte vielmehr hervorheben, daß an Orten, an denen die kulturelle Entfernung von Italien in einem gewissen Augenblick oder auf einem bestimmten Gebiet am weitesten war, Kreativität gleichzeitig um so notwendiger und auffallender erschien. Im Falle von Wales beispielsweise wurde das Fehlen einer Stadtkultur für die Renaissance hervorgehoben, und dasselbe gilt für die Vorherrschaft der Prosa neuen Stils über die Lyrik (Gruffyd 1990). Die Hinweise, die sich in diesem Buch etwa auf Schweden, Schottland, Portugal oder Polen finden, sind, wie auch die Hinweise auf Asien, Afrika und beide Teile Amerikas, Teil einer bewußten Strategie. Die Betonung der Peripherien führt ihrerseits zu einer Neueinschätzung regionaler Stile in Kunst, Literatur und Wissenschaft. Vom Zentrum her betrachtet, erschienen diese Regionalstile oftmals als «Korrumpierungen» oder «Provinzialisierungen» des ursprünglichen Modells, und die Betonung liegt dabei auf dem, was in diesem Prozeß verlorengegangen ist. Von der Peripherie her betrachtet, bemerkt man hier jedoch einen kreativen Prozeß der Akkomodierung, der Assimilation oder des «Synkretismus» (Białostocki 1965). Und hier ist es wieder einmal notwendig, die Geschichte aus verschiedenen Blickwinkeln zu erzählen.

Die Spätrenaissance

Das vorliegende Werk orientiert sich an der Chronologie. Die Darstellung beginnt mit der Frührenaissance, der «Neuentdekkung» der Antike – oder genauer gesagt: von Schriftstücken der Antike – in Italien zwischen dem frühen 14. und dem späten 15. Jahrhundert (Kapitel 1) sowie den Auswirkungen dieser Entdeckungen auf das übrige Europa, entweder in Form von «Rezeption» oder «Widerstand» (Kapitel 2). Dem folgt die «Hoch»renaissance, die etwa von 1490 bis 1530 dauerte; es war jene Zeit, in der die Fragmente am dichtesten zusammengefügt wurden. Hier handelt es sich um ein Zeitalter des «Nacheiferns» in dem Sinne, daß die Italiener damals zu der Ansicht gekommen waren, sie seien selber in der Lage, auf gleichem Fuß mit der Antike in Wettbewerb zu treten, während Künstler, Autoren und Gelehrte anderer Länder anfingen, mit den Italienern zu konkurrieren (Kapitel 3). Doch die Akzentuierung der Rezeption in diesem Buch führt notwendig dazu, die Spätrenaissance, die von 1530 bis 1630 dauerte, stärker zu betonen als sonst üblich (Kapitel 4; vgl. Cochrane 1970; Lafond und Stegmann 1981). Doch paradoxerweise ist gerade das Jahr 1530 der Moment, da nach Auffassung einiger älterer Gelehrter die Bewegung an ein Ende gelangt war (vgl. unten, S. 135). Hier wird jedoch eine andere Ansicht vertreten. Denn obwohl die Mannigfaltigkeit eine Rückkehr zur Fragmentierung anzeigte, waren genau in dieser Periode Individuen und Gruppen in vielen Teilen Europas imstande, ihre höchst besonderen Beiträge zu dieser internationalen Bewegung zu liefern, indem sie klassische und italienische Stile in örtliche «Sprachen» übersetzten (Mariás 1989).

Ebenfalls in dieser letzten Periode finden wir die meisten Beweise für das, was man die «Veralltäglichung» der Renaissance nennen könnte (Kapitel 5). Gemeint sind damit ihre soziale Verbreitung, ihre Einverleibung in Alltagspraktiken und ihre Auswirkungen auf die materielle Kultur und die Mentalitäten gleichermaßen. Was als eine Strömung innerhalb einer winzigen Gruppe von Gelehrten und Künstlern begonnen hatte, wurde zu einer Mode – oder verursachte den Aufstieg einer Anzahl von Moden – und endete mit der Umformung einiger zentraler Haltungen und Werte der europäischen Eliten und möglicherweise auch der führenden Schichten anderer Völker. Einige dieser Haltungen und Werte überlebten das Ende oder besser gesagt die Fragmentierung der Bewegung, wie der Schlußteil über die «Renaissance nach der Renaissance» zu zeigen versucht.

Methoden

In den folgenden Kapiteln sollen sich Beschreibung, Analyse und Erzählung miteinander verbinden. Die Beschreibung bewegt sich zwischen allgemeinen Überblicken und Fallstudien, zwischen Fern- und Nahperspektiven. Die Analyse versucht die Rezeptionsbereitschaft an bestimmten Orten, in bestimmten Momenten und in bestimmten Gruppen darzustellen, sie bewegt sich dabei zwischen zwei entgegengesetzten Extremen. Das eine besteht in der Annahme, die klassischen und die italienischen Kultur»güter» seien der ihnen innewohnenden Attraktivität wegen akzeptiert worden. Die entgegengesetzte Ansicht hält es für selbstverständlich, daß die Kultur einfach ein Instrument darstellte, vor allem ein Mittel für Individuen und Gruppen war, um ihren Status und ihre Macht im Wettbewerb mit ihren Rivalen zu steigern. Die erste Ansicht ist allzu simpel, die zweite äußerst reduktionistisch. Die Herausforderung an die Historiker besteht darin, den «Nutzen» Italiens und der Antike zu erörtern, ohne dabei in einen kruden Utilitarismus zu verfallen.

Und was die geschichtliche Darstellung betrifft, so berichtet sie über die Entwicklung vom Aufstieg über die Verbreitung und Modifizierung bis zur schließlichen Desintegration einer kulturellen Bewegung. Ein Weg, dies zu leisten, besteht in der Hervorhebung von kollektiven gegenüber individuellen Reaktionen, also darin, darzulegen, daß die traditionelle europäische kulturelle Ordnung in der Lage war, neue Elemente bis zu einem gewissen Grad zu absorbieren. Im Bereich der «Hoch»kultur wurde die kritische Schwelle in einigen Teilen Europas um das Jahr 1500 erreicht. Es waren nun so viele neue Elemente aufzunehmen, daß die traditionelle Ordnung unter der Anspannung zusammenbrach und eine neue Ordnung aufzutauchen begann (vgl. Sahlins 1985).

Eine andere Methode, das Geschehen zu beschreiben, läßt zunächst einmal gesellschaftliche und politische Faktoren beiseite, konzentriert sich auf das, was man die «Logik der Entwicklung» nennen könnte und enthüllt drei Stufen der Antike-Rezeption. Die Geschichte beginnt dann mit der Neuentdeckung der klassischen Literatur und den ersten Versuchen ihrer Nachahmung. Dann folgt die Stufe der Beherrschung, die sogenannte «Hoch»renaissance, auf der die Regeln für die Kombination verschiedener Elemente rezipiert worden sind und sich Imitation in «Wetteifer» verwandelt. Die dritte und letzte Stufe bildet die einer bewußten Modifizierung, eines bewußten Brechens von Regeln.

Auf einigen Gebieten zumindest können wir von «Fortschritt» sprechen im Sinne einer zunehmenden Fähigkeit, bestimmte Ziele zu erreichen, etwa davon, das Lateinische im Stile Ciceros schreiben zu können oder die Regeln der Perspektive zu beherrschen. Ein Gefühl des Fortschritts wird während dieser Periode oftmals zum Ausdruck gebracht; dies geschieht etwa in Form von Verleumdungen des «Mittelalters» durch überhebliche Berufung auf die Leistungen früherer Generationen oder, so in

Vasaris *Lebensbeschreibungen*, in Gestalt einer expliziten Theorie von der Entwicklung der Kunst über verschiedene Stufen oder Perioden hinweg. Wie es in der Kulturgeschichte jedoch häufig vorkommt, folgte dem Erfolg auf einem bestimmten Gebiet ein Zielwechsel, und dies vereitelt jede Art von einseitiger Interpretation der gesamten Bewegung in Begriffen des Fortschritts oder der Akkumulation.

Es ist außerdem wichtig zu betonen, daß diese Bewegung – wie viele andere – ihren Charakter veränderte, als sich ihr immer mehr Menschen anschlossen. Oder man kehrt zu der Unterscheidung zwischen «Bewegung» und «Periode» zurück, dann können wir die Umformung der Renaissance vom ersteren zum letzteren als Hauptthema dieses Buches bezeichnen. Hier geht es darum, daß Gegenstände und Haltungen, die im Jahre 1350 oder sogar 1400 nur eine ganz kleine Gruppe von Leuten, die hauptsächlich in Italien lebten, interessierten, allmählich Teil des Alltagslebens einer erheblichen Minderheit von Europäern wurden.

Eine Gefahr einer allgemeinen Studie wie der vorliegenden besteht darin, nur eine «Geschichte von außen» zu schreiben, ob nun in Form einer generalisierenden Beschreibung oder einer Aufzählung von Beispielen, weil es hier kaum Platz für Einzelpersönlichkeiten gibt. Eine andere Gefahr liegt in der Herausstellung von Ähnlichkeiten auf Kosten von Unterschiedlichkeiten, von allgemeinen Tendenzen auf Kosten von Ausnahmen, von Konformisten auf Kosten von Exzentrikern. Um diese Gefahren zu vermeiden, sind hier zwei Strategien angewandt worden.

Die erste besteht darin, so oft wie möglich Originaltexte zu zitieren, um es den Lesern zu ermöglichen, der Konversation der Zeitgenossen und nicht nur den Monologen eines Historikers zuzuhören. Die Debatten jener Zeit werden mit Hilfe der Begriffe ihrer Teilnehmer präsentiert. Bezugnahmen auf «Wiedergeburt», «Wiederbelebung», «Restauration» und ähnliche Konzepte werden immer wieder zitiert (wie ich hoffe, jedoch nicht *ad nauseam*), dabei geht es darum, an die Bedeutung dieser Metaphern als einer Methode zur Organisierung ihrer Erfahrung für die Gelehrten und Künstler jener Zeit zu erinnern. Neuere Untersuchungen in einer Reihe von Disziplinen haben die Aufmerksamkeit auf die Bedeutung von Metaphern im Denken jedes Menschen und auch auf die Art gelenkt, in der Menschen, ob sie sich dessen nun bewußt sind oder nicht, diesen Sinnbildern entsprechend im Alltagsleben handeln (Fernandez 1977; Lakoff und Johnson 1980).

Die Geschichte der Renaissance kann man nicht nur als die Geschichte einer Inspiration oder einer Bewegung betrachten, sondern auch als die Geschichte einer Metapher, die viele Einzelpersönlichkeiten und Gruppen auszugestalten versuchten. Doch eine kulturelle Einheitlichkeit dieses Zeitalters soll dabei nicht vorausgesetzt werden. Im Gegenteil, die Betonung wird auf die Vielfältigkeit der zeitgenössischen Sichtweisen fallen, auf die miteinander in Widerstreit tretenden und sich wandelnden Eindrücke von den Ereignissen und Tendenzen, die sich zu jener Zeit abspielten. Die zweite Herangehensweise besteht darin, Fallstudien vorzutragen, die kleine Gruppen, einzelne Texte oder sonstige Gegenstände betreffen können. Bestimmte Persönlichkeiten oder Gegenstände werden auf Kosten anderer, die in der Bewegung der Renaissance ebenso wichtig waren, diskutiert werden. Dieselben Menschen und dieselben Werke werden in unterschiedlichen Zusammenhängen immer wieder auftauchen, um die Verbindungen zwischen den unterschiedlichen «Feldern» aufzuzeigen, die gewöhnlich separat untersucht werden. Es ist selbstverständlich nicht ungefährlich anzunehmen, daß bestimmte Gegenstände oder Individuen für ihre Zeitalter repräsentativ waren. Die hier vorgetragenen Fallbeispiele verfolgen daher ebenso die Absicht, konventionelle Auffassungen zu untergraben und abzuschwächen, wie die Verallgemeinerungen, die sie begleiten, zu veranschaulichen. Aus diesem Grunde tauchen diese Fallstudien häufig an zwei oder drei Stellen auf und bieten so Gelegenheit zu einer vergleichenden Analyse, erlauben es aber auch, Diskrepanzen zwischen einzelnen Beispielen und allgemeinen Schlußfolgerungen sichtbar werden zu lassen.

Selbstverständlich muß ein kurzer Versuch dieser Art, ein gewaltiges Thema zu behandeln, auf einschneidende Weise selektiv sein. Der Leser sei daran erinnert, daß – im Gegensatz zu früheren Untersuchungen dieser Thematik – die Ränder der Bewegung gegenüber den Zentren hervorgehoben werden, ebenso die alltäglichen kulturellen Praktiken gegenüber den Gipfelleistungen und der Ruf sowie die Wirkung hervorragender Persönlichkeiten gegenüber ihren ursprünglichen Absichten. Bei dieser Methode geht es vor allem darum, sich auf einen Prozeß zu konzentrieren, den man die «Europäisierung» der Renaissance oder den Beitrag der Renaissance zur Europäisierung Europas nennen könnte. Wie im Falle anderer kultureller Bewegungen ist dieser Prozeß dialektisch. Auf der einen Seite beobachten wir Standardisierungen, die sich durch das Schöpfen aus einer gemeinsamen Quelle ergeben. Auf der anderen Seite sehen wir Diversifizierung durch Anpassung an örtliche Umstände, die von politischen und gesellschaftlichen Strukturen bis zu kulturellen Traditionen reichen können.

1.

Das Zeitalter der Wiederentdeckung: Frührenaissance

In seiner *Geschichte der italienischen Literatur* zog Girolamo Tiraboschi, ein italienischer Gelehrter des 18. Jahrhunderts, in drei aufeinander folgenden Kapiteln Parallelen zwischen der von ihm sogenannten «Entdeckung der Bücher (*Scoprimento di libri*)», der «Entdeckung des Altertums (*Scoprimento d'antichità*)» und schließlich der Entdeckung Amerikas (*Scoprimento dell'America*). Dieses «Kolumbus-Paradigma», wie wir es nennen könnten, besaß für spätere Generationen einen beträchtlichen Reiz. Im 19. Jahrhundert weiteten Jules Michelet und Jacob Burckhardt diese Idee so stark aus, daß sie auch das umfaßte, was beide als die «Entdeckung der Welt und des Menschen» bezeichneten.

Diese weiterreichenden Ansprüche wollen wir bis zum fünften Kapitel beiseite lassen. Hier geht es uns um die erste Phase der Renaissance, die etwa zwischen den Jahren 1300 und 1490 lag. Dabei handelte es sich um ein Zeitalter der Entdeckung dessen, was in späteren Phasen der Bewegung für selbstverständlich gehalten werden sollte, nämlich der antiken Kultur der Römer und in geringerem Maß der Griechen. Es war zudem ein Zeitalter der Reform, und es orientierte sich an diesen klassischen Leitbildern.

Natürlich ist es für einzelne oder Gruppen unmöglich, vollständig mit der Kultur zu brechen, in der sie aufgewachsen sind. Das zentrale Paradox jeder kulturellen Reform besteht darin, daß die Reformer aus der Kultur, die sie zu verändern wünschen, hervorgehen. Die Neuerer blieben in mancher Hinsicht mittelalterliche Menschen. Von daher ist es verfehlt, eine scharfe Grenzlinie zwischen der einen Zeitphase, die man das «Mittelalter» nennt, und einer anderen, die man als die «Renaissance» bezeichnet, ziehen zu wollen. Die Kultur der Frührenaissance, die in diesem Kapitel beschrieben werden soll, existierte gemeinsam mit derjenigen des spätmittelalterlichen Europa.

Zu den am stärksten ausgeprägten Besonderheiten jener Kultur zählten die gotische Kunst, das Rittertum und die scholastische Philosophie. All diese drei Grundformen waren in den meisten Teilen Europas zu finden. Die kulturelle Vereinheitlichung Europas, die «Europäisierung Europas», wie man diesen Vorgang genannt hat, setzte lange vor der Renaissance ein. Der Prozeß war in Ansätzen bereits im 12. und 13. Jahrhundert wahrzunehmen (Bartlett 1994: 269–91; vgl. Southern 1995).

Der sogenannte «gotische Stil» beispielsweise stellte eine internationale Sprache der Kunst dar (Benevolo 1993: 42). Trotz lokaler Varianten wie etwa der Verwendung von Backstein in dänischen Kirchen oder dem Gegensatz zwischen der Betonung der Höhe in französischen Kathedralen und der Länge des Raumes bei englischen war der gotische Stil von Portugal bis Polen erkennbar. Das «Rittertum» – in anderen Worten: das Wertesystem des Adels im späten Mittelalter – konzentrierte sich auf die Kunst des Kampfes zu Pferde und stellte ein weiteres übernationales Phänomen dar. Ritterepen, die die edlen Taten von Helden wie Roland oder Lancelot an den Höfen von Kaiser Karl dem Großen oder von König Artus besangen, wurden in den meisten europäischen Ländern eifrig gelesen oder angehört. Was wir heute als ‹Scholastik› bezeichnen, die philosophischen und theologischen Schriften des Heiligen Thomas von Aquin beispielsweise, entwickelte sich in den Vorlesungssälen oder «Schulen» mittelalterlicher Universitäten im 12. und 13. Jahrhundert. Diese Wissenschaften sprachen eine kleinere, aber wiederum internationale Gruppe an. Da an den Universitäten das Lateinische sowohl gesprochen als auch geschrieben wurde und jeder Magister Artium «das Recht, überall zu lehren (*ius ubique docendi*)», besaß, war die akademische Kultur von Coimbra bis Krakau wahrhaft pan-europäisch.

Die Gotik, das Rittertum und die Scholastik hatten allesamt ihr Zentrum in Frankreich. Die Architektur der Gotik entwikkelte sich dort im frühen 12. Jahrhundert. Die Universität von Paris war zum Schnittpunkt der Lehre auf dem Gebiet der scholastischen Philosophie geworden. Die berühmtesten Rittererzählungen entstanden in Frankreich. Tatsächlich wurden sie oftmals in anderen Ländern – wie England oder Norditalien – auf Französisch gesungen oder niedergeschrieben. Wir können daher das

Hochmittelalter als ein Zeitalter französischer Kulturhegemonie bezeichnen.

Alle drei Formen der mittelalterlichen Kultur überlebten bis ins 15., ja sogar bis ins 17. Jahrhundert. Die scholastische Philosophie beherrschte weiterhin das geisteswissenschaftliche Lehrprogramm der meisten europäischen Universitäten. Die Ritterromanzen fanden immer noch begeisterte Leser. Es wurden nach wie vor gotische Kirchen gebaut. Das änderte sich im Laufe der Renaissance. Gotik, Rittertum und Scholastik beherrschten fortan nicht mehr Kirchenbau, Heerwesen und Universitäten. Statt dessen wurde mit alternativen Stilen und Werten gearbeitet, die sich aus der antiken Welt herleiteten, mit ihr im Wettbewerb standen und interagierten. Vor allem in Italien tauchten diese «neuen» Stile und Werte auf. Warum war dies so?

In Italien hatten die französischen Leitbilder der Gotik, des Rittertums und der Scholastik nicht so stark gewirkt wie in einigen anderen Teilen Europas. Die Scholastik gelangte erst spät nach Italien, wo sich Universitäten wie Bologna und Padua auf Rechtswissenschaften, Geisteswissenschaften und Medizin – nicht aber auf die Theologie – konzentrierten. Die italienischen Städte, von denen viele bereits seit dem 11. Jahrhundert autonom waren, brachten eine alternative Kultur hervor, die eher von Laien als von Klerikern und eher von Zivilisten als von Militärs geschaffen wurde.

Wann war die Renaissance?

Die Historiker stimmen nicht einmal darin überein, wann oder gar wo sie mit ihren Darstellungen der Renaissance anfangen sollen. Florenz, Rom, Avignon, Padua und Neapel sind samt und sonders als die «Wiege» der Bewegung bezeichnet worden. Die meisten geschichtlichen Darstellungen beginnen in Italien, aber zu unterschiedlichen Zeitpunkten und mit unterschiedlichen Persönlichkeiten. Oft entscheidet man sich hier für das Zeitalter des Dichters und Gelehrten Francesco Petrarca, also die 1330er und 1340er Jahre. Einige Kunsthistoriker beginnen bereits eine Generation früher mit Giotto. Dessen Ruhm gründete sich auf die Schaffung eines neuen Stils bildhafter Darstellungen, und dieser neue Stil fußte teilweise auf den klassischen Skulpturen, die er in Pisa gesehen hatte. Giotto wurde von einigen Humanisten mit Respekt erwähnt, und sein Werk inspirierte spätere Generationen von Renaissancekünstlern.

Wenn unsere Wahl auf Giotto fällt, so fällt es freilich schwer, seinen Zeitgenossen Dante außer acht zu lassen. Diese beiden Männer und einige derer, die ihnen nachfolgen, wurden zum Sinnbild eines außerordentlichen «Ausbruchs der Kreativität» in Florenz kurz nach dem Jahr 1300 (Holmes 1986: 159f.). Heutzutage neigen wir dazu, Dante als mittelalterliche Erscheinung zu betrachten, aber im Florenz des 15. und 16. Jahrhunderts wurde er eng mit Petrarca zusammen gesehen. Falls die Wiederentdeckung der Antike als Kriterium für die Festlegung eines Anfangsdatums dienen soll, dann sollten wir nicht vergessen, daß Dantes Generation auch die des paduanischen Schriftstellers Albertino Mussato war, der Dramen und historische Werke schrieb, die sich an den klassischen Schriften der Antike orientierten. Auch hinsichtlich des Erziehungswesens hat man, zumindest was Italien betrifft, argumentiert, daß die Jahre um 1300 ein Wendepunkt waren (Grendler 1988).

Welchen Zeitpunkt auch immer man als den Beginn der Renaissance wählt, es lassen sich stets gute Argumente dafür vorbringen, einen noch früheren Zeitpunkt zu wählen. In der Geschichte der Malerei beispielsweise können wir durchaus im 13. Jahrhundert mit Cimabue beginnen oder in der Bildhauerei mit Nicola und Giovanni Pisano, deren Werk zumindest gelegentlich von altrömischen Vorbildern inspiriert wurde (Holmes 1986: 129–58). Einige Geistesgeschichtler betonen auch die Bedeutung von Veränderungen im 13. Jahrhundert, insbesondere die Rezeption des Aristoteles im Westen durch Thomas von Aquin und andere.

Petrarca und seine Schüler versuchten sich ihrerseits von den Anhängern des Aristoteles zu distanzieren. In einem kleinen Buch mit dem sokratischen Titel *Von der eigenen Unwissenheit und der vieler anderer* kritisierte Petrarca die akademischen Philosophen seiner Zeit, also «die verrückte und lärmende Sekte der *Scholastiker*», weil sie so ausschließlich den Aristoteles verehrten. Wenn man die Dinge allerdings aus einer langfristigen Perspektive betrachtet, dann ist es andererseits schwierig, irgendeinen scharfen Bruch zwischen Thomas von Aquins Interesse an Aristoteles und Petrarcas Enthusiasmus für die klassischen Autoren wahrzunehmen. Wie später die Humanisten erklärten scholastische Philosophen wie Wilhelm von Conches, daß «die Würde unseres Verstands in seiner Fähigkeit besteht, alles zu wissen» (Southern 1995).

Andere Historiker richten die Aufmerksamkeit auf Parallelen zwischen den Interessen von Literaten des 12. Jahrhunderts wie dem Engländer Johannes von Salisbury und ihren Nachfolgern im 15. Jahrhundert. Johannes war mit einigen der antiken Klassiker, darunter Cicero und Seneca, Platons *Timaios* und Vergils *Aeneis* vertraut. Er paßte diese Texte (bewußt oder unbewußt) seiner Kultur an, indem er sie moralisch oder religiös interpretierte. So behauptete er beispielsweise, Platon habe die Dreifaltigkeitslehre gekannt und die Abenteuer des Aeneas seien Allegorien für die Reise der Seele durch das Leben. Doch sollte es, wie wir noch sehen werden, im 15. Jahrhundert Gelehrte geben, die ähnliche Interpretationen vorschlugen.

Ob wir es nun vorziehen, hier von «Renaissance», «Vor-Renaissance» oder einfach von den Voraussetzungen der Renaissance zu sprechen, so muß auf jeden Fall das Überleben der klassischen Tradition hervorgehoben werden. Einige Autoren der römischen Antike, wie etwa die Dichter Horaz oder Vergil, wurden während des gesamten Mittelalters weiter gelesen und nachgeahmt (Curtius 1948; Bolgar 1954). Die Tradition des römischen Rechts blieb in einigen Gegenden wie Italien und Südfrankreich machtvoll. In den italienischen Stadtrepubliken des 12. und 13. Jahrhunderts war, wie im antiken Rom, das Studium der Rhetorik, also der Kunst des Überzeugens durch Wort und Schrift, eine notwendige Vorbereitung für Karrieren im Rechtswesen und in der Politik. Über bürgerliche Tugenden und die Kunst der guten Regierung diskutierte man unter Bezugnahme auf klassische Autoren wie Cicero und Sallust. Die ungewöhnliche städtische und weltliche Kultur dieser Republiken besaß offensichtliche Affinitäten zu jener der Antike, und dies machte die klassische Literatur und Philosophie für ihre Bürger ungewöhnlich bedeutsam (Hyde 1973; Skinner 1995).

Die klassische Tradition setzte sich auch in den bildenden Künsten fort. Die vorgotische Kunst und Architektur wird heute noch genau deshalb als «romanisch» bezeichnet, weil sie den Römern soviel verdankt. Reste klassischer Bauten überdauerten in einer Reihe europäischer Städte und wurden auch jetzt noch bewundert. Verona besaß seine Arena, Nîmes seinen römischen Tempel, Segovia sein römisches Aquädukt und so weiter. In Rom selbst gab es das Pantheon, das Kolosseum, den Titusbogen, die Trajanssäule und vieles andere. So förderten die Überreste der Klassik das Wiederaufleben der Klassik. Im Zeitalter Karls des Großen inspirierte das Pantheon die Kaiserkapelle zu Aachen. Im 12. Jahrhundert wirkte es anregend für das Baptisterium in Florenz.

Die Wiederentdeckung der klassischen Tradition durch den Westen wurde durch Begegnungen mit dem unterstützt, was man als seine «Geschwister»kulturen bezeichnet hat: also mit der byzantinischen und der arabischen Welt. So kannten beispielsweise byzantinische Gelehrte eine Anzahl antiker griechischer Autoren, die im Westen vollständig unbekannt waren. Sie gaben ihre Texte mit Kommentaren in der Form heraus, wie sie von Renaissancehumanisten im 15. und 16. Jahrhundert übernommen wurde (Setton 1956; Geanakoplos 1976; Kristeller 1979: 137–50). Auch die Araber spielten, insbesondere vom 9. bis zum 14. Jahrhundert, eine wichtige Rolle bei der Übermittlung der griechischen Tradition. Die berühmten Schulen von Athen und Alexandria zogen nach Bagdad um. Muslimische Gelehrte schrieben Kommentare über Platon und Aristoteles. Der Philosoph Ibn Sina (im Westen als Avicenna bekannt) war ein Neoplatoniker, während Ibn Rushd (Averroës) zu den Aristotelikern zählte. Eine Anzahl antiker Autoren und Ärzte, darunter Aristoteles, Ptolemäus, Hippokrates und Galen, wurden im Mittelalter von arabischen Übersetzungen des griechischen Originals ins Lateinische übertragen.

Petrarca und sein Kreis

Unsere Geschichte der europäischen Renaissance beginnt tatsächlich mit Petrarca, und dies geschieht wegen der Weitläufigkeit seiner Interessen und Leistungen als Dichter, Gelehrter und Philosoph und im Blick auf seine Begeisterung für die römische

Kultur und angesichts seines Einflusses auf die ihm folgenden Generationen nicht nur in Italien, sondern auch in weiten Teilen Europas. Rückblickend können wir sagen, daß Petrarca der erste «Humanist» gewesen sei; auf diesen Begriff werden wir weiter unten noch näher eingehen (vgl. unten, S. 49).

Petrarca betrachtete sich selbst in erster Linie als Dichter, als zweiten Vergil. Die Anerkennung, die er für sich persönlich und für seine Poesie ersehnte und die er allem Anschein nach schließlich auch erhielt, erreichte mit der Verleihung des Lorbeerkranzes auf dem Kapitol zu Rom im Jahre 1341 ihren Höhepunkt. Diese Krönung folgte einem klassischen Muster, das unlängst wieder zum Leben erweckt worden war (Albertino Mussato war 1315 in Padua gekrönt worden, und es war auch der Vorschlag gemacht worden, Dante die Dichterkrone zu überreichen). Petrarca war als epischer wie als lyrischer Dichter gleichermaßen bedeutsam. Sein episches Gedicht *Africa* enthielt eine Darstellung des Lebens des römischen Feldherrn Scipio Africanus, war in Latein verfaßt und orientierte sich an den klassischen Epen des Vergil und des Statius. In der Volkssprache dagegen schrieb Petrarca eine Reihe von lyrischen Gedichten. Die bittersüßen Gedichte seines *Canzoniere* zeigen den Dichter als einen einsamen und nachdenklichen Liebhaber (*solo e pensoso*), sie heben seine Qualen, seine Seufzer, seine «bitteren Tränen» (*amare lagrime*) und die Schönheit und Grausamkeit seiner Geliebten hervor.

Petrarca war außerdem ein Moralist mit stoischen Grundüberzeugungen. Sein in italienischer Sprache verfaßtes Gedicht *Trionfi* handelt von den Triumphen der Liebe, des Todes und des Ruhms, die einander folgen und in Begriffen beschrieben werden, die sich von den Triumphzügen herleiten, mit denen die Siege der altrömischen Generäle und Kaiser gefeiert wurden. Seine Schrift *Von der Artzney bayder Glück* . . . war in Form eines Dialogs zwischen «der Vernunft» und vier anderen allegorischen Figuren geschrieben: «der Freude», «der Hoffnung», «dem Schmerz» und «der Furcht». Petrarca, der Gelehrte, stand dem Moralisten Petrarca nicht fern. Sein Werk *Über berühmte Männer* war eine Sammlung von 34 Biographien altrömischer und biblischer Persönlichkeiten, die dem Leser als Beispiele vorgeführt wurden. In ähnlicher Weise beriet er den Herrscher von Padua hinsichtlich der Auswahl berühmter Männer, deren Bildnisse in einem Saal seines Palastes gemalt werden sollten. Einer seiner Helden war Cicero. Petrarca besaß Ciceros philosophische Werke, entdeckte eine Anzahl seiner Briefe und schrieb seine eigenen Briefe in einem an Cicero orientierten Stil.

Petrarca beschäftigte sich auch um ihrer selbst willen mit der klassischen Antike. Er interessierte sich für Homer und versuchte vergebens, die griechische Sprache zu erlernen. Seine große Begeisterung galt jedoch dem antiken Rom. Der Anblick der Ruinen Roms beeindruckte ihn tief. Er sammelte antike Münzen. Seine Leidenschaft für die Römer des Altertums zeigte sich darin, daß er Briefe an Cicero und Seneca schrieb. Er sammelte und übertrug Manuskripte antiker Autoren, insbesondere von Cicero und Livius. Selbst in seiner Handschrift eiferte Petrarca den Alten nach und gab die gotische Schreibweise auf.

Durch das gesamte Werk Petrarcas zieht sich ein neues und intensives Interesse an der individuellen Persönlichkeit. Das Porträt der Laura, das er bei Simone Martini in Auftrag gab, ist als das erste bekannte Porträt im modernen Sinne der Ähnlichkeit mit einem Individuum bezeichnet worden. Petrarca schrieb nicht nur Biographien, sondern auch eine Autobiographie, das *Secretum*, einen Dialog zwischen «Franziskus» und «Augustinus», in dem der Autor der *Confessiones*, eines seiner Lieblingsbücher, das Gewissen des Autors repräsentiert. Sein Epos *Africa* ist so etwas wie eine Biographie, während seine lyrischen Gedichte, wie oft festgestellt worden ist, in der ersten Person Singular geschrieben sind und sich fast ausschließlich mit den Gefühlen des Liebhabers beschäftigen. Seine persönlichen Briefe wurden sorgfältig überarbeitet, so daß auch andere sie lesen konnten.

Petrarca war davon überzeugt, daß die letzten paar Jahrhunderte, die wir als das Mittelalter bezeichnen, ein Zeitalter der Dunkelheit gewesen waren im Gegensatz zur klassischen Antike, einem Zeitalter des Lichts. In seinem Poem *Africa* gab er der Hoffnung Ausdruck: «Wenn die Dunkelheit aufbricht, dann mag es den kommenden Generationen gelingen, ihren Weg zurück zum klaren Glanz der antiken Vergangenheit zu finden.» Petrarca folgend bezeichneten viele Gelehrte ihre eigene Zeit als eine des Lichts nach langer Dunkelheit, als ein Erwachen nach dem Schlaf, als eine Rückkehr zum Leben nach dem Tod, als Restauration oder Wiedergeburt. Es wäre ein Fehler, diese Metaphern nicht ernst zu nehmen, denn sie verliehen der Erfahrung der Autoren Bedeutung und halfen ihnen, den eigenen Ort in Raum und Zeit zu bestimmen. Doch wäre es ein noch größerer Fehler, all diese Zeugnisse wörtlich zu nehmen und daher die mittelalterliche Kultur als erledigt zu betrachten.

Petrarca beispielsweise war persönlich in vielfacher Hinsicht ein Mensch des Mittelalters. Seine Meditationen über das Schicksal waren ganz der Tradition verhaftet, ebenso wie seine Begeisterung für den Heiligen Augustinus. Ein anderes seiner Vorbilder war der Heilige Bernhard. Das gleiche gilt für Dante. Die Gedichte im *Canzoniere* bilden eine Erzählung wie jene in Dantes *Vita Nuova,* wobei Petrarcas Geliebte Laura den Platz der Beatrice einnimmt. Es ist unmöglich, einen «modernen» Petrarca einem «mittelalterlichen» Dante gegenüberzustellen. Wenn er auch die gotische Handschrift nicht mochte, so bewunderte Petrarca doch einige Glanzleistungen gotischer Architektur, darunter den Kölner Dom, den er als «ein ungewöhnlich schönes Gotteshaus» bezeichnete.

Petrarca hatte die Begabung, andere dazu zu bringen, seine Begeisterung zu teilen. Zu seinem Kreis zählten der Maler Simone Martini, der Arzt und Astronom Giovanni Dondi (mit dem er Sonette austauschte), der Dominikanermönch Giovanni Colonna (mit dem er sich die Ruinen Roms ansah), der Augustinermönch Francesco Dionigi aus Borgo San Sepolcro (der ihm ein Exemplar der *Confessiones* des Heiligen Augustinus gab), der politische Führer Cola di Rienzo (der den Versuch unternahm, die römische Republik wiederherzustellen) sowie schließlich Giovanni Boccaccio.

Wie Petrarca war auch Boccaccio Gelehrter und Autor in der Volkssprache zugleich. Er beteiligte sich an der Suche nach Manuskripten antiker Autoren und im Jahre 1355 entdeckte er den *Goldenen Esel* des Apuleius im Kloster von Monte Cassino. Er schrieb eine Abhandlung über die *Genealogie der heidnischen Götter.* Als Biograph leistete Boccaccio für Frauen das, was Petrarca für Männer getan hatte. Seine *Berühmten Frauen* enthielten 106 Biographien, die von Eva über Semiramis, Juno, Venus, Helena, Artemisia, Portia und Lucretia bis zur Königin Johanna von Neapel reichten. Die Sammlung von Kurzgeschichten, um derentwillen man sich auch heute an Boccaccio erinnert, der *Decamerone,* stellte nur einen kleinen Teil seines reichen Werkes dar.

Wie Petrarca kann man auch Boccaccio in vielfacher Hinsicht als mittelalterlichen Menschen bezeichnen. Auch er bezog aus der italienischen rhetorischen Tradition Inspiration und hielt öffentliche Vorlesungen über Dante. Nur schrittweise gab er die Überzeugung auf, daß eher Dante als Petrarca der Wiederbeleber der Poesie sei (Branca 1956). In ähnlicher Weise verband Petrarcas Freund und Bewunderer Giovanni Dondi ein Interesse an klassischen Autoren wie Plinius und Vitruvius (dem Autor der einzigen Abhandlung über die Architektur, die aus der Antike erhalten blieb) mit der traditionellen Kultur der scholastischen Philosophen. Diese mehr oder weniger unbewußten Kontinuitäten waren in der Tat wichtig, aber ebenso bedeutend war das Gefühl des Wandels, das in den Schriften Petrarcas und seines Kreises zu finden ist. Die Idee der Erneuerung oder Reform, die zuvor bereits in kirchlichem Zusammenhang verbreitet worden war, wurde nun auf die säkulare Welt angewandt. Petrarca war der erste, der derartige Begriffe in einem literarischen Zusammenhang benutzte, während Cola di Rienzo sie auf die Politik anwandte. Er ging so weit, seine Briefe mit dem «Jahr 1» der wiederhergestellten römischen Republik zu datieren.

Ähnliche Ausdrücke wurden benutzt, um die Veränderungen in der Malerei zu beschreiben; dies gilt insbesondere im Fall des Florentiners Giotto di Bondone, dessen monumentaler Stil die Zeitgenossen genauso beeindruckte wie die Nachwelt. Er wurde von Dante und ebenso von Petrarca (als ein «Fürst» unter den Malern) gepriesen und von Boccaccio gelobt, der im *Decamerone* behauptete, Giotto habe eine Kunst, die «jahrhundertelang begraben gewesen sei, ans Licht zurückgebracht (*ritornata in luce*)». Boccaccio beschrieb Giottos Leistungen so, wie der altrömische Autor Plinius die Schöpfungen griechischer Künstler in Begriffen des *trompe-l'œil* beschrieben hatte. Er behauptete, die Menschen seien «hinters Licht geführt worden, durch Dinge, die er schuf», sie hätten «das, was gemalt gewesen sei, für real gehalten (*credendo esser vero che era dipinto*)».

Es ist manchmal behauptet worden, die traumatische Erfahrung des Schwarzen Todes der Jahre 1348/49, als die Pest ungefähr ein Drittel der Bevölkerung Europas dahinraffte, habe zu einer Rückkehr zur Tradition geführt. Doch sollte man diese Gegentendenz nicht übertreiben, und auf jeden Fall dauerte sie nicht an. Die Erneuerungsbewegung gewann in der folgenden Generation an Kraft (Meiss 1951).

Die zweite Generation

Der kulturelle Wandel ist oftmals mit dem Auftauchen einer bestimmten Generation, einer Gruppe mit gemeinsamen Erfahrungen, verbunden. In diesem Falle gab es eine Gruppe, die von Jugend an mit Petrarca vertraut gewesen war und sich als willens und fähig erwies, seine Ideen weiter zu entwickeln. In den 1430er Jahren schließlich schien der Abstand von der ersten Generation so groß, daß sich ein weniger bedeutender Humanist wie Sicco Polenton in seiner Literaturgeschichte etwas herablassend zu Petrarcas Latein äußern konnte. «Er wird gegenwärtig von jenen nicht geschätzt, die so anspruchsvoll sind, daß sie nichts empfehlen, was nicht absolut perfekt ist. Aber sie sollten sich an Ciceros Worte in seinem *Brutus* erinnern, daß nichts bereits Perfektes zu entdecken ist.»

Florenz und die Toskana

In Florenz wurde Petrarcas Werk von Coluccio Salutati fortgesetzt, der, um Notar zu werden, in Bologna Rhetorik studiert hatte und sich für Textkritik interessierte (Ullmann 1963: 99 ff.). Salutati war ein großer Bewunderer der heroischen Gestalten der Römischen Republik von Lucretia bis Brutus. Er begeisterte sich für die Stoiker, obwohl er deren Betonung des «Gleichmuts» zwiespältig gegenüberstand und ihr Bestehen auf einer übermenschlichen Tugend kritisierte. Er glaubte, die Literatur (*studia litterarum*) und die Beredsamkeit hätten während der letzten Generation dank Mussato, Dante und Petrarca eine Wiederbelebung erfahren. In seiner Begeisterung für Petrarca ging er so weit, daß er bei einer Gelegenheit behauptete, sein Idol habe Cicero in der Prosa und Vergil in der Lyrik übertroffen. Etwa im Jahre 1360 schloß sich Salutati einer Gruppe an, die zusammentraf, um das Werk von Petrarca und Boccaccio zu erörtern. Im Laufe seiner Jahre in Florenz wurde Salutati nach und nach zum Mittelpunkt eines Intellektuellenkreises, zu dem Leonardo Bruni (der in den 1390er Jahren in der Stadt ankam) und Poggio Bracciolini gehörten. Dieser bezeichnete den Meister in einem Brief an seinen Freund, den Patrizier Niccolo Niccoli, als «unseren Vater Coluccio» (Witt 1983).

Salutati war mehr als dreißig Jahre lang, von 1375 bis 1406, Kanzler der Republik Florenz. Die Kanzlei war eine Behörde, die sich mit der Versendung, dem Empfang und der Archivierung von Briefen beschäftigte. Dort hatten Humanisten Gelegenheit, ihre Ideen in die Praxis umzusetzen, da Briefe in klassischem Latein sich zu einer Angelegenheit entwickelten, durch die eine Regierung ihre Rivalinnen beeindrucken konnte. Papst Pius II., der selber ein berühmter Literat war, bemerkte, die Florentiner wählten ihre Kanzler wegen ihres «rhetorischen Geschicks und ihrer Kenntnisse in den Geisteswissenschaften» aus. Zu Salutatis Nachfolgern im Amt zählten Bruni, der von 1427 bis 1444 Dienst tat, und Poggio, der gegen Ende seines Lebens nach Florenz zurückkehrte (Garin 1961).

Poggios Briefwechsel mit seinem Freund Niccoli über ihren «Durst nach Büchern» ist ein ausdruckvolles Beispiel der Begeisterung dieser Generation für alles Römische. Es beginnt bereits mit der Handschrift. Diese Freunde entwickelten in den frühen 1420er Jahren die sogenannte «italische» Schrift, sie gestalteten sie nach Manuskripten, die sie für römisch hielten (vgl. Abbildung 2). Der Inhalt ihrer Briefe bringt einen ähnlichen Enthusiasmus für die Antike zum Ausdruck. Da beklagt sich etwa Poggio, daß Niccolo seinen Lucretius für zehn Jahre bei sich behalten habe: «Ich möchte den Lucretius lesen, aber ich bin seiner Gegenwart beraubt.» Er teilt die letzten Neuigkeiten mit, so etwa, daß in Deutschland ein Manuskript des Tacitus oder in Dänemark eines von Livius aufgetaucht sei. Er beschreibt, wie er in der Septemberhitze «einige Stunden lang schwitzte», um römische Inschriften zu entziffern. Er berichtet davon, daß er dem Bildhauer Donatello seine Sammlung römischer Köpfe gezeigt habe, und schreibt mit Stolz, Donatello habe sie «gesehen und aufs höchste gelobt». Er reagiert auf die Nachricht von der kürzlich erfolgten Entdeckung der Manuskripte einiger Werke

Ciceros: «Nichts ärgert mich mehr als die Tatsache, daß ich nicht an Ort und Stelle sein kann, um mich mit Dir an ihnen zu freuen.»

Cicero war tatsächlich für diese Generation ein Held, das Beispiel eines Stilisten von elegantem Latein und das Modell eines gebildeten Mannes, der sich sein Leben lang aktiv in die Politik der Republik einschaltete. Brunis *Dialoge* orientierten sich an jenen des Cicero. Seine Briefe spiegeln diejenigen Ciceros wider. Er verfaßte eine Biographie Ciceros. Poggio transkribierte Cicero ebenfalls, eiferte ihm nach und besuchte Tusculum, den Schauplatz eines der berühmtesten Dialoge Ciceros, wo er glücklich war, eine Villa zu entdecken, «die jene des Cicero gewesen sein muß». Poggio fand persönlich die Manuskripte von acht Reden Ciceros. Er entdeckte auch die *Institutio oratoria* des Quintilian und in einer schweizerischen Klosterbibliothek ein Manuskript der *Zehn Bücher über die Architektur* von Vitruvius. Im letzten Fall, wenn nicht auch in anderen, muß der Begriff «Entdeckung» allerdings in Anführungszeichen gesetzt werden. Das Werk des Vitruvius war, wie wir gesehen haben, nicht nur Petrarca und seinem Schüler Dondi bekannt, sondern auch mittelalterlichen Gelehrten. Vitruvius wurde in der Renaissance in dem Sinne entdeckt, daß sein Werk zu jener Zeit die Praxis der Architektur zu beeinflussen begann (Sabbadini 1905).

Die Wiederentdeckung der griechischen Kultur machte damals ebenfalls Fortschritte. Salutati brachte Manuel Chrysoloras, einen griechischen Lehrer, nach Florenz, der sich dort etwa fünf Jahre lang aufhielt und Bruni und anderen sowohl die Sprache als auch die Kunst der Rhetorik beibrachte (Salutati persönlich nahm anfangs ebenfalls an dem Kurs teil, entdeckte aber, daß er zum Lernen zu alt war). Poggio schrieb an Niccoli, er «brenne» darauf, griechisch zu lernen, und dies nicht zuletzt, «um den schrecklichen Übersetzungen aus dem Weg gehen zu können», obwohl es ihn allem Anschein nach viele Jahre kostete, die Sprache perfekt zu beherrschen. Indem er das Interesse ignorierte, das sich bereits in Avignon und in Rom gezeigt hatte, behauptete Bruni voller Stolz, daß «die Kenntnis der griechischen Literatur, die aus Italien vor 700 Jahren verschwunden war, durch unsere Stadt wieder ins Gedächtnis zurückgerufen und zurückgeholt worden sei (*revocata est atque reducta*)», so daß es möglich geworden sei, die großen Philosophen und Redner «nicht dunkel durch ein Glas, sondern von Angesicht zu Angesicht» zu sehen.

Einen besser begründeten Anspruch, als neu betrachtet zu werden, besaß Brunis Theorie und Praxis der Übersetzung, diesen Begriff (*translatio*) sollte er als erster in diesem Sinne, statt in seiner traditionellen Bedeutung von «Transfer» (= Übertragung) benutzen. Bruni konzentrierte sich eher auf den Sinn als auf die Worte, er versuchte Anachronismen zu vermeiden und die unterschiedlichen Stile einzelner Autoren nachzubilden. In seiner Übersetzung der *Politik* des Aristoteles beispielsweise benutzte er den Begriff *magistratus* (für Magistrat = obrigkeitlicher oder richterlicher Beamter) dort, wo seine mittelalterlichen Vorgänger noch *principatus* geschrieben und damit ihr eigenes monarchisches Regierungssystem auf das alte Griechenland übertragen hatten. Bruni übersetzte auch Demosthenes, Platon und Plutarch. Plutarch, ein Moralist, der bis in die 1390er Jahre im Westen unbekannt war, sollte so wie Platon, wie wir noch sehen werden, einen tiefgreifenden Einfluß auf die Kultur der Renaissance haben. Dank Chrysoloras entdeckte Bruni die große *Geschichte des Peloponnesischen Kriegs* von Thukydides ebenso wie den *Hymnus auf Athen* des spätklassischen Rhetorikers Aelius Aristides, die ihm als Vorbild für seine eigene Lobrede auf Florenz, die *Laudatio florentinae urbis,* diente.

Bruni und Poggio waren nicht nur Kanzler von Florenz, sondern auch amtliche Historiker der Republik. Sie stellten sowohl deren vergangene als auch ihre gegenwärtige Politik in einem günstigen Licht dar. Sie hoben in ihrer Geschichte die florentinische Freiheit hervor und verglichen sie mit jener der Republiken Rom und Athen. Auch in ihrer Form folgten diese Geschichtsdarstellungen griechischen und römischen Vorbildern wie den Schriften des Thukydides und des Livius, dies gilt insbesondere im Hinblick auf die Reden, die sie ihren Protagonisten in den Mund legten, um ihre Handlungen zu erklären. Das humanistische Interesse an der Analyse, an der Erklärung von Ereignissen erinnert an die führenden Historiker der Antike, steht aber im Gegensatz zu den mittelalterlichen Chroniken, die sich auf die narrative Schilderung des geschichtlichen Verlaufs und eine lebensvolle Darstellung konzentrierten.

1. *Sandro Botticelli, Die Sieben freien Künste, Musée du Louvre, Paris. Die Rhetorik, erkennbar an ihrer offenen Hand, führt den Vorsitz.*

Im Rückblick hat man die Interessen und die Leistungen dieser Gruppe von Florentinern wie jene des Petrarca als «humanistisch» bezeichnet. Dieser Begriff ist angesichts ihres Interesses an dem, was Cicero als die *studia humanitatis* bezeichnet hat, angemessen. Salutati hat dies so ausgedrückt: «Da es ein Charakteristikum des Menschen ist, gelehrt zu werden, und die Gelehrten menschlicher sind als die Ungelehrten, bezeichneten die Alten die Gelehrsamkeit in angemessener Weise als *humanitas*». Fünf Fächer galten im allgemeinen als Teil des «humanistischen» Curriculums: die Ethik, die Poetik, die Geschichte, die Rhetorik und die Grammatik. Die Hervorhebung der Ethik erfolgte aus offensichtlichen Gründen: die Fähigkeit, den Unterschied zwischen richtig und falsch, gut und böse zu erkennen, war das, was menschliche Wesen von Tieren unterschied. Die Poetik und die Geschichte galten als Formen der angewandten Ethik, sie boten gute Beispiele, denen die Schüler folgen, und schlechte, die sie meiden sollten. Für den modernen Leser ist es wahrscheinlich weniger gut zu verstehen, warum die Rhetorik oder die Grammatik als «human» betrachtet werden sollten. Entscheidend ist hier, daß sie sprachliche Künste darstellten und daß die Sprache es war, die es dem Menschen erlaubte, das Richtige vom Falschen zu unterscheiden. Dieser Gesichtspunkt war von fundamentaler Bedeutung für die Abhandlungen über «die Würde des Menschen», in denen die Humanisten, wie zuvor einige der Kirchenväter, das Loblied der Humanität sangen. Bei dem Bündel der «humanistischen Fächer» gab es eine bedeutsame Lücke: die Logik. Das Schwergewicht verlagerte sich von der geballten Faust des Logikers, der seine Macht gebrauchte, um den Gegner niederzuschlagen, zu der offenen Hand des Rhetorikers, der sich seiner Überzeugungskraft bediente (Abbildung 1).

Es ist geradezu selbstverständlich, daß die Sprachen, die gepflegt werden sollten, das klassische Latein und Griechisch waren, und daß die Texte, die zu studieren waren, jene der Griechen und Römer (sowie frühchristlicher Autoren) waren. Für die Humanisten führte der Weg nach vorn über die Vergangenheit, es hieß, dem Beispiel der besten Autoren und Denker einer Kultur zu folgen, die sie als ihrer eigenen überlegen betrachteten. Aus diesen Gründen bemühten sie sich seit Petrarca sehr nachdrücklich um frühe Manuskripte klassischer Texte, um die Ausmerzung der Irrtümer von Kopisten (ein Prozeß, der als «Textkritik» bekannt wurde) und um die Interpretation der Bedeutung unklarer Stellen. In ihren Selbstrechtfertigungen betonten die Humanisten nachdrücklich den Gedanken der *conditio humana,* der Bedingungen des menschlichen Daseins. Andererseits wurde der Humanismus als System kultureller Praktiken eher von der Philologie als von der Philosophie, eher von der Textkritik als von der Gesellschaftskritik beherrscht.

Einige moderne Historiker bezeichnen Bruni und seine Kollegen als «Bürgerhumanisten» und unterstreichen damit die Tatsache, daß jene eher an einem aktiven denn an einem kontemplativen Leben interessiert waren und sich mit der florentinischen Republik identifizierten. So erklärte beispielsweise Bruni: «Für ein aktives und bürgerliches Leben ist Dante von größerem Wert als Petrarca.» Und er lobte Cicero, weil dieser die Philosophie mit einer aktiven politischen Karriere verbunden habe. Leon Battista Alberti schrieb in der Volkssprache einen Dialog über die Familie und erörterte darin die staatsbürgerlichen Werte. Die Bedeutung des Humanismus im öffentlichen Leben wurde durch die großartigen Bestattungsfeierlichkeiten für Coluccio Salutati (1406) und Leonardo Bruni (1444) besonders hervorgehoben. Einige wenige Gelehrte treiben die politische Interpretation des kulturellen Wandels noch weiter. So ist beispielsweise behauptet worden, die «Krise von 1402», als der Herzog von Mailand, Giangaleazzo Visconti, plötzlich während seines Feldzugs gegen Florenz starb, habe zur Frührenaissance geführt. Denn deren Folge sei gewesen, daß sich die Humanisten und Künstler die Werte, für die Florenz stand, stärker bewußt gemacht hätten, so die Freiheit und seine Ähnlichkeiten mit dem Rom und Athen der Antike (Baron 1955). Diese Vorstellung ist höchst attraktiv, und sie kann den englischen Leser zu der Frage veranlassen, ob die «Krise von 1588» und das Scheitern der spanischen Armada ähnliche Konsequenzen für das Zeitalter Shakespeares hatten. Doch im Falle von Florenz wie in dem der anderen italienischen Städte ist der stadtstaatliche Patriotismus in Verbindung mit dem Lob des aktiven Lebens der bürgerlichen Verantwortlichkeit (*vita civile*) seit dem 14. Jahrhundert, wenn nicht schon früher, gut dokumentiert. Salutati, Bruni und Gleichgesinnte verliehen der staatsbürgerlichen Tradition nur eine stärker klassisch getönte Färbung (Hyde 1973: 157–64).

Wie eine Diskussion des frühen 15. Jahrhunderts zeigt, war dieser «Klassizismus» durchaus umstritten. Der florentinische Mönch Giovanni Dominici griff Salutati an, weil er zum Studium heidnischer Autoren ermutige. Nach Dominici diente das Studium der «Philosophie» oder der «weltlichen Literatur» (*seculares litterae*) nicht dem Seelenheil. Es bedrohe dieses vielmehr. Er brandmarkte auch das, was er als die «Lügen» der Rhetorik bezeichnete. Ein anderer Teilnehmer an dieser Debatte nannte Vergil einen «Lügner». Er scheint davon ausgegangen zu sein, daß Vergils Darstellung der Flucht des Aeneas aus Troja entweder tatsächliche historische Wahrheit oder ein Bündel von Lügen sein müsse. In seiner geistigen Welt gab es keinen Platz für den modernen Begriff der «Fiktion».

Salutati antwortete mit einer Verteidigung der Poesie gegen ihre «Verleumder», die modernen Auffassungen ebenso fern steht, da sie sich ausschließlich (wie im Falle des Johannes von Salisbury; vgl. S. 39) auf eine allegorische Interpretation klassischer Mythen, wie jene von den Arbeiten des Herkules, stützte. Die Umhüllung mochte zwar heidnisch sein, aber die innere Bedeutung war eine moralische oder christliche. Salutati behauptete: «Die *studia humanitatis* und die *studia divinitatis* sind derart eng miteinander verbunden, daß ein richtiges und vollständiges Wissen über die eine nicht errungen werden kann ohne die andere» (Trinkaus 1970: 555–62).

Das Problem der Vergleichbarkeit oder Unvergleichbarkeit von klassischer und christlicher Weisheit sollte, solange die Renaissance dauerte, die Humanisten weiterhin sehr stark beschäftigen. Es hatte bereits für die Kirchenväter eine wichtige Rolle gespielt, die zwei Kulturen angehörten, nämlich der klassischen und der christlichen. Sie hatten mit mehr oder weniger Erfolg versucht, beide in ein harmonisches Verhältnis zueinander zu bringen. So bezeichnete etwa Clemens von Alexandria Platon als den griechischen Moses. Lactantius betonte die Vereinbarkeit von Platon und Cicero mit dem Christentum. Hieronymus brachte die Befürchtung zum Ausdruck, daß er selber mehr Ciceronianer als Christ sei.

Zu ihrer Verteidigung zogen die Humanisten oft die Kirchenväter heran. Salutati betonte gegenüber Dominici, daß die Kirchenväter ja schließlich heidnische Autoren zitiert hätten. Etwa zu dieser Zeit übersetzte Bruni eine Abhandlung Basilius' des Großen, Erzbischofs von Caesarea, ins Lateinische und widmete sie Salutati. Darin wurden junge Männer belehrt, wie sie die Klassiker studieren sollten (Abbildung 7). Basilius sprach sich für eine selektive Aneignung des heidnischen Altertums aus und wollte dabei dem Beispiel der Bienen folgen, die «weder alle Blumen gleichermaßen anfliegen, noch versuchen, jene ganz davonzutragen, die sie auswählen, sondern nur das mitnehmen, was für ihr Werk, für ihre Arbeit nützlich ist und den Rest unberührt lassen».

In höchst passender Weise griff Basilius mit diesem Beispiel auf ein althergebrachtes Exempel zurück, das bereits von Seneca (in einem eher moralischen als religiösen Zusammenhang) ausführlich entwickelt worden war. Hieronymus beharrte auf seinem Argument, wechselte aber seine Metapher und behauptete, daß die Christen die Klassiker so benutzen sollten, wie die Israeliten ihre heidnischen Gefangenen behandelt hatten, indem sie ihnen das Haar wegrasiert und die Nägel beschnitten hatten. In seiner Abhandlung *De doctrina christiana* (2. Buch, Kapitel 40) ging Augustinus auf die «ägyptische Beute» ein und interpretierte die biblische Beschreibung des Volkes Israel dahingehend, daß die Israeliten sich vor ihrem Exodus den Schatz der Ägypter angeeignet hatten, und bezog dies auf die klassische Kultur. Petrarca zitierte diese Passage zur Verteidigung des Studiums der Klassiker in seiner Abhandlung *Von der eigenen Unwissenheit und der vieler anderer* und schrieb dazu: «Augustinus füllte seine Taschen und seine Rockschöße mit dem Gold und dem Silber der Ägypter.»

Die Kirchenväter boten weit mehr als einfach nur ein Arsenal von Argumenten gegen die Verleumder der Alten. Den Kirchenvätern erschienen jene gleichsam als alte Kameraden, von denen sie ein Jahrtausend trennte, die aber den gleichen Geist vertraten. Schließlich waren Lactantius und Augustinus eine Zeitlang Rhetoriklehrer gewesen. Kein Wunder also, daß Poggio die Schriften des Hieronymus und des Augustinus studierte, daß Niccolo Niccoli ungefähr fünfzig Manuskripte der griechischen Kirchenväter besaß oder daß der Mönch Ambrogio Traversari, ein Mitglied des Kreises um Bruni, die Briefe des Hieronymus auswendig gekannt haben soll.

Menschen wie Dominici, der die Antike nicht bewunderte, wurden von den Humanisten oftmals im gleichen Sinne wie die Goten und andere Völker, die ins Römische Reich eingedrungen waren und es zerstört hatten, als «Barbaren» bezeichnet. So gratulierte Bruni Poggio, weil er Quintilian aus den «Kerkern der Barbaren» befreit habe, mit anderen Worten: ihn den Mönchen entrissen hatte, die das Manuskript besaßen, ohne dessen Bedeutung zu erkennen. Bruni sprach auch von der britischen «Barbarei» und meinte damit, die Philosophie von Scholastikern wie John Duns Scotus. Die Vorstellung von den «Scholastikern» war eine weitere Erfindung der Humanisten, die dort Einheit sahen, wo die mittelalterlichen Philosophen selber Unterschiede und Konflikte beobachtet hatten. In ähnlicher Weise prägten die Humanisten die Begriffe «finstere Zeiten» oder «Mittelalter» (*Medium aevum*), um die Zeit vor der Wiederbelebung oder «Renaissance» der klassischen Welt, die sie förderten, zu beschreiben. Sie definierten sich selbst geradezu im Kontrast zu einem Mittelalter, das sie in einem gewissen Sinne für diesen Zweck erfunden hatten. Dieses Gefühl der Distanz von der mittelalterlichen Kultur war, wie übertrieben es auch immer sein mochte, ein wichtiger Grundzug der Mentalität dieser Gruppe (Garin, 1961, 1975: 555–62).

Die bildenden Künste

Die Verbindungen zwischen dem Humanismus und den Künsten lassen sich an der Rezeption des Vitruvius verdeutlichen. Wie wir bereits erfahren haben, hatte Poggio im Jahre 1414 ein Manuskript von dessen altrömischer Abhandlung über die Architektur entdeckt. Diese Abhandlung stellte gleichzeitig ein Loblied auf die Architektur als eine auf der Mathematik basierende Wissenschaft und eine Darlegung der Methoden dar, wie man Tempel, Theater oder andere Gebäude konstruieren, das Grundstück wählen oder die Probleme der Akustik lösen solle. Um einen derartigen Text zu interpretieren, muß man die philologischen Fähigkeiten der Humanisten mit dem technischen Können der Baumeister verbinden (die dank Vitruvius unter der Bezeichnung «Architekten» bekannt zu werden begannen). Ihr praktisches Wissen war um so notwendiger, weil die Manuskripte des Vitruvius keinerlei Illustrationen enthielten.

Florenz

In den Werkstätten von Florenz wurde das Wiederaufleben der Antike, das im 14. Jahrhundert noch kaum wahrnehmbar war, in den frühen Jahren des 15. Jahrhunderts immer deutlicher sichtbar. Wie im Falle der Literatur und der Wissenschaft entdecken wir auch hier eine kleine Gruppe von kreativen Einzelpersönlichkeiten, die einander gut kannten. In diesem Falle handelte es sich um einen Kreis um den Architekten Filippo Brunelleschi, zu dem auch der Humanist Leonbattista Alberti, die Bildhauer Donatello und Ghiberti sowie der Maler Masaccio gehörten.

Der Gegensatz zwischen der gotischen Tradition und den von Brunelleschi entworfenen Gebäuden – dem Findelhaus (*Ospedale degli Innocenti*), der *Pazzi*-Kapelle und den Kirchen San Lorenzo und Santo Spirito springt nun ins Auge. Rundbögen treten an die Stelle von Spitzbögen, Fenster und Türen haben flache anstelle von bogenförmigen Gesimsrahmungen, Flächen werden leer gehalten statt mit Ausschmückungen gefüllt. Die Kirchen ähneln nun klassischen Tempeln – oder den frühchristlichen Kirchen, die sich ihrerseits am Modell der Tempel orientierten. Einfachheit und Reinheit sind die Schlüsselbegriffe der Architektur von Brunelleschi und seinen Schülern, dies ist möglicherweise eine Reaktion auf die geradezu luxuriösen Details der Spätgotik.

Zu seiner Zeit wurde Brunelleschi stärker als ein «Erfinder» (als den ihn seine Grabschrift bezeichnet) denn als ein Künstler bewundert. Sein Freund, der Humanist Alberti, sah in ihm nicht den Schöpfer eines neuen Stils, sondern einen brillanten Techniker, der das Problem des Kuppelentwurfs für den Dom von Florenz gelöst hatte, einen der größten Dome, die je gebaut wurden. Und das Ergebnis war, wie Alberti sagt, «so stattlich, daß es das gesamte toskanische Volk mit seinem Schatten bedeckte». Gleichzeitig gibt es Beweise für ein wachsendes Interesse an der Architektur «in antiker Art (*alla antica*)». Dieser Begriff wurde zu Zeiten Brunelleschis für horizontal abschließende Türen und Fenster benutzt, aber in einer Lebensbeschreibung des Architekten, die in der nächsten Generation verfaßt wurde, schrieb man ihm eine erweiterte Bedeutung zu. In dieser Biographie berichtete der unbekannte Autor, wie Brunelleschi die Reste der römischen Architektur studierte und zwischen dorischem, ionischem und korinthischem Stil zu unterscheiden lernte.

Brunelleschi ließ sich auch von Bauwerken des 12. Jahrhunderts (besonders vom Baptisterium in Florenz) und sogar von Werken des 14. Jahrhunderts inspirieren. Er scheint das Baptisterium für ein altrömisches Bauwerk gehalten zu haben, wie auch

Poggio die Werke von Schriftstellern aus der Zeit Karls des Großen für altrömisch gehalten hat (Gombrich 1967). Jedenfalls interessierte sich Brunelleschi eher für Grundprinzipien als für Regeln im engeren Sinne, mit anderen Worten: eher für den Geist als für den Buchstaben der Antike. In ähnlicher Weise betrachtete Alberti die Grundsätze der klassischen Architektur bei einem gotischen Bauwerk wie dem Florentiner Dom. Auch er folgte bei den von ihm entworfenen Gebäuden mittelalterlichen ebenso wie klassischen Modellen. Kurzum, die Zustände waren im Fluß, der gotische und der klassische Stil wurden damals noch nicht als alternativ oder antithetisch angesehen (Burns 1971; Smith 1992).

Im Prolog zu seiner berühmten Abhandlung über die Malerei wandte sich Alberti Brunelleschi zu und sprach zudem «von unserem guten Freund Donato, dem Bildhauer». Nach einer Biographie Brunelleschis aus dem 15. Jahrhundert grub Donatello gemeinsam mit ihm in Rom mit derartiger Emsigkeit in den Ruinen, daß sie gemeinsam den Spitznamen «Schatzjäger» (*quelli del tesoro*) erhielten. Donatellos Interesse an altrömischen Skulpturen offenbart sich in seinen Porträts, seinen Büsten, seinen Reliefs, an seinem David (der ersten nackten Statue seit der Antike) und in dem berühmten Reiterstandbild des Condottiere Gattamelata, das immer noch in Padua zu sehen ist. Wie Brunelleschis Dom war auch Donatellos Standbild eine erfolgreiche Lösung eines technischen Problems, nämlich der schwierigen Aufgabe, das Gewicht von Pferd und Reiter von vier Bronzebeinen tragen zu lassen.

In der Malerei stellte Masaccio, trotz seines frühen, tragischen Todes, ein Gegenüber zu seinen Freunden Brunelleschi und Donatello dar. Sein Fresco der *Dreifaltigkeit* bewies, daß er die Regeln der Perspektive gelernt hatte, während der monumentale Stil seines *Zinsgroschen*-Freskos an Giotto erinnert. Im späteren Verlauf jenes Jahrhunderts beschrieb der florentinische Humanist Cristoforo Landino seinen Stil als «rein und ohne Schmuck (*puro senza ornato*)», ein Ausdruck, den man auch auf Brunelleschi hätte anwenden können und der dem Interesse an einem reinen Latein entsprach, wie es Leonardo Bruni und sein Kreis vertraten. Masaccio wurde auch von Landino für seine gekonnte «Nachahmung der Realität (*imitazione del vero*)» gerühmt.

Landinos Lobrede auf Masaccio erinnert auch an die Verbindungen zwischen dem Humanismus und der bildenden Kunst im Florenz jener Zeit. Zum Freundeskreis Brunelleschis zählten Niccoli, Poggio und Traversari genauso wie Alberti, der behauptete, einige der Künstler seiner Zeit seien denen der Antike gleichwertig, und der sich auf Ciceros Abhandlungen über das Verhalten und die Rhetorik stützte, um Anstand, Würde und Mannigfaltigkeit in der Malerei und der Architektur zu erörtern (Onians 1988: 130–46). Nachdem die Intellektuellen lange Zeit auf die bildenden Künste herabgeblickt hatten, weil sie den Einsatz von Handarbeit erforderlich machten, gewannen diese Künste oder zumindest einige von ihnen damals an Ansehen.

Der bereits früher erörterte «städtisch-bürgerliche Humanismus» besaß seine Parallelen im Bereich der Kunst. Die öffentliche Förderung (beispielsweise durch Gilden) war im Florenz des frühen 15. Jahrhunderts wichtig, weil die Kunst eine Ausdrucksform des Patriotismus geworden war. Donatellos Heiliger Georg, sein David und seine Judith sind allesamt auf ihre Weise als Symbole der Stadt Florenz verstanden worden, während der Drache, Goliath und Holofernes für die Feinde der florentinischen Republik stehen. Die berühmtesten Werke des frühen 15. Jahrhunderts waren öffentliche Gebäude wie das *Findelhaus* oder Gemälde an öffentlichen Orten wie Masaccios *Zinsgroschen* in S. Maria del Carmine, sie waren für jedermann sichtbar (Paoletti und Radtke 1997: 176–90).

Städtisch-bürgerliche Werte und Themen wurden im späteren Verlauf des 15. Jahrhunderts, während der sechzig Jahre der Herrschaft der Medici von 1434 bis 1494, weit weniger sichtbar. Dort wo Leonardo Bruni und seine Freunde das aktive Leben gepriesen hatten, betonte eine neue Generation florentinischer Gelehrter im Kreis um Cosimo de'Medici und seinen Enkel Lorenzo den Prächtigen die Kontemplation und das Studium esoterischer Weisheiten. Ihr Lieblingsphilosoph war Platon, dem zu huldigen sie in den 1460er Jahren eine «Akademie», das heißt einen Diskussionszirkel, gründeten.

Drei Humanisten des späten 15. Jahrhunderts, die sämtlich in Florenz lebten, sollen hier herausgegriffen werden, um diese Tendenz zu verdeutlichen: Cristoforo Landino, Marsilio Ficino und Angelo Poliziano. Landino, dessen Lob des Masaccio bereits oben zitiert wurde, ist vor allem wegen seiner Kommentare zu Dante und Vergil bekannt. Er stellte Vergil als einen Platoniker dar, dessen Dichtung voller «Mysterien» und «der tiefsten Geheimnisse der Philosophie» sei. Landinos Schüler Marsilio Ficino nannte sich selber einen «platonischen Philosophen» und bezeichnete Platon als Theologen, als einen griechisch sprechenden Moses (Garin 1947; Field 1988; Hankins 1990, Band 1: 267–359). Er glaubte, daß eine «altertümliche Theologie» (*prisca theologia*), ein System von Geheimlehren, die den christlichen Lehren vorausgingen, in den Schriften von Pythagoras, Platon und dem altägyptischen Weisen Thoth, der auch unter dem Namen Hermes Trismegistus bekannt war, zu finden sei (Yates 1964: 62–83; Walker 1972: 30–59). Ficino behauptete auch, daß bestimmte Dichter (beispielsweise Orpheus) Propheten gewesen seien, die Ekstasen durchlebt hätten und von Gott inspiriert worden seien, Wahrheiten zum Ausdruck zu bringen, «die später, wenn ihre Raserei nachgelassen hat, von ihnen selbst nicht mehr besonders gut verstanden werden».

Ein weiteres Mitglied von Ficinos Kreis in Florenz war Giovanni Pico della Mirandola (letzteres ist eine Stadt in der Nähe von Modena). Auch er interessierte sich für okkulte Geheimlehren, die nur den Eingeweihten bekannt waren, aber vor dem Volk verborgen gehalten wurden. Als Landino eine allegorische Interpretation von Vergils *Aeneis* anbot, behauptete Pico, auch Homers *Odyssee* besitze eine versteckte philosophische Bedeutung. Am berühmtesten ist er heute für sein Werk *De hominis dignitate*, das eloquenteste der humanistischen Traktate zu diesem Thema. Hier verbindet er die Bibel mit Platon, um einen Schöpfungsmythos zu schaffen, in dem Gott dem Adam sagt, er sei frei, «sich selbst in der Weise zu gestalten, die ihm am besten gefalle». Picos intellektuelle Ambitionen werden an den 900 Thesen deutlich, die er im Jahre 1486 in einer öffentlichen Debatte in Rom verteidigen wollte, und dabei bediente er sich nicht nur griechischer und römischer, sondern auch jüdischer Traditionen und dessen, was er für ägyptische und persische Traditionen hielt. All das, so behauptete er, könne miteinander versöhnt werden, sobald man einmal die allem zugrundeliegenden Mysterien verstanden habe (Garin 1961; Secret 1964: 24–43).

Was Poliziano betrifft, so war er im Lateinischen wie im Italienischen gleichermaßen als Dichter und als Gelehrter mit einer beachtlichen Begabung für Textkritik bedeutsam. Seine *Miscellanea* von 1489, eine Sammlung von Untersuchungen über die klassische Literatur, waren Virtuosenstücke der Philologie, ob sie sich nun auf Texte (und deren Verfälschungen im Verlaufe der Überlieferung) oder auf ihre historischen Kontexte konzentrierten (Branca 1973; Grafton 1991: 47–75). Wo es Bruni darum gegangen war, seinen Mitbürgern von der griechischen und römischen Kultur zu berichten, weil er glaubte, daß klassische Beispiele für seine Gegenwart von Bedeutung seien, betrieb Poliziano die Gelehrsamkeit um ihrer selbst willen und schrieb im Grunde für seine Gelehrtenkollegen.

Kurzum, es ging der florentinischen «neoplatonischen» Bewegung, wie sie von manchen Gelehrten heute genannt wird, um esoterisches Wissen für kleine Gruppen von Eingeweihten. Diese Entwicklungen ereigneten sich gleichzeitig mit einer Bedeutungsverlagerung von der öffentlichen zur privaten Kunst. Anders als zu Beginn des Jahrhunderts gingen die berühmtesten Werke auf private Aufträge zurück, so etwa der Palazzo Medici oder Botticellis *Primavera*, ein Gemälde, das nur wenige zu sehen bekamen und das – angesichts seiner Bezüge zur klassischen Literatur und Philosophie – noch weniger Menschen verständlich war (Dempsey 1992).

Rom, Neapel und Mailand

Die erste Phase der Rezeption der Renaissance bestand in der Ausbreitung der Innovationen von Florenz in anderen Teilen Italiens. Diese Rezeption wurde durch die «Kulturpolitik» von Cosimo und Lorenzo de'Medici gefördert, die sich darum bemühten, Künstler aus Florenz an den Höfen von Rom, Neapel, Mantua, Ferrara und anderswo unterzubringen (Warnke 1985: 46–54). Es ist jedoch wichtig, eine ausschließlich auf Florenz konzentrierte Interpretation der Bewegung zu vermeiden, die die Einführung von Neuerungen durch Bewohner anderer Regionen leugnet.

Zu den führenden Humanisten des frühen 15. Jahrhunderts zählen beispielsweise: der venezianische Patrizier Francesco Barbaro; Pietro Paolo Vergerio, der aus Capodistria im äußersten Nordosten Italiens stammte; und schließlich Antonio Loschi aus Vicenza. Für alle drei waren ihre Jahre in Florenz im Kreise von Salutati und Bruni wichtig, doch waren sie bereits Humanisten, ehe sie nach Florenz kamen. Auch die Entdeckung antiker Manuskripte stellte kein Monopol toskanischer Gelehrter dar. So entdeckte beispielsweise in Lodi, in der Nähe von Mailand, der dortige Bischof Ciceros Schriften über die Rhetorik. Der sizilianische Humanist Giovanni Aurispa brachte 1420 ungefähr 200 Manuskripte von Konstantinopel nach Italien. Wir sollten uns daher auch Rom, Neapel, Mailand und die kleinen Höfe im Norden, wie Ferrara und Mantua, sowie schließlich Venedig genau anschauen.

Um die Mitte des 15. Jahrhunderts war zumindest einige Jahre lang Rom als Zentrum des Humanismus wichtiger als Florenz (Holmes 1986). Damals wurden zwei Humanisten zu Päpsten gewählt: Nikolaus V. und Pius II. Nikolaus gab eine Reihe von Übersetzungen griechischer Klassiker ins Lateinische in Auftrag und bat Poggio, der schließlich doch noch griechisch gelernt hatte, den Xenophon zu übersetzen, und den römischen Humanisten Lorenzo Valla um eine Übersetzung des Thukydides. Nikolaus plante außerdem den Wiederaufbau Roms, und Alberti widmete ihm seine Abhandlung über die Architektur. Die päpstliche Kanzlei war eine weit größere Behörde als die Kanzlei der Republik Florenz, und sie bot einer Gruppe von berühmten Humanisten Beschäftigung. Dadurch kamen Gelehrte aus verschiedenen Teilen Italiens zusammen. Bruni hatte von 1405 bis 1415 dort gearbeitet. Poggio, der ebenfalls in der Kanzlei arbeitete, verbrachte den größten Teil seines Lebens in Rom (aus diesem Grunde schrieb er so viele Briefe an seinen Freund Niccoli in Florenz).

Gleiches gilt für den Gelehrten Flavio Biondo aus Forli, dessen Arbeit im päpstlichen Dienst ihm genug Freizeit ließ, um eine Reihe von Büchern zu verfassen. In einem dieser Werke, *De Roma restaurata*, beschrieb Biondo die Gebäude der antiken Stadt und beschwor ihre Tempel, Theater, Bäder, Tore, Obelisken etc. wieder herauf. In dem Folgeband *De Italia illustrata* erweiterte er seine Bemühungen auf ganz Italien, das er in seine vierzehn antiken Regionen unterteilte. *De Italia illustrata*, das 1453 vollendet wurde, stellte ein exemplarisches Werk jener Wissenschaft dar, die unter dem Namen «Chorographie» (Länderkunde) als Untersuchung zur Lokalgeschichte bekannt war. Dabei ging es auch um örtliche Personen von Verdienst und Würde, doch ganz besondere Aufmerksamkeit galt der materiellen Kultur, den Kirchen, Plätzen, Brücken etc. (Weiss 1969).

Einer der führenden Humanisten war in Rom geboren und ausgebildet worden: Lorenzo Valla. Er lehrte auch an der dortigen Universität und zu seinen Schülern gehörte Pomponio Leto, der später Dozent an der gleichen Institution wurde (Abbildung 5). Valla kann man durchaus als das *enfant terrible* des Humanismus bezeichnen. In einem Zeitalter, das von scharfzüngigen Gelehrten geprägt war, stach er ausgerechnet durch seine beißende Schärfe hervor. Er verletzte bestimmte Philosophen, indem er Aristoteles und die Sprache der Scholastiker kritisierte (der er die Alltagssprache vorzog), forderte gewisse Juristen heraus, weil sie es gewagt hatten, die Autorität des Bartolus (eines italienischen Juristen des 14. Jahrhunderts) zurückzuweisen und beleidigte Rhetoriker (darunter auch Poggio), weil sie Quintilian gegenüber Cicero den Vorrang einräumten. Vallas Überempfindlichkeit in sprachlichen Fragen machte ihn wie auch Petrarca zu einem eindrucksvollen Textkritiker der Schriften des Livius. Im Vorwort zu seiner lateinischen Grammatik, der *Elegantiae*, behauptete Valla, ein gutes Latein habe nur während des Römischen Reiches in Blüte gestanden und dann infolge der Invasionen der Barbaren einen Niedergang erlebt. «Es ist nicht nur so, daß viele Jahrhunderte lang niemand richtig Latein gesprochen hat, nein, es hat auch niemand [diese Sprache] angemessen verstanden, wenn er sie las ... als sei es nach dem Fall des Römischen Reiches nicht mehr angebracht gewesen, daß die römische Sprache gesprochen oder verstanden werden sollte».

Da er sich der Wandlungen der lateinischen Sprache über die Jahrhunderte hinweg bewußt war, konnte Valla erkennen, daß die berühmte «Konstantinische Schenkung» auf einem gefälschten Dokument beruhte, das Jahrhunderte nach dem Tode des Kaisers Konstantin verfaßt worden war. Diesem «Dokument» zufolge hatte der Kaiser nach seinem Übertritt zum Christentum dem Papst jene Länder übertragen, die später Kirchenstaat genannt werden sollten. Valla war sich auch der Tatsache bewußt,

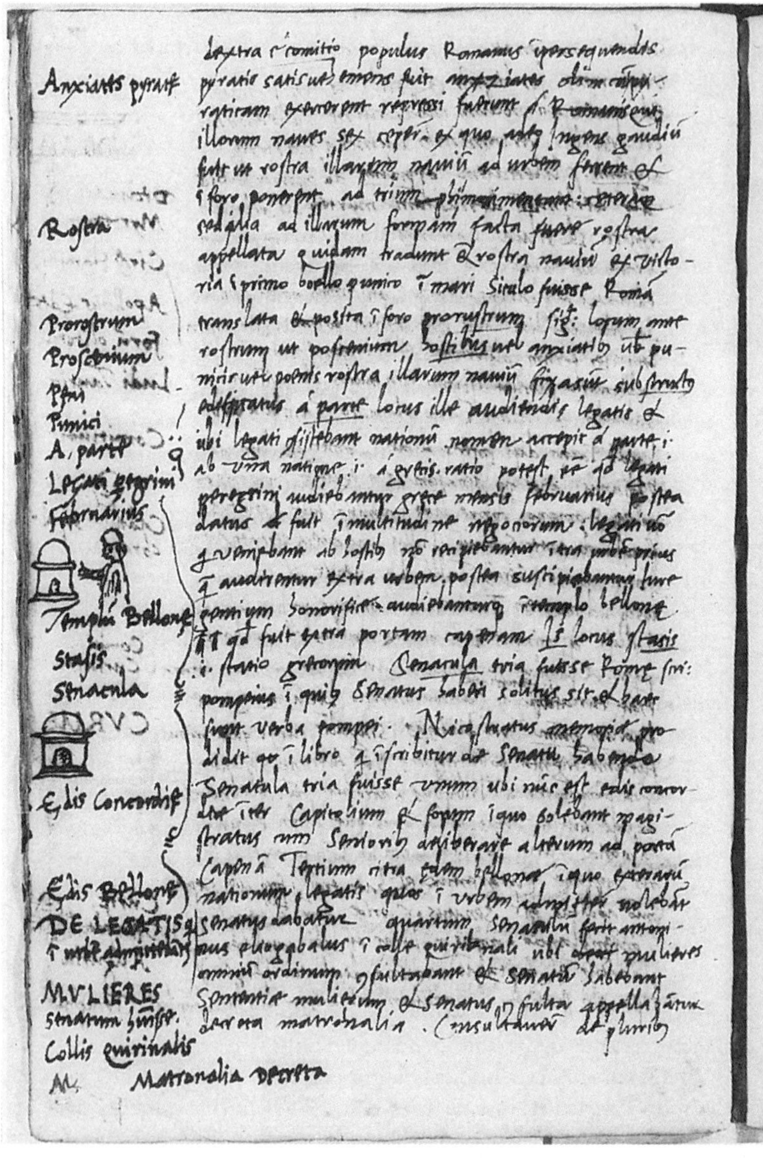

2. Karikatur eines Lehrers im Notizbuch eines Schülers von Pomponio Leto, Biblioteca Apostolica Vaticana.

daß altrömische juristische Texte im Verlaufe ihrer Überlieferung über die Jahrhunderte hinweg verfälscht worden waren, und er unterbreitete Vorschläge zu ihrer Korrektur; in diesem Zusammenhang behauptete er, daß die Juristen seiner Zeit die römischen Institutionen der Antike nicht verstünden. Die konstruktive Seite der Philologie des Valla läßt sich an seinen *Annotationes in Novum Testamentum* erkennen, die dem Papst Nikolaus V. gewidmet sind. In diesem Werk klärt er die Bedeutung bestimmter Passagen aufgrund seiner Kenntnisse der griechischen Sprache (Gaeta 1955; Kelley 1970: 29–50; Camporeale 1972; Bentley 1987: 84–137).

Einige der wichtigen Werke Vallas wurden nicht in Rom, sondern in Neapel verfaßt, als er in den 30er und 40er Jahren des 15. Jahrhunderts am dortigen Hofe Alfonso von Aragons als königlicher Sekretär beschäftigt war. Alfonso interessierte sich für die klassische Antike. Er ließ sich die römische Geschichte des Livius vorlesen und sammelte römische Münzen (eine elfenbeinerne Truhe mit den Münzen des Augustus begleitete den König bei seinen Reisen). Auch lud Alfonso eine Gruppe von begabten Humanisten an seinen Hof, die miteinander um seine Aufmerksamkeit wetteiferten. Der Sizilianer Antonio Beccadelli beispielsweise erhielt 1000 Dukaten für die Zusammenstellung einer Sammlung von Anekdoten (nach dem Muster der Anekdoten des Xenophon über Sokrates), in denen Alfonso als ein perfekter Fürst dargestellt wurde. Der Ligurier Bartolomeo Fazio wurde als Hofhistoriker eingestellt und schrieb eine Lebensgeschichte des Königs sowie eine Sammlung von Biographien berühmter Männer seiner Zeit. Es ist interessant zu sehen, wer als prominent galt. Seite an Seite mit Fürsten und Feldherren finden wir Humanisten wie Leonardo Bruni und Künstler wie Donatello.

Mailand war im 15. Jahrhundert ein weiteres wichtiges Zentrum des Humanismus. Antonio Loschi beispielsweise, der Kanzler von Mailand, schrieb gegen Florenz und war das Ziel der Beleidigungen von Salutati und Bruni. Piero Candido Decembrio schrieb eine Lobrede auf Mailand in der Art von – und in Erwiderung auf – Brunis Lobrede auf Florenz. Unter der Herrschaft der Visconti und der Sforza war die mailändische Kanzlei ein Mittelpunkt humanistischer Kultur. In einem Brief von 1488 berichtete Jacopo Antiquario von der Entdeckung «einer Anzahl junger Schreiber, die die Geschäfte ihres Fürsten vernachlässigten und über dem Studium eines Buches alles vergaßen»; bei dem Buch handelte es sich um Polizianos *Miscellanea*.

Auch die Künste erfuhren eine Erneuerung. So traf beispielsweise der florentinische Architekt Antonio Avellino, genannt Filarete (griech. «Freund der Tugend»), 1451 in Mailand ein und entwarf das *Ospedale Maggiore*, ein Gebäude, das – wie Brunelleschis *Findelhaus* in Florenz – einen Bruch mit der Vergangenheit signalisiert. Filarete lobte Brunelleschi, weil er «den antiken Baustil» wiederbelebt habe, und er drängte seine Kollegen, das aufzugeben, was er «den modernen Stil» nannte (mit anderen Worten: die Gotik), den die Barbaren nach Italien mitgebracht hatten. «Derjenige, der dem Vorbild des Altertums in der Architektur folgt», schrieb er, «tut genau das gleiche wie ein Literat, der danach strebt, den klassischen Stil von Cicero und Vergil wiederzubeleben.» Filarete erhellt wie sein Nachfolger Leonardo da Vinci, der in den 1480er Jahren nach Mailand kam, die Bedeutung einer Diaspora florentinischer Künstler bei der Verbreitung der Renaissance über ganz Italien. Auf der anderen Seite zeigt die Cappella Colleoni in Bergamo, die in den 1470er Jahren von dem Lombarden Giovanni Antonio Amadeo entworfen wurde, die Bedeutung lokal geprägter Bautypen. In vielen Einzelheiten trägt die Kapelle klassische Züge, was auf Filarete und wohl auch auf die antiken Forschungen norditalienischer Humanisten zurückzuführen ist. Doch könnte sie sich kaum stärker von der Florentiner Frührenaissance unterscheiden, denn jede erdenkliche Stelle ist mit Putten besetzt, mit Medaillons, Köpfen römischer Kaiser und anderem schmückendem, klassischem Beiwerk wie Akanthusblättern, Girlanden, Urnen und Trophäen in Gestalt antiker Rüstungen und Waffen (Schofield 1992).

Ferrara, Mantua, Venedig

Einige der im letzten Abschnitt behandelten Beispiele legen nahe, daß die neuen Formen der Kunst und Literatur Fürsten und Republiken gleichermaßen ansprachen, da sie ihre Herrschaftsordnungen mit dem Prestige des antiken Rom in Verbindung brachten. Wie dem auch sei, so scheinen sich doch einige Herrscher mit diesen Dingen zumindest zum Teil um ihrer selbst willen beschäftigt zu haben. Ihre Begeisterung für die Antike scheint sich bereits entwickelt zu haben, als sie noch jung waren.

Die Bedeutung humanistischer Schulen wird an den beiden kleinen Höfen von Ferrara und Mantua besonders deutlich. Guarino von Verona, der in Konstantinopel studiert hatte, wurde 1429 eingeladen, in Ferrara eine Schule zu gründen, die in erster Linie den Mitgliedern der Familie Este, den Beherrschern der Stadt, diente. Guarino bemühte sich darum, mit Hilfe der moralischen Abhandlung *De officiis* von Cicero und der Schriften des Plutarch, den Charakter genauso sorgfältig wie den Intellekt auszubilden. Einer seiner früheren Schüler, Vittorino da Feltre, war bereits 1423 von der Herrscherfamilie der Gonzaga nach Mantua eingeladen worden. Vittorino, der dort zwanzig Jahre lang unterrichtete, war wie Guarino ebenso stark um das Verhalten wie um das Wissen bemüht. Auch er behandelte in seinem Unterricht die Schriften des Plutarch. Er ermutigte seine Schüler, Spiele zu spielen, und versuchte, den Prozeß des Lernens so genußreich wie möglich zu gestalten. Ein früherer Schüler erinnerte sich: Vittorino «vermittelte seinen Schülern sehr viel praktische Erfahrung bei der Deklamation, beim öffentlichen Plädoyer in fiktiven Fällen, als habe man vor dem Volke oder dem Senat zu sprechen».

Dank der Erfolge von Guarino und Vittorino kannte die nächste Generation von Fürsten den Humanismus gut: Lionello und Borso d'Este in Ferrara, Ludovico Gonzaga in Mantua und Vittorinos früherer Schüler Federico da Montefeltro in Urbino. Wenn ihre Erziehung das politische Verhalten dieser Fürsten nicht beeinflußte, so bestimmte sie doch zumindest weitgehend ihre Haltung gegenüber den Künsten. Lionello beispielsweise schrieb Gedichte und sammelte Manuskripte der Klassiker. Ludovico Gonzaga erteilte Alberti den Auftrag, eine Kirche in Mantua zu entwerfen und lud Andrea Mantegna ein, sein Hofmaler zu werden.

Federico von Urbino schließlich versuchte, gleichzeitig ein Berufssoldat und Literat zu sein. Um diese Kombination zu versinnbildlichen, zeigt ein Porträt Federico in Rüstung bei der Lektüre eines Buches. Seine Bibliothek von Manuskripten war zu seiner Zeit berühmt. Einen Eindruck von der Weite seiner geistigen Interessen kann man aus der Porträtserie berühmter Männer gewinnen, den er für sein Studiolo in Auftrag gab. Es umfaßte 28 Bildnisse, von denen zehn Persönlichkeiten der Antike darstellten (Platon und Aristoteles, Cicero und Seneca, Homer und Vergil, wie wohl zu erwarten war, aber auch Euklid, Hippokrates, Ptolemäus und Solon, die ihrerseits die Mathematik, die Medizin, die Astronomie und das Rechtswesen repräsentierten). Bei vier der berühmten Gestalten handelte es sich um Kirchenväter, während zu den modernen Persönlichkeiten Dante, Petrarca und der alte Lehrer des Herzogs, Vittorino da Feltre, zählten. Unter den Gestalten aus der neueren Zeit befanden sich auch die scholastischen Philosophen Thomas von Aquin und Duns Scotus, eine lebhafte Erinnerung an die Tatsache, daß die Verachtung für die Scholastiker, wie sie Petrarca, Bruni und Valla zum Ausdruck gebracht hatten, unter den Humanisten nicht generell verbreitet war.

Eine bekannte Gestalt stellte an diesen kleinen Höfen Pisanello dar, der für Ludovico Gonzaga und Lionello d'Este sowie auch für Alfonso von Aragon arbeitete. Pisanello war in humanistischen Kreisen hochgeschätzt. Ein Epigramm eines Humanisten aus Urbino verglich ihn mit den antiken griechischen Bildhauern Phidias und Praxiteles. Pisanellos bekannteste Leistung bestand in einer Serie von Medaillen, bei der er sich an antiken römischen Münzen orientierte. Wie eine Münze wurde eine solche Medaille mit Hilfe einer Gußform «geschlagen». Neu allerdings war der Gedanke, diese Technik zu verwenden, um Bildnisse hervorzubringen, die der Besitzer Freunden, Verwandten oder Klienten schenken konnte. Normalerweise gab es dabei ein lebensechtes Porträt im Profil auf der einen Seite und ein symbolisches Bild oder ein Emblem auf der anderen sowie eine *inscriptio*, die es dem Betrachter gestattete, das Emblem zu entschlüsseln.

Pisanello bietet ein bemerkenswertes Beispiel dessen, was die Linguisten als «Strukturverschiebung» bezeichnen. Denn er wechselte, je nach Auftraggeber und Anlaß, zwischen Stilformen der Renaissance und der Gotik. Ein Raum, den er in den 1440er Jahren in Mantua mit Fresken versah, zeigte die Abenteuer der Ritter am Hofe des Königs Artus und war möglicherweise mit einem runden Tisch ausgestattet. Die fortlebende Begeisterung an den italienischen Höfen für das Rittertum zeigt sich auch an der Praxis der Turnierspiele, der Bestellung von Manuskripten mit Rittererzählungen und an den Namen einer Anzahl von Fürsten und Fürstinnen des 15. Jahrhunderts wie Galeazzo (Galahad), Isotta (Iseult), Lionello (Lionel) und so weiter. Diese Begeisterung fiel zusammen mit der Leidenschaft mancher dieser Fürsten für Manuskripte des Plutarch, für römische Münzen und für die Gemälde von Piero della Francesca oder Mantegna (Woods-Marsden 1988; Paoletti und Radtke 1997: 246–50, 281–93).

Mehr als vierzig Jahre lang war Andrea Mantegna der Hofmaler der Gonzaga zu Mantua. Sein Werk beeindruckt durch seine Beherrschung der Perspektive und Monumentalität, aber Mantegna ragt auch deshalb hervor, weil er künstlerische und humanistische Interessen miteinander verband. Er war mit Gelehrten befreundet und teilte deren Begeisterung für römische Altertümer. Diese Leidenschaft wird in seinem Werk deutlich, dies gilt vor allem für die Reihe von neun großen Ölgemälden auf Leinwand, die als *Triumphzug Cäsars* bekannt sind. Seine Bemühungen um die genaue Darstellung von Einzelheiten der Rüstung und der Waffen römischer Soldaten zeigt Mantegnas Bewußtsein für Anachronismen und sein sorgfältiges Studium antiker Münzen und Skulpturen wie etwa der Reliefs an der Trajanssäule in Rom (Greenstein 1992).

Auf Venedig soll hier zuletzt eingegangen werden, weil die Republik, die für ihre Stabilität berühmt war, jeglichen Wandel nur relativ langsam akzeptierte. Die venezianischen Patrizier Francesco Barbaro, Ermolao Barbaro der Ältere und Leonardo Giustinian waren allesamt frühere Schüler des Guarino von Verona, und ihre humanistischen Interessen pflegten sie auch als Erwachsene weiter. Francesco beispielsweise verband ein aktives Leben als Diplomat und Inhaber hoher Ämter mit der Jagd nach Büchern und dem Verfassen einer Abhandlung über die Ehe. Dennoch begannen die Venezianer erst gegen Ende des 15. Jahrhunderts bedeutsame Beiträge zu den *studia humanitatis* zu liefern. Ermolao Barbaro der Jüngere etwa war ein Freund Polizianos und gleich ihm ein führender Textkritiker. An der Universität Padua hielt er Vorlesungen über die *Ethik* und die *Politik* des Aristoteles, dabei kehrte er zum griechischen Original zurück (wie Leonardo Bruni es in seinen Übersetzungen eine Generation zuvor getan hatte), und er versuchte herauszuarbeiten, was Aristoteles wirklich gemeint hatte, indem er seine Texte Schicht um Schicht von Kommentaren mittelalterlicher und arabischer Philosophen reinigte (Branca 1973).

Auch in den bildenden Künsten leisteten die Venezianer dem neuen Stil eine Zeitlang Widerstand; das mag auf Konservatismus zurückzuführen sein oder auch daran gelegen haben, daß in jener kosmopolitischen Stadt genügend Alternativen zur Verfügung standen. In den 1470er Jahren entwickelten beispielsweise die Brüder Gentile und Giovanni Bellini ihren besonderen Stil der Malerei. Im Falle Gentiles war eine der Besonderheiten seines Stils auf ein Interesse am Orient zurückzuführen, das durch eine Reise nach Istanbul gefördert wurde, die dem Zweck diente, dort ein Porträt des Sultans zu malen. Möglicherweise ist es kein Zufall, daß etwa zum Zeitpunkt der Rückkehr Bellinis nach Venedig Handwerker damit begannen, jene dekorativen Muster zu benutzen, die als «Arabesken» bekannt wurden. Von Venedig aus und möglicherweise auch von Spanien her verbreiteten sich diese Muster in anderen Teilen Europas (Morison 1955; Raby 1982; Brown 1988; Paoletti und Radtke 1997; 258–80).

Ebenfalls gegen Ende des 15. Jahrhunderts geschah es, daß eine Gruppe von Gebäuden *all' antica* in der Stadt errichtet wurde (darunter die Kirche von Santa Maria Formosa), sie waren von Mauro Coducci entworfen und wirkten wegen des blendenden Weiß des Marmors aus Istrien besonders beeindruckend. Manche der Kirchen, wie etwa San Giovanni Crisostomo, folgten byzantinischen Plänen. Daher ist behauptet worden, die Architektur in Venedig, das lange Zeit enge Verbindungen zu Konstantinopel unterhielt, habe eine byzantinische Wiederbelebung erfahren. Dabei sei nicht nur der gotische Stil, sondern auch dessen florentinische Alternative zurückgewiesen worden (McAndrew 1969; Howard 1980: 114–27).

Beide Städte und ihre jeweiligen Höfe sind von verschiedenen Historikern als Milieus herausgestellt worden, die für die neuen Tendenzen in Kunst und Humanismus besonders günstig waren. Zu entscheiden, welche Umgebung die günstigere war, ist weniger nützlich als hervorzuheben, daß sie komplementäre Funktionen erfüllten. Die Einwohner von Stadtrepubliken fanden es leichter, sich mit römischen Republikanern zu identifizieren. Gewerbestädte, insbesondere Florenz, waren Zentren der Ausbildung von Künstlern und begründeten sozusagen eine Tradition der Erneuerung. Die Höfe dagegen stellten Umgebungen dar, die bei entsprechendem Interesse des Herrschers begabte Leute aus unterschiedlichen Orten anziehen konnten (Warnke 1985).

Im 15. Jahrhundert, wenn nicht später, scheinen die Höfe für Frauen, die sich für Wissenschaft und Künste interessierten, ein günstigeres Milieu als die Städte dargestellt zu haben. Es stimmt, daß in Florenz Alessandra Scala, die Tochter des Humanisten Bartolomeo Scala, ebenso in der Lage war, die klassische Literatur zu studieren, wie ihre venezianische Kollegin Costanza Barbaro, die Tochter des Humanisten Francesco Barbaro. Eine weitere Venezianerin, nämlich Cassandra Fedele, hielt öffentliche Vorlesungen vor dem Dogen und der Universität von Padua. In Verona verfolgte die Aristokratin Isotta Nogarola humanistische Interessen. Doch für all diese Frauen war es nicht leicht, von männlichen Humanisten akzeptiert zu werden (Grafton und Jardine 1986: 29–57; King 1980).

An den Höfen andererseits mußten sich die Frauen nicht auf die Rollen von Ehefrauen und Müttern beschränken, und es war weniger bedeutsam, ob die männlichen Humanisten sie akzeptierten oder nicht. Cecilia Gonzaga, Tochter von Ludovico Gonzaga, dem Herrscher von Mantua, wurde von Vittorino da Feltre erzogen und gab bei Pisanello eine Medaille in Auftrag. Battista da Montefeltre (Federicos Tante), für die Bruni sein Werk *De studiis* verfaßte, entstammte der Herrscherfamilie von Urbino. Sie schrieb Bücher und hielt eine lateinische Rede, als der Kaiser den Hof besuchte. Noch besser bekannt sind die kulturellen Interessen der Isabella d'Este (vgl. unten, S. 107). Ähnliche Chancen boten sich an den Höfen anderer Teile Europas, und sie sollen im folgenden Kapitel erörtert werden.

2.

Rezeption und Widerstand

Ein Thema muß der Liste der Entdeckungen im vorangegangenen Kapitel noch hinzugefügt werden: die Entdeckung der neuen italienischen Kultur durch das übrige Europa. Diese Entdekkung vollzog sich schrittweise.

Im 14. und 15. Jahrhundert war die europäische Kultur im wesentlichen mittelalterlich. Hinsichtlich der Grundtendenzen läßt sich sagen: Die gotische Kunst blühte weiterhin in vielen Gegenden, als habe Brunelleschi niemals existiert. Sie kam keineswegs zum Stillstand, sondern entwickelte neue Formen wie den «style flamboyant» und den «perpendicular style» in der Architektur. Auch die scholastische Philosophie fuhr im Zeitalter von Duns Scotus und William von Ockham fort, sich in neue Richtungen zu entwickeln. Die Werte des Rittertums kamen in neuen Romanzen wie der katalanischen *Tirant lo Blanc* und der englischen *Morte d'Arthur* zum Ausdruck, die beide in den 1460er Jahren verfaßt wurden, also zu dem Zeitpunkt, da Mantegna nach Mantua zog, und Jahrzehnte nach den Arbeiten solcher italienischer Humanisten wie Alberti, Poggio und Pius II. (Enea Silvio de' Piccolomini); dieser Papst war höchstpersönlich der Autor von belletristischen Werken wie der *Historia de duobus amantibus* («Die Erzählung von den zwei Liebenden»).

Die von Jacob Burckhardt beschriebene kulturelle Welt Italiens koexistierte also mit der französisch-flämischen Welt, wie sie der niederländische Historiker Johan Huizinga heraufbeschworen hat (Huizinga 1919). Was aber hatte das letztgenannte Milieu mit der Renaissance zu tun? In seinem berühmten Werk *Herbst des Mittelalters,* das 1919 erstmals erschien, folgte Huizinga zwar einerseits Burckhardt, konkurrierte aber andererseits mit ihm und wich von ihm ab. Er folgte ihm, indem er ein anregend geschriebenes Werk zur Kulturgeschichte verfaßte, in welchem das gesellschaftliche Leben jener Epoche durch die Brille ihrer Kunst und Literatur betrachtet wurde. Er schrieb gesellschaftlichen Auseinandersetzungen und dem künstlerischem Realismus ähnliche Bedeutung zu wie Burckhardt, aber er behauptete, die Italiener seien hinsichtlich dieser Entwicklung keine Pioniere gewesen. Außerdem wich Huizinga insofern von Burckhardt ab, als er eher die Kontinuität als den Wandel betonte, eher mittelalterliche Traditionen wie die Gotik und das Rittertum als das Streben nach Neuem herausarbeitete. Er wählte seine Metapher vom «Herbst» des Mittelalters mit Bedacht, um sowohl ein Gefühl der Reife als auch eines des Niedergangs hervorzurufen.

Eine Renaissance – oder zwei?

Einige neuere Historiker sind tiefer als Huizinga von den kulturellen Innovationen beeindruckt, die mit dem burgundischen Hof in Zusammenhang gebracht werden, der im 15. Jahrhundert als ein kulturelles Modell für einen Großteil Europas diente. So stellte beispielsweise die Ölmalerei wie auch der Gebrauch von Leinwand anstelle von Holztafeln eine flämische Neuerung des 15. Jahrhunderts dar, die Jan van Eyck, einem führenden Maler am burgundischen Hof, zugeschrieben wurde (Panofsky 1953). Insbesondere in der Musik gab es in Frankreich und Flandern eine Reihe von wichtigen und von Selbstbewußtsein zeugenden Innovationen. Seit den 1320er Jahren begannen Zeitgenossen von der «Neuen Kunst» *(ars nova)* in der Musik oder von der «Neuen Schule» oder von den «Modernen» zu sprechen. Selbst die Vorstellung von einer «Renaissance» läßt sich in den Schriften des flämischen Komponisten Johannes de Tinctoris finden, wenn er den Stil von Komponisten wie Guillaume Dufay beschreibt. Andere wichtige Komponisten im polyphonien Stil jener Zeit waren Johannes Ockeghem, Heinrich Isaak und Josquin des Pres.

Aus diesen Gründen sprechen einige Gelehrte von «zwei Renaissancen» im 15. Jahrhundert mit unterschiedlichen Zentren in Norditalien und den südlichen Niederlanden, den beiden am stärksten verstädterten Regionen im Europa jener Zeit (Hale 1993).

Wie die italienische war auch die französisch-flämische Bewegung im Ausland einflußreich. So schickte beispielsweise im Jahre 1431 der König Alfonso von Aragon (der damals noch nicht in Neapel herrschte) einen Maler aus Valencia, Luis Dalmau, nach Flandern, um bei van Eyck zu lernen. Der englische König Eduard IV., der in Brügge im Exil gelebt hatte, bevor er den Thron des Inselreiches bestieg, besaß eine umfangreiche Bibliothek von Manuskripten, die das Werk flämischer Kopisten und Illustratoren darstellten. Heinrich VII. von England war ebenfalls Auftraggeber französischer und flämischer Künstler und Schriftsteller. Tatsächlich ist sogar die These vertreten worden, die englische Renaissance habe Burgund mehr als Italien zu verdanken (Kipling 1977). Ein noch komplexeres Beispiel des kulturellen Austausches stellt das des Malers Michael Sittow dar, der in Reval (Tallinn) geboren, in Brügge ausgebildet wurde und an den Höfen von Isabella von Kastilien und Christian II. von Dänemark, dessen Portrait er gemalt hat, tätig war.

Die Vorstellung von zwei parallelen städtischen Renaissancen im Norden und Süden ist durchaus aufschlußreich, wenn wir zwei Faktoren berücksichtigen. Erstens vollzogen die burgundischen Künstler und Schriftsteller im Unterschied zum Kreis der Neuerer im Florenz des frühen 15. Jahrhunderts keinen scharfen Bruch mit dem, was vor ihnen gewesen war. In diesem Sinne tat Huizinga recht daran, den Wandel als ein herbstliches Phänomen zu betrachten. Claus Sluter beispielsweise, der aus dem Norden der Niederlande stammte, schuf das Grabmal Herzogs Philips des Kühnen von Burgund und zählte zu den großen Bildhauern seiner Zeit. Wie Donatello (der ein paar Jahre jünger war als er) war und ist Sluter berühmt wegen der Individualität und des Gefühlsausdrucks seiner Gestalten. Im Unterschied zu Donatello jedoch war er nicht von klassischen Skulpturen beeinflußt, und aus diesem Grunde erweckt sein Werk einen stärker konventionellen Eindruck (Morand 1991).

Ähnliches läßt sich auf dem Gebiet der Geschichtsschreibung feststellen. Das Werk von Georges Chastellain, der 1455 zum amtlichen Chronisten Philipp des Guten von Burgund bestellt wurde, erwächst aus der Tradition der weltlichen Chroniken, für die etwa Jean Froissart, der ein Jahrhundert früher schrieb, ein bedeutendes Beispiel ist. Chastellain konzentriert sich auf die Geschichtsdarstellung und auf die lebendige Beschreibung von Ereignissen, insbesondere von Feiern, dagegen bietet er keine Analyse von Absichten oder Konsequenzen nach der Art von

Leonardo Bruni oder dessen antiken Vorbildern (vgl. oben, S. 48). In seinen Erinnerungen, die er in den 80er und 90er Jahren des 15. Jahrhunderts verfaßte, bot der Diplomat Philippe de Commynes tiefdringende Beobachtungen über die politische Welt seiner Zeit. Seine Beschreibung der Schlacht von Montlhéry, an der er im Jahre 1465 teilnahm, ist in doppelter Hinsicht bemerkenswert. Er liefert lebendige und realistische Detaildarstellungen wie in jener Szene, da die Bogenschützen vor der Schlacht Wein aus ihren Stiefeln trinken. Das erinnert an Froissart oder die flämischen Gemälde jener Zeit. Das allgemeine Bild eines wenig ruhmreichen Durcheinanders, das er andererseits entwirft, kann einen modernen Leser durchaus an Stendhals *Waterloo* oder Tolstois Schilderung der Schlacht bei Borodino in *Krieg und Frieden* erinnern. Das Denken Commynes' wie auch seine Faszination durch politische Ränkespiele lassen manchmal an seinen jüngeren Zeitgenossen Machiavelli denken, und es überrascht kaum, daß sein Werk im 16. Jahrhundert geschätzt wurde, als man es ins Lateinische, Italienische und Englische übersetzte. Doch mangelt es den Reflexionen von Commynes an der bei Machiavelli zu findenden ständigen Bezugnahme auf das antike Rom. Sein italienischer Freund Francesco Gaddi bewegte sich im Kreise von Ficino und Poliziano, aber Commynes deutet in keiner Weise an, daß er den italienischen Humanismus zur Kenntnis genommen hat (Archambault 1974).

Die zweite und in mancher Hinsicht im Gegensatz dazu stehende Einschränkung zu der These von den zwei Renaissancen besteht darin, daß man die Unabhängigkeit beider Strömungen voneinander nicht überbetonen sollte. Selbst im 14. Jahrhundert war das Interesse am Wiederaufleben der klassischen Traditionen, wie der Anstieg der Übersetzungen bezeugt, nicht auf Italien beschränkt. So gab beispielsweise der Herzog von Bourbon 1373 eine Übersetzung von Ciceros *Amicitia* ins Französische in Auftrag. Karl der Kühne, Herzog von Burgund, hatte einen Erzieher mit humanistischen Interessen, der einen Kopisten in Brügge beauftragte, ein Manuskript von Leonardo Bruni abzuschreiben (zusammen mit einem des antiken Historikers Sallust). Karl persönlich hörte sich Vorlesungen aus den Schriften des Livius an, was auch sein Zeitgenosse Alfonso von Aragon tat. Er hatte eine gute Bibliothek geerbt, die Schriften von Cicero, Livius, Ovid,

Seneca und anderen klassischen Autoren umfaßte. Ein an seinem Hof lebender Portugiese, Vasco de Lucena, widmete dem Herzog eine Übersetzung von Xenophons *Kyru Paideia* («Die Erziehung des Kyros») ins Französische (diese Version beruhte nicht auf dem griechischen Original, sondern auf der lateinischen Übersetzung durch Poggio; Gallet-Guerne 1974).

Im Erziehungswesen begründeten die *Minderen Brüder* (Minoriten), eine Laiengemeinschaft, die im 14. Jahrhundert gebildet worden war und deren Angehörige wie Mönche zusammenlebten, ein Netzwerk von Schulen in den Städten der Niederlande, darunter in Gouda, Zwolle, Deventer und Lüttich. Hinsichtlich ihrer Zurückweisung der Scholastik und ihres großen Interesses an der lateinischen Literatur ähneln diese Brüder den italienischen Humanisten. Aus diesem Grunde stellt es keine Überraschung dar, wenn der berühmteste aller Humanisten, nämlich Erasmus, einer ihrer Schüler war (Hyma 1950).

So war also das Interesse an der klassischen Tradition im 15. Jahrhundert keine ausschließlich italienische Erscheinung, doch in Italien beeinflußte diese Tradition die Künste, insbesondere die bildenden Künste, am stärksten. Möglicherweise gehört eine andere Entwicklung am Rande Europas in den gleichen Zusammenhang, nämlich die sogenannte Neoromanik im Schottland des 15. Jahrhunderts, also die Rückkehr zu Säulen, Rundbogenfenstern und -portalen in den Kathedralen von Aberdeen und Dunkeld (Campbell 1995b). Es mag vielleicht nur ein Zufall sein, daß das Prozessionstor von Melrose Abbey aus den 1420er Jahren stammt, jener Zeit also, in der Brunelleschi sich um eine Reform der italienischen Architektur durch Rückgriffe auf romanische Formen bemühte, die er für klassisch hielt. Oder verfolgten die Schotten etwa die gleichen Gedanken?

Ob wir nun von zwei Renaissancen sprechen oder nicht, so ist es auf jeden Fall wichtig, sich an die kulturellen Austauschprozesse zwischen dem Norden, und hier insbesondere den Niederlanden, und dem Süden, insbesondere Italien, zu erinnern (Warburg 1932). Flämische Komponisten, vor allem Heinrich Isaak und Josquin des Prez (die beide am Hof von Ferrara Anstellung fanden) und Adriaan Willaert (der in Venedig tätig war), genossen in Italien einen großen Ruf. Als Tinctoris 1477 über die musikalische Renaissance in Flandern schrieb, lebte er in

Neapel, und daher ist es durchaus möglich, daß er in Italien die Metapher von der Wiedergeburt kennenlernte.

Was die bildenden Künste betraf, so schickte 1460 die Fürstin Bianca Sforza von Mailand ihren Maler Zanetto Bugatto in die Niederlande, damit er sich bei Roger van der Weyden ausbilden lasse. Als ein Humanist am Hofe Alfonsos von Aragon, Bartolomeo Fazio (vgl. oben, S. 63), eine Reihe von Biographien berühmter Männer seiner Zeit schrieb, waren Jan van Eyck und Roger van der Weyden darunter. Die Kunst der Malerei auf Leinwand wurde in den 1470er Jahren von den Niederlanden aus nach Italien eingeführt. Im gleichen Jahrzehnt arbeitete Justus von Gent am Hofe des Federico da Montefeltre zu Urbino. Das Altarbild der *Anbetung* eines anderen niederländischen Meisters, Hugo van der Goes, wurde 1483 in der Portinari-Kapelle zu Florenz angebracht.

Kulturelle Kontakte zwischen italienischen Humanisten und anderen Europäern, ob sie nun persönlicher Art waren oder durch Bücher erfolgten, wurden ebenfalls immer häufiger. Petrarca besuchte Paris, Köln und Prag. Der englische Dichter und Diplomat Geoffrey Chaucer bereiste 1373 Italien, und seine danach verfaßten dichterischen Werke offenbaren sein Interesse an den Werten von Petrarca und Boccaccio. Der französische Gelehrte Laurent de Premierfait übersetzte sowohl Boccaccio als auch Cicero.

Kurz und gut, wir dürfen nicht annehmen, daß Italien im Europa des 15. Jahrhunderts das Zentrum aller kulturellen Neuerungen war und der Rest des Kontinents eine bloße Peripherie darstellte. Auf der anderen Seite kann man unmöglich die Bedeutung der Verbreitung von Ideen und kulturellen Formen von Florenz, Rom, Venedig, Mailand und weiteren Teilen Italiens in andere Gegenden Europas ignorieren. Wenn es um die Ausbreitung griechischer und römischer antiker Ideen und Formen ging, dann war die Rolle der Italiener besonders wichtig. Die beiden miteinander verbundenen Themen der Wiedergeburt des Klassischen und der europäischen Reaktion auf die italienische Kultur (oder Kulturen) wird im Mittelpunkt der folgenden Seiten stehen.

Frühe Reaktionen

Gelehrte aus Spanien oder genauer gesagt aus Aragon und Katalonien zählten zu den ersten, die sich sowohl für die klassisch-antike als auch für die italienische Kultur interessierten – was eine weitere Voraussetzung für den Gedanken von den zwei Renaissancen ist. So gab beispielsweise Joan Fernández de Herèdia, der Ordensmeister der Johanniter von Aragon, Übersetzungen des Thukydides und des Plutarch in Auftrag (von Texten also, die erst kürzlich in Westeuropa entdeckt worden waren). Seine in Rhodos und anderen Teilen des östlichen Mittelmeerraums verbrachten Jahre hatten bei Herèdia ein Interesse an der griechischen Kultur geweckt. Offensichtlich auf dem Umweg über seine aragonesische Version (die von einem spanischen Bischof auf Rhodos angefertigt wurde), was auf der Grundlage einer modernen griechischen Version geschah (die von einem Notar aus Saloniki erstellt wurde), erreichte ein Text von Plutarch Ende des 14. Jahrhunderts schließlich Italien. Die klassischen Schriften reisten in der Frührenaissance oftmals auf solchen verschlungenen Pfaden (Setton 1956; Luttrell 1960).

Gleichzeitig übersetzte der Majordomus des Königs Johann I. von Aragon Seneca ins Katalanische. König Johann persönlich war ein Sammler von Büchern, der Freude daran fand, die «berühmten Geschichtswerke der Römer und der Griechen», darunter Livius und Plutarch, zu lesen. Er stand im Briefwechsel über literarische Themen mit Herèdia und mit Giangaleazzo Visconti, dem Herzog von Mailand. Der katalanische Autor Bernat Metge bewunderte sowohl die Briefe des Plutarch als auch dessen *Secretum*. Metges berühmtestes Werk *Lo Somni* («Der Traum»), das im Jahre 1398 entstand, stützt sich auf Petrarca und Boccaccio in demselben Maße wie auf Cicero (Rubió i Lluch 1917–8; Rubió 1964).

Die Bedeutung der Stadt Avignon als Vermittler zwischen dem übrigen Europa und Italien im 14. Jahrhundert verdient ebenfalls hervorgehoben zu werden. Dank der Anwesenheit des Papstes und seines Hofes von 1309 bis 1377 wurde Avignon zu einer sehr bedeutenden Stadt, die so groß wie Florenz und Forum internationaler Kontakte und kultureller Neuerungen war (Guillemain

1962). Petrarca wuchs in Avignon auf. Der sienesische Maler Simone Martini arbeitete von 1339 an dort. Herédia lebte an jenem Ort einige Jahre lang. In Avignon studierte Metge im Jahre 1395 die Werke von Petrarca und Boccaccio. Die kulturelle Bedeutung der südfranzösischen Stadt ging erst um das Jahr 1400 zurück, nachdem das Papsttum sich wieder in Rom etabliert hatte.

Etwa ab dem Jahre 1380 war auch Paris ein Mittelpunkt des Interesses an der klassischen Antike, der italienischen Kultur und den *studia liberalia*, dies galt zumindest für eine kleine Gruppe, zu der Jean Gerson, Nicolas de Clamanges und Jean de Montreuil gehörten. Die erhalten gebliebenen Dokumente über diesen Kreis reichen für eine Fallstudie über die Rezeption der Renaissance im nördlichen Europa aus (Coville 1934; Ouy 1973; Saccaro 1975).

Nicolas de Clamanges, ein früherer Sekretär der päpstlichen Kanzlei zu Avignon, behauptete, die literarischen Studien in Frankreich seien bis zur Wiedergeburt in seiner Zeit «begraben» gewesen. Er kritisierte Petrarca, da dieser zu sagen gewagt hatte, es gebe außerhalb Italiens weder Dichter noch Redner, aber er lernte von Petrarca wie auch von Cicero und Quintilian in stilistischen Fragen. Insbesondere interessierte er sich für die Reden des Cicero. Clamanges' Freund Gerson entwickelte eine Kritik der Scholastik, die jener entsprach, die Petrarca formuliert hatte, und er griff die Anhänger des Duns Scotus für ihre allzu spitzfindigen Unterscheidungen an (Simone 1961).

Ein weiterer Freund von Clamanges, Jean de Montreuil, bewunderte Petrarca, «den gefeierten Moralphilosophen», wie er ihn nannte. Er studierte die lateinischen Schriften des Boccaccio (zumindest dessen *Genealogie der heidnischen Götter*) und korrespondierte mit Salutati, «dem berühmtesten aller Lehrer», sowie mit Loschi. Wie die italienischen Humanisten suchte Montreuil nach Manuskripten von Cicero und anderen Klassikern und studierte sie auch. Sogar seine Handschrift zeugte ein wenig von italienischem Einfluß. Einmal verglich er eine Skulptur der Jungfrau Maria mit Arbeiten der griechischen Bildhauer Praxiteles oder Lysippos (deren Namen er nur aus literarischen Quellen kannte). Montreuil hat angeblich auch die Gesetze des spartanischen Herrschers Lykurg an sein Haus schreiben lassen. Zusammen mit seinem Kollegen Gonthier Col, mit dem er über die

Vor- und Nachteile eines aktiven und eines kontemplativen Lebens diskutierte, freundete er sich mit dem Mailänder Homme de lettres Ambrogio de' Migli an – bis sie sich schließlich über Miglis Kritik an Cicero und Vergil zerstritten.

Col und Montreuil fanden beide Posten als Sekretäre bei dem großen Wohltäter Jean Duc de Berry, dem Bruder sowohl von König Karl V. als auch von Philipp dem Kühnen von Burgund. Der Herzog unterstützte auch Premierfait, als dieser Boccaccio übersetzte und ermutigte Christine de Pisan bei ihrer Tätigkeit. Er besaß etwa dreihundert Manuskripte, darunter befanden sich Werke von Petrarca, Vergil, Livius und Terenz. Viele dieser Manuskripte waren illustriert, denn ihr Eigentümer begeisterte sich für die bildenden Künste. Jean liebte Bauten, Wandteppiche, Gemälde, Goldschmiedearbeiten, Kameen, Münzen und Medaillen. Er unterhielt enge Kontakte zu italienischen Kaufleuten und Künstlern. Der italienische Architekt Filarete lobte den Geschmack des Herzogs und insbesondere eine römische Kamee, die sich in seiner Sammlung befand (Meiss 1967: 36–67, 302).

In der Sammlung des Herzogs konnte man Arbeiten in jenem Stil, den wir «gotisch» nennen, Seite an Seite mit Arbeiten *all'antica* entdecken. Ebenso wie die italienischen Künstler und ihre Auftraggeber vor dem Ende des 15. Jahrhunderts scheint der Herzog keine Widersprüche zwischen diesen unterschiedlichen Stilen bemerkt zu haben. In ähnlicher Weise galt Petrarca vielfach bei den Franzosen jener Zeit eher als ein traditioneller Moralist denn als ein Kritiker der spätmittelalterlichen Kultur (Mann 1970, 1980).

Kontakte mit Italien

In den dreißig Jahren zwischen 1420 und 1450 vervielfachten sich die Kontakte zwischen italienischen Gelehrten und Künstlern sowie anderen Europäern. Wegen des Konzils zu Basel besuchte Poggio die Schweiz und Deutschland, während Enea Silvio Piccolomini sogar bis nach Schottland reiste. Der Maler Masolino arbeitete in Ungarn (allerdings nicht für einen ungarischen Auftraggeber, sondern für den italienischen Glücksritter Pippo Spano). Der Humanist Guiniforte Barzizza ging nach Ka-

3. Jean Fouquet, Selbstporträt, Musée du Louvre, Paris. Ein frühes Selbstporträt von einem nichtitalienischen Künstler.

talonien und trat 1432 in die Dienste Alfonso von Aragons, bevor dieser König Neapel eroberte. Damit begann eine Tendenz, durch die kleinere italienische Humanisten im Ausland zu relativ bedeutenden Gestalten wurden, indem sie sich vom Rande des Zentrums ins Zentrum der Peripherie bewegten.

Es gibt auch viel Quellenmaterial über Ausländer, die Italien besuchten. Roger van der Weyden hielt sich 1450 zum Heiligen Jahr in Italien auf. Andere Künstler – so der Franzose Jean Fouquet (Abbildung 3), der Flame Justus von Gent und der Spanier Pedro Berruguete – scheinen eher, um zu arbeiten, denn um zu studieren, dorthin gereist zu sein. Fouquet ging nach Rom und die beiden anderen nach Urbino. Ihre Besuche offenbaren mehr über das italienische Interesse am Norden als umgekehrt. Gelehrte dagegen reisten vor allem deshalb nach Italien, um dessen Universitäten zu besuchen. Sie mögen in der Absicht dorthin gegangen sein, traditionelle Fächer wie das kanonische Recht zu studieren, doch nachdem sie einmal da waren, machten zumindest einige von ihnen die Bekanntschaft von Humanisten. In den 40er Jahren des 15. Jahrhunderts ging der polnische Geistliche Gregor von Sanok aus kirchlichen Gründen nach Rom, lernte dort die klassischen Studien kennen und regte ihre Einführung in Polen an, als er 1451 Erzbischof von Lwòw (Lemberg) wurde. Sein Landhaus wurde zu einem Zentrum des Humanismus.

In den 1440er Jahren zählten der Deutsche Albrecht von Eyb, der Engländer Robert Fleming und der Ungar Janus Pannonius zu den Besuchern Italiens. Eyb, der an den Universitäten Pavia, Padua und Bologna studierte und das Werk Vallas kannte, schrieb 1452 eine Lobpreisung der Stadt Bamberg, so wie es Bruni für Florenz und Decembrio für Mailand getan hatte. Fleming studierte bei Guarino, freundete sich mit Platina an und wurde der erste Engländer, von dem bekannt ist, daß er nach den Gelehrten Robert Grosseteste und Roger Bacon im 13. Jahrhundert die griechische Sprache erlernte. Janus Pannonius, ein anderer Schüler Guarinos, zählte zu den führenden lateinischen Dichtern des 15. Jahrhunderts (Segel 1989: 18–35; Weiss 1941: 97–106).

Besucher Italiens brachten oftmals Manuskripte mit in die Heimat. So besaß beispielsweise Eyb Manuskripte von Petrarca und Poggio sowie auch einige von antiken Autoren (Melczer 1979: 33). Gregor von Sanok besaß ein Manuskript von Boccaccios *Genealogie der heidnischen Götter*, das Gonthier Col gehört hatte. Robert Fleming stiftete dem Lincoln College in Oxford (das sein Onkel gegründet hatte) etwa sechzig Bücher, darunter befanden sich nicht nur klassische Schriften (einschließlich eines Manuskripts von Ciceros *De Officiis*, das er selbst abgeschrieben hatte), sondern auch Kopien von Werken Boccaccios, Brunis, Guarinos und Vallas (Weiss, 1941: 103 f.). Ein florentinischer

Buchhändler jener Ära, der letzten Generation vor der Einführung des Buchdrucks, Vespasiano da Bisticci, beschäftigte sich im Ruhestand mit dem Schreiben von Biographien berühmter Männer seiner Zeit, von denen viele seine Kunden waren. Unter ihnen befanden sich sechs Ausländer, die in Italien gelebt und dort schöne Bibliotheken erworben hatten. Zwei von ihnen waren Engländer, nämlich William Grey, Bischof von Ely, und John Tiptoft, Graf von Worcester; zwei waren Ungarn, János Vitéz und sein Neffe Janus Pannonius; einer war Spanier, Nuno de Guzmán, und einer, ein gewisser Velasco, war Portugiese.

Einige führende Aristokraten importierten Bücher aus Italien. Dies galt beispielsweise für Humphrey, Herzog von Gloucester, den Bruder Heinrichs V. von England. Er erwarb Exemplare von Texten Petrarcas, Salutatis, Brunis und Poggios wie auch von Apuleius und Vitruvius (der jedoch keinerlei Eindruck auf die englische Architektur jener Zeit gemacht zu haben scheint). Seine Bücher überließ er der Universität Oxford. Der Spanier Inigo López de Mendoza, Marquis von Santillana, ein führender Dichter seiner Zeit in der sogenannten «italienischen Manier» *(itálico modo)*, reiste nicht persönlich nach Italien, stand aber in Kontakt mit Bruni und anderen Humanisten und kaufte über Nuno de Guzmán Manuskripte in Florenz. Seine Bibliothek enthielt griechische Klassiker – Homer, Platon, Polybios, Thukydides – wie auch lateinische und die Werke von Italienern wie etwa Petrarca, Boccaccio und Bruni. Sein Sohn übersetzte die *Ilias* (aus dem Lateinischen), während sein Freund Enrique de Villena die *Aeneis* übersetzte. Wie es ein Zeitgenosse ausdrückte, war es Santillana zu verdanken, daß die Beredsamkeit von Italien nach Spanien gebracht wurde *(trayda a nuestra Castilla)* (Weiss 1941: 61–5, 115–8; Diego de Burgos, zitiert bei Schiff 1905: 462).

Universitäten, Kanzleien und Höfe

Seit Mitte des 15. Jahrhunderts wurden Universitäten zu bedeutenden Orten der Rezeption von Ideen, die aus Italien kamen. Italienische Immigranten wurden oftmals als Dozenten beschäftigt, dies gilt etwa für Gregorio aus Tifernate, Filippo Beroaldo und Fausto Andrelini, die allesamt an der Universität Paris lehrten. Zu jener Zeit waren an mehreren europäischen Universitäten auch einheimische Humanisten tätig. So hielt Gregor von Sanok an der Universität Krakau Vorlesungen über Vergil. In Heidelberg kündigte Peter Luder im Jahre 1456 eine Vorlesung über die *studia humanitatis* an. Die griechische Sprache wurde in den 70er Jahren des 15. Jahrhunderts in Paris und in den 80ern in Salamanca gelehrt. Dozentenstellen für Dichtkunst wurden 1477 in Leuwen (Löwen) und 1484 in Salamanca eingerichtet.

Wichtige Orte für die Rezeption der Renaissance stellten zu jener Zeit Kanzleien und Höfe dar. Die Bedeutung der Kanzlei von Florenz ist bereits (vgl. oben, S. 46) erörtert worden, und sie diente andernorts mitunter als Vorbild. Petrarca soll dem König von Ungarn geraten haben, weniger Hunde zu halten und jemand in seiner Kanzlei zu beschäftigen, der ein gutes Latein schreiben könne. Wenigstens der zweite Teil dieses Ratschlags wurde von einigen Herrschern außerhalb Italiens aufgegriffen. In der Kanzlei Richards II. von England notierte jemand auf einem der offiziellen Briefe Salutatis aus Florenz: «Man beachte diesen feinen Brief *(Nota hic bonam litteram)*» (zitiert nach Witt 1983: 5). Die katalanische Kanzlei unter Pere el Ceremonioso (dem Vater von Joan I.) folgte dem Florentiner Modell. Der Humanist Alfonso de Palencia, der in Florenz gelebt hatte, wurde bei Heinrich IV. von Kastilien als lateinisch gebildeter Sekretär angestellt. János Vitéz, Erzbischof von Esztergom, der seinen Neffen Janus Pannonius zum Studium nach Italien geschickt hatte, führte in der königlichen Kanzlei von Ungarn klassische Verfahren ein.

Doch gab es vor dem Ende 15. Jahrhunderts außerhalb Italiens nur wenige Herrscher, die sich ernsthaft für die Renaissancekunst oder den Humanismus interessierten. Einer von ihnen war René von Anjou, der sich von 1438 bis 1441 in Italien aufhielt und Neapel belagerte. Wie Franz I. nach ihm lernte auch er die italienische Kultur kennen und schätzen, während er sich auf einem Feldzug befand, und schloß Bekanntschaft mit italienischen Gelehrten und Künstlern. René beschäftigte den italienisch geprägten kroatischen Bildhauer Francesco Laurana, der für ihn Medaillen im Stile von Pisanello schlug. Sein Freund, der venezianische Patrizier Jacopo Marcello, schenkte ihm die Kopie eines Buches des antiken griechischen Geographen Strabo. Zu seiner Bibliothek zählten Werke von Platon und Cicero, von Herodot und Livius, von Boccaccio und Valla (Garets 1946).

Seltsamerweise waren zwei der Herrscher, die am stärksten an den neuen Formen der Kultur interessiert waren, an Orten zu finden, die man sehr wohl als an den Rändern Europas gelegen betrachten konnte: Istanbul und Buda. Mehmed der Eroberer, der Sultan, der 1453 Konstantinopel eroberte, lehnte die klassische Tradition keineswegs ab. Der Sultan lauschte oftmals dem Vortrag klassischer Texte durch den Italiener Cyriac von Ancona. Einer der Lieblingsautoren Mehmeds war Livius, der auch von seinen Zeitgenossen Alfonso von Aragon und Karl dem Kühnen sehr geschätzt wurde. Trotz des offiziellen islamischen Bilderverbots lud der Sultan Gentile Bellini nach Istanbul ein, um sein Porträt von ihm malen zu lassen, außerdem gab er Porträtaufträge an türkische Künstler (Babinger 1953; Chastel 1966). Es ist unwahrscheinlich, daß Mehmeds Interessen außerhalb der Hofkreise auf viel Resonanz stießen. Aber in der Frührenaissance war das in aller Regel in Westeuropa und selbst in Italien nicht anders.

Matthias Corvinus, König von Ungarn, hatte (durch den Polen Gregor von Sanok) eine humanistische Erziehung erhalten und entwickelte sich zu einem Bibliophilen und zu einem Förderer der Wissenschaften. Er lud italienische Humanisten an seinen Hof und bat einen von ihnen, Antonio Bonfini, eine Geschichte Ungarns zu schreiben. Nach dem Beispiel des Livius nannte Bonfini sein Geschichtswerk *Decades*. Matthias baute eine große Bibliothek auf, erwarb Bücher aus Florenz und beschlagnahmte die Bücher des Janus Pannonius, nachdem der Dichter an einer Verschwörung gegen ihn teilgenommen hatte. Er setzte einen italienischen Gelehrten als Bibliothekar ein. Der König interessierte sich für den Neoplatonismus und stand mit Ficino in Kontakt (Csapodi 1969).

Matthias ließ sich auch von der italienischen Kunst in ihren Bann ziehen, ein Eifer, der durch seine italienische Frau, Beatrice von Aragon, die er 1476 heiratete, gefördert wurde. Beatrice, eine Tochter des Herrschers von Neapel, hatte Cicero und Vergil studiert und interessierte sich für Musik (Tinctoris widmete ihr eine Partitur). Am ungarischen Hof war sie von Italienern umgeben, die, was Juwelen, Kleidung, Festlichkeiten und Künste

4. *Gian Cristoforo Romano,*
Porträtbüste von König Matthias Corvinus, Schloßmuseum, Budapest.
Ein Renaissancefürst wird hier als römischer Kaiser dargestellt.

anging, die Mode bestimmten. Matthias hatte bereits im Jahre 1465 Aristotele Fioravanti aus Bologna nach Ungarn eingeladen und bezeichnete ihn als einen «einzigartigen Architekten» (*architectus singularis*), doch nach seiner Hochzeit beschäftigte der König eine wachsende Anzahl italienischer Künstler, darunter Verrocchio (den Lehrer Leonardo da Vincis) und Filippino Lippi.

Einige seiner Bücher wurden von florentinischen Illustratoren geschmückt. Er gab Porträtbüsten seiner selbst und seiner Ehefrau bei italienischen Bildhauern wie Gian Cristoforo Romano in Auftrag, der dafür sorgte, daß Matthias wie ein römischer Kaiser wirkte (Abbildung 4). Unter den Texten in Matthias' Bibliothek befanden sich die Abhandlungen über Architektur von Alberti und Filarete. Er setzte einige ihrer Empfehlungen in die Praxis um, vergrößerte seine Paläste in Buda und Visegrád und besuchte die Baustellen, um den Fortgang der Arbeiten persönlich zu beobachten. Die genannten Gebäude wurden im toskanischen Stil gestaltet (Białostocki 1976; Feuer-Tóth 1990; Kaufmann 1995: 39–46).

Das Zeitalter der Inkunabeln

Die humanistische Bewegung verbreitete sich im späten 15. Jahrhundert weiter über Italien hinaus und erlebte keineswegs einen Niedergang wie die karolingische Renaissance oder sogar die des 12. Jahrhunderts. Ein Grund für ihren Erfolg lag darin, daß sie von dem neuen Medium der Druckpresse entschieden gefördert wurde. Die Herstellung von Druckerzeugnissen begann im frühen 15. Jahrhundert, ein paar Jahrzehnte vor der Erfindung der beweglichen Lettern um das Jahr 1450, und daran beteiligt waren führende Künstler in Florenz und anderswo, darunter Sandro Botticelli, der eine Reihe von Holzschnitten für eine Ausgabe von Dantes *Göttlicher Komödie* schuf. Diese Illustrationen waren im 15. Jahrhundert weit besser bekannt als andere Werke dieses Künstlers wie etwa die *Geburt der Venus* und die *Primavera*. Drucke waren relativ billig herzustellen und machten es möglich, daß die Arbeiten ihrer Schöpfer recht schnell ein ziemlich breites Publikum erreichten.

Die Druckpresse mit beweglichen Typen, die aller Wahrscheinlichkeit nach von Johannes Gutenberg in Deutschland erfunden worden war, verbreitete sich schnell über ganz Europa. Drucker gab es erstmals in Basel 1466, in Rom 1467, in Paris und Pilsen 1468, in Venedig 1469, in Leuwen, Valencia, Krakau und Buda 1473, in Westminster 1476 und in Prag 1477. Im Jahre 1500 standen bereits in etwa 250 Städten Druckpressen. Diese

Pressen wurden oft von Landsleuten Johannes Gutenbergs gegründet. Bis zum Jahre 1500 hatten die Deutschen mindestens 86 Pressen außerhalb der deutschsprachigen Gebiete eingerichtet – in 37 Städten Italiens, in 18 Städten der iberischen Halbinsel, in 13 Städten Frankreichs und selbst in sieben niederländischen Städten (wobei die Niederlande damals politisch noch nicht in Nord und Süd geteilt waren; Geldner 1970). Die erste Druckerei in Italien beispielsweise wurde 1465 in Subiaco von zwei Deutschen, Conrad Sweynheim und Arnold Pannartz, gegründet. In Venedig war der Deutsche Johann von Speyer der erste Drucker. In Buda spielte Andreas Hess eine wichtige Rolle, in Sevilla Jacob Cromberger (der dort im Jahre 1500 ankam), und diese Aufzählung ließe sich fortsetzen.

Die rapide Vervielfachung der Anzahl der Bücher nach dem Jahre 1450 sollte unbedingt hervorgehoben werden. In Venedig allein, wo mehr Bücher gedruckt wurden als in jeder anderen Stadt Europas, erschienen einer begründeten Schätzung nach annähernd 4500 Editionen mit einer Gesamtauflage von ungefähr 2,5 Millionen Exemplaren. Darunter befanden sich viele Klassikerausgaben, so zum Beispiel Werke von Cicero. Sein *De Officiis* wurde in Subiaco gedruckt. In Paris wurde er in den 1470er Jahren geradezu zum Modeautor. «Niemand pflegte früher Tag und Nacht Cicero zu lesen, wie es heute viele Leute tun», schrieb der französische Gelehrte Guillaume Fichet. In London druckte William Caxton im Jahre 1481 Ciceros Dialog über die Freundschaft in Tiptofts englischer Version. Die griechischen Klassiker begannen gegen Ende des Jahrhunderts in gedruckter Form zu erscheinen. Dies ist insbesondere Aldus Manutius aus Venedig zu verdanken, dessen fünfbändige Ausgabe des Aristoteles zwischen 1495 und 1498 herauskam.

Die Werke einiger italienischer Humanisten wurden auch sehr früh als Buch veröffentlicht. Petrarcas Gedichte wurden 1470 publiziert und bis zur Jahrhundertwende mehr als zwanzigmal nachgedruckt. Leonardo Brunis Abhandlung über die Erziehung erschien 1470 und seine Briefe im Jahre 1472, während seine Geschichte von Florenz in italienischer Übersetzung 1476 herauskam. Lorenzo Vallas *Elegantiae* erlebten ihre Erstausgabe im Jahre 1471 und waren lange Zeit ein erfolgreiches Lateinlehrbuch an humanistischen Schulen. Poggio und Ficino wurden ebenfalls in den 1470er Jahren veröffentlicht. In Italien gedruckte Bücher wurden in andere Teile Europas exportiert, und dies geschah manchmal, weil sie von im Ausland lebenden Kaufleuten bestellt wurden. Im Jahre 1476 beispielsweise wurden je fünf Exemplare der Geschichte von Florenz von Bruni und auch der von Poggio nach London geschickt, um den Bedarf der dort lebenden Florentiner zu decken.

Die Ausbreitung des Humanismus wurde von Gelehrten unterstützt, die zu Druckern wurden, und ebenso von Druckern, die die Gelehrsamkeit in ihren Bann zog. Beispielsweise richtete Guillaume Fichet, ein Professor der Theologie und der Rhetorik, als erster an der Sorbonne in Paris (mit anderen Worten: an der dortigen theologischen Falkultät) eine Druckerei ein. Arbeitslose Humanisten lebten manchmal davon, als Korrektoren tätig zu sein. Aldus Manutius, der berühmte venezianische Drukker und Verleger, ein Freund des Erasmus und anderer Gelehrter, hatte bei Battista Guarini, dem Sohn des berühmten Guarino von Verona, gelernt. Ein venezianischer Zeitgenosse nannte ihn «einen exzellenten Humanisten und Gräzisten (*optimo umanista et greco*)».

So wichtig auch die gewaltige Steigerung der Verbreitung der Werke der Klassiker war, so stellte das Drucken doch mehr als nur ein Mittel der Verbreitung dar. Es unterstützte und förderte auch jenen Prozeß, den man als «Dekontextualisierung» oder «Distanzierung» bezeichnen könnte und der für alle Formen kreativer Rezeption entscheidend ist. Wenn man über eine Idee liest, statt über sie von einer anderen Person zu hören, dann ist es für den Empfänger leichter, distanziert und kritisch zu bleiben. Der Leser kann vergleichen, kann die Argumente in verschiedenen Texten gegenüberstellen, ohne sich von Angesicht zu Angesicht durch einen eloquenten Redner überwältigen zu lassen (Eisenstein 1979: 163–302).

Persönliche Kontakte zwischen Italien und anderen europäischen Ländern blieben wichtig. Der friesische Humanist Rodolphus Agricola beispielsweise studierte in den 1470er Jahren in Italien. Dort lernte er Griechisch und schrieb eine Biographie über Petrarca. Der junge Nürnberger Patrizier Willibald Pirckheimer wiederum (der heute am ehesten wegen seiner Freundschaft mit Albrecht Dürer bekannt ist) besuchte Italien im Jahre

1488. Wie es sich für einen guten Humanisten gehörte, skizzierte er einige Monumente und kopierte deren Inschriften. Derartige persönliche Erfahrungen waren unverzichtbar für den Erfolg der Renaissancebewegung. Jedoch wurden sie nun durch das mächtige, wenn auch unpersönliche Medium des Druckereiwesens unterstützt.

Widerstand

Die Verbreitung der Kunst und Literatur der Renaissance war kein Prozeß, der sanft und ohne Hindernisse verlief. Die neuen Formen und Gedanken trafen manchmal, wie wir im Falle von Florenz selber bereits gesehen haben, auf Widerstand (vgl. oben, S. 51). Für eine andere Fallstudie über einen derartigen Widerstand sollten wir uns dem Russischen Reich an der östlichen Peripherie Europas zuwenden.

Nicht nur aufgrund der physischen Distanz lag Rußland der Renaissance fern, so bedeutend dieser Faktor in einem Zeitalter des Reisens zu Pferde auch gewesen sein mag. Der regelmäßige Kontakt mit dem Westen war hier nach dem Eindringen der Mongolen im 13. Jahrhundert verlorengegangen. Wie die Serben und die Bulgaren orientierten sich die Russen eher nach Konstantinopel als nach Rom. Im späten 14. Jahrhundert gab es eine kulturelle Wiederbelebung, die – weitgehend zur gleichen Zeit wie jene durch Petrarca und seine Freunde – auf der Leistung einer kleinen Gruppe beruhte. Dazu zählten der Heilige Sergej von Radonesch, der Missionar St. Stefan von Perm, Epiphanios der Weise (der Biographien von Sergej und Stefan schrieb) und der Maler Andrej Rubljev, dessen *Dreieinigkeits-Ikone* (gemalt um 1420, als Masaccio in Florenz tätig war) vielleicht die berühmteste aller russischen Ikonen darstellt. Damals wurde allerdings nicht die klassisch-antike Tradition wieder belebt, sondern eine frühere Epoche der slawischen Kultur im 9. und 10. Jahrhundert (Likhachev 1962; Birnbaum 1969; Milner-Gulland 1974).

Die Aktivitäten Iwans III. beweisen ein Interesse an Italien und an Neuerungen, sie zeigen aber auch die Grenzen jenes Interesses. Iwan übernahm den neuen Titel eines «Zaren», ein Begriff, der sich von dem Wort «Cäsar» ableitet und den Anspruch auf eine Kontinuität mit dem antiken Rom beinhaltet. Er heiratete Zoë (Sofia) Palaeologa, die Nichte des letzten byzantinischen Kaisers. Zoë hatte in Rom als Mündel des Papstes gelebt und besaß (wie Beatrice von Ungarn) einen stark italienisch geprägten Geschmack. Als sie im Jahre 1472 heiratete, besuchte der römische Humanist Pomponio Leto, ein früherer Schüler Vallas, Moskau in ihrer Begleitung. Zwei Jahre später gelangte die erste von drei russischen Gesandtschaften nach Italien, um Künstler und Ingenieure zu rekrutieren. Aristotele Fioravanti, der nach Italien zurückgekehrt war, nachdem er für Matthias gearbeitet hatte, war der erste, den man nach Rußland holte. Wie einige Jahre später Leonardo da Vinci in Mailand wurde Fioravanti in erster Linie wegen seiner Erfahrungen im Brükkenbau und anderen militärischen Techniken eingestellt. Dennoch baute er auch die Uspenski Sabor (Maria-Himmelfahrtskathedrale) in Moskau. In den 1480er Jahren wurden die Mauern und Türme des Kremls in italienischer Manier, komplett mit Schwalbenschwänzen als Zinnen, erneuert. Die Fassade des *Facettenpalastes* (*Granovitaia Palata*) im Kreml, die zwischen 1487 und 1491 entstand, folgte dem Vorbild des Diamantenpalastes in Ferrara, während die Kathedrale des Erzengels Michael, die bald nach Iwans Tod im Jahre 1505 errichtet wurde, die russische Tradition (beispielsweise der Zwiebelkuppel) mit italienischen Zügen wie halbrunden Bögen, Pilastern und Zierrippen verband.

Im weltlichen Bereich war es möglich, daß italienisch geprägte Formen die russische Kultur durchdrangen. Auf religiösem Gebiet dagegen zeigt sich die Stärke des Widerstands etwa in der Forderung des Zaren Iwan, daß Fioravanti bei seinen Plänen für die Maria-Himmelfahrtskathedrale in Moskau dem Vorbild der orthodoxen Himmelfahrtskathedrale in Wladimir aus dem 12. Jahrhundert folgen sollte. Fioravantis Werk verkörpert zweifelsohne seine eigene Interpretation der russischen Tradition. Nach einer russischen Chronik aus jener Zeit erklärte er, als er die Kathedrale von Wladimir erblickte, dies müsse die Arbeit «eines unserer Meister», also eines Italieners, sein. Wie dem auch sei, ein berühmter ausländischer Architekt war nach Rußland berufen worden, um (anders als seine Kollegen in Ungarn) unter dem Vorbehalt tätig zu sein, im traditionellen örtlichen Stil zu arbeiten

(Gukovski 1967; Kovalevsky 1976; Kaufmann 1995: 30–9). In ähnlicher Weise lud Mitte des 19. Jahrhunderts Sultan Abdülmegid die Brüder Fossati aus Italien nach Istanbul ein, um im traditionellen osmanischen Stil an der Hagia Sophia zu arbeiten.

Im Falle des Humanismus deutet eine Generation später die Laufbahn von Maxim dem Griechen auf ähnliche Kräfte des Widerstands gegen Innovationen hin. Maxim, der in Italien gelebt und sich in humanistischen Kreisen bewegt hatte, wurde vom Zaren Vasilii III. mit Begeisterung empfangen und lebte zwischen 1518 und 1525 in Moskau. Er gab sein Wissen über klassische Antike und über die Entdeckung Amerikas weiter. Doch wurde Maxim nicht als Humanist, sondern als Mönch vom Berg Athos, der religiöse Texte übersetzte, in Rußland aufgenommen. Es kann kaum überraschen, daß (um ein Beispiel zu nennen) die florentinische Debatte über das aktive Leben in Rußland auf wenig Interesse stieß, da doch hier tatsächlich nur die Geistlichkeit des Lesens und Schreibens kundig war. Doch selbst das traditionelle Interesse der Byzantiner an altgriechischer Literatur und Philosophie scheint in Rußland kaum Widerhall gefunden zu haben (Schaeder 1929; Denissoff 1943).

Diese Episoden zeigen die Kraft dessen, was Fernand Braudel als kulturelle «Verweigerung» bezeichnet hat (Braudel 1974). Es war schwierig für italienische Ideen und Formen, die Grenze zu einer Welt zu überschreiten, in der das Christentum orthodox, das Alphabet kyrillisch und die Sprache der Liturgie das Kirchenslawische war. Selbst der Druckpresse gelang es nicht, diese Schranke zu durchbrechen. Zar Iwan IV. brachte eine solche Presse nach Moskau, sie wurde aber 1565 von Aufrührern zerstört.

Wandel versus Kontinuität

Wie wichtig war zu jener Zeit die kulturelle Erneuerung? Ebenso wie in Italien sahen die Persönlichkeiten und Gruppen in anderen Teilen Europas, die am stärksten an dem interessiert waren, was wir als Neuerungen wahrnehmen wie beispielsweise die Werke von Petrarca, durch die Brille der Tradition. Vor 1500 stützte sich der Ruf Petrarcas außerhalb Italiens auf seine lateinischen Schriften, und unter ihnen war die beliebteste die wohl auch traditionellste, nämlich die Abhandlung über das Glück, die unter dem Titel *De remediis utriusque fortunae* bekannt wurde. Auch das Interesse an den griechischen und römischen Klassikern war oft eher mit einem Gefallen am Rittertum verbunden, als daß es an seine Stelle getreten wäre. Wie die Fürsten aus den Häusern Este und Gonzaga las auch Joan I. von Aragon nicht nur Livius und Plutarch, sondern auch Romanzen wie *Lancelot* und *Giron le Courtois*.

In den Künsten entdecken wir (mit wenigen Ausnahmen wie etwa in Buda zu Zeiten von Matthias) meist Erscheinungen, die im Grunde Brikolage darstellen, mit anderen Worten: ein Ausborgen von Elementen und nicht eine Übernahme von Gesamtheiten. Wir können eine Benutzung des italienischen dekorativen Vokabulars feststellen, aber nicht die Verwendung der italienischen Grammatik im Sinne von Regeln für die Verbindung verschiedener Gegenstände. Innovationen wurden in traditionelle Strukturen eingearbeitet, im buchstäblichen Sinne geschah dies im Bereich der Architektur und im metaphorischen Sinne auf dem Gebiet des Humanismus. Früher oder später jedoch mußte die traditionelle Ordnung unter dem Druck des Versuches nachgeben, ihr eine wachsende Zahl von neuen oder fremden Elementen einzuverleiben. Dieser Prozeß gelangte in der nächsten Phase der Renaissance ans Licht und soll im folgenden Kapitel erörtert werden.

3.
Das Zeitalter des Wettstreits: Hochrenaissance

Die Zeit zwischen 1490 und 1530 hat man lange die «Hoch»renaissance genannt, weil die Epoche damals den Gipfel ihrer Leistungen erreicht hatte. In der italienischen Kunst ist es das Zeitalter Leonardos, Raffaels und Michelangelos; in der Literatur war es die Epoche von Ariost; in Nordeuropa die Ära Erasmus' und Dürers. Heute erscheinen diese vierzig Jahre als der Zeitabschnitt dessen, was man die «Kristallisation» bezeichnen könnte. Die Unbeständigkeit der vorangegangenen Periode nahm festere Formen an, die Abgrenzung des Klassischen vom Mittelalterlichen wurde klarer gezogen und das Zweideutige verschwand.

Vom Standpunkt eines Eingeweihten wäre andererseits wohl «Wettstreit» ein besserer Begriff. Zu jener Zeit hatten einige Autoren und bildende Künstler Selbstbewußtsein genug für ihre Ansicht, sie oder ihre Zeitgenossen – Raffael und Michelangelo beispielsweise – könnten den Alten Gleichwertiges oder gar Besseres an die Seite stellen. Es war zugleich die Zeit, als man im Norden beanspruchte, mit den Italienern in Wettstreit zu treten.

Die zentrale Bedeutung Roms

Politisch betrachtet sind die angemessenen Datierungen für dieses Kapitel nicht die bewußt gerundeten Jahreszahlen 1490 und 1530, sondern die Phase von 1494 bis 1527, mit anderen Worten, die Zeit vom Eindringen der Franzosen nach Italien bis zur Plünderung Roms durch die Truppen Kaiser Karls V. Diese Ereignisse haben sich ganz erheblich auf die italienische Kultur ausgewirkt. So kommen die Schriften von Niccolò Machiavelli und Francesco Guicciardini, zwei der tiefsten Denker jener Jahre, immer wieder mit großer Bitternis auf den Schock der französischen Invasion von 1494 zurück. Es ist sicher nicht übertrieben, wenn man sagt, daß die Invasion und insbesondere der Mangel an Widerstand von Seiten der Italiener das Denken dieser beiden Männer beeinflußt, ja geradezu geprägt hat. Ihr pessimistischer Grundton beruhte auf diesem Geschehen und bildete ein neues Bewußtsein von der gemeinsamen Bestimmung der verschiedenen italienischen Staaten aus (Gilbert 1965: 49–200). Und der Sacco di Roma, die Verwüstung und Plünderung der Stadt durch die «Barbaren» aus dem Norden, wie die italienischen Humanisten sagten, führte als traumatisches Ereignis zu einer Zerstreuung der Künstler und Gelehrten, die in Rom tätig gewesen waren. Er beendete eine Zeit, in der die Stadt ein wichtiges Zentrum großartiger Leistungen gewesen war und nicht nur auf Italien, sondern auf große Teile Europas Einfluß ausgeübt hatte (Chastel 1983; De Caprio 1991).

Rom hatte selbstverständlich in Italien wie auch anderswo seine Rivalen. Eines der großen literarischen Werke jener Zeit, ja eines der Meisterwerke der italienischen Literatur überhaupt, das Versepos *Orlando Furioso* von Ludovico Ariosto, das 1516 zum erstenmal erschien, wurde in Ferrara geschaffen, also an einem der oben erwähnten kleinen Höfe (siehe oben, S. 65). Ariosto ging es nicht so sehr darum, Vergil nachzuahmen als ihm nachzueifern. Er tat dies, indem er die klassische Tradition des Epos mit der mittelalterlichen Überlieferung des Ritterromans verband. Er identifizierte sich nicht mit den ritterlichen Werten, wies sie aber auch nicht zurück, sondern behandelte Orlando (Roland) und andere Paladine mit einer Art von wohlwollender Ironie. Ariostos Mäzen war der Herzog von Ferrara, Ercole d'Este, dessen Leidenschaft für den Krieg ihn nicht daran hinderte, sich lebhaft für die Künste, einschließlich der Architektur, der Malerei und der Musik, sowie auch für die Literatur zu interessieren.

Für Florenz war es das Zeitalter der republikanischen Erneuerung – von der Vertreibung der Medici 1494 bis zu ihrer Rückkehr 1512 und dann erneut von 1527 bis 1530. Auch hier wird die Bedeutung kleiner Gruppen für kulturelle Innovationen deutlich. In der Gruppe, um die es hier geht, gehörten Niccolò Machiavelli, der künftige Historiker Francesco Guicciardini, der Diplomat Francesco Vettori, Donato Giannotti (am besten bekannt durch die Analyse des venezianischen politischen Systems, die er 1540 veröffentlichte) und Bernardo Rucellai, dessen Gärten (die *Orti Oricellari*) der Treffpunkt dieser Gruppe waren, wo sie über die beste Form der Regierung und andere Themen diskutierte.

Machiavelli schrieb seinen *Fürst* in der Abgeschlossenheit seines Landguts im Jahre 1513, nachdem die Medici an die Macht zurückgekehrt waren. Der *Fürst* ist ein selbstbewußtes, originelles Buch, das manchmal genau das Gegenteil der konventionellen politischen Weisheit empfiehlt. Dennoch ähnelt es in Tonfall und Sprache einer Reihe von Texten jener Zeit (Briefen, vertraulichen Berichten und so weiter). In seinen *Abhandlungen über die erste Dekade des Titus Livius*, die der Autor teilweise seinen Freunden in den Rucellai-Gärten vorlas, brachte Machiavelli erneut die Haltung einer Generation von Florentinern zum Ausdruck, die durch die Invasion von 1494 und die darauffolgenden Ereignisse tief berührt war. Er hob die Notwendigkeit hervor, das Beispiel der Antike im politischen Leben ebenso ernst zu nehmen wie in den Künsten. Das antike Rom vermochte, so meinte er, das moderne Florenz und andere Staaten zu lehren, ihre Unabhängigkeit zu bewahren (Gilbert 1949; Albertini 1955).

Die Wiederherstellung der Republik Florenz war für die Künste auch insofern von Bedeutung, als es erneut zu öffentlichen Aufträgen kam. Michelangelos *David* von 1501 wird oftmals als eine Verkörperung der Republik betrachtet. Diese Statue wurde eigens für die öffentliche Zurschaustellung geschaffen, sie sollte ursprünglich auf einem Strebepfeiler der Kathedrale stehen, wurde dann aber 1504 auf der Piazza della Signoria aufgestellt. Leonardo und Michelangelo erhielten von dem neuen Regime den Auftrag, den Saal des Großen Rates (einer neuen Institution, die sich am venezianischen Modell orientierte) mit Szenen auszuschmücken, die frühere Siege der Florentiner glorifizierten. Die beiden Künstler begannen 1504 mit der Arbeit an ihren miteinander im Wettstreit stehenden Fresken, doch keines der beiden Gemälde wurde jemals vollendet. Das Werk von Leonardo zeigte eine Gruppe von Reitern, die bei der Schlacht von Anghiari um eine Standarte kämpften, während Michelangelo Soldaten zeigte, die angegriffen wurden, während sie vor der Schlacht von Cascina im Arno badeten. Diese unvollendeten Werke «dienten», solange sie intakt blieben, «als eine Schule für alle Welt», wie der Goldschmied Benvenuto Cellini, der sie in seiner Jugend gesehen hatte, in seinen Erinnerungen schrieb (Seymour 1967: 55–63; Wilde 1944).

Wie in Florenz gab es auch in Venedig eine Zeit gesteigerten staatsbürgerlichen Bewußtseins, einer Identifikation mit dem republikanischen Rom und der öffentlichen Förderung der Literatur und der Künste. Im Jahre 1516 begannen die Venezianer amtliche Historiker zu beschäftigen. Der erste war der patrizische Humanist Andrea Navagero und der zweite sein Freund Pietro Bembo; sie verdankten die Wahl ihrer sprachlichen Eleganz im Lateinischen. Auch die staatliche Förderung der Künste war von Bedeutung. Die Brüder Bellini und eine Generation später Tizian erhielten Aufträge, den Dogenpalast mit Gemälden auszuschmücken, die Szenen aus der venezianischen Geschichte zeigten (die Werke wurden 1577 durch Feuer zerstört). Tizians Gemälde der Schlacht von Cadore orientierte sich offenbar an Leonardos unvollendeter Darstellung der Schlacht von Anghiari. Andererseits aber hatten die Venezianer, zu denen auch Tizian gehörte, damit begonnen, ihren besonderen Beitrag zur Malerei der Renaissance zu leisten. Charakteristisch war für ihn zu jener Zeit die Betonung der Farbgebung im Gegensatz zur florentinischen Kunst des Zeichnens.

Wie dem auch sei: Aus europäischer Perspektive (insbesondere aus jener der Europäer jener Zeit) sollte sich der italienische Teil dieses Kapitels auf Rom konzentrieren. Rom wurde oftmals als Zentrum oder «Haupt» der Welt (*caput mundi*) bezeichnet. Diese Art von Übertreibung sollte man nicht allzu ernst nehmen. Immerhin wurde Rom in jener Zeit zu einem Zentrum von Innovationen, vor allem zwischen 1501 und 1521 unter der Herrschaft der Päpste Julius II. und Leo X. (der frühere Giovanni de' Medici), die beide Kunstliebhaber waren.

Inmitten dieses Zentrums stand eine bemerkenswerte Gruppe von Künstlern und Humanisten, die schöpferisch mit dem Kreis konkurrierten, der sich ein Jahrhundert zuvor in Florenz um Brunelleschi geschart hatte. Nachdem die Medici 1494 aus Florenz vertrieben worden waren, ging Michelangelo nach Rom und blieb dort bis 1501. Wie wir bereits wissen, kehrte er dann nach Florenz zurück, war jedoch ab 1505 wieder in Rom, malte von 1508 bis 1512 die Decke der Sixtinischen Kapelle aus und schuf um das Jahr 1513 die Skulptur des Moses für das Grabmal

Julius' II. Der florentinische Bildhauer Andrea Sansovino gelangte 1505 nach Rom, wohin Papst Julius II. ihn hatte kommen lassen. Leonardo da Vinci hielt sich zwischen 1513 und 1517 in Rom auf. Donato Bramante kam um 1500 nach Rom und begann im Jahre 1506 mit der Arbeit am neuen Petersdom. Raffael traf um 1508 ein. Bramante (der wie Raffael aus Urbino stammte) stellte ihn dem Papst vor, und bald darauf begann er mit seiner Arbeit an den Fresken für die Wohnräume Julius' II. im Vatikan, darunter der *Parnaß* und die sogenannte *Schule von Athen*.

Vom Zusammenhalt dieser Gruppe sollte man sich allerdings keine übertriebenen Vorstellungen machen. Leonardo war keineswegs ein geselliger Mensch. Tatsächlich war er, wie Raffael es einmal ausdrückte, «so einsam wie ein Henker». Michelangelo verfügt über seinen eigenen Freundeskreis. Dennoch lernten die Mitglieder dieses römischen Zirkels voneinander. «Betrachte doch die Werke Raffaels», soll Papst Leo einige Jahre später bemerkt haben, «wie er die Werke Michelangelos gesehen, hat er plötzlich die Weise des Perugino verlassen und sich, soviel er konnte, der des Michelangelo genähert» (Sebastiano del Piombo 1520; zitiert nach Pastor 1906, Band 4: 534). Der Florentiner Maler Rosso Fiorentino, der 1520 nach Rom kam, übte zwar Kritik an Michelangelo, ahmte ihn aber gleichzeitig nach.

Heute denkt man sich das Rom jener Tage am ehesten als das Milieu Michelangelos und Raffaels. Zu jener Zeit jedoch wurde es vor allem als ein Zentrum der lateinischen Poesie gefeiert. Insbesondere unter der Herrschaft des Papstes Leo blühte der Humanismus. Leo war ehemaliger Schüler Polizianos, der sich für Literatur und Gelehrsamkeit interessierte und Manuskripte der Klassiker sammelte. Griechische Gelehrte wurden damals nach Rom berufen. Pietro Bembo kam 1512 dort an und wurde von Leo im Jahre 1513, zusammen mit seinem Freund Jacopo Sadoleto, zum päpstlichen Sekretär ernannt (damals waren Humanisten in den Kanzleien noch hochwillkommen). Der Patrizier Andrea Navagero, ein Humanist, der lateinische Gedichte schrieb und Ovids Werke bei seinem Freund Aldus Manutius publizierte, war bis 1516 venezianischer Botschafter in Rom. Ein anderer humanistischer Diplomat, Baldassare Castiglione, der Autor des Dialogs *Das Buch vom Hofmann* (1528), lebte seit 1513 in Rom.

Einige Angehörige dieser Gruppe wurden enge Freunde. So zeigte beispielsweise Castiglione das Manuskript seines Dialogs Bembo und Sadoleto, so daß beide Verbesserungen vorschlagen konnten. Er half Raffael dabei, einen Bericht an den Papst über die Notwendigkeit einer Erhaltung der Altertümer der Stadt zu schreiben. Ein Brief Bembos wiederum beschreibt eine Exkursion zur Villa des Kaisers Hadrian in Tivoli in der Nähe Roms, an der auch Raffael, Castiglione und Navagero teilnahmen. Dank dieser Gruppe von Künstlern und Humanisten schien der Traum, mit der Antike in Wettstreit zu treten und sie sogar zu überflügeln, wahr geworden zu sein.

Die Mittel für einen erfolgreichen Wettbewerb, so glaubte man weithin, bestanden darin, Regeln zu folgen, wie sie etwa Marco Girolamo Vida, ein anderer Schützling Papst Leos X., in seiner *De arte poetica* (1527), einer kreativen Anwendung von Horaz' Gedicht über das gleiche Thema, formuliert hatte. Noch einflußreicher jedoch war Pietro Bembo. Diesen Mann kann man geradezu als einen Papst der Kultur bezeichnen, der die Gesetze der Sprache und der Literatur formulierte. Klassischen Vorbildern folgend, unterschied er drei Stilarten, den hohen, den mittleren und den niederen, und jeder von ihnen war bestimmten Arten von Gegenständen angemessen, aber er betonte dennoch die Überlegenheit und Reinheit des hohen Stils. Im Falle des Lateinischen sprach sich Bembo dafür aus, daß die Prosa dem Vorbild des «majestätischen Stils» Ciceros, mit seinen komplexen Sätzen und schmückenden Phrasen, folgen sollte. Verse dagegen sollten dem Beispiel des Vergil folgen – wie Vida es in seinem *Leben und Leiden Christi* (1535) tat, einem Epos, das Leo X. in Auftrag gegeben hatte. Doch Bembo empfahl keineswegs eine sklavische Nachahmung. Er betonte die Notwendigkeit einer Übernahme des Modells, erklärte aber, daß «eine schöpferische Weiterführung mit der Nachahmung verbunden sein müsse (*aemulatio semper cum imitatione coniuncta sit*)». Bembo war keineswegs der erste Ciceronianer. Poggio hatte, wie wir schon sahen (siehe oben S. 61), bereits Valla wegen seines mangelnden Respekts für Cicero angegriffen. In den 1490er Jahren hatte sich der römische Humanist Paolo Cortesi dafür ausgesprochen, Cicero nachzuahmen, darauf hatte der Florentiner Poliziano reagiert, indem er einen eher eklektischen Ansatz befürwortete. Wie dem auch sei: Bembos Formulierung oder sein Beispiel sollte sich für die nächste Generation doch als höchst einflußreich erweisen.

So bot er auch ein Muster reinen und eleganten Schreibens in der Nationalsprache. Dieser in Rom lebende venezianische Patrizier bemühte sich nachdrücklich darum, das Toskanische als Literatursprache Italiens durchzusetzen. Doch war die toskanische Sprache seiner Zeit nicht Bembos Ideal. In seiner Schrift *Prose della volgar lingua*, einer Poetik der Volkssprache, sprach sich Bembo für archaische Formen aus (wie es linguistische Puristen oftmals tun), weil diese, so sein Lieblingsausdruck, «majestätisch» seien. Was die Dichtkunst anging, war die Sprache Petrarcas und Dantes sein Ideal, und was die Prosa betraf, so war es der *Decamerone* des Boccaccio. Diese Autoren stellten für ihn das dar, was man die «Klassiker» der Volkssprache nennen könnte, und dies war zu jener Zeit ein neuer Gedanke, der sich aber in Zukunft noch als einflußreich erweisen sollte (siehe unten, S. 61). Bembo persönlich schrieb Dialoge in italienischer Sprache und Sonette nach dem Muster des Petrarca, die ihrerseits nicht nur in Italien, sondern auch in Frankreich, Spanien und anderswo zu literarischen Vorbildern wurden. Wie jene des Petrarca, so wurden auch seine Gedichte vertont, und seine Auffassungen von Stilkunst wurden von Komponisten wie Adrian Willaert in musikalische Begriffe übersetzt (Mace 1969).

Bembos Ansichten über die Sprache wurden manchmal angefochten, aber in seiner Kampagne für das Toskanische verfügte er über einen mächtigen Verbündeten. Die Verbreitung von gedruckten Büchern, bei denen jedes Exemplar mit dem anderen identisch war, trug zur Standardisierung der Sprache bei. Das Drucken erleichterte auch jene Entwicklung, die man als «Kanonisierung» exemplarischer Autoren in der Volkssprache bezeichnen könnte, die nun publiziert wurden, als handele es sich um griechische oder lateinische Klassiker. Bembo persönlich wies dabei den Weg mit seinen Ausgaben von Petrarca (1501) und Dante (1502); beide erschienen bei Aldus Manutius in Venedig, der in erster Linie wegen seiner Veröffentlichungen antiker Autoren bekannt ist. Ariosto (Abbildung 5) sollte bald eine ähnliche Behandlung zuteil werden (Javitch 1991; Richardson 1994).

5. *Porträt von Ariosto, Holzschnitt aus der spanischen Übersetzung des Orlando Furioso, Venedig, Giolito, 1553. Privatsammlung. Man vergleiche das Bild des mit der Lorbeerkrone bekränzten Dichters mit dem des Kaisers Augustus, S. 112.*

In der bildenden Kunst ist eine ähnliche Tendenz zur Aufstellung von Regeln sichtbar. Tatsächlich stützte sich das Vokabular zur Beschreibung und Bewertung von Kunstwerken, das sich zu jener Zeit noch in der Entwicklung befand – davon zeugen Begriffe wie *grazia* (Anmut), *facilità* (Leichtigkeit), *maniera* (Stil), *ordine* (Ordnung), *contrapposto* (im Sinne von Antithese) und so weiter – in großem Maße auf die antike Literaturkritik, insbesondere auf Cicero, Quintilian und Horaz' *Ars poetica.* Und bereits die Vorstellung von einem künstlerischen «Stil» stammte, zusammen mit der Unterscheidung zwischen hohem, mittleren und niederem, direkt oder indirekt aus der klassischen Rhetorik (Summers 1981; vgl. Baxandall 1971).

Bei der Malerei konnte man nicht auf antike Muster zurückgreifen, wenn man von wenigen Fragmenten von Fresken absieht, aber einige Maler der damaligen Moderne wurden kanonisiert. Giotto wurde oftmals als das Gegenstück zu Dante beschrieben, während Masaccio als Pendant des Boccaccio galt. Leonardo beispielsweise erkannte die Bedeutung dieser beiden Vorgänger an. In seiner Sammlung von Biographien italienischer Maler, Bildhauer und Architekten, die erstmals 1550 erschien, aber bereits früher verfaßt worden war, formulierte der toskanische Künstler Giorgio Vasari die einflußreiche Vorstellung von der Wiedergeburt (*rinascità*) der Künste und benutzte dieses Substantiv zum ersten Mal. Er unterschied dabei drei Zeitalter des Fortschritts im Blick auf «Perfektion» und identifizierte das letzte dieser Zeitalter mit dem Werk dreier Meister: nämlich Leonardo, Raffael und vor allem Michelangelo.

Zu jener Zeit entwickelte sich auch eine wachsende Begeisterung für antike Skulpturen. Das Interesse an klassischen Statuen bei Humanisten wie Poggio und Künstlern wie Mantegna ist bereits erwähnt worden. Aber nun wurde das Sammeln von Skulpturen in Rom und anderswo zu einer Modeerscheinung. Die Päpste gaben dabei selber ein Beispiel, Julius II. ließ den Skulpturenhof des Vatikan anlegen, um seine Sammlung ausstellen zu können. Neue Entdeckungen wie der *Apollo von Belvedere* und die 1506 ausgegrabene *Laokoon*-Gruppe, die beide in die päpstliche Sammlung gelangten, trugen dazu bei, die Begeisterung zu steigern. Sadoleto schrieb ein lateinisches Gedicht über den *Laokoon*. Darin pries er dessen Ausdruckskraft und stellte die Entdeckung der Gruppe als ein Symbol für das Wiedererscheinen des alten Rom dar, in anderen Worten: Er sah darin ein Wahrzeichen der Renaissance selber. Michelangelo, der als einer der ersten Gelegenheit hatte, den *Laokoon* zu sehen, eiferte diesem Kunstwerk in einer Anzahl seiner Schöpfungen nach. Derartige Statuen dienten dazu, einen Kanon der bildenden Künste zu etablieren, wie es ihn bei den literarischen Klassikern bereits gab (Rubin 1995; Haskell und Penny 1981: 7–23).

In der Architektur liest sich der von Raffael (oder wenigstens in seinem Namen) verfaßte Bericht an Papst Leo X. von 1519 wie ein Manifest für den klassischen Stil. Er verdammte «den deutschen Stil der Architektur» (*la maniera dell'architettura tedesca*), mit anderen Worten das, was wir heute als «Gotik» bezeichnen, wie auch die Bauwerke der Goten selbst, denen es «vollständig an Stil fehle» (*senza maniera alcuna*). Er behauptete, die Architektur sei nun «erwacht», und forderte den Papst auf, es den Alten gleichzutun, ja sogar «über sie hinauszugehen» (*superlarli*).

Das Äquivalent des Ciceronianismus in der Architektur war jene Erscheinung, die wir als «Vitruvianismus» bezeichnen können. Der römische Architekt Vitruvius hatte die Bedeutung dessen betont, was er *decorum* nannte, damit meinte er die richtige Kombination von Elementen: Die «Strenge» der dorischen Säulen galt demnach beispielsweise als angemessen für Tempel männlicher Götter, während die «Zartheit» der korinthischen Säulen Göttinnen angemessen sei. Architekten, die dreistöckige Paläste errichteten, benutzten nun dorische Säulen oder Pilaster im Erdgeschoß, um Stärke zum Ausdruck zu bringen, ionische auf der ersten Etage und die zierlichen korinthischen im Obergeschoß. Die «Grammatik» der klassischen Architektur – oder anders gesagt: das Regelwerk für die korrekte Kombination verschiedener Elemente – war nun gemeistert. Die Flexibilität des Zeitalters von Brunelleschi war, ob sie nun das Ergebnis von Unwissenheit oder Kreativität war, damit verlorengegangen (Onians 1988: 225–62).

Die Druckpresse war ebenso bedeutend für die Herausbildung des visuellen wie für die Formung des literarischen Kanons; zu den Grundlagenwerken zählten nun Ausgaben des Vitruvius sowie Stiche der Werke von Leonardo, Raffael und Michelangelo. Die erste Ausgabe des Vitruvius wurde um das Jahr 1490 in Rom publiziert, während die erste illustrierte Ausgabe im Jahre 1511 und eine italienische Übersetzung 1521 erschienen. Leonardos *Letztes Abendmahl* war in seiner Fassung als Stich in weiten Kreisen bekannter (Abbildung 6) als das Original (Alberici 1984). Der Stecher Marcantonio Raimondi, der in Rom arbeitete, hatte sich – und auch seinem Freund Raffael – einen großen Ruf durch seine «Umsetzungen» von Raffaels Gemälden in Drucke erworben. Bei seiner Arbeit stützte er sich sowohl auf vorbereitende Skizzen als auch auf die fertiggestellten Gemälde und gestaltete eher in einem kreativen, schöpferischen Sinne nach, als daß er sein Material bloß reproduziert hätte. Er schuf auch Drucke von berühmten klassischen Skulpturen (Oberhuber 1984; Landau und Parshall 1994: 103–68).

Die «Hoch»renaissance verdankt ihren Namen nicht nur den Leistungen von Meistern wie Leonardo, Raffael und Michelangelo, sondern auch dem Gewicht dessen, was Vasari und andere den «hohen Stil» (*grande maniera*) genannt haben. Das Ziel bestand, um Bembos Begriff zu benutzen, in der «Erhabenheit», und ein Mittel, diese zu erreichen, war, die «niederen» Elemente wie Alltagsgegenstände oder umgangssprachliche Ausdrücke auszuschließen. Dennoch war es unmöglich, die Künste ganz von diesen Komponenten freizuhalten, so lächerlich sie auch Bembo und seinen Freunden erschienen.

Tatsächlich entwickelte sich in Rom – und zwar in dem Kreis um Raffael, der an der Spitze einer Gruppe von Künstlern stand, die die Loggien des Vatikans ausschmückten –, die sogenannte «Groteske» zu einer Ornamentform, die der Dekoration altrömischer Gewölbe oder «Grotten» nacheiferte. Als Vorbild galt vor allem das um 1480 erst wiederentdeckte Goldene Haus (*Domus aurea*) des Kaisers Nero (Dacos 1969: 5–41; Chastel 1983). Vitruvius hatte als Zeichen des Niedergangs der Malerei kritisiert, was er als «Monstrositäten» (*monstra*) bezeichnete, so Köpfe auf Pflanzenstengeln. Dennoch wurde diese Dekorationsart mit ihren Tieren, Blumen, Früchten, Sphinxen, Satyrn, Zentauren und so weiter viel bewundert und sollte bald schon in vielen Teilen Europas nachgeahmt werden (vgl. unten, S. 225–8). Ein entsprechender Stil blühte auch in der Literatur und zeigte so, daß das Interesse am Grotesken nicht einfach eine Reaktion auf die Entdeckung des Goldenen Hauses war. Genau zu der Zeit, da Bembo versuchte, wie Cicero zu schreiben, verfaßte der italienische Mönch Teofilo Folengo humorvolle Poesie in einer Sprache, die als makkaronische Dichtung bekannt werden sollte, ein rustikaler Stil, in dem Latein und Italienisch vermischt wurden oder italienische Worte lateinische Endungen erhielten.

Man ist versucht, von einem «Gegenangriff» des Niederen in dieser Periode zu sprechen, einer Reaktion auf die literarische Diktatur Bembos und seine stilistischen Manieriertheiten, die manchmal verächtlich als *Bemberie* bezeichnet wurden. Eine führende Gestalt dieser Reaktion war Pietro Aretino. Er war als Sohn eines Handwerkers gesellschaftlich ein Außenseiter zu einer Zeit, da die meisten Autoren Söhne von Adligen oder Kaufleuten waren. Er kam um das Jahr 1517 nach Rom und erlangte sehr bald einen bedeutenden Ruf als Satiriker. Zu seinen Angriffszielen zählten die Höflinge, höfisches Betragen, wie es Ca-

6. Marcantonio Raimondi, Kupferstich nach Leonardo, Das Letzte Abendmahl, British Museum, London. Ein frühes Beispiel der Reproduktion eines Kunstwerkes.

stiglione empfohlen hatte, und der elegante Stil des Schreibens und Sprechens im Sinne von Bembo. In ähnlicher Weise schrieb der Dichter Francesco Berni, ein anderer Florentiner, der damals nach Rom kam, um sein Glück zu machen, spöttische Lobgesänge auf die Trunkenheit, auf Seuchen und auf Disteln und parodierte eines von Bembos Sonetten (Borsellino 1973).

Dieser Konflikt zwischen Klassizismus und Antiklassizismus sollte nicht mißverstanden werden. Die beiden Stile stellten einander ergänzende Gegensätze dar, die die gleichen Menschen unter verschiedenen Umständen, Gelegenheiten oder Stimmungen ansprachen. Jeder der beiden Stile brauchte den jeweils anderen als Hintergrund seines Selbstverständnisses. Der Antiklassizismus war nicht so sehr eine Bewegung wie eine Haltung spielerischer Respektlosigkeit, die zugleich mit der Bewunderung für den klassischen Kanon existieren konnte. Doch war es unmöglich, den niederen Stil innerhalb dieser Grenzen zu halten. Er durchbrach die Schranken, und dies geschah insbesondere, wie wir noch sehen werden, in den Jahren nach 1530. Im Rückblick erscheint die Hochrenaissance als der Moment eines kurzen und instabilen Gleichgewichts.

Nach dem Tode Leos X. im Jahre 1521 waren die Dinge nie wieder die gleichen wie zuvor, aber das Ende dieser Zeitspanne wird im allgemeinen auf die Plünderung Roms durch die Truppen Kaiser Karls V. im Jahre 1527 datiert. Zu jener Zeit war Clemens VII. (ein anderer Medici) Papst, Raffael und Bramante waren bereits tot, Leonardo und Sadoleto waren nach Frankreich gegangen und Bembo war nach Venedig zurückgekehrt. Jedenfalls wurde dieses Geschehen als traumatisches Ereignis betrachtet. Die Humanisten sahen im Sacco di Roma eine Rückkehr des Barbarentums und das Ende einer Epoche. Es gab Plünderungen und vandalistische Exzesse. Ein unbekannter deutscher Landsknecht kratzte den Namen LUTHER in Großbuchstaben auf ein Fresko Raffaels im Vatikan. Eine Anzahl von Künstlern und Gelehrten floh aus der Stadt, um niemals wiederzukehren (Chastel 1983, S. 169–78). In Zukunft sollte die Renaissance eine Bewegung mit vielen Zentren sein. Einigen nichtitalienischen Künstlern und Gelehrten zufolge war sie es damals bereits.

Literatur und Imperium

Wie die Affäre Longueil verdeutlicht, forderten ausländische Humanisten damals bereits den Primat Italiens ernsthaft heraus. Christophe Longueil oder Longolius war ein Franzose, der 1516 nach Rom ging und ein Freund Bembos wurde. Als begeisterter Anhänger Ciceros wurde er in römischen Kreisen willkommen geheißen, doch dann fand man heraus, daß er vor seiner Abreise nach Italien eine Lobeshymne auf die Überlegenheit der französischen Kultur verfaßt hatte. Der «Verrat» des Longueil wurde in Gegenwart Leos X. verhandelt. Der Angeklagte wurde zwar freigesprochen, er hielt es danach aber doch für besser, Italien zu verlassen.

Longueils Ansichten waren zu jener Zeit keine Ausnahme. Erasmus beispielsweise hatte einmal erklärt, daß lateinische Literatur von den Bewohnern des Nordens «entführt» worden sei, und er provozierte damit den Florentiner Humanisten Giovanni Corsi zu seiner Schrift *Difesa d'Italia* (1535), in der dieser eine lange Liste aufstellte, die mit Bembo begann und all die Italiener enthielt, die «die hervorragendsten in jeder Gattung der Kunst» waren. Erasmus' Biograph, der Humanist Beatus Rhenanus, beschrieb seinen Helden mit den Worten, er habe die Gelehrsamkeit nach Italien mitgenommen, «die andere aus jenem Lande herauszubringen gewohnt waren». Der englische Gelehrte John Leland schilderte, wie die Musen über die verschneiten Alpen hinweg nach Britannien gereist seien (*musas transiliisse nives*) und behauptete, der Dichter Sir Thomas Wyatt komme Dante und Petrarca gleich (*Anglus par Italis*).

Die spanischen, französischen und deutschen Humanisten Antonio de Nebrija, Claude Seyssel und Conrad Celtis nahmen jeder für sich die Spitzenstellung für ihre eigene Region in Anspruch, indem sie das Blühen der Literatur mit der Blütezeit eines modernen Imperiums in Verbindung brachten, so wie Lorenzo Valla dies einstmals im Falle des antiken Roms getan hatte (siehe oben, S. 61).

Nebrija, der persönlich zehn Jahre in Italien verbracht hatte, betrachtete sich als Grammatiker, der die Barbaren bekämpfte. Das Vorwort zu seiner spanischen Grammatik (der ersten Grammatik einer modernen europäischen Sprache), die 1492 erschien und der Königin Isabella von Kastilien gewidmet war, argumentierte, wie es Valla getan hatte, eine Sprache sei «die Gefährtin des Imperiums», sie steige mit ihm auf, blühe mit ihm und falle mit ihm.

Nebrija stützte seine Beweisführung auf die Beispiele des Hebräischen (das seinen Höhepunkt im Zeitalter Salomons erlebte), des Griechischen (mit seiner Blüte in der Epoche Alexanders) und des Lateinischen (mit dem Höhepunkt in der Ära des Augustus). Er teilte der Königin mit, nun sei das Spanische an der Reihe, und es müsse von den «barbarischen» Völkern, die nun der Herrschaft Isabellas unterstanden, akzeptiert werden. Dies bezieht sich auf die Eroberung Granadas und die Einverleibung des letzten maurischen Königreiches auf der iberischen Halbinsel in den spanischen Staat. Gewöhnlich interpretiert man diese Äußerung heute aber im Lichte der Eroberung Amerikas, wie ja auch das Erscheinungsdatum von Nebrijas Buch nun symbolisch zu sein scheint (Rico 1978).

Der königliche Ratgeber Claude de Seyssel stellte in seiner an König Ludwig XII. gerichteten Einführung zu seiner Übersetzung eines Werkes des römischen Autors Justinus, der eine Zusammenfassung der antiken Weltgeschichte des Pompeius Trogus geschrieben hatte, eine ähnliche Behauptung auf. Er schrieb, die Römer hätten versucht «das Lateinische groß, reich und erhaben zu machen (*magnifier, enrichir et sublimer leur langue latin*)». Und nach Seyssel (der sich dabei an Valla anlehnt) wurde das Römische Reich tatsächlich durch den «Gebrauch und die Autorität der lateinischen Sprache» aufrechterhalten (*usance et authorité de la langue latine*). Dank der kürzlich erfolgten französischen Eroberungen in Italien verbreite sich das Französische nun in ähnlicher Weise. Seyssel lobte Ludwig, weil, so sagte er dem König: «Sie dafür Sorge tragen, die französische Sprache zu bereichern und bedeutsamer zu machen (*enrichir et magnifier la langue française*)». Wie seine Glorifizierungen, so stellte auch Seyssels Übersetzung einer Geschichte Roms zweifellos seine Art dar, den König zu ermutigen, römischen Beispielen zu folgen.

Der Dichter Conrad Celtis wurde 1487 in Nürnberg von Kaiser Friedrich III. mit dem Dichterlorbeer gekrönt. Er war der erste Nichtitaliener, der die Ehre empfing, auf die Petrarca so stolz gewesen war. Zu seiner Zeit war Celtis vor allem wegen seiner Nachdichtungen von Werken des Horaz berühmt, darunter Oden, Episteln und sein bekanntestes Werk, die *Amores,* in denen er durch die Beschreibung von vier Frauen aus vier Regionen Europas seinen Gedichten Lokalkolorit verlieh. Dabei verknüpfte er Hasilina mit der Weichsel, Elsula mit dem Rhein, Ursula mit der Donau und Barbara mit der Ostsee. Er versuchte den Meisterwerken des modernen Italiens wie auch des antiken Roms nachzueifern. Da er als Gelehrter ebenso bedeutend war wie als Dichter, plante er eine *Germania illustrata,* eine Schrift über Deutschland nach der Art von Flavio Biondos *Italia illustrata.* In einem Brief von 1487 hatte Celtis bereits behauptet, die Italiener würden bald «gezwungen sein zu bekennen, daß nicht nur das Römische Reich und die römischen Waffen, sondern auch der Glanz der Literatur zu den Deutschen ausgewandert sei (*litterarum splendorem ad Germanos commigrasse*)».

In einer Laudatio vor der Universität Ingolstadt im Jahre 1492, jenem Jahr, da Nebrijas *Grammatik* erschien, ging Celtis sogar noch weiter und verglich das moderne Deutschland mit dem antiken Rom. So wie die Römer sich kultivierten, indem sie Griechenland ihrer Herrschaft unterwarfen, konnten die Deutschen das gleiche leisten, indem sie Italien beherrschten. Als Celtis dem Kaiser einen Gedichtband widmete, beschrieb er Maximilian, den Nachfolger Friedrichs, bei dieser Gelegenheit als «einen zweiten Cäsar», der «die klassische Gelehrsamkeit mit dem Imperium zugleich wiederherstellt (*Romanas et Graecas litteras cum imperio restituis*)». Wo die Italiener sich mit den Römern identifizierten und die Menschen des Nordens mit den Barbaren, da setzte Celtis die Germanen mit den siegreichen Römern gleich und die Italiener mit den kraftlos gewordenen Griechen (Spitz 1957).

Die Künste

Die folgende Darstellung der Entwicklung der Künste beginnt mit den Auftraggebern, weil es gewöhnlich eher der Besteller als der Künstler war, der das Thema und manchmal sogar den Stil eines Gebäudes, eines Gemäldes oder einer Statue bestimmte. Isabella d'Este beispielsweise, die Markgräfin von Mantua, war zu jener Zeit eine bekannte Mäzenin der Künste. Sie sammelte klassische Skulpturen und besaß Repliken der *Laokoon*-Gruppe und des Apoll von Belvedere, sie bemühte sich auch mit allem Nachdruck darum, Werke von zeitgenössischen Künstlern wie Giovanni Bellini, Mantegna, Perugino, Leonardo da Vinci und Michelangelo zu erwerben, um damit ihre Grotte und ihre Räume zu schmücken. Da es von Isabella hieß, sie habe das Lateinische besser beherrscht als jede andere Frau ihrer Zeit, ähnelt ihre ermutigende Aufforderung an den Humanisten Mario Equicola, über die Liebe zu schreiben, dem Zuspruch, den Humanisten und Literaten wie Bembo und Castiglione durch Elisabetta Gonzaga, Herzogin von Urbino, erfuhren.

Im frühen 16. Jahrhundert begann eine beträchtliche Zahl von Auftraggebern aus den Ländern außerhalb Italiens Werke im klassischen Stil zu bestellen. Im allgemeinen nahmen diese Auftraggeber soziale Spitzenstellungen ein, ob sie nun weltliche Herrscher oder Kirchenfürsten waren oder überhaupt zur Aristokratie gehörten. Solche Edelleute hatten, wie wir bereits gesehen haben, im Italien des 15. Jahrhunderts eine wichtige Rolle gespielt, waren aber weniger dominant. Insbesondere in Florenz und Venedig hinterließen staatliche Patronage und die Förderung durch einzelne Bürger, wobei es sich oftmals um Kaufleute handelte, ihren Stempel auf den Künsten. Es wäre allerdings zu einfach, hier von «bürgerlicher» Patronage zu reden, wie Sozialgeschichtler, die sich mit der Renaissance beschäftigten, es zu tun pflegten. «Städtisch» dürfte hier das geeignetere Adjektiv sein. Wie dem auch sei: der Kontrast zwischen der Lage in Italien und der in anderen Ländern ist augenfällig. Wir können daher von einer «Aristokratisierung» der Renaissance sprechen, die sich in dem Maße ereignete, wie sie sich über die Grenzen Italiens hinaus verbreitete und sich enger mit den Höfen von Königen und großen Adligen verband.

Drei Kirchenfürsten, von denen zahlreiche Zeitgenossen einige Zeit lang erwarteten, daß sie das Amt des Papstes übernehmen würden, lebten zu jener Zeit auf besonders prachtvolle Weise, gaben ihr Geld entsprechend aus, und ihre Besuche in Rom verschafften ihnen Kenntnisse über die neuen Tendenzen. Kardinal Tamás Bakócz, ein Mann, der aus kleinen Verhältnissen stammte und später Primas von Ungarn wurde, kannte Italien gut. Seine Kapelle an der Kathedrale von Esztergom wurde ab 1506 in einheimischem rotem Marmor, aber in rein florentinischem Stil errichtet. Seine Portraitmedaille zeugt ebenfalls von seinem Interesse an italienischer Kunst. Die zweite große Persönlichkeit unter diesen drei Kirchenfürsten war Kardinal Georges d'Amboise, ein Liebhaber der Kunst und ein besonderer Bewunderer des Werks von Mantegna. Sein Château in Gaillon, das von einem italienischen Architekten erbaut worden war, umfaßte eine Loggia, ein Studiolo, eine Kapelle, die ein italienischer Künstler ausgeschmückt hatte, und einen in Genua hergestellten Brunnen. Um den Brunnen zum Schloß zu schaffen, wurde eigens eine Straße gebaut.

Kardinal Thomas Wolsey, der wie Bakócz aus bescheidenen Verhältnissen stammte, war, was die Patronage, aber auch was andere Gebiete betraf, ein Konkurrent des Kardinals d'Amboise.

Wolseys Palast zu Hampton Court war, wie es der Satiriker John Skelton sehr bald behaupten sollte, größer als der königliche Hof. Der Kardinal ist als «einer der größten Förderer der Künste in der englischen Geschichte» bezeichnet worden, und er war ganz gewiß an den allerneuesten Tendenzen interessiert. Seine großartigen Gedecke aus Edelmetall umfaßten eine Anzahl Stücke von jener Art, die man damals als «antike Arbeiten» bezeichnete, die also dem Renaissancestil zuzuzählen sind. Wolsey gab auch ein Grabmal aus kostbaren Materialien (vergoldete Bronze und Marmor) bei einem italienischen Bildhauer in Auftrag (Gunn und Lindley 1991).

Eine der kulturellen Folgen der französischen Invasion in Italien bestand darin, daß die Italiener – wie die Griechen in den Tagen des Römischen Reiches – ihre Eroberer «gefangennahmen». Dieser Prozeß setzte bereits früh ein. Der Künstler Guido Mazzoni kehrte in der Begleitung König Karls VIII. bereits 1495 mit den Gemälden, Statuen und Tapisserien, die man in Italien geplündert hatte, nach Frankreich zurück. Florimond Robertet, ein Beamter, der am Feldzug Karls VIII. teilgenommen hatte, entwickelte einen Geschmack an italienischer Kunst, während er sich dort befand, und erwarb eine Statue von Michelangelo sowie ein Gemälde von Leonardo. Doch diese Tendenz trat im frühen 16. Jahrhundert noch stärker hervor, als Ausländer sich zunehmend von der künstlerischen Überlegenheit Italiens überzeugt hatten. Wie der französische Drucker Geoffroy Tory, der in Italien gelebt hatte, 1529 in seinem *Champ Fleury* erklärte, waren die Italiener «souverän in Perspektive, Malerei und Skulptur ... Wir haben hier niemanden, der einen Vergleich mit Leonardo da Vinci, Donatello, Raffael aus Urbino oder Michelangelo aushält».

Sein König dürfte dem wohl zugestimmt haben. Wie Karl VIII. hatte auch Franz I. die italienische Kunst als militärischer Eroberer Italiens kennengelernt. Der König sah das *Letzte Abendmahl* in Mailand, zeigte sich davon tief beeindruckt und würde es allem Anschein nach mit nach Hause genommen haben, wenn man es von der Wand hätte lösen können. Der Herrscher lud Leonardo nach Frankreich ein, wo er sich mit ihm zu unterhalten pflegte, wie er es später auch mit dem Goldschmied Benvenuto Cellini tat (die italienische Sprache hatte Franz von seiner Mutter Louise von Savoyen gelernt). Auch Michelangelo wurde nach Frankreich eingeladen. Franz interessierte sich ebenfalls für Bildhauerei und Architektur. Dem venezianischen Botschafter zufolge bat der König den Papst, ihm die *Laokoon*-Gruppe zu überlassen, mußte sich allerdings mit einer Kopie begnügen. Das königliche Schloß zu Chambord wurde von einem Italiener, Domenico da Cortona, entworfen, allerdings wurden die Arbeiten von französischen Steinmetzen und Maurern durchgeführt. Dem Schloß zu Blois wurde ein neuer Flügel mit Loggien hinzugefügt, die diejenigen imitierten, die Bramante für den Vatikan entworfen hatte. Schloß Fontainebleau wurde ebenfalls in einem italianisierenden Stil geplant und erhielt eine Galerie, die der italienische Maler Rosso Fiorentino ausschmückte. Eine seiner Fresken, *Die Austreibung der Unwissenheit,* symbolisiert die Renaissance selbst (Knecht 1982: 425–461; Cox-Rearick 1995).

Die Arbeiten am Schloß zu Fontainebleau wurden 1527 begonnen, kurz nach denen am neuen Palast Karls V. in Granada und allem Anschein nach im Wettbewerb damit. Der König von Frankreich und der Kaiser waren auf dem Gebiete der Patronage genausosehr Rivalen wie auf dem der Politik. Der Palast von Granada wurde von Pedro Machuca entworfen, der erst kürzlich aus Italien zurückgekehrt war. Der reine römische Klassizismus dieses Palastes mit kreisrundem Innenhof steht im spektakulärem Gegensatz zu seinem Nachbarn, dem maurischen Palast der Alhambra. Man hat angedeutet, daß der Stil dieses Palastes als eine Stellungnahme zugunsten westlicher Werte im Gegensatz zu «orientalischen» verstanden werden sollte, aber es ist gleichermaßen möglich, dieses Gebäude als Ausdruck des Anspruchs der Spanier zu verstehen, den Italienern gleichwertig zu sein, ob nun den Römern der Antike oder deren modernen Nachfahren (Rosenthal 1985).

Ob der Kaiser am Stil seines Palastes *a lo romano,* wie man in Spanien sagt, interessiert war, bleibt durchaus zweifelhaft. Zu jener Zeit, da er ihn in Auftrag gab, war er noch nicht in Italien gewesen. Weitgehend ähnliches läßt sich hinsichtlich seiner Patronage der Malerei und der Bildhauererei sagen. Karl nahm Jan Vermeyen nach Tunis mit, damit er seine Siege über die «Mauren» male. Er erhob auch einige Künstler in den Adelsstand, darunter seinen Hofmaler Tizian, aber er war weit weniger ein Kunstliebhaber als Franz oder seine beiden weiblichen Verwandten, von denen er Vermeyen, Tizian und andere Maler übernahm, nämlich seine Tante Margarete von Österreich und seine Schwester Maria von Ungarn. Sie waren Generalstatthalterinnen des Kaisers in den Niederlanden.

Margarete von Österreich förderte Maler, Bildhauer und Architekten. Die italienischen Künstler Jacopo de' Barbari und Pietro Torrigiano verbrachten einige Zeit an ihrem Hofe. Sie liebte die Musik, insbesondere jene von Ockeghem und Josquin. Maria von Ungarn war ebenfalls eine Schutzherrin der Musik. Sie erbte die Kunstsammlung ihrer Tante und erweiterte sie. Sie gab bei Tizian etwa zwanzig Gemälde in Auftrag, aber sie interessierte sich auch für die flämische Malerei des 15. Jahrhunderts und besaß das Portrait des Arnolfini von Jan van Eyck, das heute in der National Gallery in London hängt. Ihre geistigen Interessen, wie sie sich an ihrer Bibliothek zeigen, sollen weiter unten erörtert werden (siehe unten, S. 212; Strelka 1957; Eichberger und Beavers 1995; Boogert und Kerkhoff 1993).

Italienische Architekten und Bildhauer waren auch in anderen Teilen Europas zu jener Zeit gefragt. In England schuf Torrigiano die Grabmale von Lady Margaret Beaufort (1511) und König Heinrich VII. (1512), während Giovanni da Maiano (Abbildung 7) und Benedetto da Rovezzano für Wolsey arbeiteten. In Polen wurde der Neubau des königlichen Palasts auf dem Wawel zu Krakau (Abbildung 14) von einem gewissen Franciscus Florentinus geleitet. Der Wawel beeindruckte 1573 einen französischen Besucher, weil er «dreimal so viele Loggien wie der Louvre besaß». Der zukünftige König Sigismund der Alte von Polen entdeckte die italianisierende Architektur, als er drei Jahre in Buda am Hofe seines Bruders König Wladislaw verbrachte und die Werke kennenlernte, die von Matthias Corvinus, dem Vorgänger des Königs, in Auftrag gegeben worden waren. Sein persönliches Interesse an architektonischen Einzelheiten zeigt sich in einem Brief von 1517, in dem es um seine Grabkapelle ging, die er damals am Dom zu Krakau errichtete: «Der Italiener war mit dem Modell der Kapelle hier, die er für uns bauen wird, und sie gefiel uns gut, aber wir befahlen ihm, einige Dinge zu ändern» (Lewalski 1967; Białostocki 1976: 35).

7. Giovanni da Maiano, Tondo mit dem Kopf des Augustus, Terracotta, ca. 1521, Hampton Court. Ein frühes Beispiel der modischen Begeisterung für römische Kaiser.

Zu jener Zeit gingen sowohl Künstler als auch Humanisten studienhalber nach Rom. Der deutsche Maler Albrecht Dürer hat Venedig zweimal besucht. Der spanische Maler Alonso Berruguete verbrachte ungefähr 14 Jahre in Italien und zeigte sich von Michelangelos unvollendetem Gemälde der Schlacht von Cascina beeindruckt. Machuca studierte in Rom und Florenz. Der niederländische Maler Jan Scorel lebte in Venedig und Rom. Die späteren Werke all dieser Künstler zeugen von dem Eindruck der klassischen und italienischen Vorbilder auf ihre Gestaltungskraft. Der Export von Stichen erlaubte es Künstlern, die

8. Schloß Wawel, Krakau, Schloßhof.

keine Gelegenheit hatten, Italien zu besuchen, mit dem neuen Stil bekannt zu werden. Im Spanien der 1520er Jahre imitierte beispielsweise mehr als nur ein Künstler Raimondis Drucke nach Werken von Raffael.

Und zu genau jener Zeit geschah es, daß einige Maler aus Deutschland und den Niederlanden sich erstmals weltlichen Themen zuwandten, vor allem der antiken Geschichte und der klassischen Mythologie, welche italienische Maler wie Raffael berühmt gemacht hatten. Lukas Cranach aus Wittenberg beispielsweise malte die Venus und die Lucretia. Albrecht Altdorfer malte Alexander den Großen bei der Schlacht von Issus innerhalb einer Reihe von Schlachtszenen, die Herzog Wilhelm IV. von Bayern in Auftrag gegeben hatte. Hans Holbein aus Augsburg schuf seine berühmten Portraitserien, darunter befanden sich Bildnisse von Heinrich VIII. und Thomas Morus.

Die Wiederbelebung der Antike in den Künsten sagte nicht jedermann zu. Zwei Niederländer, die nicht oft gemeinsam betrachtet werden, nämlich Erasmus und Adrian von Utrecht (der spätere Papst Hadrian VI.), teilten den Verdacht, es handle sich bei den klassischen Formen um Ausdrucksformen des Heidentums. Andere akzeptierten den klassischen Stil, aber nicht die Vorherrschaft Italiens. Die Idee des Wetteifers gewann zu jener Zeit an Boden. Der französische Dichter Nicolas Bourbon nannte Holbein «den Apelles unserer Zeit». Das königliche Schloß zu Fontainebleau wurde wegen der feinen Sammlung von Antiquitäten, die sich dort befand, ein «zweites Rom» genannt (Haskell und Penny 1981: 1–6). In einem Dialog des Humanisten Christóbal de Villalón «über den sinnreichen Vergleich zwischen der Antike und der Gegenwart (*Ingeniosa comparación entre lo antiguo y lo presente*)» von 1539 hieß es nicht nur von Raffael und Michelangelo, sondern auch von spanischen Künstlern wie Alonso Berruguete und dem Bildhauer und Architekten Diego de Siloe, sie hätten wohl «die Alten überflügelt (*exeden á los antiguos*)».

Der Wetteifer konnte verschiedenartige und sogar entgegengesetzte Formen annehmen. Aus Portugal etwa schickte König Manuel I. zwei Künstler zum Studium nach Italien. Doch der sogenannte «manuelinische» Stil in der Architektur, der (im 19. Jahrhundert) nach diesem König benannt wurde und im Hieronymuskloster zu Belém, ganz in der Nähe von Lissabon beispielhaft verwirklicht wurde, ist an dem exzessiven Gebrauch von Ornamenten erkennbar, die sich von klassischen oder italienischen Beispielen ebenso wie von der Gotik unterscheiden. Diese Ornamente offenbaren oft verspielte Bezüge auf das Seereich der Portugiesen und umfassen Kabeltaue, Ankerwinden, Seetang, Korallen, Lotus und Krokodile. Ob sie nun, wie einige Gelehrte vermutet haben, von muslimischer oder hinduistischer Kunst inspiriert sind oder nicht, so konstituieren sie doch eine bemerkenswerte Unabhängigkeitserklärung von traditionellen und zeitgenössischen Mustern (Lach 1977: 57–64; Dias 1988).

Für ein Beispiel von kreativer Imitation und des Wetteiferns in dieser Periode können wir zu Dürer zurückkehren. Manche seiner Skizzen italienischer Gemälde berichten uns einiges über das, was er in Venedig, insbesondere von Giovanni Bellini, den er dort traf, gelernt hatte. Er erfreute sich zu seinen Lebzeiten bereits einer ungewöhnlichen Berühmtheit. Kaiser Maximilian bezeichnete ihn als «in der Kunst der Malerei berühmter als alle anderen Meister». Celtis, Erasmus und andere nördliche Humanisten sangen sein Loblied. Luther erwähnte ihn in seinen *Tischgesprächen*, während Luthers Kollege, der Humanist Philipp Melanchthon, Dürer als ein Beispiel des großen Stils in der Malerei nannte, das Äquivalent des hohen Stils in der Rhetorik.

Und aufgrund von Drucken verbreitete sich Dürers Ruf noch weiter. Dürers eigene Holzschnitte und die Drucke nach seinen Bildern, die Raimondi anfertigte, ließen sein Werk auch in Italien einflußreich werden. Vasari bezeichnete ihn als «derart universell», daß er, wäre er nur in der Toskana zur Welt gekommen, «einer der besten Maler unseres Landes geworden wäre», was aus der Feder eines Italieners in der Tat ein gewaltiges Lob war. Dürers Abhandlungen über die Proportionen und zur Geometrie (einschließlich der Perspektive) erweiterten seinen internationalen Ruf noch weiter. Diese Abhandlungen wurden von dem deutschen Humanisten Joachim Camerarius, der auch Dürers Biographie – die erste nordeuropäische Biographie eines Künstlers – schrieb, ins Lateinische übersetzt (Panofsky 1943; Białostocki 1986–87).

Humanisten

Die Humanisten bedurften ebenso der Patronage durch die Herrscher, wie die Herrscher den Rat der Humanisten benötigten, wie Erasmus und Budé in zwei Abhandlungen über die Fürstenerziehung ausführten. Sie waren zum einen an Karl V., zum anderen an Franz I. gerichtet und wurden diesen Herrschern 1516 beziehungsweise 1519 vorgelegt. Budé untersuchte die Bezahlung von Autoren in der antiken Welt, um seine Behauptungen zu unterstützen, und führte beispielsweise aus, Vergil habe für sein Werk den Gegenwert von 250 000 Ecu erhalten. In Anlehnung an den römischen Dichter Martial meinte Budé: «Es wird behauptet, heute liege es am Mangel an Mäzenen, daß es nicht noch mehr Vergile und Horaze gebe (*dit-on aujourd'hui que par faute de mécenates il n'est plus de Virgiles ni de Horaces*)». Wie bereits an den schon früher geschilderten Höfen des 15. Jahrhunderts (vgl. oben, S. 64) scheint die humanistische Fürstenerziehung einige Auswirkungen auf die späteren Interessen der Herrscher gehabt zu haben. Franz ließ sich griechische und römische Klassiker laut vorlesen und bat seinen Botschafter in Venedig (den Humanisten Lazare de Baïf), griechische Manuskripte für die königliche Bibliothek einzukaufen. Karl war kein großer Intellektueller, aber eines der wenigen Bücher, die ihn interessiert haben sollen, war die Geschichte Roms aus der Feder des griechischen Historikers Polybios.

Die Rolle, die Fürstinnen der Renaissance bei der Förderung der Gelehrsamkeit und der Künste spielten, verdient es, hervorgehoben zu werden. Königin Bona beispielsweise, die Ehefrau Siegmunds I. von Polen, hatte am Hof zu Mailand eine humanistische Erziehung genossen, und es hieß, sie habe das Lateinische beherrscht. Sie lernte Polnisch und ermutigte einige Autoren. Königin Isabella von Kastilien konnte ebenfalls Latein, das sie bei Beatriz Galindo, die den Spitznamen «La Latina» trug, gelernt hatte. Diese gelehrte Dame hatte auch einen Kommentar über Aristoteles verfaßt. Isabella ermutigte Hernando del Pulgar, eine Geschichte Spaniens zu schreiben, und beauftragte Nebrija, diese ins Lateinische zu übersetzen. Die Königin stand auch im Briefwechsel mit der Humanistin Cassandra Fedele. Isabellas Tochter Katharina von Aragon erhielt eine gute Erziehung durch einen humanistischen Lehrer und konnte das Lateinische aus dem Stegreif sprechen. Als Königin förderte Katharina ihren Landsmann Luis Vives (der einige Jahre lang in England lebte) und auch den humanistischen Arzt Thomas Linacre, den Lehrer ihrer Tochter Maria Tudor. Die wichtigste unter all diesen Fürstinnen aber war Marguerite von Navarra, die Schwester Franz' I. Marguerite schrieb selber Gedichte, Schauspiele und Erzählungen und wirkte gleichzeitig als Patronin und Protektorin einer Reihe von Humanisten.

Die Fürsten waren zunehmend daran interessiert, italienische Gelehrte an ihre Höfe zu ziehen, ob nun zu dem Zweck, ihre Kinder von diesen unterrichten zu lassen, oder damit diese lobende Darstellungen ihrer Taten oder derjenigen ihrer Vorfahren in einem eleganten lateinischen Stil schrieben, wie es Antonio Bonfini für König Matthias getan hatte. So kam es, daß Paolo Emili aus Verona für König Ludwig XII. eine Geschichte Frankreichs verfaßte. Polidoro Vergilio aus Urbino schrieb für Heinrich VIII. eine Geschichte Englands (die *Historia Anglica*). Der Lombarde Pietro Martire d'Anghiera wurde als Chronist (*croni-*

sta) Karls V. bestellt und schrieb eine Geschichte der Eroberung der Neuen Welt unter dem Titel *Decades* zu Ehren des römischen Historikers Livius.

Und der Verkehr in umgekehrter Richtung war sogar noch stärker. In den 1480er Jahren beispielsweise zählten zu den humanistischen Besuchern Italiens Conrad Celtis, Thomas Linacre, der bei Poliziano in Florenz studierte, und Johann Reuchlin, der Ficino und Lorenzo de'Medici traf. In den 1490er Jahren gehörten dazu der Franzose Jacques Lefèvre d'Etaples, der Engländer John Colet und die Polen Piotr Tomicki und Nikolaus Kopernikus. Lefèvres Bemühungen, «aus dem Brunnen eines gereinigten Aristoteles zu trinken», also die Texte des Meisters im griechischen Original zu studieren, gründete auf sein Zusammentreffen mit Ermolao Barbaro. Colets berühmte Oxforder Vorlesung über den Heiligen Paulus war eine Konsequenz seiner Bekanntschaft mit Ficinos Kreis in Florenz. Nach seiner Rückkehr nach Polen führte Tomicki in der königlichen Kanzlei das klassische Latein ein. Kopernikus' Platonismus, der ihn in seiner heliozentrischen Theorie bestärkte (siehe unten, S. 171), stammte aus der Zeit, als er in Bologna studierte.

Nach 1500 gab es so viele ausländische Besucher in Italien, daß es unmöglich ist, sie alle aufzuzählen, so müssen einige berühmte Beispiele genügen. Die Biographie des Erasmus von seinem Schüler Beatus Rhenanus beschreibt den «großen Wunsch» ihres Protagonisten, Italien kennenzulernen, und führt dazu aus, daß «kein Platz auf dieser Welt in irgendeiner Hinsicht kultivierter (*cultius*) ist als diese Gegend». Im Jahre 1511 vermerkte der Dichter Jean Lemaire die Entdeckung der «Großartigkeit, Eleganz und Süße» der «toskanischen Sprache» durch Franzosen, «die Italien häufig besuchen (*frequentans les Ytalles*)». Unter den deutschen Besuchern befanden sich der Reichsritter, Dichter und Humanist Ulrich von Hutten und der Theologe, Philosoph und Astrologe Heinrich Agrippa von Nettesheim. Zu den Franzosen zählten der humanistische Jurist Guillaume Budé und der Philosoph Symphorien Champier, der im französischen Heer mitkämpfte und außerdem an der Universität Padua studierte. Unter den Spaniern sind der Dichter Garcilaso de la Vega und der Gelehrte Juan Gines de Sepúlveda, der 20 Jahre lang in Italien blieb, zu nennen.

Trotz der anhaltenden Begeisterung, die sich an dieser ständigen Pilgerwanderung zeigt, geschah es zu dieser Zeit, also um das Jahr 1520, daß die Italiener ihre Vorherrschaft auf dem Gebiet der humanistischen Studien verloren. Dies war nicht nur das Zeitalter des Erasmus, des Reuchlin und des Budé, sondern auch dasjenige des Spaniers Luis Vives und des Engländers Thomas Morus. Für einige Mitglieder dieser Gruppe schien eine neue Zeit angebrochen zu sein. Es war eine Wonne, diese Morgenröte zu erleben. Im Alter von 50 Jahren erklärte Erasmus im Jahre 1517, daß er «fast wünschte, wieder jung zu sein», weil «die Wiederkehr des Goldenen Zeitalters nahe» sei. Der deutsche Humanist Ulrich von Hutten meinte zu seinem Freund Pirckheimer, es sei gut, eine Zeit zu erleben, da Wissenschaft und Ingeniosität blühten (*vigent studia, florent ingenia*). Dies war auch die Zeit, da sich der Begriff «Humanist» über die Grenzen Italiens hinaus ausbreitete. Lefèvre beispielsweise wurde der *humanista theologizans* genannt. Die Anhänger Reuchlins in Deutschland wurden manchmal als *humanistae* bezeichnet. Der Begriff «Mittelalter» (*media antiquitas, media aetas*) wurde damals von einigen deutschen Humanisten so benutzt, wie er unter den Italienern des 15. Jahrhunderts verbreitet gewesen war.

Wie in Italien entwickelten sich die neuen Gedanken und Techniken oftmals in kleinen Gruppen. Conrad Celtis beispielsweise war ein Bekannter Dürers und ein Freund von Johann Trithemius, einem des Griechischen und des Hebräischen mächtigen Gelehrten, der zuerst in Sponheim und später in Würzburg Abt des Benediktinerklosters war. Celtis führte das Leben eines wandernden Gelehrten, aber in einigen der Städte, in denen er sich aufhielt, darunter Krakau, Heidelberg und Wien, traf er Diskussionsgruppen oder *sodalitates*. Trithemius bot in seinem Kloster einer Reihe von Humanisten Gastfreundschaft, darunter Celtis, Reuchlin, Agrippa und den beiden Franzosen Robert Gaguin und Charles de Bouelles (Spitz 1957; Brann 1981). In Paris umfaßte der Kreis der Schüler, Freunde und Bekannten Lefèvres Leute wie Gaguin, Bouelles, Budé und Beatus Rhenanus (Renaudet 1916; Rice 1970). An der neuen Universität von Alcalà gab eine Gruppe von Gelehrten unter Leitung von Nebrija und mit Unterstützung von Kardinal Jiménez de Cisneros eine mehrsprachige Bibel heraus, in der hebräische, aramäische, griechische und lateinische Texte gegenübergestellt waren (Rueda 1973; Bentley 1987: 70–111).

In ähnlicher Weise waren die zwischen Humanisten ausgetauschten Briefe ein bedeutender Beitrag zu ihrem Ideal einer internationalen «Gelehrtenrepublik» (*respublica litteraria*). Dieser Ausdruck geht zwar auf das frühe 15. Jahrhundert zurück, aber es geschah erst zu jener Zeit, daß die internationalen Gelehrtenkontakte anfingen, dieser zunächst nur in der Phantasie bestehenden Gemeinschaft einige reale Züge zu verleihen (Fumaroli 1988). Die Gelehrtenrepublik wurde auch durch das Druckerei- und Verlagswesen zusammengehalten. Auch auf diesem Feld wurde die italienische (oder genauer gesagt venezianische) Vorherrschaft nach 1500 von Paris, Basel und anderen Zentren herausgefordert. Der gelehrte Drucker Aldus Manutius hatte eine Anzahl von Wettbewerbern außerhalb Italiens. In Basel zählten zu den gelehrten Druckern Johann Amerbach, ein Freund führender deutscher Humanisten, und Johann Froben, der einst Amerbachs Lehrling gewesen war und später ein Freund und auch der Verleger von Erasmus wurde. In Paris gehörten zu ihnen Jodocus Badius, ein Niederländer, der (wie Aldus) bei Battista Guarini in Ferrara gelernt hatte. Badius, der von dem Humanisten Robert Gaguin nach Paris gerufen worden war und 1507 der offizielle Drucker der Universität wurde, schrieb selber Bücher, darunter eine Abhandlung über das Briefeschreiben, und veröffentlichte nicht nur Werke der Klassiker, sondern auch Bücher von Valla, Ficino und Poliziano. Sein Laden war ein Treffpunkt des Humanistenkreises um Lefèvre.

Ein anderer Schauplatz, an dem die humanistische Bewegung blühte, waren die Universitäten. In Italien hatte sich die Bewegung vor 1500 weitgehend außerhalb der Universitäten und in einem gewissen Maße auch gegen sie entwickelt. Nach 1500 jedoch boten eine Reihe europäischer Universitäten, darunter die beiden Neugründungen Wittenberg und Alcalà, ein günstiges Milieu für die neue Gelehrsamkeit. Dies läßt sich an der Geschichte von drei Fachgebieten veranschaulichen: der Poesie, des Griechischen und des Hebräischen.

Die Poesie war eines der Hauptinteressengebiete der Humanisten im Kreise um Marsilio Ficino, insbesondere von Poliziano, einem ausgezeichneten Poeten im Lateinischen und Italienischen, und Landino, der behauptete, die Poesie stehe über allen anderen freien Künsten. Wie wir (vgl. oben, S. 58) gesehen haben, verglich Ficino persönlich die Inspiration der Poeten mit der der Propheten. Vom späten 15. Jahrhundert an begann das Studium der Poesie an Universitäten außerhalb Italiens institutionalisiert zu werden. An der Universität Leuwen wurde 1477 ein Lehrstuhl für Poesie gegründet und in Salamanca geschah dies 1484. Die Professoren hielten Vorlesungen über lateinische und griechische Dichter. In Salamanca beispielsweise las der lombardische Humanist Pietro Martire aus Anghiera über Juvenal und stieß – wie er uns berichtet – auf große Begeisterung. Celtis lehrte über seinen Lieblingsdichter Horaz, als er an der Universität Ingolstadt tätig war, und an der Universität Wien las er über Homer. Er brachte auch Kaiser Maximilian dazu, ein Dichterkollegium zu gründen.

Die wissenschaftliche Beschäftigung mit der griechischen Sprache und Kultur, die sich vor dem Jahre 1500 buchstäblich auf Italien beschränkt hatte (abgesehen von kleinen Gruppen in Paris in den 70er und in Salamanca in den 80er Jahren des 15. Jahrhunderts), verbreitete sich zu jener Zeit ebenfalls weiter. Erasmus erlernte die Sprache um das Jahr 1500 in Paris bei einem Griechen. Thomas Morus eignete sie sich im Jahre 1501 bei William Grocyn an (der sich seine Griechischkenntnisse in Italien erworben hatte), während sein Freund Colet mit dem Studium dieser Sprache ein wenig später, im Alter von 50 Jahren, begann. Der Griechischunterricht wurde an den Universitäten Krakau (etwa 1500 durch zwei Italiener), Alcalà (etwa 1513), Leipzig (1515), Paris (1517), Wittenberg (1518) und anderswo eingeführt (Lopez Rueda 1973; Wilson 1992).

Das Griechische wurde nicht nur deshalb studiert, weil es sich dabei um die Sprache Homers, Aristoteles' und Platons handelte, sondern auch, weil es die Sprache des Neuen Testaments war. Zur gleichen Zeit begann man die Sprache des Alten Testaments in einem internationalen Kreis von christlichen Gelehrten ernstzunehmen. Im Jahre 1311 hatte das Konzil von Vienne angeordnet, daß an fünf europäischen Universitäten Lehrstühle für Hebräisch zu errichten seien, aber diese Anordnung wurde nicht befolgt. Einige wenige italienische Humanisten des 15. Jahrhunderts hatten sich für das Hebräische interessiert. Pico della Mirandola beispielsweise nahm Unterricht bei den jüdischen Gelehrten Elia del Medigo in Padua und Jochanan ben Isaac Alemanno in Florenz. Im frühen 16. Jahrhundert jedoch wurde das Studium des Hebräischen an einer Anzahl europäischer Universitäten etabliert. 1511 unterrichtete Alfonso aus Zamora in Salamanca hebräisch. Im Jahre 1517 wurde das berühmte «dreisprachige Kolleg» der Universität Leuwen gegründet, um die drei Sprachen der Heiligen Schrift, Latein, Griechisch und Hebräisch, zu lehren. Ein ähnliches Kolleg wurde in Alcalà gegründet. Seit 1519 wurde die hebräische Sprache an der Universität Heidelberg unterrichtet, seit 1529 auch in Basel und am neuen Collège Royal in Paris, gegründet von Franz I. auf Vorschlag von Guillaume Budé, von 1530 an.

Doch die hebräische Sprache wurde nicht nur studiert, um das Alte Testament verstehen zu können. Für einige Humanisten bestand seit Pico ein wichtiges Ziel darin, die Kabbala verstehen zu lernen, also die geheime oder «okkulte» Tradition jüdischer Gelehrter. Das Wort Kabbala bedeutet «Tradition» und wurde damals manchmal ins Lateinische als «Rezeption» (*receptio*) übersetzt. Genauer gesagt, handelt es sich bei der Kabbala um eine mystische Tradition, einen Versuch, sich Gott durch Meditation über seine zahlreichen Namen anzunäheren. Die kabbalistischen Gelehrten glaubten, daß das Hebräische die ursprüngliche Sprache, die Sprache Gottes sei, in der Worte mehr waren als bloße Zeichen für Dinge und ihre eigene Kraft besaßen. Indem sie deren geheime Namen benutzten, waren die Kabbalisten imstande, Engel herbeizurufen. Es ist nicht schwierig, die Begeisterung humanistischer Philologen oder «Freunde des Worts» für eine solche Lehre zu erklären (Scholem 1941).

Der Anklang, den diese jüdische Tradition bei christlichen Humanisten fand, ähnelte jenem, den Zoroaster, Hermes Trismegistus und in einem gewissen Maße auch Platon gefunden hatten. Die Texte dieser «antiken Theologie» (siehe oben, S. 58) wurden als Vorboten und Bestätigung des Christentums gesehen (es ist wohl nicht notwendig zu betonen, daß jüdische Gelehrte dieses Verständnis ihrer Tradition einigermaßen absurd fanden). So behauptete Pico: «Keine Wissenschaft beweist die Göttlichkeit Christi so gut wie die Magie und die Kabbala». In Italien begannen Anfang des 16. Jahrhunderts kabbalistische Studien zu blühen. In Rom beispielsweise wurde Kardinal Egidio da Viterbo, ein früherer Schüler Ficinos, ein begeisterter Anhänger dessen, was er die «jüdische Wahrheit (*Hebraica veritas*)» nannte. Er sagte zu Papst Leo X., die biblischen Studien würden zu seiner Zeit «wie aus der Asche» wieder ins Leben zurückkehren, in der Art, wie griechische Studien im Zeitalter Lorenzo de'Medicis wiederbelebt worden seien. In Venedig benutzte der Franziskanermönch Francesco Giorgi (oder Zorzi) die Kabbala als Beweismittel für die Harmonie des Kosmos. Als Experten in Fragen der Harmonie konsultierte man ihn auch beim Bau der Kirche von San Francesco della Vigna (O'Malley 1968; Wittkower 1949: 102–107; Foscari und Tafuri 1983).

In Deutschland publizierte Johann Reuchlin 1517 ein Buch über die Kabbala, das er Papst Leo X. widmete. Er behauptete, diese jüdische Tradition gewähre Zugang zu der verlorenen «symbolischen Philosophie» des Pythagoras, der seine Weisheit aus dem Osten übernommen habe. Pythagoras sei nun wiedergeboren, da er, Reuchlin, imstande sei, seine Ideen in der gleichen Weise zu erläutern, wie Ficino die Philosophie des Platon und Lefèvre die des Aristoteles erklärt hatte. Reuchlins Schüler Agrippa von Nettesheim hielt 1509 bereits Vorlesungen über Reuchlin, das war in jenem Jahre, in dem er Trithemius besuchte und mit ihm «über Alchemie, Magie, Kabbala und dergleichen» sprach. Danach schrieb Agrippa ein Buch *Über die okkulte Philosophie* (*De occulta philosophia*), das schließlich im Jahre 1533 veröffentlicht wurde.

Wie die florentinischen Neoplatoniker des späten 15. Jahrhunderts, bei denen Reuchlin studiert hatte, versuchten auch die deutschen Humanisten Kenntnis von antiken Mysterien zu erlangen. Wie für den Florentiner Kreis, so hingen auch für sie Poesie, Prophetentum und Würde mit dem zusammen, was Agrippa die «Dignifikation» des Menschen nannte. Wie die Florentiner betonten auch sie die Vereinbarkeit zwischen dem Christentum und den Geheimlehren der Antike. Auf der Titelseite des Buches von Agrippa stand ein Zitat aus dem Matthäusevangelium (10: 26): «Es ist nichts verborgen, das nicht offenbar werde, und ist nichts heimlich, das man nicht wissen werde.» Doch die Gruppe in Deutschland nahm die jüdische Kultur ernster, als ihre Vorläufer anderwärts es getan hatten, und lieferte viele respektvolle Hinweise auf die gelehrten Rabbiner, die früher schon die Kabbala studiert hatten (Secret 1964: 44–72; Behar 1996: 13–62).

Das Griechische wurde selbstverständlich als der Schlüssel zu den beiden Zeiten der Antike, der heidnischen und der christlichen, studiert. Als Beispiel für die Verbindung zwischen beiden und den Nutzen der antiken griechischen Kultur für die Humanisten jener Zeit stellt die Rezeption Lukians einen aufschlußreichen Fall dar. Lukian, der im 2. Jahrhundert n. Chr. geboren wurde, hatte lebendige umgangssprachliche und satirische Dialoge verfaßt. Sie spielen oftmals im Himmel, dem klassischen Olymp, oder in der Hölle, dem klassischen Hades. Der olympische Aussichtspunkt gestattet es dem Philosophen Menippus, einem der Protagonisten Lukians, aus einem derart großen Abstand auf die Erde herabzublicken, daß die menschlichen Aktivitäten ganz unbedeutend erscheinen. Die Funktion des Hades besteht darin, früher einmal bedeutende Menschen zu zeigen, die nun ohne ihren Reichtum und ihre Macht dastehen. Die Seelen müssen nämlich alles hinter sich lassen, bevor sie das Boot besteigen, das sie über den Fluß Styx in die Unterwelt bringt. Der Bootsführer Charon äußert sich wie Menippus über die menschliche Torheit.

Lukians Werke wurden in den 1490er Jahren im griechischen Original veröffentlicht. Lateinische Übersetzungen einiger der Dialoge wurden Anfang des 16. Jahrhunderts von Erasmus, Morus, Reuchlin und Budé angefertigt. Die Dialoge inspirierten auch eine Reihe von Humanisten, darunter Erasmus, Hutten und Valdés, den griechischen Satiriker zu imitieren oder ihm nachzueifern. So sagt der Protagonist des berühmten *Lob der Torheit* des Erasmus: «Wenn ihr auf das unübersehbare Treiben der Sterblichen hinabblicken könntet wie einst Menippus, so würdet ihr gleichsam einen Fliegen- oder Mückenschwarm sehen, denn sie zanken sich, bekämpfen einander, stellen sich gegenseitig Fallen, berauben sich, spielen und scherzen miteinander, werden geboren, leben dahin und sterben.» Der Olymp und der Hades wurden im Christentum zu Himmel und Hölle. In der anonymen Schrift *Julius Exclusus,* die beinahe mit Gewißheit ein Werk des Erasmus ist, erscheint der kriegerische Papst an den Pforten des Himmels und versucht, sie mit seinen Schlüsseln zu öffnen. Es folgt ein Dialog mit dem Heiligen Petrus, der sich über das weltliche Erscheinungsbild seines Nachfolgers wundert. Dazu erklärt Julius: «Es ist eine ganz andere Sache, heutzutage der Bischof von Rom zu sein» (Lauvergnat-Ganière 1988: 197–234).

Hutten und Valdés zählten zu jenen, die dem Beispiel des Erasmus folgten. Tatsächlich wurde Hutten von dem Drucker Johann Froben als «wiederauferstandener Lukian» beschrieben. In Huttens *Inspicientes (Die Zuschauer)* sehen die himmlischen Beobachter, nämlich die Sonne und Phaeton, auf die ameisengleichen Menschen hinab, «die große Armeen wegen Lappalien ins Feld führen und für einen nichtssagenden Namen sterben». Sie kommentieren die Korrumpiertheit des Papstes Leo X., der unter dem Vorwand eines Kreuzzugs gegen die Türken Geld aus dem deutschen Volk herauspreßt, und die Arroganz seines Legaten, des Kardinals Cajetan. Hutten persönlich übersetzte diesen und drei andere Dialoge ins Deutsche, um ein Publikum zu erreichen, das über den Kreis seiner Humanistenkollegen hinausging. Aus demselben Grunde schrieb Alfonso Valdés, der «erasmischer als Erasmus» war, nach Aussage eines humanistischen Kollegen in spanischer Sprache (Bataillon 1937: 419–438). Sein Gespräch zwischen *Merkur und Charon* verband politische mit moralischen und religiösen Themen. Merkur kommt zum Hades herab, um Charon die letzten Nachrichten aus der Welt dort droben zu überbringen. Nachdem er erfahren hat, daß Karl V. und Franz I. miteinander Krieg führen, kauft Charon eine neue Galeere, denn er fürchtet, sein altes Boot würde nicht all die Toten aufnehmen können, die bald zu ihm herabkämen. Merkur schildert ihm den Krieg vom Standpunkt Karls V. (Valdés war Sekretär des Kaisers). Im Verlauf des Gesprächs kommen die Seelen der jüngst Gestorbenen an und werden von den beiden Hauptgestalten über ihr vergangenes Leben befragt. Unter diesen Seelen befinden sich ein früherer Herrscher, ein Minister, ein Priester und ein Theologe, die alle sündig und für die Hölle bestimmt sind. Die Form dieses Dialogs mag zwar dem Vorbild des Lukian folgen, aber der Ton ist doch ganz anders. Er ist viel ernster und paßt den griechischen Satiriker der politischen und religiösen Stimmung der späten 20er Jahre des 16. Jahrhunderts an.

Man sollte auch den anti-italienischen Ton dieser Dialoge beachten. Die Kritik am päpstlichen Rom war nicht ohne nationale (wenn nicht gar «nationalistische») Zwischentöne. Nationale Rivalitäten und gelehrter Wettbewerb waren eng miteinander verknüpft. In Frankreich beispielsweise führte unter den humanistischen Gelehrten des römischen Rechts der Wetteifer mit Italien zu einer Zurückweisung der «italienischen Methode» (*mos italicus*) zugunsten des einheimischen *mos gallicus*. Die Unterscheidung geht auf die Mitte des 16. Jahrhunderts zurück. Die «französische Methode», die Interpretation des römischen Rechts durch Wiedereinordnung in den Zusammenhang der antiken römischen Kultur, war genau die Methode gewesen, die Valla und Poliziano angewandt hatten, aber diese Praxis wurde im Frankreich dieser Zeit weiterentwickelt. Guillaume Budés *Annotationes in XXIV libros pandectarum* von 1508 war ein fachmännisches, aber gleichzeitig ein exemplarisches Werk der Philologie, in welchem der Autor das römische Recht historisierte, indem er zeigte, daß es sich hier um das Produkt einer bestimmten Zeit handelte. Wie die früheren Humanisten, die die klassische Literatur und Philosophie und das Neue Testament aus diesem Gesichtswinkel studiert hatten, so versuchte nun auch Budé, das römische Recht «wiederherzustellen», indem er verfälschte Texte ausschied und Fehlinterpretation schichtweise abtrug (Maffei 1956; Kelley 1970; La Garanderie 1976).

Konflikte

Gewiß gab es zu dieser Zeit bereits tiefe Spaltungen innerhalb der humanistischen Bewegung. Ein Humanist sprach sogar von einem «Bürgerkrieg zwischen den Anhängern des Cicero und denen des Erasmus» (Fumaroli 1980: 101–115). Der Gegensatz zwischen Bembo mit seiner Begeisterung für elegante literarische Formen und (beispielsweise) Egidio da Viterbo, der zur gleichen Zeit in Rom lebte, aber das Lateinische für eine «barbarische» Sprache im Vergleich zum Hebräischen hielt, könnte kaum deutlicher sein. Diese Differenzen sollte man keinesfalls bloß auf persönliche oder lokale Rivalitäten zurückführen, so wichtig diese auch waren. In ihnen manifestierten sich die latenten Konflikte innerhalb des humanistischen Vorhabens. Erasmus legte die Schwierigkeiten offen. Wie konnte man den Respekt für das heidnische Altertum mit dem christlichen Glauben in Einklang bringen? Sollte man dem Buchstaben oder dem Geist der klassischen Tradition folgen? Wenn die humanistische Bewegung zu dieser Zeit nicht vollständig zerbrach, dann kommt das Verdienst daran wohl ihren Feinden zu, die wir nach dem Beispiel des Thomas Morus bei seiner Verteidigung der griechischen Studien zu Oxford die «Trojaner» nennen können. Die Oxforder Konservativen standen nicht allein. Ungefähr gleichzeitig gab es an der Universität Leuwen einen ähnlichen Angriff auf die griechischen und hebräischen Studien sowie auf die Philologie von Valla und Erasmus. In Frankreich wandte sich die Sorbonne (also die theologische Fakultät) gegen die neuen Ansätze der *lecteurs royaux*. In Spanien hatte Erasmus viele Feinde, aber auch Schüler.

Zwei berüchtigte Kontroversen jener Zeit offenbaren die Feindseligkeit gegenüber dem Humanimus, die in einigen Bereichen bestand: der Fall Pomponazzi und die Affäre Reuchlin. Pietro Pomponazzi war ein Professor der Universität Bologna, wo er Vorlesungen über die Philosophie des Aristoteles hielt. Obwohl er kein Fachgelehrter des Griechischen war, wie Ermolao Barbaro (siehe oben, S. 67), beteiligte er sich doch an der Bewegung, die sich bemühte, das wieder zu entdecken, was Aristoteles ursprünglich gemeint hatte, im Gegensatz zu dem, was spätere Kommentatoren (beispielsweise Averroes) über das, was er gesagt haben sollte, behauptet hatten. Im Jahre 1516 veröffentlichte Pomponazzi ein Buch mit dem Titel *Über die Unsterblichkeit der Seele*, in dem er behauptete, Aristoteles habe die Seele für sterblich erklärt. Dieses kleine Buch erregte eine gewaltige Kontroverse. Obwohl Pomponazzi gesagt hatte, weder die Sterblichkeit noch die Unsterblichkeit der Seele könne aus natürlichen Gründen bewiesen werden, wurde er angegriffen, als vertrete er selbst eine «mortalistische» Position. Sein Buch wurde in Venedig verbrannt und eine Reihe von Theologen schrieb gegen ihn. Pomponazzi hatte jedoch darunter nicht zu leiden: Die Universität verdoppelte sein Gehalt. Doch zeigt die Aufnahme seines Buches vor allem das Gewicht der Hindernisse für eine Rezeption des Humanismus (Pine 1986: 124–234).

In der Affäre Reuchlin verband sich der Antihumanismus mit dem Antisemitismus. Reuchlin wurde zunächst deshalb angegriffen, weil er sich gegen die Unterdrückung jüdischer Bücher ausgesprochen hatte. Als er sich persönlich verteidigte, wurde sein eigenes Werk, insbesondere sein Buch über die Kabbala, zur Zielscheibe. Der Streit weitete sich allmählich geistig und international aus. Reuchlin gelangte zu der Ansicht, seine «barbarischen Gegner» versuchten, die griechische und hebräische Gelehrsamkeit zu diskreditieren, um ihre eigenen recht infantilen Arbeiten zu verteidigen. Erasmus schrieb an Reuchlin, um ihn seiner Unterstützung gegen die «Böswilligkeit» seiner Feinde zu versichern, und in einem Postskriptum zu diesem Brief zählte er Reuchlins Freunde in England auf, darunter Morus, Colet und deren Freunde Linacre und Grocyn (Overfield 1984: 247–297).

In Deutschland wurde dieser Disput in den *Dunkelmännerbriefen* (*Epistolae Obscurorum Virorum*) von 1515 als ein Angriff der Kräfte der Barbarei auf den Humanismus dargestellt. Bei diesen Briefen handelte es sich um ein Kollektivunternehmen, bei dem Hutten eine zentrale Rolle spielte. Diese imaginären Schreiben an und von scholastischen Philosophen deutscher Universitäten wie Köln und Mainz malen ein Kollektivportrait der klerikalen Feinde der Poesie und des «läppischen Lateins», die außerdem Verteidiger der «guten alten Bücher» des Peter von Spanien, Thomas von Aquin und so weiter waren. Diese Briefeschreiber stellen sich hier selber als ignorant, dumm, habgierig, autoritär und antisemitisch dar, indem sie Reuchlin als «einen weltlichen Poeten und einen arroganten Menschen [verurteilen], der sich selbst gegen vier Universitäten auf die Seite der Juden stellt und (. . .) sich nicht auskennt in den Werken des Aristoteles und des Peter von Spanien» (letzterer war ein Logiker des 13. Jahrhunderts). Die Sprache dieser Briefe war eine Mischform. Das Latein, in dem sie verfaßt sind, spiegelt die Kultur oder die Kulturlosigkeit ihrer Autoren wider. Das Lateinische ist hier eher mittelalterlich als klassisch und von der Volkssprache durchsetzt. Der Stil dieser Briefe oder deren Mangel an Stil dürfte bereits ausgereicht haben, um bei humanistischen Lesern Gelächter auszulösen.

Kurz nach Veröffentlichung der *Dunkelmännerbriefe* unternahm der spanische Humanist Luis Vives 1520 unter dem Titel *In Pseudodialecticos* einen direkten und leidenschaftlichen Angriff auf die scholastischen Philosophen und «Sophisten» der Universität Paris. In einer Sprache, die an Valla und Erasmus erinnerte, denunzierte sein Werk die Pariser Gelehrten wegen ihrer «eitlen und nutzlosen» Studien der «trivialsten aller Trivialitäten (*nugacissimas nugas*)». Sie verstünden es nicht, Worte von Dingen zu unterscheiden, ersetzten die gewöhnliche Sprache durch einen barbarischen Jargon von «Vermutungen», «Einschränkungen», «Appellen» usw. und folgten eher Peter von Spanien als Cicero oder Quintilian. Statt dessen sprach sich Vives für das Studium «jener Disziplinen aus, die des Menschen würdig sind und daher als humanistische Fächer bezeichnet werden».

Die Humanisten kritisierten auch das Rittertum. Erasmus, Vives und Morus waren sämtlich Kritiker der Ritterepen, die zu ihrer Zeit so weit verbreitet waren und gelesen wurden, also der Geschichten von Artus, Lancelot, Tristan, Roland und so weiter, denn diese seien schlecht geschrieben, «vollkommen ungelehrt, dumm und dämlich» (wie Erasmus in seinem *Enchiridion* schrieb). Außerdem glorifizierten sie den Krieg und die außereheliche Liebe. Die Ablehnung der Ritterromane war auch mit der Kritik an der Kriegführung in Morus' *Utopia* und in Erasmus' Kommentar über das Sprichwort *Dulce bellum inexpertis* («süß ist der Krieg für jene, die ihn nicht kennengelernt haben») verbunden.

Diese Proteste hatten wenig Wirkung. Der spanische Ritterroman *Amadis de Gaula* von Rodriguez de Montalvo, der erstmals 1508 erschienen war, sollte sich in vielen Teilen Europas im 16. Jahrhundert als Bestseller erweisen, er erlebte geradezu unzählbare Fortsetzungen sowie Übersetzungen ins Französische, Italienische, Deutsche und Englische. Obwohl Erasmus in seinem Werk *Erziehung eines christlichen Fürsten* vor dieser Art von Lektüre gewarnt hatte, zählte zu den wenigen Büchern, von denen wir wissen, daß Karl V. sich für sie interessierte, der Ritterroman *Le chevalier délibère*, den er ins Spanische hatte übersetzen lassen. Franz I. unterschied sich von Karl in dieser Hinsicht kaum. Er gab bei einem italienischen Autor an seinem Hofe, dem exilierten Florentiner Luigi Alamanni, ein Gedicht in Auftrag, aber das Thema, das er auswählte, stammte aus einem französischen Ritterroman. In der Gefangenschaft in Spanien las der König *Amadis*, und dieses Werk gefiel ihm so sehr, daß er nach seiner Rückkehr eine Übersetzung ins Französische in Auftrag gab.

Auch im Bereich der bildenden Kunst brachte der Kontakt und der Konflikt zwischen verschiedenen Stilen eine gemischte Kultur hervor. Kardinal Georges d'Amboise und seine Brüder gaben nicht nur Bauwerke im Renaissancestil, sondern auch solche in gotischer Bauweise in Auftrag. Darunter befanden sich der Justizpalast in Rouen und das Hôtel de Cluny in Paris. Als Diego de Siloe die neue Kathedrale in Granada entwarf, appellierten einige Leute an Kaiser Karl V., dem Architekten zu verbieten, *a lo romano* zu bauen, sie bestanden auf einen Bau *el modo moderno*, mit anderen Worten: im gotischen Stil (Rosenthal 1961). Karl stand dieser Angelegenheit allem Anschein nach unschlüssig gegenüber. Kaiser Franz I. und eine Reihe von Künstlern und Literaten seiner Zeit lebten in zwei Welten zugleich, nämlich, so könnten wir sagen, in der Huizingas (*Herbst des Mittelalters*) und in der Burckhardts (*Die Kultur der Renaissance in Italien*).

Um die Dinge noch ein wenig komplizierter zu machen, gelangten einige Humanisten außerhalb Italiens dahin, das verachtete Mittelalter als Äquivalent zur römischen Vergangenheit in ihren Regionen zu betrachten. Ihr Rivalitätsgefühl im Verhältnis zu Italien ermutigte sie geradezu zu positiven Haltungen gegenüber den «Barbaren». Deutsche Humanisten waren erfreut über das Lob ihrer Vorfahren in der *Germania* des Tacitus. Celtis schrieb ein Epos über Theoderich, den Herrscher der Ostgoten, und gab die Legendendramen der Hrotsvit von Gandersheim, einer Stiftsdame des 10. Jahrhunderts, heraus. Auch das Spätmittelalter wurde zu einem Gegenstand von durch Sympathie bestimmtem Interesse. Kaiser Maximilian gab eine Edition mittelalterlicher deutscher Epen in Auftrag. Der elsässische Humanist Jacob Wimpfeling pries die Architektur des Domes zu Straßburg, sein gotisches Maßwerk, seine Pfeiler und Statuen.

Der Erzhumanist Erasmus

Um die Fäden dieses Kapitels zusammenzuziehen, mag es von Nutzen sein, einen näheren Blick auf Erasmus, den nördlichen Kontrahenten von Bembo, zu werfen. Erasmus teilte die allgemeine Verachtung der Humanisten für die scholastischen Philosophen, die «streitsüchtigen Anhänger des Duns Scotus» und die «sturen Ockhamisten», mit ihrem «verpfuschten und barbarischen Latein» und ihren «spinnwebenbedeckten Subtilitäten». Er brandmarkte die Barbarei. Er teilte die allgemeine Bewunderung für beide Phasen der Antike, die heidnische und die christliche, insbesondere allerdings für die letztgenannte. Er lernte von Cicero und (wie wir gesehen haben) von Lukian und gab die Werke einer Reihe von Kirchenvätern heraus. Er glaubte an die Wiedergeburt der Gelehrsamkeit und schrieb im Jahre 1517: «Höfliche Briefe, die fast aus der Mode gekommen waren, werden nun von Schotten, Dänen und Iren gepflegt und hochgeschätzt» (in anderen Worten von Menschen, die in seinen Augen am Rande Europas lebten). Er bewunderte ältere Humanisten, insbesondere Rodolphus Agricola, den er als «einen der ersten» beschrieb, «der den Atem der neuen Gelehrsamkeit aus Italien mitbrachte», und Lorenzo Valla, dessen *Erläuterungen zum Neuen Testament* er als erster publizierte.

Im Unterschied zu früheren Humanisten jedoch wuchs Erasmus im Zeitalter der Druckpresse auf. Er erfreute sich guter Beziehungen zu seinen Druckern, insbesondere zu Aldus Manutius in Venedig und der Familie Froben in Basel. Dank des neuen Mediums und seiner eigenen Begabung zu klarerer und überzeugenderer Artikulierung humanistischer Ideale als seine Kollegen wurde er zu dem, was man den «Erzhumanisten» seiner Zeit nennen könnte, zum erfolgreichsten und respektiertesten seiner Art überall in Europa. Sein *Enchiridion militis christiani* oder *Handbuch des christlichen Streiters*, ein Handbuch der Frömmigkeit für Laien, erlebte zwischen 1503 und 1521 26 lateinische Ausgaben, es wurde übersetzt ins Tschechische (1519), Deutsche (1520), Englische (ca. 1522), Holländische (1523), Spanische (1524), Französische (1529) sowie ins Italienische und Portugiesische. Das *Lob der Torheit*, jene Satire, für die Erasmus wohl heutzutage am berühmtesten ist, erlebte zwischen 1511 und 1536 36 lateinische Ausgaben und wurde ins Tschechische, Französische und Deutsche übersetzt.

All dies führte dazu, daß Erasmus sich eines internationalen Rufs erfreuen konnte, wie ihn zuvor noch kein Gelehrter erlangt hatte – und wie ihn danach nicht allzuviele erreichen sollten. Im Triumph reiste er im Jahre 1514 den Rhein aufwärts. Nach Spanien wurde er von Kardinal Cisneros, nach Frankreich von Franz I. eingeladen, außerdem bat man ihn nach England, Bayern, in die Schweiz, nach Ungarn und Polen, wo, wie ein englischer Zeitzeuge 1527 festhielt, «kein Tag ohne zahlreiche Hinweise auf Erasmus vorübergeht». Trotz seiner Behauptung, er wolle keine «Erasmier» heranziehen, besaß er viele Gefolgsleute. In England zählten Thomas Morus und John Colet zu seinen Freunden und Schülern. In Frankreich gehörten dazu Lefèvre d'Etaples, Margarete von Navarra und Rabelais, der einen Huldigungsbrief an den Meister schrieb. Unter den Spaniern waren Vives und Valdés seine berühmtesten Schüler. 1520 fand an der Universität Wittenberg eine Vorlesung über das *Lob der Torheit* statt, und dies war eine höchst ungewöhnliche Ehre für einen noch lebenden Gelehrten. Standbilder des Erasmus wurden in Basel und in seinem Geburtsort Rotterdam zu einer Zeit errichtet, da normalerweise nur Herrschern, Soldaten und Adligen eine derartige Ehre zuteil wurde. Kurz nach seinem Tode schrieb sein Schüler Beatus Rhenanus bereits eine Biographie des Erasmus (Buck 1988).

Diese internationale Reputation war einem Mann besonders angemessen, der einmal (an Ulrich Zwingli im Jahre 1522) schrieb: «Ich würde gern ein Weltbürger sein (*ego mundi civis esse cupio*)». Mit «der Welt» aber meinte er in Wirklichkeit die europäische «Gelehrtenrepublik». Er korrespondierte mit anderen Humanisten in vielen Ländern und bekannte einst, er schreibe so viele Briefe, daß «zwei Wagen kaum ausreichen würden, die Last zu befördern». Zu seinen häufigsten Briefpartnern zählten, abgesehen von seinen niederländischen Landsleuten, Deutsche (Beatus Rhenanus und der Jurist Ulrich Zasius), Engländer (Morus und Colet), Franzosen (Budé), Italiener (Ammonio), Spanier (Vives), Portugiesen (Damião de Gois) und Ungarn (Miklós Oláh).

Erasmus war im Blick auf seinen Erfolg und auch hinsichtlich der schieren Menge des von ihm Publizierten keineswegs typisch. In späteren Jahren beschäftigte er Sekretäre und andere Hilfskräfte für Aufgaben wie das Korrekturlesen, so daß man ihn geradezu als den Raffael der Literatur betrachten könnte, als Kopf einer humanistischen Werkstätte. Und was seine Geisteshaltung angeht, so gab es in dieser sehr bewegten Zeit zu viele Konflikte in der Bewegung, als daß eine Einzelpersönlichkeit als typisch für sie hätte gelten können. Erasmus förderte das Studium des Hebräischen als eine der drei Sprachen, derer man mächtig sein mußte, um zu den «Quellen» der Christenheit zurückkehren zu können. Er lernte aber niemals selbst Hebräisch und erklärte später in einem Brief an Colet, «die Fremdartigkeit dieser Sprache» habe ihn abgeschreckt. Er unterstützte, wie wir gesehen haben, Reuchlin im Jahre 1516, aber ihm paßte der Ton der *Dunkelmännerbriefe* nicht, und er trug ernsthafte Bedenken hinsichtlich der Beschäftigung mit der okkulten Philosophie. So schrieb er 1518 an einen deutschen Kollegen: «Talmud, Kabbala, Tetragrammaton, Portae Lucis – alles leere Worte. Ich hätte lieber gesehen, Christus wäre von Scotus infiziert worden, als von diesem Unsinn.»

Auch gegenüber dem italienischen Humanismus nahm Erasmus eine ambivalente Stellung ein. Von den Italienern hatte er gelernt, wie wichtig die Philologie war. Er bewunderte und publizierte Vallas *Anmerkungen zum Neuen Testament*, die ihm höchst inspirierend erschienen. Auf der anderen Seite erfüllte ihn sein Rombesuch im Jahre 1509 keinesfalls mit Begeisterung. Er veranlaßte ihn im Gegenteil zu seiner späteren Zurückweisung der römischen Humanisten in seinem Dialog *Ciceronianus* von 1528, der sich wie eine Antwort auf Bembos *Gespräch über die Nachahmung* liest, das 15 Jahre zuvor erschienen war. Wie der Autor bekannte, forderte dieses Werk «eine Reihe von Italienern heraus, wie ich es mir erhofft hatte». In seinem Dialog präsentiert Erasmus einen dümmlichen Pedanten, namens Nosoponus, der sich weigert, Worte oder auch nur Wortbeugungen zu benutzen, die sich nicht in den Schriften Ciceros finden. Nosoponus und andere «Nachäffer des Cicero (*Ciceronis simii*)» werden von einem anderen Protagonisten, Bulephorus, kritisiert, der einen Unterschied zwischen Nachäffen und Nacheifern macht, beim erstgenannten geht es darum, einem Muster zu folgen, beim zweiten, es zu überwinden. Nach Bulephorus wird ein großer Redner die Vergangenheit der Gegenwart «anpassen». Geschickt wendete Erasmus Ciceros Zentralgedanken des *decorum* oder der Angemessenheit gegen die Ciceronianer (Pigman 1979).

Der Dialog des Erasmus dramatisierte eine Spannung innerhalb der humanistischen Bewegung, nämlich die Spannung zwischen dem Wunsch, dem Beispiel der Antike nachzueifern, und dem Sinn für historische Perspektiven, also mit anderen Worten: der Erkenntnis eines kulturellen Abstandes zwischen Vergangenheit und Gegenwart. Doch gibt es im *Ciceronianus* noch eine andere Ebene der Bedeutung. In dem Dialog geht es nicht ausschließlich um den lateinischen Stil, er besitzt auch politische und religiöse Zwischentöne. 1528, also ein Jahr nach der Plünderung Roms veröffentlicht, bringt er die Furcht zum Ausdruck, daß das Heidentum durch Bembo und seinen Kreis wiederbelebt worden sei. Was die Imitation des Cicero inspiriert, so sagt Bulephorus, ist die *paganitas*. Diese Wertschätzung eines heidnischen Autors stellt eine Art von «Aberglauben» dar, und die Ciceronianer bilden eine «neue Sekte». Im sprachlichen Bereich nimmt ihr Aberglaube die Form an, Gott als Jupiter oder den Papst als den antiken römischen *flamen* oder hohen Priester zu bezeichnen. In den bildenden Künsten bedeutet dies, Christus als Apoll darzustellen (was Michelangelo in der Sixtinischen Kapelle vorhatte).

Erasmus jedoch erlitt eine doppelte Zurückweisung durch spätere Kirchenreformer, ob sie nun Protestanten oder Katholiken waren. Luther und seine Anhänger betrachteten ihn als zu ambivalent (als einen «Aal») oder als zu zögerlich. Dürer schrieb 1521 in seinem Tagebuch: «O Erasme Roderodame, wo wiltu bleiben? . . . Hör, du Ritter Christi, seit hervor neben den Herrn Christum, beschütz die Wahrheit, erlang der Martärer Kron». Erasmus' Begeisterung für einige Aspekte der klassischen Antike wurde ebenfalls kritisiert. Der Mann, der selber das Rom der Hochrenaissance als zu heidnisch verurteilte, wurde persönlich von Luther als ein «spöttischer Lukian» und sogar als ein «Atheist» bezeichnet.

Zu all diesen Widersprüchen kam noch hinzu, daß die Katholiken Erasmus als jemanden betrachteten, der Luther zu nahe stand. In Frankreich verdammte die Sorbonne im Jahre 1526 seine *Colloquia*. In Spanien wurden die Gefolgsleute des Erasmus von etwa 1530 an als «luteranos» betrachtet. In Italien wurde Erasmus eine Generation später erneut als Lutheraner bezeichnet (Bataillon 1937; Menchi 1987). Diese Beispiele mögen den Eindruck erwecken, daß die Renaissance um das Jahr 1530 zu Ende ging. Daß diese Ansicht nicht zutrifft, wird im folgenden Kapitel behandelt.

4.
Das Zeitalter der Mannigfaltigkeit: Spätrenaissance

Man hat früher angenommen, der Übergang von Erasmus zu Luther habe eine «Krise» oder gar das Ende der Renaissance bedeutet. Die berühmte Auseinandersetzung zwischen Erasmus und Luther über die Willensfreiheit in den 1520er Jahren wurde als Ausdruck des Konflikts zwischen Renaissance und Reformation verstanden, wobei Erasmus für die besiegte humanistische Auffassung von der «Würde des Menschen» stand. In ähnlicher Weise hat man behauptet, der englische Humanismus sei in den 1530er Jahren «zum Stillstand gebracht worden». Und was die katholischen Länder angeht, so ist häufig die Ansicht vertreten worden, das Konzil von Trient, das einberufen worden war, um die Kirche als Antwort auf die Herausforderung durch Luther zu erneueren, habe das Ende der Renaissance herbeigeführt. Schließlich erlitt das Projekt einer dreisprachigen Bibelausgabe eine Niederlage. Das Konzil bestätigte die traditionelle lateinische Übersetzung der Bibel, die unter dem Namen Vulgata bekannt war, als offizielle Fassung. Dies war eine bedeutende Niederlage für das Projekt einer Rückkehr «zu den Quellen». Die Schriften führender Autoren der Renaissance von Erasmus bis Machiavelli gelangten auf den *Index der verbotenen Bücher.*

Es wurde auch versucht, den Gedanken einer «Gegenrenaissance» zu lancieren. In der Kunstgeschichte sind insbesondere die 1530er Jahre häufig als ein Wendepunkt betrachtet worden, als Zeitpunkt, da die Renaissance durch den «Manierismus» abgelöst wurde, eine Stilrichtung, die man als Reaktion auf die Harmonie, gegen die Proportion und selbst gegen die Vernunft verstand und die eine spirituelle und politische Krise zum Ausdruck bringen sollte, die manchmal mit jener des frühen 12. Jahrhunderts verglichen wurde (Haydn 1950; Hauser 1951, Band 2: 88–95; Battisti 1962).

Es gibt jedoch keine feststellbaren Grenzen zwischen verschiedenen historischen Phasen. Zur Periodisierung gehört stets eine Entscheidung darüber, was man als wichtig oder bedeutsam betrachtet. Es ist kaum zu leugnen, daß die 20er und 30er Jahre des 16. Jahrhunderts eine Art Wendepunkt in der europäischen Kulturgeschichte bedeuteten. Eine ganz andere Frage jedoch ist es, ob man diesen Wendepunkt am besten als das Ende der Renaissance beschreibt. So hängt beispielsweise die Vorstellung, der Humanismus sei im frühen 16. Jahrhundert zu Ende gegangen, von der Annahme ab, daß der Humanismus im Italien des 15. Jahrhunderts «heidnisch» war und im Gegensatz zu einem nördlichen, «christlichen Humanismus» stand, der den Weg zu einer Reformation bahnte, die den Humanismus insgesamt hinwegfegte. Wie wir gesehen haben (vgl. oben, S. 132–3), scheint Erasmus die Ansicht geteilt zu haben, daß die Italiener Heiden seien, aber hier handelte es sich um ein typisch nordeuropäisches Mißverständnis des Südens. Ein anderer Grund, warum die Vorstellung, die Renaissance habe in den 1520er Jahren geendet, einen so starken Anklang findet, mag in der Annahme liegen, daß die Geschichtsschreibung im allgemeinen eher von dramatischen Ereignissen als von generellen Tendenzen handelt. Es wurde als Selbstverständlichkeit betrachtet, daß es zu einer bestimmten Zeit jeweils nur eine wichtige historische Haupttriebkraft geben könne. Und demzufolge mußte der Beginn der Reformation unbedingt das Ende der Renaissance bedeuten. Die Plünderung Roms durch ein Heer, in dem auch deutsche Protestanten dienten, wurde als eine nachdrückliche Veranschaulichung des plötzlichen Endes der Bewegung angesehen.

Eine ganz andere Ansicht, und das soll in diesem Kapitel entwickelt werden, gründet auf der Behauptung, die Renaissance sei mit unverminderter Kraft ein weiteres Jahrhundert lang bis zu den Jahren um 1630 weitergegangen. Im Manierismus beispielsweise muß man schließlich nicht unbedingt eine Gegenrenaissance sehen. Man kann auch eine Spätphase oder Spielart der Renaissancekunst darin entdecken, in der die Regeln des Cicero oder des Vitruvius den Produzenten und Konsumenten von Kunstwerken gleichermaßen gut bekannt waren, so daß es den Künstlern Vergnügen bereitete, diese Regeln zu brechen oder mit ihnen zu spielen, und so die Erwartungen von Betrachtern oder Lesern zu untergraben. Dies zeigt das berühmte Beispiel des Palazzo del Te in Mantua, der von Raffaels Schüler

Giulio Romano entworfen und ausgeschmückt wurde und in dem die Triglyphen vom Fries zu rutschen scheinen und die Decken den Eindruck erwecken, sogleich auf die Betrachter herunterzustürzen (Shearman 1967). Neue Spielarten des Humanismus entstanden im Verlaufe der Koexistenz und Interaktion zwischen Protestantismus und erneuertem Katholizismus. Einige der gründlichsten und erfolgreichsten Versuche in bildender Kunst, Literatur und Musik zur Nachahmung der Vorbilder Italiens und der Antike gab es in dieser Phase und nicht früher. Hier handelt es sich weniger um ein neues Zeitalter als um einen «Herbst» oder gar um einen Spätsommer der Renaissance (Lafond und Stegmann 1981; Tomlinson 1987: 247).

Ein wachsendes Vertrauen in die eigene Kultur kam in verschiedenen Teilen Europas dadurch zum Ausdruck, daß man die Gleichwertigkeit mit den antiken Vorbildern betonte (Maravall 1966). So galten der Dramatiker Gil Vicente als der portugiesische Plautus, der Humanist Jerónimo Osorio als der portugiesische Cicero und der Historiker João de Barros als der portugiesische Livius. Den Historiker Johannes Aventinus nannte man den bayerischen Herodot, während Pieter Corneliszoon Hooft als der niederländische Tacitus bezeichnet wurde. Michael Drayton war der englische Ovid, und der tschechische Ovid war Simon Lomnický. Gaspara Stampa wurde als die neue Sappho bezeichnet. Den Schauspieldichter Nicodemus Frischlin hielt man für den deutschen Aristophanes. Der neulateinische Lyriker Johannes Secundus galt als der Properz der Niederlande. Die Satiriker Joseph Hall und Francisco Quevedo bezeichnete man als neue Senecas. Der Dichter Luis Góngora war, so hieß es, der spanische Homer. Der Architekt Jan Vredeman de Vries wurde als der flämische Vitruvius bezeichnet und der Astronom Tycho Brahe als der dänische Ptolemäus. Jene Gruppe französischer Dichter, zu denen auch Pierre Ronsard gehörte, nannte man die Gruppe der «Pléiade» – sie stellte ein weiteres Beispiel für die Bedeutung kleiner Gruppen bei Innovationen dar und trug ihren Namen nach einer Gruppe von Dichtern aus Alexandrien.

Italien jedoch war bedrohlicher für das Selbstbewußtsein der auswärtigen Künstler und Schriftsteller, weil die Italiener die Leistungen anderer nicht ernst genug nahmen. Der deutsche Autor Johann Fischart beispielsweise beschwerte sich über Vasaris

Erörterungen zur deutschen Kunst in dessen Lebensbeschreibungen italienischer Künstler. Ein Ressentiment, das auf eine unerwiderte Italienliebe zurückzuführen ist, stellt ein bedeutsames Element jener Erscheinung dar, die man die «Italophobie» jener Zeit nennen könnte (vgl. unten, S. 219).

Mannigfaltigkeit

Der Titel dieses Kapitels geht zurück auf die Hervorhebung der *varietas* in vielen Diskussionen über bildende Kunst und Literatur im späten 16. Jahrhundert. Inspiriert oder zumindest legitimiert wurde diese Tendenz zur Verschiedenartigkeit von dem römischen Rhetoriker Quintilian. Immer wieder zitierte oder paraphrasierte man die berühmte Stelle im 10. Buch der *Institutio oratoria* Quintilians, wo er behauptet, es gebe für die Kunst der Beredsamkeit viele Maßstäbe und nicht nur ein einziges korrektes Muster.

Es stimmt, daß einige Kritiker weiterhin die Bedeutung der Einheitlichkeit eines literarischen Werkes betonten und beispielsweise Ariosto kritisierten, weil seinem *Orlando Furioso* diese formale Geschlossenheit fehlte. Es stimmt ebenfalls, daß das Drukkereiwesen die kulturelle Standardisierung förderte, und auch, daß die bildenden Künste den Aufstieg eines internationalen italianisierenden Stils auf Kosten von regionalen Stilen erlebten. Es war eine Zeit, in der man klassische oder italienische Muster in einer selbstbewußten, freien und kreativen Weise interpretierte. Es gab auch Reaktionen gegen die italienische Manier, die sich sowohl als Italophobie als auch als Italophilie artikulieren konnten.

Mit anderen Worten: Der Konflikt der Verfahrensweisen, Regeln einerseits aufzustellen, andererseits aber sie zu brechen (vgl. oben, S. 97), war zu dieser Zeit noch schärfer als zuvor. Auf dem Gebiet der Literatur wurden die Regeln für die verschiedenen Gattungen auf der Grundlage der *Poetik* des Aristoteles formuliert. Man interpretierte Aristoteles etwa nach seiner Äußerung, die Tragödie handele von Protagonisten in hohen sozialen Stellungen, die Komödie aber von gewöhnlichen Leuten, und außerdem sollten Theaterstücke grundsätzlich die Einheit von Zeit,

Ort und Handlung beachten. Insbesondere das venezianische Verlagshaus Giolito verbreitete Bembos Vorstellung von einem literarischen Kanon durch die Produktion von Ausgaben moderner Klassiker, insbesondere Petrarca, Boccaccio und Ariosto, die dem Publikum mit einer Sorgfalt und einem kritischen Apparat, also mit Glossaren und Kommentaren präsentiert wurden, wie sie zuvor antiken Autoren vorbehalten waren. Bembo selber wurde in den frühen 60er Jahren des 16. Jahrhunderts mit gleicher verlegerischer Sorgfalt behandelt (Trovato 1991: 219–228; Richardson 1994: 92–126).

In seinen Lebensbeschreibungen italienischer Künstler, die zuerst 1550 und dann in einer erweiterten Ausgabe 1568 erschienen, förderte Giorgio Vasari durch seine Urteile die Vorstellung eines künstlerischen Kanons. In der Architektur wurde der Vitruvianismus fortgesetzt. Der venezianische Patrizier Daniele Barbaro, ein früherer Schüler Bembos, veröffentlichte im Jahre 1556 eine einflußreiche Übersetzung Vitruvius', in der dem Text ein Kommentar beigegeben war. Ungefähr zu dieser Zeit wurde Vitruvius auch außerhalb Italiens in weiten Kreisen bekannt. Eine französische Übersetzung seines Werkes wurde 1547 veröffentlicht, sie enthielt Illustrationen des Künstlers Jean Goujon, und eine deutsche Übersetzung kam 1548 heraus. Die Architekten Sebastiano Serlio (ein früherer Mitarbeiter Raffaels) und Andrea Palladio trugen zur Verbreitung der Regeln des Vitruvius in ihren Traktaten *Die Bücher über die Baukunst* (ab 1537) und *I Quattro Libri dell' Architettura* (1570) bei. Diese Bücher waren auch außerhalb Italiens einflußreich. So wurde Serlio beispielsweise damals in fünf Sprachen übersetzt. Vasari wurde nicht übersetzt, aber sein Buch befand sich nicht nur in den Bibliotheken von Architektenkollegen wie Juan de Herrera und Inigo Jones, sondern auch in denen des Magiers John Dee und des Malers El Greco. Palladio besaß noch nicht die Bedeutung, die ihm posthum im 18. Jahrhundert zukommen sollte (vgl. unten, S. 294), aber auch er war im Ausland bekannt. Der Earl of Arundel beispielsweise nahm sein Exemplar des Buchs von Palladio im Jahre 1613 mit nach Italien.

Dennoch darf man sich von der Bedeutung der Tyrannei der Regeln keine übertriebene Vorstellung machen. Einige Bühnenschriftsteller mißachteten die Regeln des Aristoteles. Der Anti-

Petrarkismus war ebenso in Mode wie der Petrarkismus. Der niederländische Künstler Karel van Mander forderte Vasaris toskanisches Modell künstlerischer Spitzenleistungen heraus und verteidigte die Relativität von Maßstäben, indem er darauf hinwies, daß in Java anders als in Europa die Farbe Weiß für die Sorge und Schwarz für die Freude stand (Melion 1991: 24, 96f.). Auch Vasari persönlich ließ in seiner Theorie einen Platz für dasjenige frei, was er als «launischen Einfall» oder «Gestaltungsfreiheit» bezeichnete und wie es sich im Falle der späteren Karriere Michelangelos offenbarte. Michelangelo sei beträchtlich von der Art von Architektur abgewichen, wie sie durch die Ordnung und die Regeln der Proportionen bestimmt wird. Dennoch seien ihm nach Vasari «die Künstler zu dauerndem Danke verpflichtet, daß er die Bande und Ketten brach, mit denen alle belastet stets auf der gewöhnlichen Straße fortgegangen waren». Dreißig Jahre später schrieb Vincenzo Galilei (der Vater Galileos) einen Traktat über die Musik und verglich darin den Komponisten Cipriano de Rore mit Michelangelo als einem Künstler, der wußte, wann man die Regeln brechen mußte. Giulio Romano stellt ein weiteres Beispiel in diesem Sinne dar. Auch in Serlios ganz zu Recht so genanntem *Libro estraordinario* von 1551 geht es nicht so sehr um Regeln als um «Gestaltungsfreiheit». Palladio gestattete sich bei den Villen, die er für venezianische Patrizier entwarf, in wichtigen Aspekten Abweichungen von seinen römischen Vorbildern (Puppi 1973; Tavernor 1990).

Jedenfalls gab es Konflikte zwischen rivalisierenden Modellen. In der Malerei spielte sich der große Kampf zwischen Florenz und Venedig, zwischen Zeichnung und Farbe ab. Bei den Dialogen standen die Vorbilder von Platon, Cicero und Lukian miteinander im Wettbewerb. In der Literatur im allgemeinen herrschte ein «Bürgerkrieg» zwischen Anhängern und Gegnern Ciceros. Viele Autoren und Lehrer akzeptierten Cicero immer noch als ein Vorbild des Sprechens und Schreibens im Lateinischen wie in der Volkssprache, aber andere zogen nun Muster vor, die sich an späteren römischen Autoren wie Seneca und Tacitus orientierten. Die Kürze und Bissigkeit der Formulierungen des Tacitus und der entspannte Gesprächsstil Senecas hatten beide ihre Anhänger (Croll 1966; vgl. Fumaroli 1980: 170–179).

In der Praxis mußte die Mannigfaltigkeit notwendigerweise in einer Zeit zu einem Schlüsselbegriff werden, in der kulturelle Entwicklungen in Frankreich, Spanien, England und anderswo unabhängiger voneinander waren als zuvor. In der Welt der Verleger und Drucker wurde die frühere Vormachtstellung Venedigs abgelöst durch eine Wettbewerbssituation, in der Antwerpen, Lyon und Basel (gemeinsam mit Venedig) an der Spitze standen. Man könnte dieses Zeitalter auch als eine Periode des «Polyzentrismus» bezeichnen.

Peripherien

Ebenfalls zu dieser Zeit kam es dazu, daß Formen und Gedanken der Renaissance sich nicht nur bis in bestimmte «Rand»gebiete des Kontinents, sondern sogar über Europa hinaus ausbreiteten.

In der bildenden Kunst spielte eine Diaspora niederländischer Künstler eine besonders wichtige Rolle bei der Verbreitung und Anpassung des italienischen Stils. Hans Vredeman de Vries, der ursprünglich aus Friesland kam, war in Frankfurt, Wolfenbüttel, Hamburg und anderswo tätig, und die gedruckten Musterbücher (mit Architekturen, Möbeln und Schmuckwerk), die er veröffentlichte, reisten noch viel weiter. In Prag zählten unter Rudolf II. (vgl. unten, S. 201) der Bildhauer Adrian de Vries und der Landschaftsmaler Rolandt Savery zu den Künstlern des kaiserlichen Hofes. In England folgten auf die italienischen Künstler des Zeitalters von Wolsey der Porträtmaler Hans Eworth (aus Antwerpen), die Bildhauer William und Cornelius Cure (aus Amsterdam) und Maximilian Colt (aus Arras), der das polychrome Grabmonument für Königin Elisabeth in der Westminster Abbey schuf.

Künstler und Humanisten aus den Niederlanden spielten auch eine entscheidende Rolle bei der Rezeption der Renaissance im Ostseeraum, sie schrieben dort Geschichtswerke, lehrten an Hochschulen, malten Portraits, schufen Grabmale, entwarfen Brunnen und so weiter (Hahr 1907–1910, Band 2; Białostocki 1976b). So schrieben beispielsweise die Auslandsholländer Johannes Meursius und Johannes Isaacszoon Pontanus beide humanistische Darstellungen der Geschichte Dänemarks. Was die Grabmale angeht, so waren zwei Bildhauer aus Mechelen, Willem Boy und Willem van den Blocke, besonders wichtig. Boy schuf das Grabmal Gustav Vasas in Uppsala, mit Liegefiguren des Königs und der Königin und vier riesigen Obelisken an den Ecken. Blocke war zunächst am preußischen Hof in Königsberg tätig und siedelte dann nach Danzig über, wo er Aufträge von den Königen Polens und Schwedens erhielt. In mancher Hinsicht folgten diese niederländischen Bildhauer italienischen Vorbildern, vor allem den Grabmalen in Rom, die von Andrea Sansovino geschaffen worden waren, aber in anderer Beziehung wichen sie davon ab. Der Typus freistehender Grabmäler, die an ein Marmorbett erinnerten, stellte eine Erfindung des Nordens dar. Das gleiche gilt für Ornamente in Form von verschlungenen Bandverzierungen (siehe unten, S. 228). Polychrome Denkmäler mit farbenfroh gemalten Wappenschildern kamen ebenso in Mode wie die Wahl verschiedener farbiger Marmorsorten und Alabaster.

Die Renaissance breitete sich im Gefolge von Kaufleuten und Missionaren sogar über die europäischen Grenzen aus. Zu jener Zeit lernten einige asiatische Maler die Renaissancekunst entweder in Form italienischer Gemälde oder flämischer Drucke kennen. In Isfahan sah beispielsweise der italienische Reisende Pietro della Valle italienische Gemälde im Geschäft eines venezianischen Kaufmanns zum Verkauf ausgestellt. In Indien übergaben die Jesuiten dem Mogulkaiser Akbar Stiche und religiöse Gemälde im Renaissancestil, darunter einen Druck nach Heemskerk, und Akbar bestellte bei seinen Künstlern Kopien davon. In China inspirierten Stiche von den Brüdern Wierix aus Antwerpen, die der Jesuit Matteo Ricci mitgebracht hatte, allem Anschein nach chinesische Landschaftsmaler dazu, sie zwar nicht haargenau zu kopieren, aber doch ihren eigenen Stil in Reaktion auf diese ausländischen Bilder zu modifizieren (Beach 1992: 53 ff.; Cahill 1982: 176–183).

Ricci war in der klassischen Kultur ausreichend bewandert, um China mit griechischen und römischen Augen zu sehen. Die chinesische Philosophie erinnerte ihn an die Lehren des Pythagoras; und die Gewohnheit der chinesischen Gelehrten, sich aufs Land zurückzuziehen, um zu studieren, ließ ihn an Cicero in seiner Villa in Tusculum denken. Riccis humanistische Ausbildung machte ihn empfänglich für die Lehren des Konfuzius, den er als «den heidnischen Philosophen gleichrangig und den meisten von ihnen überlegen» bezeichnete (Spence 1984: 131f., 141f., 159). Er führte seinerseits die Chinesen in die Philosophie Platons, der Stoiker und in die klassische Mnemotechnik ein.

Die Renaissance wirkte sich zu jener Zeit auch auf die Neue Welt aus. Ein Bischof in Mexiko besaß nicht nur ein Exemplar der *Utopia* des Thomas Morus, sondern versuchte dieses Konzept auch in einigen Indianerdörfern seiner Diözese in die Praxis umzusetzen (Zavala 1937, 1955). In den 1590er Jahren gab es in Peru Anhänger von Petrarca und eine Gruppe von ihnen sammelte sich an der Academia Antártica zu Lima. Umgekehrt beeinflußte das Wissen um die Neue Welt die Ansichten über das Heidentum. Vincenzo Cartaris *Immagini delli dei de gl'antichi,* das der Autor als Handbuch für bildende Künstler vorgesehen hatte, wurde in seiner Ausgabe von 1615 dahingehend erweitert, daß es nun auch die Götter Mexikos enthielt. Die beiden Kulturen wurden in den Kirchen, die im spanischen Amerika nach der Eroberung gebaut wurden, kombiniert oder gemischt. Diese Kirchen und insbesondere ihre reich geschmückten Fassaden und Portale enthielten klassische Elemente, vermittelt durch die spanische Renaissance, die gleichzeitig als Repräsentation und Betonung der kulturellen Überlegenheit Spaniens gedeutet worden sind. Die Bildhauer jedoch waren oft amerikanische Indianer, die es gewohnt waren, in anderen Stilarten zu arbeiten, und damit waren Mischformen unvermeidlich (Fraser 1986, 1990).

Der bemerkenswerteste Fall kultureller Mischung ist ganz sicher derjenige des «Inka-Humanisten» Garcilaso. Seine Mutter war eine Inkaprinzessin, sein Vater ein spanischer Conquistador. 1560 verließ Garcilaso Peru, um sich nach Spanien zu begeben, und er lebte dort als Homme de lettres. Er besuchte die Zirkel spanischer Gelehrter, und seine Bibliothek umfaßte sowohl Bücher von Ficino und Bembo als auch Ariostos *Orlando Furioso* und Castigliones *Hofmann.* Garcilaso begann seine literarische Karriere mit der Übersetzung italienischer Dialoge über die neoplatonische Liebe in die spanische Sprache. Sie stammten von einem jüdischen Arzt namens Leone Ebreo, der selbst in zwei Kulturen lebte (vgl. unten, S. 259). Garcilaso schrieb dann später eine Geschichte Perus, die bis zur Ankunft der Spanier reichte und seine nostalgische Sehnsucht nach dem verlorenen Inkareich zum Ausdruck brachte. Die Beziehung seines Geschichtswerks zur Rezeption der Renaissance wird deutlich an dem Gebrauch, den der Autor von der Sprache oder dem Sprachgebrauch des westlichen Humanismus, von der Philologie bis hin zum Neoplatonismus macht, um westliche Ansprüche auf kulturelle Überlegenheit zu kritisieren.

Garcilaso ging es darum, Behauptungen von spanischer Seite zurückzuweisen, bei den Ureinwohnern Amerikas handele es sich um Barbaren und Götzendiener. Er erörterte die Bedeutung von Philosophen und Dichtern zu Zeiten der Inka und behauptete, die Einwohner Perus hätten bereits vor Ankunft der Spanier an einen einzigen Gott und an die Unsterblichkeit der Seele geglaubt. Auf den ersten Blick scheint es kaum Verbindungen zwischen dem Neoplatonismus und der Geschichte Perus zu geben, aber in Garcilasos Werk wird diese Verbindung hergestellt. Seine Geschichte Perus impliziert, daß die peruanische Kultur dem Vorbild der ehrwürdigen Antike und der antiken Theologie entsprachen, wie es Ficino und andere erörtert hatten. Die Neoplatoniker vertraten einen Sonnenkult, und auch in Peru wurde die Sonne verehrt, wovon der Tempel von Cuzco auf eine beredte Weise Zeugnis ablegt. So wurde eine Form des Synkretismus zwischen heidnischen und christlichen Kulturen aus den ersten Jahrhunderten nach Christi benutzt, um eine andere Mischform zu rechtfertigen, wobei die Humanisten der Renaissance als Vermittler zwischen beiden dienten (Zamora 1988; Brading 1991: 255–273; MacCormack 1991: 332–382).

Klassische Vorbilder

Wie die Beispiele Ciceros und Vergils zeigen, blieben altrömische Vorbilder zu jener Zeit einflußreich. Ciceros Schriften wurden nicht nur immer wieder nachgedruckt, sondern auch in die Volkssprachen übersetzt. So wurde beispielsweise zwischen 1513 und 1603 sein Dialog über die Freundschaft dreimal ins Spanische, je zweimal ins Englische und Französische und einmal ins Tschechische, Italienische, Portugiesische, Deutsche und Polnische übersetzt. Die Debatte um Cicero ging vernehmbar weiter.

Zu den Anhängern der Nachahmung des Meisters gehörten der französische Gelehrte und Drucker Etienne Dolet und der deutsche Humanist Jakob Sturm. Sturm war ein orthodoxer christlicher Ciceronianer, aber Dolet, den man später wegen Ketzerei verbrannte, leitete eine schonungslose Attacke auf Erasmus ein, die überdies eine Verteidigung von Longolius und der weltlichen Kunst war (Fumaroli 1980: 110–115). Auf der anderen Seite zählten zu den Kritikern Ciceros Petrus Ramus, der bilderstürmerische Professor der Universität von Paris, der auch Aristoteles kritisierte, und der führende Humanist der zweiten Hälfte des Jahrhunderts, der Niederländer Justus Lipsius.

Die Kritiker des ciceronianischen Modells wiesen das Vorbild der Antike nicht zurück. Lipsius beispielsweise schlug ein alternatives Modell vor, das sich auf römische Autoren einer Epoche nach Cicero stützte, das sogenannte «silberne Zeitalter», dazu zählten Tacitus und vor allem Seneca. Dieser Stil, den Lipsius in den Spuren Quintilians im Gegensatz zum «asiatischen» Stil der Ciceronianer als «attisch» bezeichnete, zielte auf Einfachheit und Prägnanz ab, duldete Unregelmäßigkeiten und war geprägt durch die häufige Benutzung von Parenthesen und das, was Lipsius als *acumina* bezeichnete, nämlich die pointierte Wendung von Sätzen. Dieses Modell der lateinischen Prosa wurde in den 1570er Jahren zur Mode und breitete sich, wie wir noch sehen werden (vgl. unten, S. 184), bis in die Volkssprachen hinein aus (Croll 1966; Fumaroli 1980: 152–161). In der Versdichtung stellte Vergil weiterhin das allerwichtigste Vorbild dar. Die *Aeneis* wurde zu jener Zeit in einer Anzahl europäischer Volkssprachen veröffentlicht, darunter in italienischer, spanischer, deutscher, französischer, englischer und schottischer Sprache. Unter anderem wurde dieses Werk von erfahrenen Dichtern wie Joachim Du Bellay und dem Grafen von Surrey übersetzt. Beim Schauspiel, das zu jener Zeit im kulturellen Leben an Bedeutung gewann (vgl. unten, S. 191), inspirierten die Römer Plautus und Terenz eine Vielzahl von Nachahmern.

Doch in diesem Zeitalter der Vielgestaltigkeit wandten sich einige Autoren nicht nur römischen, sondern auch griechischen Beispielen zu. In Paris führte der Humanist Jean Dorat seine Schüler (zu denen auch Ronsard gehörte) in die griechische Literatur, darunter auch in die Werke Homers ein. Ronsard war davon stark beeindruckt und behauptete später, er habe sein Epos *Franciade* eher nach dem Muster «der Homer eigenen Leichtigkeit, als nach der umsichtigen Sorgfalt des Vergil» gestaltet (*plutôt sur la naive facilité d'Homère que sur la curieuse diligence de Virgile*). Homer wurde zu jener Zeit ins Italienische, Französische, Englische und Deutsche übersetzt. Die griechischen Dramatiker Sophokles und Euripides (nicht aber Aischylos) erregten zu jener Zeit Interesse. Die *Elektra* des Sophokles beispielsweise wurde ins Spanische, Französische und Italienische übersetzt und auf Ungarisch bearbeitet. Die *Hekabe* des Euripides wurde durch Erasmus ins Lateinische sowie außerdem ins Spanische, Französische und mehr als einmal ins Italienische übersetzt. Ein altgriechischer Roman des Heliodor, die *Aethiopica,* wurde ins Französische, Spanische, Italienische und Englische übertragen.

Auf dem Gebiet der lyrischen Dichtung war Pindar die große Entdeckung jener Zeit. Dies gilt besonders für seine Oden, Preislieder olympischer Athleten im hohen Stil, die von Aldus Manutius im Jahre 1513 im griechischen Original veröffentlicht worden waren. Der Ausdruck «Ode» wurde damals geradezu zu einem Modewort, Ariosto benutzte es im Italienischen; im Französischen tauchte es um die Mitte des Jahrhunderts auf, und im Englischen wurde es von Shakespeare verwendet. In dem Maße, wie dieses Genre zur Mode wurde, übertrug man es aus der Welt des altgriechischen Wettkampfs in die Welt der Renaissancehöfe, um einem Kurzgedicht, insbesondere einem Preislied, epische Würde zu verleihen. Ronsard, der zugab, «pindarisiert (*pindarizé*)» zu haben, berichtete von sich selbst, er sei gerade dabei, eine Ode zu «bauen», und er verglich den erhabenen Stil mit den Säulen und dem Marmor eines königlichen Palastes. Er schrieb zum Lobe König Heinrichs II., dichtete zum Preis des Sieges von 1544 und des Friedens von 1550. In Spanien verfaßte Fernando de Herrera Oden, um den Sieg der Christen über die Türken bei der Schlacht von Lepanto zu feiern oder den Tod König Sebastians von Portugal bei der Schlacht von Alcazarkebir (El-Kasrel-Kebir) zu betrauern. Mikołaj Sęp-Szarszyński schrieb eine Ode in polnischer Sprache für den König Stefan Báthory, eine «königliche Hymne» des Lobes für seinen Triumph über «den schrecklichen Tyrannen» (*straszny tyran*) des Großfürstentums Moskau (den Zaren Iwan IV., der in die Geschichte als

«Iwan der Schreckliche» eingegangen ist), während Jan Kochanowski den gleichen Sieg in lateinischer Sprache feierte.

Ein noch bemerkenswerteres Beispiel der Anziehungskraft klassischer Muster stellten die Versuche dar, Poesie in klassischen Metren zu schreiben, die damals in einer Reihe von Ländern unternommen wurden. In Italien unterzogen sich beispielsweise Claudio Tolomei und Giangiorgio Trissino dieser Mühe. In Frankreich versuchte sich Jean-Antoine de Baïf daran, ein Poet aus dem Kreise um Ronsard; er benutzte dabei das, was er als «gemessene Verse (*vers mesurés à l'antique*)» bezeichnete und ersetzte das Quantum (den Kontrast zwischen langen und kurzen Silben) durch Betonung. In England bemühte sich Spensers Freund Gabriel Harvey in ähnlicher Weise, den lateinischen Hexameter einzubürgern. In Deutschland bewunderte Martin Opitz *gemessene* Verse und schrieb in Alexandrinern. Angesichts all dessen, kann es nicht verwundern, daß manche Zeitgenossen damals von einer «Reform» der Poesie zu ihrer Zeit sprachen. Damit meinten sie einen Fortschritt durch Rückkehr zu klassischen Modellen.

Es erübrigt sich festzustellen, daß Versuche, diesen Mustern zu folgen, Probleme aufwarfen. Bemühungen, in klassischen Metren zu schreiben und damit Unterschiede des Klangs und der Struktur zwischen den antiken Sprachen (in denen der Unterschied zwischen langen und kurzen Silben wichtig war) und den modernen Volkssprachen zu ignorieren, führten durchgehend zu Mißbilligung und Enttäuschung. Harvey beispielsweise wurde wegen seiner angestrengten Reimerei verspottet. Der Begriff «Ode» wurde von einigen Zeitgenossen als ein überflüssiges und fremdländisches Wort abgelehnt. Einige Autoren hielten die Imitation des Plautus für absurd, da es in der Komödie um bestimmte Manieren und Sitten geht und diese Bräuche sich im Laufe der Zeit verändern. Der Dramatiker Antonio Francesco Grazzini formulierte dies so: «In Florenz leben wir nicht mehr so wie man einst in Athen und in Rom gelebt hat: es gibt keine Sklaven, und Adoptivkinder sind nicht üblich.»

Es war weniger problematisch, das antike Rom als poetisches Thema zu wählen, wie es bereits seit den Zeiten Petrarcas geschah, jedoch niemals so häufig wie im späten 16. Jahrhundert. Nachdem er vier Jahre in dieser Stadt verbracht hatte, widmete

Joachim Du Bellay einen ganzen Band von Gedichten *Les Antiquités de Rome* (1558). Eines der berühmtesten dieser Gedichte macht den neuangekommenen Reisenden, der nach den glorreichen Zeugnissen der Vergangenheit sucht, darauf aufmerksam, daß nichts als Ruinen von ihnen übrig geblieben sind, und dies steht im Gegensatz zum früheren Stolz der Stadt und offenbart die Unbeständigkeit irdischer Dinge. *Nouveau venu, qui cherches Rome en Rome/Et rien de Rome en Rome n'aperçois* ... Dieses mit Recht berühmte Gedicht sollte in einer bestimmten Abfolge gesehen werden. Wie so viele römische Gebäude enthält es Fragmente früherer Werke und sollte schließlich selber zu einem Steinbruch werden. Du Bellays erste Zeilen stammen von einem sizilianischen Dichter namens Janus Vitalis und sind aus dem Lateinischen übersetzt: *Qui Romam in media quaeris novus advena Roma/Et Romae in Roma nil reperis media.* Edmund Spenser übersetzte dann wiederum seinerseits Du Bellay, und formulierte: «Thou Stranger, which for Rome in Rome here seekest/And nought of Rome in Rome perceiv'st at all». Später folgten dann noch eine polnische Fassung von Mikołaj Sęp-Szarzyński und eine spanische von Francisco de Quevedo (Mortier 1974: 46–59).

Besuche in Rom verfolgten noch andere Zwecke, als die Unbeständigkeit menschlicher Dinge zu vermitteln. Immer mehr Künstler reisten dorthin, um die klassischen Überreste zu studieren, sie zu vermessen und zu skizzieren (Griechenland war weniger zugänglich und zog weniger Aufmerksamkeit auf sich). Zu den Zeugnissen für das Interesse von Malern zählen die Graffiti im Goldenen Haus des Nero, unter denen die Namen von Maarten van Heemskerck, Frans Floris, Karel van Mander und Bartholomäus Spranger zu finden sind (Dacos 1969: 141). Diese Künstler haben uns durch das Zeugnis ihrer Skizzenbücher besonders reichhaltige Beweise für die Eindrücke hinterlassen, die das antike Rom auf sie ausübte. Heemskerck, der 1536 in Rom war, zeichnete das Kolosseum, den Konstantinsbogen, das Forum und das Pantheon. Der portugiesische Künstler Francisco de Holanda, der von König Joachim III. 1538 nach Italien geschickt wurde, skizzierte das Kolosseum, den Konstantinsbogen und das Pantheon sowie die Trajanssäule, die Dekoration des Goldenen Hauses, den Apoll von Belvedere, die *Laokoon*-Gruppe und die Reiterstatue des Marc Aurel. Der britische Architekt Inigo Jones, der sich 1613 mit dem kunstliebenden Grafen von Arundel in Italien befand, fertigte Notizen über klassische Kostüme, Theater und Plätze an und zeichnete klassische Statuen, er versah sein Exemplar von Palladios Architekturwerk mit Randnotizen und verglich die Illustrationen mit Originalgebäuden wie dem Pantheon.

Italienische Modelle

Wie bereits in früheren Generationen spielten im Ausland lebende Italiener eine wichtige Rolle bei der Präsentation der Renaissance im Ausland. Rosso, Serlio und Primaticcio verbrachten allesamt einen großen Teil ihrer Karrieren in Frankreich. Primaticcio war nicht nur als Maler, Dekorateur und Baumeister tätig, sondern er beschaffte auch Objekte aus Italien für die Sammlungen Franz I. und anderer bedeutender Würdenträger wie dem Kardinal Granvelle (vgl. unten, S. 206). Der Architekt und Maler Pellegrino Tibaldi verbrachte beinahe ein Jahrzehnt in Spanien, während der Maler Arcimboldo ein Vierteljahrhundert in Mitteleuropa lebte.

Und was die Ausländer betrifft, die zu jener Zeit Italien besuchten, so waren sie derart zahlreich, daß es einfacher erscheint, jene aufzulisten, die nicht dort hinreisten. Die Gründe für diese Reisen sind besser dokumentiert als früher, und zu ihnen zählt ein Interesse am zeitgenössischen Italien genausosehr wie ein solches an antiken Gegenständen. Das Reisetagebuch von Sir Thomas Hoby, dem Übersetzer von Castiglione ins Englische, zeigt, daß er sich 1548 in Padua aufhielt, um Italienisch und Geisteswissenschaften (*humanitie*) zu studieren. Jacques-Auguste de Thou, der spätere Historiker, berichtete in seinem Tagebuch von seiner Erregung bei seinem Italienbesuch im Jahre 1573. Er traf nicht nur Gelehrte und kaufte griechische Texte ein, sondern er sah auch die Sammlung der Isabella d'Este in Mantua und sprach in Florenz mit Vasari. Sein Freund Montaigne bewunderte die Piazza San Marco in Venedig, die Ausstellung von Statuen im Belvederehof in Rom, den Palazzo Pitti in Florenz und die Denkmäler für Bembo und Ariosto in Padua und Ferrara.

Und was die bildenden Künste betrifft, so offenbarte Heemskercks Skizzenbuch sein Interesse an der Ausschmückung der vatikanischen Loggien durch Raffael und seine Werkstatt sowie am Palazzo del Te in Mantua, während Francisco de Holanda Zeichnungen der Reiterstandbilder des Gattamelata in Padua und des Colleoni in Venedig anfertigte. Der Aufstieg des niederländischen Manierismus verdankt jenen Jahren sehr viel, die Frans Floris in Italien verbrachte, wo er die Werke von Michelangelo und Giulio Romano studierte und kopierte. John Shute wurde 1550 von seinem Förderer, dem Herzog von Northumberland, nach Italien geschickt (woran er den Herzog in der Widmung seines Traktats über das Bauwesen erinnert), dabei sollte er sich nicht nur antike Monumente ansehen, sondern auch «Vergleiche mit den Taten der kunstfertigen Meister der Architektur anstellen». Im Jahre 1586 schickte der Herzog von Bayern Martin Weiss nach Italien, *«um in Welschland die löbliche Malerkunst noch fester zu lernen»* (Warnke 1985: 137). Als Inigo Jones in Italien war, fertigte er sowohl Skizzen von Gemälden Raffaels, Michelangelos und Parmigianinos als auch von klassischen Monumenten an. Er machte sich Notizen über die Gestaltung von Plätzen und über den Tempietto Bramantes in San Pietro in Montorio, einen Rundbau, den er, wie er sagte, «oftmals betrachtete». Nun, da die Italiener auf dem Gebiet der Musik genausosehr zum Vorbild geworden waren wie auf anderen Gebieten, kam es in ähnlicher Weise auch zu musikalischen Pilgerfahrten nach Italien, insbesondere nach Venedig. Hans Leo Hassler begab sich 1584 von Nürnberg nach Venedig, und wurde ein Schüler Andrea Gabrielis. Christian IV. schickte vier seiner Musiker im Jahre 1599 nach Venedig, um bei Andreas Neffen und Schüler Giovanni Gabrieli zu studieren. Der Landgraf Moritz von Hessen-Kassel folgte Christians Beispiel und sandte den Komponisten Heinrich Schütz im Jahre 1609 nach Italien, auch er lernte bei Giovanni Gabrieli.

Auch in der Literatur blieb Italien ein Vorbild, dem man es gleichtun wollte. Zu Beginn des Jahrhunderts scheinen persönliche Kontakte notwendig gewesen zu sein, um zu derlei Nacheifern zu ermutigen. So wurde beispielsweise im Jahre 1527 der englische Dichter Sir Thomas Wyatt nach Italien geschickt, und als er sich in jenem Land befand, da «kostete er die süßen und erhabenen Maße und den Stil der italienischen Poesie», wie es ein Kritiker des späten 16. Jahrhunderts ausdrückte. In ähnlicher Weise entdeckte während seiner Jahre in Italien Francisco de Sá das Sonett und das Hirtengedicht, und er führte nach seiner Rückkehr diese poetischen Formen nach Portugal ein.

Auf der anderen Seite verbreiteten Italiener das Wissen über die neuen Formen im Ausland. Der Diplomat Andrea Navagero, ein Freund Bembos (vgl. oben, S. 102–3), traf während seiner Tätigkeit in Spanien im Jahre 1526 den Dichter Joan Boscán. Wie der letztgenannte im Vorwort zu seinen Gedichten bezeugte, befand er sich «eines Tages mit Navagero in Granada (...) und diskutierte intellektuelle und literarische Fragen mit ihm, insbesondere die Unterschiede zwischen den Sprachen. Er fragte mich, warum ich nicht versuchte, in Kastilianisch einige Sonette und Werke in anderen literarischen Formen, wie sie von den guten Autoren Italiens verwendet wurden, zu verfassen (*estando un día en Granada con el Navagero ... tratando con él en cosas de ingenio y de letras y especialmente en las variedades de las muchas lenguas, me dixo por qué no provara en lengua castellana sonetos y otras artes de trobas usadas por los buenos authores de Italia*)». Und Boscán schickte sich genau dazu an.

Persönliche Kontakte erlaubten es den Ausländern, schneller und vollständiger zu verstehen, was die Italiener taten. Auf der anderen Seite verbreitete der Buchdruck die neuen Muster weit und breit und gestattete es auch Ausländern, sich leichter von diesen Modellen zu distanzieren. Das Beispiel der Stadt Lyon mag die Komplexitäten dieses Prozesses und die Anzahl der beteiligten Vermittler enthüllen. In Lyon sorgte die Gemeinde der italienischen Kaufleute und Bankiers für eine beträchtliche Nachfrage nach Büchern in italienischer Sprache, die die lokalen Drucker befriedigten. Jean de Tournes, ein Freund zahlreicher französischer Dichter und gleichzeitig ihr Verleger, druckte beispielsweise auch viele Bücher in italienischer Sprache, darunter Werke von Dante und Petrarca. Guillaume Rouillé, der bei Giolito in Venedig gelernt hatte, heiratete eine Italienerin und publizierte Werke von Castiglione, Dante, Petrarca und Ariosto in Italienisch. Nachdem diese Bücher einmal auf dem Markt waren, zogen sie auch das Interesse französischer Leser auf sich.

Auch gedruckte Musikwerke verbreiteten die Kenntnis italienischer Vorbilder im Ausland. Die Madrigale von Orlando di

Lasso beispielsweise, die Vertonungen lyrischer Werke von Petrarca sowie von Sannazzaro und Ariosto waren, wurden erstmals 1555 veröffentlicht. Zu dieser Zeit war das Musikverlagswesen auch außerhalb Italiens etabliert, so etwa in Antwerpen, wo Pierre Phalèse d. J. im Jahre 1583 eine Sammlung italienischer Madrigale unter dem Titel *Harmonia celeste* veröffentlichte. Die nächste Entwicklungsstufe bestand darin, italienische Madrigale in Übersetzungen zu publizieren. In England zum Beispiel taten dies Nicholas Yonge in seiner *Musica Transalpina* (1588), Thomas Watson in seinem *First Set of Italian Madrigals Englished* (1590) sowie Thomas Morley in seinen *Madrigals* (1594).

Im späten 16. Jahrhundert wurden Übersetzungen aus dem Italienischen ebenso wie Übersetzungen aus den klassischen Sprachen etwa in Frankreich und England immer zahlreicher. Die Entdekkung Italiens durch ausländische Reisende ermutigte zu Übersetzungen, und Übersetzungen ihrerseits ermutigten manche Leser, selber Italien zu entdecken. Unter den am häufigsten übersetzten italienischen Autoren befanden sich Ariosto, dessen *Orlando Furioso* in Französisch, Spanisch, Englisch und Polnisch erschien; Castiglione, dessen *Hofmann* ins Spanische, Französische, Englische, Lateinische und Deutsche übertragen wurde, und schließlich Tasso, dessen *Befreites Jerusalem* in Spanisch, Englisch, Französisch, Lateinisch und Polnisch publiziert wurde, während seine *Aminta* in Englisch, Lateinisch und in zwei separaten Versionen in kroatischer Sprache erschien. Übersetzungen trugen auch dazu bei, die Kenntnisse über die italienische Kunst zu verbreiten. Albertis Abhandlung über die Architektur beispielsweise erschien zuerst in italienischen (1546, 1550) und dann in französischen (1553) und spanischen (1582) Übersetzungen. Serlios Abhandlungen über die Architektur waren sogar noch erfolgreicher, denn sie erschienen in Holländisch, Französisch, Spanisch, Lateinisch und Englisch wie auch in der italienischen Originalsprache.

Architektur

Es ist diesen Abhandlungen zu verdanken, daß der Begriff «Architekt» zu jener Zeit in eine ganze Reihe europäischer Volkssprachen gelangte. In Frankreich wurde beispielsweise Bramante durch den Drucker Geoffroy Tory (der Italien aus erster Hand kannte) im Jahre 1529 als ein *architecte* bezeichnet. Serlio wurde im Jahre 1541 als des Königs *architecteure ordinaire* betitelt. Philibert de l'Orme begann seine Abhandlung mit der Behauptung: «Heutzutage gibt es nur wenige wirkliche Architekten (*il y a aujourd'hui peu de vrais architectes*)», da es sich bei ihnen zumeist nur um Bauhandwerker handele. Der wahre Architekt aber kenne die *lettres* genauso gut wie die *oeuvres manuelles*. Ein wenig später wurde der Begriff im Spanischen benutzt, um Juan de Herrera, «Architecto de su Magestad», zu charakterisieren. In England bezeichnete sich John Shute, der in Italien studiert hatte, selber im Jahre 1563 als «architect», während Robert Smythson auf seinem Grabmal im Jahre 1614 als «Architector» bezeichnet wurde.

Wie in der vorangegangenen Phase gaben neue Paläste den Architekten die Chance, ihr Können unter Beweis zu stellen. In den 1540er Jahren wurde Pierre Lescot der Louvre anvertraut, zu jener Zeit ein Palast für Franz I. und seinen Nachfolger Heinrich II. In den 1550er Jahren gab Otto Heinrich, Kurfürst von der Pfalz, ein Schloß in Heidelberg in Auftrag, das nach ihm als Ottheinrichbau bekannt wurde (Abbildung 9). In den 1560er Jahren ließ in Florenz Cosimo de' Medici durch Vasari die Uffizien errichten, die als Verwaltungsgebäude für seine wachsende Bürokratie dienen sollten, was den Namen des Gebäudes erklärt, in dem er aber auch seine Kunstsammlung zur Schau stellen konnte. Ebenfalls in den 1560er Jahren erbauten Juan Bautista de Toledo und Juan de Herrera für Philipp II. den Escorial. In den 1570er Jahren wurde auf Befehl König Friedrichs II. Uraniborg auf der Insel Hveen zur Benutzung durch den Astronomen Tycho Brahe errichtet. Uraniborg ist als ein frühes wissenschaftliches «Forschungsinstitut» bezeichnet worden, vollständig ausgestattet mit Bibliothek, Laboratorien und dem berühmten Observatorium, aber man sollte in ihm auch einen Renaissancepalast mit Türmen und Galerien sehen. Brahe persönlich kannte die Werke von Vitruvius, Serlio und Palladio. Er schmückte Uraniborg mit eleganten, lateinischen Inschriften. Für sein Nachbarschloß Stjerneborg gab er einen «Saal berühmter Männer» im traditionellen Renaissancestil (vgl. oben, S. 41, 66) in Auftrag. Dieser enthielt Porträts berühmter Astronomen, darunter Ptolemäus, Kopernikus und Brahe selbst (Thoren 1985).

Zu jener Zeit sprachen klassische oder italianisierende Modelle des Bauens nicht nur Herrscher und ihre Höfe an, sondern auch städtische Patrizier und ländliche Edelleute. Die städtische Renaissance war noch nicht dahingeschwunden. In Italien wurde die neue Bibliothek von San Marco in Venedig von Jacopo Sansovino entworfen, und Andrea Palladio beschrieb sie als «vielleicht das reichste und am meisten verzierte Gebäude seit der Zeit der Alten». Palladio selber entwarf für die Stadt Vicenza die Basilica (das heißt das Rathaus) und das Teatro Olimpico. Es ist kein Zufall, daß all seine Arbeiten auf dem Territorium einer der weniger bedeutenden Republiken Italiens ausgeführt wurden. Rathäuser im neuen Stil wurden auch außerhalb Italiens gebaut, so beispielsweise in Antwerpen, in Toledo und in Posen, wo der Architekt ein Italiener aus Lugano war. Andere imponierende städtische Gebäude aus dieser Periode sind unter anderem die Universität von Alcalà (Abbildung 10), die Tuchhalle in Krakau, die in den 1550er Jahren mit Hilfe eines italienischen Architekten wiederaufgebaut wurde, die Zeughäuser in Augsburg und Danzig und die Börse in Kopenhagen, die 1620 von Hans II. Steenwinkel begonnen wurde und also ein weiteres Beispiel für die Leistungen der niederländischen Diaspora darstellt (Guillaume 1983; Kaufmann 1995: 223).

Das 1566 vollendete Rathaus zu Antwerpen bildet ein gutes Beispiel für die Verwendung von Serlios Vorlagen. Die Fassade zeichnet sich durch einen mehrgeschossigen Triumphbogenrisalit, mit Obelisken (als Symbolen ewigen Ruhms) und der Inschrift SPQA: «Senat und Volk von Antwerpen», aus. Auf diese Weise wurde die Stadt – wie so viele Städte jener Zeit – als ein neues Rom dargestellt (Abbildung 11) (Bevers 1985: 22–30, 79 ff.). Das Rathaus ist als «Ausdruck des Freiheitskampfes Antwerpens» interpretiert worden. Einige Zeitgenossen stimmten dem zu, selbst wenn sie es nicht billigten, so ein damals führender Mann der Kirche, der schrieb: «Es wäre eine gute Sache, sie zu veranlassen, ihr SPQA auszulöschen, das sie überall auf ihren Gebäuden anbringen, um den Anspruch zu erheben, eine freie Republik darzustellen, und die Tatsache zu betonen, daß der Fürst sie nicht ohne ihre Zustimmung befehligen kann» (zitiert bei Marnef 1996: 14). Als der Humanist Johannes Goropius im Jahre 1569 seine Untersuchung über die Ursprünge der Stadt dem «Senat und Volk» von Antwerpen widmete, mag er damit mehr beabsichtigt haben als eine konventionelle Huldigung an die klassische Antike.

In England dagegen leisteten die städtischen Autoritäten beispielsweise in Leominster oder Titchfield Widerstand gegen die Renaissance und gaben neue Rathäuser im traditionellen nationalen Stil in Auftrag. Erst nach 1660 entdeckten jene Kreise die Würde der klassischen Architektur (Borsay 1989; Tittler 1991).

Auf dem Lande stellte diese Phase das Zeitalter der Villen dar, was ein bewußtes Wiederaufleben einer altrömischen Praxis bedeutete (vgl. unten, S. 223). Die Ruinen der Villa des Kaisers Hadrian in Tivoli in der Nähe von Rom wurden untersucht, vermessen und sogar ausgegraben. Ebenfalls in dieser Zeit, insbesondere zwischen den 40er und den 70er Jahren des 16. Jahrhunderts, baute Andrea Palladio seine berühmten Villen für venezianische Patrizier, wie die Villa Foscari, die Villa Rotonda in der Nähe von Vicenza, und die Villa Barbaro in Maser, die vom Herausgeber des Vitruvius, Daniele Barbaro, zusammen mit seinem Bruder Marcantonio in Auftrag gegeben wurde. Diese ursprünglich bescheidenen Sommerresidenzen, die eine Kombination von Bauernhöfen und ländlichen Zufluchtsorten darstellten, erhielten eine neue Würde durch Palladios Variationen über klassische Themen. Dabei übernahm er den Portikus von römischen Tempeln und andere Elemente von römischen Bädern (Puppi 1973; Tavernor 1990).

In anderen Teilen Europas wurden die italienischen Modelle der Villa und des Palastes nicht nur lokalen Traditionen, sondern auch den Bedürfnissen von Aristokraten angepaßt, die lieber zur Jagd gingen, als Landwirtschaft zu betreiben, und andererseits während des größten Teils des Jahres und nicht allein im Sommer auf dem Lande lebten. Zu den Ergebnissen dieser Entwicklung zählen die *châteaux* an der Loire, die Landhäuser des elisabethanischen England, die *Lusthäuser* Zentraleuropas von Stuttgart bis Kratochvil («Zeitvertreib») in Südböhmen. Die böhmischen Schlösser des späten 16. Jahrhunderts mit ihren von Arkaden eingefaßten Höfen sind oft das Werk italienischer Architekten und wurden als «stärker italienisch wirkend als die bekannteren französischen *châteaux* der Renaissance» beschrie-

9. Ottheinrichbau, Heidelberg.
Es ist schwer zu sagen, ob die Abweichungen von der klassischen Norm bewußt «manieristisch» oder einfach provinziell sind.

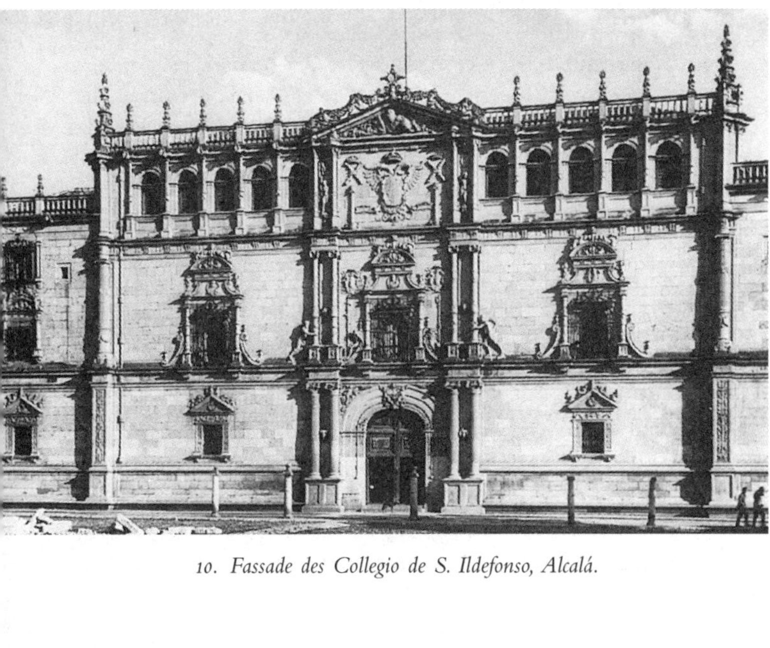

10. Fassade des Collegio de S. Ildefonso, Alcalá.

11. Fassade des Rathauses von Antwerpen. Die Erbauer scheinen Vredeman de Vries gefolgt zu sein.

ben (Kaufmann 1995: 143–151). Eines der bemerkenswertesten dieser *châteaux* befand sich in Anet. Es handelte sich dabei um ein Schloß in der Gestalt einer Jagdhütte oder umgekehrt um eine Jagdhütte in der Gestalt eines Schlosses. Entworfen worden war dieses Bauwerk von Philibert de l'Orme für Diane de Poitiers, die Geliebte Heinrichs II. von Frankreich. Ronsard und Du Bellay haben dieses Gebäude in Gedichten beschrieben. Die Skulpturen von Hunden und Rotwild an den Toren wie auch der Brunnen der Diana im Inneren spielten auf die Jagdliebe des Königs an und stellten gleichzeitig Diane mit der Göttin Diana auf eine Stufe (Bardon 1963: 50–73).

In England war diese Phase das Zeitalter des großen elisabethanischen Landhauses, wie es etwa Longleat in Wiltshire, Hatfield in Hertfordshire und Hardwick in Derbyshire («Hardwick Hall, more glass than wall») repräsentieren. Die Stellung dieser großen Häuser in der Geschichte der europäischen Architektur bleibt weiterhin ein Gegenstand der Diskussion. Auf der einen

12. *Andrea Palladio, Palazzo Chiericati, Vicenza.*

Seite hat man argumentiert, daß «im nachhinein und langfristig» der Italiener Sebastiano Serlio «die englische Architektur mehr beeinflußt habe als jede andere einzelne Person». Schließlich verfügten Hatfield und andere Häuser über Loggien, eine italienische Erfindung, die sich für das englische Klima überhaupt nicht eignet. Kamine, die hier weit notwendiger sind als in Italien, wurden manchmal mit klassischen Säulen getarnt und mit ionischen Kapitellen geschmückt. Doch wurde auch behauptet, daß die neuen Entwürfe von großen Landhäusern in England «vollkommen unabhängig von den Entwicklungen anderswo in Europa» waren. Die Pläne reflektierten demnach beispielsweise nicht italienische Muster, sondern die wesentlichen Funktionen des Hauses, die zentrale Lage des großen Saals *(great hall)* etwa, in der der Eigentümer des Hauses selber aß, bot Gastlichkeit für Besucher und die Möglichkeit zur persönlichen Beaufsichtigung der Dienerschaft (Summerson 1953: 54; Airs 1988: 49).

Was die Ausstattung angeht, so ist es für den Historiker schwer zu sagen, ob Abweichungen vom klassischen Modell bewußt oder unbewußt geschehen, ob sie provinzielle Mißverständnisse oder einfach modische Manierismen sind (Białostocki 1965). Sie konnten sogar beides zugleich sein, wie sich im Falle des Ottheinrichbaus in Heidelberg zeigt (Abbildung 9), der allem Anschein nach absichtliche «Schnitzer» mit manieristischen Elementen verbindet (Hitchcock 1981: 133 f.). Im Falle Polens scheint es unmöglich, zwischen italienischem Manierismus (der als selbstbewußt und vielgestaltig definiert wird) und polnischem Manierismus (der als naiv und spontan gilt) zu unterscheiden (Białostocki 1965). Ähnliche Einwände könnte man gegen bestimmte Entwicklungen in England erheben. Die Sprache der Architektur war gleichzeitig klassisch und landessprachlich. Einige Kritiker sehen darin nicht mehr als eine Mischung, andere halten dies für «eine wahre Synthese, einen Stil eigenen Rechts» (Girouard 1966). Es gibt natürlich keine präzisen Kriterien zur Unterscheidung einer Mischung von einer Synthese, aber es lohnt sich hinzuzufügen, daß das, was aus dem Blickwinkel eines Gebenden als «Mißverständnis» oder «Schnitzer» erscheinen mag, vom Standpunkt des Nehmenden her als kreative Variation anmuten kann.

Erst am Ende dieser Phase errangen die klassischen Elemente wie bei Inigo Jones eine dominierende Stellung. In diesem Falle ist es möglich, die Aussage der Gebäude mit den Zeugnissen seiner Reaktionen auf italienische Architektur zu verbinden, über die er in seinem römischen Skizzenbuch von 1614 berichtet und in den Notizen, die er in einem Exemplar von Palladios *Quattro Libri* machte, einem Band, den sein moderner Herausgeber als «beinahe bis zur Zerstörung gebraucht» beschreibt. Das «Queen's House» – oder besser: das Schloß –, das er für die Königin in Greenwich entwarf, ist ein gutes Beispiel für kreative Nachbildung, denn er greift ein Muster von Palladio (den Palazzo Chiericati in Vicenza) auf und kehrt es in einem gewissen Sinne von innen nach außen (Abbildung 12, 13; Summerson 1953).

Malerei und Bildhauerei

In dieser Zeit verbreiteten sich sowohl klassische Themen als auch italienische Stile, ob sie nun von im Ausland lebenden italienischen Künstlern mitgebracht oder von lokalen Talenten

13. Inigo Jones, Queen's House Greenwich. Jones' Adaption des Palazzo Chiericati von Palladio ist ein gutes Beispiel kreativer Nachahmung.

nachgeahmt wurden, immer weiter in Europa. Im Falle der Malerei mag ein einzelnes Genre genügen, um diese Entwicklungen zu verdeutlichen: Es sind die Szenen aus der klassischen Mythologie, die oftmals den poetischen Darstellungen Ovids in seinen *Metamorphosen* folgten, einem Buch, das zu jener Zeit ins Englische, Französische, Deutsche, Spanische und Italienische übersetzt wurde. Tizians Mythologien oder, wie er sie nannte, seine *Poesie,* sprachen viele Auftraggeber außerhalb Italiens, besonders aber Philipp II. von Spanien, an. Einige dieser mythologischen Darstellungen kursierten in Reproduktionen und regten zur Nachahmung an. Veronese präsentierte in der Villa Maser, insbesondere in der Stanza di Bacco und der Sala di Olimpo die heidnischen Götter. In Fontainebleau produzierte Primaticcio ganze Reihen von Darstellungen aus der Odyssee weitgehend zur selben Zeit, da Dorat Ronsard in das Werk Homers einführte. Die sogenannte «Schule von Fontainebleau» malte auch die

Göttin Diana (gelegentlich mit den Zügen der Diane de Poitiers) und die Verwandlung des Aktäon in einen Hirsch, wie sie Ovid so dramatisch dargestellt hatte. In Prag malte Bartholomäus Spranger die Venus, den Mars, den Vulkan, den Merkur und den Herkules für Kaiser Rudolf II. In Antwerpen produzierte Frans Floris eine Reihe von Gemälden mit Darstellungen der Arbeiten des Herkules.

Selbst Pieter Brueghel, dessen Werk allem Anschein nach nichts mit der Antike zu tun hat, findet in diesem Trend seinen Platz. Brueghel gehörte zu einem Kreis von Humanisten aus Antwerpen, dem auch der Geograph Abraham Ortelius zuzuzählen ist. Sein *Ikarus* beispielsweise, auf den ersten Blick ein Landschaftsbild ohne tiefere Bedeutung, ist als Illustration eines Abschnitts aus dem achten Buch von Ovids *Metamorphosen* erkennbar, in dem der Flug des Ikarus und seines Vaters Daedalus dargestellt wird. «Einige Fischer vielleicht, die fleißig die zitternde Rute gebrauchen, ein Schäfer, der sich an seinen Stab lehnt oder ein Bauer, der sich über seinen Pflug beugt, erblicken sie im Vorüberfliegen.»

Im Falle der Bildhauerei lassen sich die neuen Tendenzen an zwei Genres von wachsender Bedeutung aufzeigen: dem Brunnen und dem Reiterdenkmal. Aufwendig gestaltete Brunnen wurden immer häufiger zum Schmuck von städtischen Plätzen und Palasthöfen. Die Themen wurden im allgemeinen der klassischen Mythologie entnommen. In Italien existieren, um nur die berühmtesten Beispiele zu nennen, der Neptunbrunnen in Florenz von Bartholomeo Ammanati und der Neptunbrunnen in Bologna von dem berühmtesten Bildhauer des späten 16. Jahrhunderts, dem italianisierten Flamen Giambologna (Jean de Boulogne). Der Brunnen in Bologna illustriert eine Stelle aus Vergils *Aeneis*, in der der Gott die Wogen beruhigt, und die Darstellung kann als Allegorie der päpstlichen Herrschaft über die Stadt verstanden werden. In Deutschland gab es den Apollobrunnen in Nürnberg und den Herkulesbrunnen in Augsburg. Das berühmteste Beispiel in Frankreich ist die *Fontaine des Innocents* in Paris von Jean Goujon mit Reliefs von Nymphen, die an die hellenistische Kunst erinnern und die genau zu der Zeit entstanden, da Ronsard sich durch Griechenland inspirieren ließ.

Reiterstandbilder nach römischen Modell – genauer gesagt: nach dem Vorbild der Statue des Marc Aurel in Rom – kamen im Italien des 15. Jahrhundert wieder vor, um Söldnerführer zu ehren. Donatello schuf den berühmten Gattamelata in Padua (vgl. oben, S. 56) und Leonardos Lehrer Verrocchio gestaltete das Monument des Bartolomeo Colleoni, das in Venedig aufgestellt wurde. Im 16. Jahrhundert hingegen wurde diese Art von Monument zu einem Privileg der Fürsten wie des Großherzogs Cosimos de' Medici von Florenz, dessen Standbild auf der Piazza della Signoria das erste auf einem öffentlichen Platz war. Es wirkte als ein gewaltiges Symbol der Macht an einem Ort, der einstmals ein republikanischer Platz gewesen war. Auch ausländische Herrscher begannen – bei italienischen Künstlern – Reiterstandbilder zu bestellen. So wurde beispielsweise ein Reiterstandbild Ludwigs XII. über dem Torbau zu seinem Schloß in Blois aufgestellt. Katharina de' Medici bat Michelangelo um ein derartiges Monument für ihren verstorbenen Gatten Heinrich II. Er wies den Auftrag zurück, empfahl aber gleichzeitig seinen Schüler Daniele da Volterra, der etwas schuf, was man «das erste große Bronzepferd seit Verrocchio» genannt hat (Avery 1987: 161; vgl. Warnke 1985: 90). Da sie sich immer noch intensiv mit dem Reiterdenkmal beschäftigte, bat Katharina 1567 Francesco de' Medici, ihr seinen Bildhauer Giambologna «leihweise» zur Verfügung zu stellen, aber diese Bitte wurde abgelehnt. Heinrich IV. sollte ein besseres Schicksal beschieden sein. Giambologna schuf noch zu seinen Lebzeiten eine Statuette von ihm, und das Denkmal selbst, ein Werk von Pietro Tacca, war kurz nach seinem Tod vollendet und fand 1614 auf dem Pont-Neuf in Paris seinen Platz. Etwa zur gleichen Zeit wurde eine Reiterstatue Philipps III. von Tacca, ein Geschenk des Großherzogs der Toskana, auf der Plaza Mayor in Madrid errichtet.

Varianten des Humanismus

Wie der Begriff «Architekt» kam auch der Begriff «Humanist», wie schon erwähnt, zu jener Zeit in einigen Volkssprachen in Gebrauch. Im Spanischen wurde das Wort 1552 benutzt. Im Französischen ist der Begriff 1554 festgehalten worden, als die

Stadtbehörden von Grenoble nach einem *«humaniste»* als Schulmeister suchten. Eine Generation später unterschied Montaigne zwischen *«les humanistes»* und den Theologen. Im Portugiesischen wurde der Begriff um 1578 von Diogo do Couto in seinem Dialog *O Soldado prático* benutzt. Im Englischen ist er erstmals 1589 nachweisbar.

Einige der führenden Humanisten im Italien des 15. Jahrhunderts erfreuten sich weiterhin eines großen Rufes. Die Werke von Bruni, Poggio und Valla wurden im 16. Jahrhundert in Basel und anderswo nachgedruckt. Valla zog besonderes Interesse auf sich. Seine Kritik an der Konstantinischen Schenkung war eine nützliche Waffe in den Händen der Protestanten und führte dazu, daß er von Luther ebenso geschätzt wurde, wie ihn Ulrich von Hutten verehrt hatte. Sein philologisches Herangehen an das Neue Testament interessierte die Sozinianer, italienische Unitarier, die die Einheit Gottes lehrten. Petrus Ramus, der ein ähnliches Vergnügen daran fand, das philosophische Establishment durch eine Kritik an Aristoteles zu schockieren, war ein weiterer Bewunderer Vallas (Cantimori 1939).

Gleichzeitig veränderte sich die humanistische Bewegung. Eine größere Vielgestaltigkeit von Interessen und Haltungen war zu dieser Zeit festzustellen. «Mannigfaltigkeit» ist ein freundliches Wort für das, was man auch als Zersplitterung bezeichnen kann. Der Leser mag sich an dieser Stelle wohl fragen, ob der Humanismus nun überhaupt noch eine Bewegung war. Vielleicht war dies nicht der Fall. Die Ideale, für die im frühen 15. Jahrhundert eine kleine Gruppe gekämpft hatte, wurden nunmehr in vielen Kreisen für selbstverständlich gehalten. Tatsächlich beeinflußten sie allerdings, wie wir im folgenden Kapitel zu zeigen beabsichtigen, das Alltagsleben einer einflußreichen Minderheit von Europäern. Der Preis dieses Erfolges bestand in einem gewissen Verlust an intellektuellem Zusammenhalt. In der Philosophie beispielsweise mußte die neoplatonische Bewegung jetzt mit einem Wiederaufleben des Epikureertums, des Skeptizismus und vor allem des Stoizismus konkurrieren (vgl. unten, S. 260). Die späten Humanisten interessierten sich einfach für alles, was sehr alt war, also nicht nur für griechische und römische Welterkenntnisse, sondern auch für die barbarischen Weisheiten der keltischen Druiden, der persischen Magier und der indischen Brahmanen oder «Gymnosophisten» (indische asketische Philosophen).

Es war auch ein wachsendes Interesse an der arabischen Kultur festzustellen (Dannenfeldt 1955). Pico della Mirandola hatte in den 1480er Jahren mit seinem Plan, das humanistische Wissen zu beherrschen, die arabische Sprache studiert. Ihm folgten sein Neffe Gianfrancesco Pico und Egidio da Viterbo. Der französische Humanist Guillaume Postel lernte 1536 in Istanbul Arabisch, während der Niederländer Nicolas Clenardus es wenige Jahre später in Granada und Fez lernte (er kaufte sich einen marokkanischen Sklaven, der ihm bei seinen Studien helfen sollte). Die Spanier interessierten sich aus naheliegenden Gründen für eine Sprache, die auf ihrer eigenen Halbinsel gesprochen wurde, und zu ihren Kennern zählten auch Antonio Nebrija und Diego Hurtado de Mendoza. An der Universität von Salamanca wurde 1542 ein Lehrstuhl für Arabisch eingerichtet. Ein Grund für dieses Interesse bestand in der Hoffnung, Muslime zum Christentum zu bekehren, doch einige Gelehrte interessierten sich mehr oder weniger um der Sache selber willen für den Islam. Der italienische protestantische Humanist Celio Secundo Curione schrieb *Saracenicae Historiae*.

Ein Interesse am antiken Ägypten und seiner esoterischen Weisheit war bereits im Italien des späten 15. Jahrhunderts festzustellen, dies galt besonders im Kreis um Ficino, der das in griechischer Übersetzung überlieferte Werk über die Hieroglyphen des Ägypters Horapollon studierte. Er hatte zur Umgebung Alexanders IV. gehört, welcher angeblich ein Nachfahre des Osiris war. Außerdem las Ficino den *Traum des Poliphilo*, eine Romanze, die in einer antiken Ruinenlandschaft spielte. Horapollons Werke *Hieroglyphica* und der *Traum des Poliphilo* wurden Mitte des 16. Jahrhunderts in einer französischen Übersetzung veröffentlicht. Das modische Interesse an der Heraldik und Devisen seit den 1530er Jahren (vgl. unten, S. 258) verdankte einiges der Diskussion über die Bedeutung von Hieroglyphen, die die griechischen Philosophen eher als moralische Symbole denn als eine Form der Schrift interpretiert hatten. Umgekehrt beeinflußten Embleme die Art und Weise, wie Hieroglyphen verstanden wurden. Auch ägyptische Obelisken zogen Interesse auf sich. Das Wort «Obelisk (*obelisco, obelisque*)» gelangte zu jener Zeit in

14. Obelisk aus H. Rantzan, Hypotyposis, (1592), S. 117, Cambridge University Library. Nur ein paar Jahre, nachdem in Rom unter Sixtus V. Obelisken errichtet worden waren, hatte sich diese Mode bis nach Dänemark ausgebreitet.

die italienische, französische und englische Sprache. Obelisken wurden als Symbole ewigen Ruhms interpretiert und waren immer zahlreicher auf Grabstätten und in Landhäusern oder für sich allein stehend zu finden, so etwa der Obelisk, den Henrik Rantzau in Segeberg zu Ehren Friedrichs II. von Dänemark errichtete (Abbildung 14). Die Faszination Ägyptens war auch im späten 16. Jahrhundert noch unter Orthodoxen und Heterodoxen gleichermaßen verbreitet. Papst Sixtus V. ließ 1586–89 in Rom vier Obelisken errichten. Der Dominikanermönch Giordano Bruno wurde in der gleichen Stadt im Jahre 1600 wegen Ketzerei verbrannt, unter anderem warf man ihm vor, er habe versucht, die Religion der alten Ägypter wiederzubeleben. Um 1600 sammelten der Humanist Nicolas-Claude Fabri de Peiresc und seine Freunde unter den hohen Beamten von Aix-en-Provence mit Begeisterung ägyptische Antiquitäten, darunter Mumien (Iversen 1961: 59–82; Aufrère 1990).

Wichtiger noch war, was man die humanistische «Rehabilitierung» des Mittelalters nennen könnte und was mit der Verbreitung des Humanismus über Italien hinaus verbunden war. Dies scheint eine Abkehr von allem zu sein, wofür die Bewegung gestanden hatte, wenn man bedenkt, wie die italienischen Humanisten des 15. Jahrhunderts sich selbst im Gegensatz zu dem, was sie das «Mittelalter» nannten, definiert hatten. Aufschlußreicher mag es jedoch sein, diese Rehabilitierung als ein Beispiel unter anderen für den Konflikt zwischen dem Geist und den Buchstaben der Wiederbelebung der Antike zu verstehen. Die Buchstabengläubigen sprachen sich dafür aus, ganz unabhängig beispielsweise vom Klima, im römischen Stil zu bauen oder poetische Kunstwerke in klassischen Metren zu verfassen, wie auch immer die Unterschiede zwischen dem Lateinischen, dem Französischen und (etwa) dem Polnischen sein mochten. Ihre Gegner sprachen sich für die Anpassung der klassischen und der italienischen Kultur an die lokalen Umstände aus. Verehrten nicht auch die Römer zu Zeiten Ciceros ihre Vergangenheit? Wenn Italiener des 16. Jahrhunderts Petrarca folgten, warum sollten dann die Engländer sich nicht an Chaucer orientieren?

In Frankreich gab es beispielsweise zu jener Zeit eine Art von keltischer Renaissance. Humanisten priesen den Gallier Vercingetorix im Gegensatz zu seinem römischen Gegenspieler Caesar und untersuchten die Philosophie der Druiden (Dubois 1972). In seiner Dichtung *Galliade* von 1578 behauptete Guy Lefèvre de La Boderie, das antike Gallien sei die Geburtsstätte der Künste und Wissenschaften gewesen, zu denen man zu seiner eigenen Zeit zurückkehre. Die mittelalterliche französische Literatur wurde von französischen Gelehrten wie Montaignes Freund Etienne Pasquier erörtert und gefeiert. Die Engländer oder zumindest einige Gelehrte im Kreis um Erzbischof Matthew Parker, vor allem Laurence Nowell und William Lambarde, entdeckten ihre angelsächsische Vergangenheit. Parker, der selbst ein Gelehrter war, beauftragte seinen Drucker John Day, eine angelsächsische Druckschrift zu entwickeln, so daß Dokumente in der Originalsprache gedruckt werden konnten. In Italien selbst wählte Tasso die Kreuzzüge zum Thema seines Epos *Das befreite Jerusalem*, während der Humanist Carlo Sigonio eine wichtige Untersuchung über die Geschichte Italiens zwischen 560 und 1200 schrieb.

Das Interesse an der nicht-klassischen Vergangenheit war an der Peripherie Europas besonders deutlich, worunter man in diesem Falle das Gebiet verstehen kann, das die Römer niemals eroberten. Die Ungarn identifizierten sich mit den Hunnen, die Polen mit den Sarmaten, die Dänen mit den Cimbern, die Spanier und die Schweden mit den Goten. Johannes Magnus beispielsweise, der Erzbischof von Uppsala, ging nach der Reformation in Schweden ins Exil nach Rom und benutzte seine Zeit, um Geschichtswerke zu schreiben. Seine *Geschichte der Goten* (1554 posthum publiziert) widersprach der herkömmlichen humanistischen Ansicht, indem sie die Goten als frommes, freiheitsliebendes Volk und sogar als Feinde der Barbarei darstellte. Johannes zeigte die Abstammung der Schweden von den Goten auf, nachdem Magog, der Sohn Noahs, sich nach Skandinavien begeben hatte. Dieses Geschichtswerk, das in Dänemark keineswegs positiv aufgenommen wurde (wo der König einen Historiker beauftragte, es zu widerlegen), führte in Schweden zu einem Gotenkult. König Erich XIV. ließ sich gern «Wiederhersteller der Goten» nennen und gab Tapisserien in Auftrag, auf denen die Taten von Magog, Gothus und anderen frühen Königen von Schweden zu sehen waren. Seine Nachfolger, die Könige Johann III. und Karl IX., interessierten sich ebenfalls für die

Goten, und dieses Interesse trug zur Förderung der historischen Forschung bei. Der gelehrte Beamte Johann Bure bereiste Schweden in den 1590er Jahren, sammelte unterwegs Runeninschriften in der gleichen Weise, wie frühere Humanisten römische Inschriften aufgezeichnet hatten, und publizierte sie 1624 unter dem Titel *Monumenta Sveo-Gothica*. Johannes Messenius, ein Professor in Uppsala, transkribierte ebenfalls Runen und schrieb Dramen über Schweden in gotischen Zeiten (Nordström 1944–72; Johannesson 1982).

Humanismus, Musik und Naturphilosophie

Die Unterschiedlichkeiten der Disziplinen des Humanismus sind zu jener Zeit genauso auffallend wie die regionalen. Der Musik ist auf diesen Seiten bisher wenig Aufmerksamkeit gewidmet worden, sieht man von der Vorstellung einer musikalischen Renaissance ab, wie sie Tinctoris vertrat, oder von Ficinos Versuchen, planetarische Einflüsse durch Spielen der passenden Noten auszunutzen. Der Grund für diese Auslassung ist ganz einfach. Die musikalischen Leistungen des 14. und 15. Jahrhunderts hatten mit den Hauptthemen dieses Buchs, der Rezeption der klassischen und der italienischen Kultur, wenig zu tun (Palisca 1985: 1–22; Owens 1995). Im Gegenteil, im Falle der Musik waren es die Italiener, die ausländische Produkte bewunderten, insbesondere jene von Josquin (vgl. oben, S. 74–5). Eine Gestalt in Castigliones *Hofmann* bemerkte ätzend: «Eine gewisse Motette, die vor der Herzogin gesungen wurde, gefiel niemandem und wurde nicht für gut befunden, bis bekannt wurde, daß sie von Josquin des Prez stammte» (Buch 2, Kapitel 35).

Andererseits gab es seit den 1570er Jahren Versuche von Humanisten wie dem Florentiner Girolamo Mei oder dem Franzosen Jean-Antoine de Baïf, die antike griechische Musik wiederzubeleben. Wie bereits erwähnt, interessierte sich Baif insbesondere für die klassische Metrik. Baïf wollte, daß seine Gedichte gesungen würden, und er gründete unter königlicher Schirmherrschaft die Akademie für Poesie und Musik (Yates 1947: 19–36). Der gründlichste Erforscher der klassischen Quellen, die die Musik des antiken Griechenlands beschrieben – so beispielsweise die Unterschiede zwischen dorischem, phrygischem und lydischem Stil – war Mei. Er veröffentlichte seine Ergebnisse nie, teilte sie aber Vincenzo Galilei mit. Vincenzo, der Vater Galileos, schrieb einen *Dialog über antike und moderne Musik,* in dem einer der Wortführer behauptete, nach der Invasion Italiens durch die Barbaren hätten die Menschen «genausowenig von der Musik wie von den Westindischen Inseln Notiz genommen». Erst kürzlich hätten Gelehrte begonnen «zu versuchen, sie aus der Dunkelheit zu retten, in der sie begraben worden war», und ihr ihre alte Stellung wiederzugeben.

Diese gelehrten Forschungen hatten wichtige praktische Konsequenzen. Mei, Galilei und ihre Freunde kritisierten die polyphone Musik, in der die unterschiedlichen Stimmen voneinander unabhängigen Grundsätzen folgten, und sie befürworteten die Homophonie, die sie als *canto fermo* bezeichneten. Im Mittelpunkt der Gruppe, die unter dem Namen *Camerata* bekannt werden sollte, stand Graf Giovanni de' Bardi, der in seinem *Sieg Apollos über die Schlange* versuchte, ein griechisches Musikfestival zu rekonstruieren. Das Werk wurde 1589 als Teil des Unterhaltungsprogramms bei der Hochzeit Ferdinando de' Medicis aufgeführt. Die Mitglieder der Camerata trafen im Hause Bardis zusammen.

Zu dieser Gruppe zählten Galilei, der Sänger Giulio Caccini, der das erfand, was man den Konversationsstil des Gesangs nennen könnte, den *stile recitativo* oder *rappresentativo*, und Jacopo Peri, der die Musik für ein Musikdrama neuen Stils, *Euridice*, komponierte, das im Jahre 1600 aufgeführt wurde und heute als die erste erhalten gebliebene Oper gilt (eine andere, *Dafne,* ist im Jahre 1598 im Hause von Bardis Konkurrenten Jacopo Corsi aufgeführt worden). Monteverdi gehörte zu den Gästen in Corsis Haus und ließ sich dazu inspirieren, im neuen Stil, den er als *seconda prattica* bezeichnete, zu komponieren. In diesem Stil beherrschen eher die Worte die Musik als umgekehrt. Monteverdis *Orfeo* wurde 1607 aufgeführt, seine *Arianna* 1608 (Walker 1985; Palisca 1985: 280–332). Einige Jahre später, nämlich 1627, komponierte der deutsche Komponist Heinrich Schütz eine neue Fassung der *Daphne*, diesmal mit einem deutschen Libretto, das von dem Dichter Martin Opitz stammte. Die internationale Oper war geschaffen. Bei dem Versuch, etwas Altes wiederzubeleben, hatten die Humanisten dazu beigetragen, etwas Neues zu erfinden.

Ähnlich paradox war die Rolle, welche die Humanisten beim Studium der Natur spielten. Für den Kreis um Leonardo Bruni gab es eine solche Rolle nicht, da die *studia humanitatis,* wie wir bereits gesehen haben (vgl. unten, S. 49), sich auf die menschliche Kultur und nicht auf die natürliche Welt konzentrierten. Dennoch hatte die humanistische Bewegung für die «Naturphilosophen», wie man sie damals nannte, Konsequenzen («Naturwissenschaftler» ist ein Begriff des 19. Jahrhunderts). Entscheidend war, daß antike Autoren auf diesen Gebieten als Autoritäten behandelt wurden: so etwa Hippokrates und Galen in der Medizin, Ptolemäus in der Geographie und Kosmologie und Aristoteles buchstäblich auf allen Gebieten. Von daher war die humanistische Bemühung um eine Rückkehr zu den Quellen und um eine Herausgabe der Texte nach den besten Manuskripten, wie einige Gelehrte des 15. Jahrhunderts erkannten, für die Naturphilosophie wichtig. Einer von diesen Gelehrten war der berühmte Philologe Ermolao Barbaro (vgl. oben, S. 67), der den Text der *Naturgeschichte* des Plinius bearbeitete. Ein anderer war der deutsche Astronom Regiomontanus, der Ptolemäus im griechischen Original studierte (Rose 1975: 90–117).

Die Naturphilosophen teilten die Ehrerbietung der Humanisten für die klassische Antike. Wie die Poeten wünschten sie eine «Reform». Einige von ihnen, darunter auch Francis Bacon zur Zeit seines Frühwerks *The Wisdom of the Ancients*, glaubten, der Fortschritt des Wissens hänge nicht von neuen Entdeckungen ab, sondern von der Wiederaufdeckung dessen, was die Weisen des Altertums bereits gewußt hatten. Dieses esoterische Wissen wurde den wenigen Eingeweihten angeblich in der kodierten Form eines Mythos überliefert. Der deutsche Alchimist Michael Maier vertrat ähnliche Ansichten. Sein Buch *Atalanta fugiens* (1617) folgte der gleichen Methode, indem es «die Geheimnisse der Natur» in Form von 15 Symbolen präsentierte (ein Genre, auf das unten näher eingegangen wird) (vgl. unten, S. 287). Der Titel selbst spielte auf den Mythos der Meerjungfrau an, die nur einen Freier akzeptieren würde, der sie bei einem Rennen besiegte. Das Mädchen verlor den Wettlauf, weil es anhielt, um die drei goldenen Äpfel aufzuheben, die der Freier unterwegs hatte fallenlassen. Der Glaube an die Weisheit der Alten verleiht dem Lob für Regiomontanus und Kopernikus wegen der von ihnen geleisteten «Wiederherstellung» der Astronomie eine genauere Bedeutung. Von Kopernikus wurde auch gesagt, er habe die Astronomie «korrigiert», als habe es sich dabei um einen verfälschten klassischen Text gehandelt. Und der lutherische Humanist Philipp Melanchthon formulierte: «Die Philosophie von den Dingen des Himmels ist wieder erstanden (*renata est haec philosophia de rebus coelestibus*)» (Rose 1975: 111, 133).

Auf diesem Feld war der Abstand zwischen gelehrter und volkstümlicher Kultur weniger groß als in den Humanwissenschaften. So wie Alberti von den Bauleuten gelernt hatte, so erhielt der deutsche Humanist Georgius Agricola von den böhmischen Bergleuten viele der Informationen, die er in seiner Abhandlung *Über die Metalle* veröffentlichte (1556). Doch die Kluft zwischen den «zwei Kulturen» der Künste und der Wissenschaften war viel weniger tief, als sie es später sein sollte, falls es eine derartige Lücke zu jener Zeit überhaupt gegeben hat. Auf der einen Seite interessierten sich führende Naturphilosophen wie Johannes Kepler und Galileo Galilei sehr stark für die Humanwissenschaften. Kepler beispielsweise veröffentlichte auch Poesie. Seine Abhandlung *Weltharmonik* (1619) nahm in ihrer «Abschweifung» über die Harmonie des Staates auf den politischen Theoretiker Jean Bodin bezug. Zum Nutzen humanistischer Freunde und Bekannter interpretierte er Hinweise auf die Astronomie in klassischen Texten (Grafton 1991: 178–203). Und was Galilei betrifft, so hatte er sehr entschiedene Ansichten über die Literatur, die Malerei und die Bildhauerei. So schätzte er beispielsweise Ariosto im Gegensatz zu Tasso (Panofsky 1954). Der Deutsche Andreas Libavius wiederum betonte die Bedeutung der Pflege der *humanitas* für den «Chemiker (*chymicus*)» (Hannaway 1975).

Auf humanistischer Seite können wir auf die damalige Beliebtheit des Lehrgedichts verweisen, das sich am Modell des *De rerum natura* des Lukrez orientierte. Der Dichter und Mathematiker Jacques Peletier beispielsweise beschrieb den Kosmos und feierte das menschliche Streben nach Wissen, während der Calvinist Guillaume Salluste Du Bartas eine Menge an wissenschaftlicher Information in sein Schöpfungsepos *La Semaine* (1578) steckte. Dieses Gedicht war so populär, daß es 1623 seine 41. französische Auflage erlebte (Schmidt 1938). Wir könnten auch Bibliotheken als Beweismittel heranziehen, so jene von Sir Walter Raleigh, der Werke zur Zoologie, Medizin, Botanik, Physiognomie, Astronomie (darunter solche des Kopernikus) und Chemie (darunter solche des Libavius) besaß. In ähnlicher Weise fand man in den «Kuriositätenkabinetten» normalerweise Antiquitäten, Münzen und Medaillen, aber auch die Überreste ungewöhnlicher Tiere, Vögel oder Fische.

Die Begeisterung für die Beiträge der Alten zur Naturphilosophie bestand gleichzeitig mit einer wachsenden Bereitschaft zur Kritik an ihnen, wenn die Beweislage dies unvermeidlich machte. Die beiden berühmtesten Fälle in dieser Hinsicht sind die des Kopernikus und des Vesalius, deren Bücher über Astronomie und Medizin jeweils im Jahre 1543 erstmals erschienen.

Kopernikus teilte die humanistischen Interessen seiner Zeit. Er behauptete bei der Lektüre Ciceros und Plutarchs Hinweise auf alte Philosophen gefunden zu haben, die glaubten, daß sich die Erde bewege. Seine Beschreibung der zentralen Stellung der Sonne würde Ficino gefallen haben: «In der Mitte aber von allen steht die Sonne. Denn wer wollte diese Leuchte in diesem wunderschönen Tempel an einen anderen oder besseren Ort setzen als dorthin, von wo aus sie das Ganze zugleich beleuchten kann? Zumal einige sie nicht unpassend das Licht, andere die Seele, noch andere den Lenker der Welt nennen. Trismegistos bezeichnet sie als den sichtbaren Gott, die Elektra des Sophokles als den Allessehenden. So lenkt in der Tat die Sonne, auf dem königlichen Thron sitzend, die sie umkreisende Familie der Gestirne.» Hier sind wir nicht weit von der neoplatonischen Welt des Inka Garcilaso entfernt (vgl. oben, S. 142), wenn er den peruanischen Sonnenkult beschreibt.

Es ist nicht leicht zu bestimmen, wie bekannt die Schriften des Kopernikus zu dieser Zeit waren. Sein Buch erlebte zwischen 1543 und 1617 nur drei Auflagen, doch befanden sich auch Zusammenfassungen der heliozentrischen Theorie im Umlauf (Eisenstein 1979: 575–635). Die Theorie wurde gleichfalls an Universitäten diskutiert. An der Universität von Salamanca beispielsweise nannten die neuen Satzungen von 1561 Kopernikus als einen der Autoren, die beim Studium der Astronomie zu Rate gezogen werden konnten. Sporadische Hinweise legen nahe, daß der Name Kopernikus im allgemeinen mit dem Heliozentrismus oder zumindest mit Neuerungen in Verbindung gebracht wurde. So geht beispielsweise Montaigne in einem seiner Essays auf die heliozentrische Theorie ein. John Donne, der die Höllenfahrt des Kopernikus als Strafe beschreibt, weil er den Kosmos umgestürzt habe, galt selber als ein «Kopernikus der Poesie», vermutlich seiner stilistischen Neuerungen wegen (Kuhn 1959; Blumenberg 1965; Rose 1975: 118–42).

Kopernikus verdankte seine spätere Berühmtheit der Tatsache, daß er im äußersten Falle bereit war, von den Ansichten des Ptolemäus abzuweichen. In ähnlicher Weise war Vesalius, wenn auch zögernd, bereit, Galen zu korrigieren, der einige seiner Feststellungen über die menschliche Anatomie auf die Sezierung, wenn auch nicht von Menschen, so doch von Affen gründete. Vesalius präsentierte sein Werk als Beitrag zur Wiederbelebung, Restauration oder Wiedergeburt der Medizin. So schrieb er: «In diesem glücklichen Zeitalter hat die Medizin wie jede andere Wissenschaft seit einiger Zeit begonnen, wiederaufzuleben und ihren Kopf aus der tiefsten Dunkelheit, in die er gestoßen worden war, zu erheben (...) Wir sind Augenzeugen der Wiedergeburt der Medizin (*medicinam prospere renasci vidimus*)». Sein Traktat, das von einem Schüler Tizians illustriert worden war, zeugt von einer Schwerpunktverlagerung von Texten zu Erfahrungen. Der Versuch, die Weisheit der Alten wieder aufzudecken, brachte neues Wissen hervor (O'Malley 1965; Carlino 1994).

Der Aufstieg der Landessprachen

Ein weiteres Anzeichen von Vielfalt oder Zersplitterung stellte die Kritik der Humanisten am Lateinischen dar. In seinem Dialog über die Sprache legte Sperone Speroni, ein Schüler Bembos, seinem Lehrer die Bemerkung in den Mund, das Lateinische sei keine gesprochene Sprache, sondern bestehe «nur aus Papier und Tinte (*carta solamente ed inchiostro*)». In einem anderen Zwiegespräch zu diesem Thema, in Benedetto Varchis *Ercolano,* wurden die griechische und die lateinische Sprache als «ausgelöscht (*spente*)» bezeichnet, während das Florentinische «lebendig» sei.

Die Vorstellung, daß es «tote Sprachen» gebe, wurde also erstmals von den Humanisten formuliert. Für einige von ihnen bedeutete die Orientierung an Cicero, nicht länger mehr in seiner Sprache, der lateinischen, zu schreiben, sondern sich, wie er es getan hatte, in der Volkssprache auszudrücken. Ob dies nun eine Reaktion auf die Erstarrung des Lateins oder Ausdruck eines neuen kulturellen Selbstbewußtseins war, so stellte das späte 16. Jahrhundert auf jeden Fall die Blütezeit dessen dar, was der Literaturtheoretiker Michail Bachtin «Heteroglossia» genannt hat. Darunter verstand er eine Situation, in der eine Vielzahl von Sprachen, Stilen und Ausdrucksweisen miteinander in Wechselbeziehungen oder im Dialog steht (Bachtin 1965).

Zu jener Zeit wurden viele Stimmen laut, die die Landessprachen priesen. Die berühmteste unter ihnen war jene des Dichters Joachim Du Bellay. Seine *Défense et Illustration de la langue française* (1549) wies die Auffassung zurück, das Französische sei eine «barbarische» Sprache. Ironischerweise orientierte sich diese «Unabhängigkeitserklärung» jedoch an einem ausländischen Muster, nämlich jenem Dialog über die Sprache, den Sperone Speroni, ein Schüler Bembos, im Jahre 1542 veröffentlicht hatte (Villey 1908). Du Bellay wurde von dem gelehrten Drucker Henri Estienne unterstützt, der 1579 in seiner *Precellence de la langue française* erklärte, die französische Sprache verfüge über ebensoviel Würde und Anmut wie die lateinische und ermögliche eine umfassendere Beredsamkeit als andere Sprachen. Die Spanier wiederum behaupteten, ihre Sprache stehe der lateinischen am nächsten, während Estienne dagegen hielt, das Französische sei dem Griechischen am meisten ähnlich. Der Italiener Corbinelli wies bei seinen Bemerkungen über Estienne auf die unterschiedlichen Vorzüge des Spanischen, Italienischen und Französischen hin, wobei er jedoch die letztgenannte Sprache nur als «Gebrauchssprache (*lingua parlativa*)» betrachtete (zitiert bei Balsamo 1992: 75). Etienne Pasquier sah andererseits einen Gegensatz zwischen der «stolzen und feierlichen Landessprache» des «überheblichen Spaniers» und der «weichen und weibischen Volkssprache» der Italiener, die sich «von altrömischer Tugendhaftigkeit durch Degeneration entfernt hätten» (zitiert bei Kelley 1970: 279 f.).

Noch aus weiteren Sprachen meldeten sich Stimmen in dieser europäischen Debatte. João de Barros veröffentlichte Lobgesänge auf das Portugiesische. Der deutsche Schriftsteller Johann Fischart erklärte: *«Unser sprache ist auch ein sprache und kan so wohhl ein Sack nennen als die Latiner saccus.»* Der englische Dichter Edmund Spenser stellte die rhetorische Frage: «Bei Gott, warum sollen wir denn nicht wie die Griechen über das Reich unserer eigenen Sprache verfügen?» (zitiert bei Helgerson 1992: 1). Lukasz Górnicki erörterte in seinem *Polnischen Hofmann* die relativen Vorzüge der verschiedenen slawischen Sprachen. Im Prolog zu seiner *Ungarischen Komödie* legte Balint Balassa seinen Wunsch dar, «die ungarische Sprache mit dieser Komödie zu bereichern, damit alle erkennen können, daß es das, was in anderen Sprachen existiert, auch im Ungarischen geben kann». Der Maler und Dichter Lukas de Heere pries Jan Baptist van der Noot, weil er gezeigt habe, daß das Holländische dem Französischen als Sprache der Dichtung nicht unterlegen sei. In der Widmung zu seinem Werk *Het Burgherlick Leven* schilderte der Niederländer Simon Stevin «die wunderbaren, verborgenen Qualitäten der holländischen Sprache». Der Humanist Johannes Goropius aus Antwerpen ließ sich sogar zu der Behauptung hinreißen, das Flämische (und nicht, wie die meisten Gelehrten annahmen, das Hebräische) sei die menschliche Ursprache.

Die ständige Rede über die Bedeutung der Landessprache wurde durch besondere Leistungen auf dem Gebiet der Rhetorik in der Landessprache selbst gefördert. Hinzu kamen Lehrbücher wie Thomas Wilsons *Art of Rhetoric,* Fouquelins *La rhétorique française* und Lorenzo Palmirenos *Rhetorica,* die einem größeren Publikum als je zuvor das Wissen über die Regeln des guten Schreibens vermittelten. Zu jener Zeit entstanden auch die ersten Grammatiken der Landessprachen (wenn man von Nebrijas früher spanischer Grammatik absieht, vgl. oben, S. 105). Es erschienen die ersten Geschichten der Volkssprachen – eine Geschichte der spanischen Sprache wurde 1606 veröffentlicht –, und es kamen Debatten darüber auf, wie man denn das Italienische, Französische und Englische orthographisch richtig schreibe.

Noch wichtiger aber waren Übersetzungen, ob man sie nun als Indikator der Entwicklung von Landessprachen, als Resultat ihrer Entfaltung oder als Anregung für ihren Aufschwung ansieht oder ob man schließlich von einer Kombination dieser drei Faktoren ausgeht. In diesem Zusammenhang darf man die

Bedeutung von Übersetzungen ins Lateinische, die Sprache der weltumfassenden Republik der Gelehrten, nicht unbeachtet lassen. Zwischen 1530 und 1600 entstanden mehr als zweihundert Übertragungen aus den verschiedenen Sprachen Europas ins Lateinische (Burke 1998a). Doch die Zahl der Übersetzungen in die Landessprachen lag weit höher, und die kulturellen Folgen dieser Übertragungen waren bedeutsamer. Die Übersetzungen von Cicero, Vergil, Vitruvius und Homer in verschiedene Volkssprachen wurden bereits erwähnt. Diese Entwicklung ist deshalb wichtig, weil die betreffenden Texte dadurch für breitere Publikumsschichten zugänglich wurden, darunter auch für Frauen, denen es gewöhnlich an Latein- oder gar Griechischkenntnissen mangelte. Zu jener Zeit wurden noch viele weitere Autoren der Antike übersetzt. Mitte des Jahrhunderts kam es beispielsweise zu Übertragungen vieler der Dialoge Platons ins Italienische und Französische. Ovids *Metamorphosen* – die, wie wir gesehen haben, für viele Künstler eine Inspiration waren – erschienen in italienischer, spanischer, französischer, englischer und deutscher Sprache.

Zu den Übersetzungen aus dem zeitgenössischen Latein zählte nicht nur das bereits erwähnte Werk des Erasmus von Rotterdam, sondern auch die *Utopia* des Thomas Morus, die 1524 auf deutsch, 1548 auf italienisch, 1550 auf französisch, 1551 auf englisch und 1562 auf holländisch erschien. Und schließlich gab es auch Übersetzungen von Texten, die in modernen europäischen Sprachen, insbesondere in Italienisch, verfaßt waren. In Frankreich wurden zwischen 1525 und 1599, meist aus den vier Sprachen Griechisch, Lateinisch, Italienisch und Spanisch, mehr als sechshundert Übersetzungen publiziert.

Ein Großteil der Übersetzungen, die von späteren Generationen als «klassisch» angesehen wurden, entstand zu jener Zeit, und sie umfaßten nicht nur die Werke antiker Autoren von Homer bis Plutarch, sondern auch Werke zeitgenössischer Schriftsteller. Was das Spanische angeht, so denkt man in diesem Zusammenhang sogleich an Boscáns *El Cortesano,* seine Version von Castigliones *Buch vom Hofmann*. Im Deutschen kam es zu Fischarts unter dem – hier verkürzten – Titel *Affentheurliche und ungeheurliche Geschichtsschrift* (. . .) 1575 erschienener Rabelais-Bearbeitung, die im Jahre 1631 ihre siebte Auflage erreichte. In England übersetzte der Angloitaliener John Florio die Essays von Montaigne. Ins Polnische übertrug Piotr Kochanowski, der jüngere Bruder des berühmten Dichters, Werke von Ariosto und Tasso.

Die Grenze zwischen Übersetzung und kreativer Nachbildung war leicht überschritten. Fischart erweiterte den Text, den er angeblich übersetzte, insbesondere die dem ursprünglichen Autor so lieben, schon sehr langen Aufzählungen wie die der 200 sonderbaren Spiele, die der junge Riese Gargantua spielte. Fischart begnügte sich niemals mit einem Wort, wenn er drei davon verwenden konnte, er übertrieb also den Stil des Rabelais und erfand eine groteske, vielsilbige eigene Sprache (Weinberg 1986). Eine lateinische Version des von Guillaume du Bartas geschaffen französischen Poems rühmte sich auf der Titelseite, eine «freie und in vielen Teilen erweiterte Übersetzung» darzustellen. Die polnische Version des Werks von Castiglione, die Lukasz Górnicki verfaßte, verlagerte den Dialog von Urbino nach Krakau und verwandelte den Helden so in den «polnischen Höfling». Die Übersetzung des *Dialogs über das städtische Leben* von Giambattista Cinzio Giraldi, die ein anderer anglisierter Italiener, nämlich Ludowick Bryskett, anfertigte (dessen Namen ursprünglich Bruschetto lautete), verlagerte den Schauplatz des Gesprächs von Italien nach Irland in des Übersetzers «kleines Cottage» in der Nähe von Dublin und führte englische Teilnehmer, darunter seinen Freund Edmund Spenser, ein.

Übersetzungen vergrößerten auch den Wortschatz der Volkssprachen. Als Albertis Traktat über die Architektur 1553 ins Französische übersetzt wurde, machte die Widmung an den König auf die Bereicherung der Sprache durch den Autor aufmerksam. Um Rabelais zu übersetzen, erfand Fischart viele deutsche Worte. Florio prägte in seiner Übersetzung des Montaigne, wie das Vorwort erklärte, viele neue englische Begriffe wie «conscientious, endear, tarnish, comport, efface, facilitate, amusing, debauching, regret, effort, emotion». Die Dichter erlaubten sich die gleichen Freiheiten. Eine zeitgenössische Biographie von Pierre Ronsard beschreibt ihn sowohl als einen Sammler als auch einen Erfinder französischer Wörter. Die Sprache der Pléiade-Gruppe steckte tatsächlich voller Worte, die aus dem Griechischen stammten: beispielsweise *anagrammatisme, analytique, anapeste und astronomique*, sie alle stellten zu dieser Zeit Neuschöpfungen dar.

Die Kehrseite bestand in der Erkenntnis von der Dürftigkeit der Volkssprachen, die Neologismen notwendig machte. Im Vorwort zu seiner Übersetzung Vergils beklagte sich Juan del Encina über «den großen Mangel an Worten im Kastilischen im Vergleich zum Latein (*el gran defecto de vocablos que ay en la lengua castellana, en comparación de la latina*)». Thomas Elyot sprach vom «Ungenügen» des Englischen (zitiert bei Jones 1953: 71). In seinem französisch geschriebenen Buch über die Fürstenerziehung argumentierte Guillaume Budé, das Schreiben in einer antiken Sprache würde bemerkenswerten Handlungen und Worten «mehr Eleganz, Autorität, Würde und Anmut» verleihen *(plus d'élégance, d'authorité et venusteté et de grace)*. Selbst Joachim Du Bellay gab in seiner berühmten Apologie des Französischen zu, daß diese Sprache «arm und steril *(pauvre et stérile)*» sei, wenn man sie mit dem Reichtum des Lateinischen und Griechischen vergleiche.

Der Aufstieg der Volkssprachen veranlaßte einige Autoren dazu, beim Lateinischen oder anderen Sprachen Anleihen aufzunehmen, und andere, diesen Prozeß anzuprangern. In Italien war im 15. Jahrhundert eine latinisierte Volkssprache Mode, aber in dieser Zeit stritt die Accademia della Crusca, die so genannt wurde, weil ihre Mitglieder den linguistischen «Weizen» von der «Spreu» trennen sollten, im Namen der sprachlichen Reinheit gegen die Latinisierung. In ähnlicher Weise beklagte sich in Frankreich der Drucker Geoffroy Tory über die «Schaumschläger des Lateinischen (*escumeurs de Latin*)», wie er sie nannte. Den Satz «laßt uns die Seine überqueren» verwandelten diese Leute, so meinte er, in «transfretons la sequane». Rabelais hat dies in seinem *Pantagruel* (Kapitel 6) satirisch zugespitzt in einer Passage, in der der große Held von einem Studenten aus dem Limousin so irritiert wird, der diese und ähnliche latinisierende Ausdrücke benutzt, daß er ihn würgt, bis der Mann in seinem eigenen Dialekt um Gnade bittet. In England gab es eine Kritik an dem, was man die «Pedantenbegriffe» nannte, die von Autoren erfunden wurden, die auf die gesprochene Sprache keine Rücksicht nahmen. Der Engländer John Cheke und der Holländer Jan van de Werve griffen die Beschädigungen ihrer jeweiligen Sprachen durch ausländische Worte, insbesondere italienische und französische, an. In Frankreich bemühte sich François Malherbe, die Volkssprache von lateinischen Wörtern und von Dialektwörtern gleichermaßen zu reinigen.

Einige europäische Sprachen hinkten hinter anderen her. Daß das Deutsche, was die Volkssprachen anbelangt, ein Spätling war, läßt sich an der Geschichte der Übersetzungen zeigen. Wenn auch Boccaccios *Decamerone* bereits 1473 übersetzt worden war, begann die Welle der Übersetzungen ins Deutsche erst ein ganzes Jahrhundert später mit Übersetzungen von Rabelais (1575), Jean Bodin über die Dämonen (ebenfalls von Fischart), Giovanni Botero über die Staatstheorie, der historischen Moralisten Guevara und Lipsius und fünf Romanen: *Lazarillo de Tormes*, *Don Quixote*, Montemayors *Diana*, John Barclays *Argenis* und Philip Sidneys *Arcadia*. Auf ein Gegenstück zu Du Bellays *Défense* mußten die Deutschen bis 1617 warten, als der Dichter Martin Opitz sich über *Die Verachtung der deutschen Sprache* beklagte – und dies geschah in einem lateinisch geschriebenen Buch. 1624 veröffentlichte er dann sein *Buch von der deutschen Poeterey*. Opitz ließ sich von seinem Wunsch anregen, nicht nur Petrarca und Ariosto nachzueifern, sondern auch Ronsard, Sidney und dem holländischen Dichter Daniel Heinsius. Er konnte nicht nur alle deren Sprachen lesen, sondern er fertigte auch Übersetzungen aus dem Lateinischen, Italienischen, Französischen und Englischen an.

Opitz war nicht der einzige, der viele Sprachen beherrschte. Der Komponist Orlando di Lasso, ein Flame, der in Italien ausgebildet worden war und in Bayern arbeitete, schrieb Lieder auf lateinische, italienische, französische und deutsche Texte und korrespondierte mit seinem Gönner in einem Sprachgemisch. Der ungarische Dichter Balassa konnte Italienisch, Deutsch und Türkisch, der deutsche Dichter Georg Rudolf Weckherlin schrieb Lateinisch, Deutsch, Französisch und Englisch. Bei den Niederländern war die Beherrschung einer Vielzahl von Sprachen besonders verbreitet. Jan Baptist van der Noot schrieb Gedichte in Holländisch und Französisch, übersetzte sie manchmal persönlich und kommentierte sie auf Italienisch und Spanisch. Gegen Ende dieser Ära schrieb der junge Universalgelehrte Christiaan Huyghens Gedichte in acht Sprachen: Griechisch, Lateinisch, Italienisch, Französisch, Spanisch, Englisch, Deutsch und seiner niederländischen Muttersprache (Forster 1970).

Das Italienische war selbstverständlich unter den Oberschichten ganz Europas wohlbekannt, und die Bestandslisten der Bibliotheken legen nahe, daß Spanisch und Französisch dahinter kaum zurückfielen. Doch die Kenntnis der meisten europäischen Volkssprachen beschränkte sich buchstäblich auf eine einzige Region. Huyghens übersetzte einige Gedichte von John Donne ins Holländische, aber nur wenige Menschen außerhalb Großbritanniens lernten die Schauspiele und Gedichte Shakespeares kennen, die bis zum 18. Jahrhundert in keine Fremdsprache übersetzt wurden. Wenige Menschen außerhalb der iberischen Halbinsel lernten die Dramen von Gil Vicente oder die Gedichte von Camões kennen (seine *Lusiaden* wurden in den 80er und nochmals in den 90er Jahren des 16. Jahrhunderts ins Spanische übersetzt, aber eine lateinische Ausgabe erschien erst 1622 und eine englische 1655). Buchstäblich niemand außerhalb Polens war imstande, die in der Volkssprache geschriebenen Verse von Jan Kochanowski (Abbildung 20) zu lesen, obwohl der Dichter sich voller Stolz rühmte:

> «Über mich werden Moskau und die Tataren Bescheid wissen,
> Und Engländer, Bewohner verschiedener Welten.
> Der Deutsche und der kühne Spanier werden mich kennenlernen,
> Und auch jene, die aus dem tiefen Tiberstrome trinken.»

Einsprachigen Lesern ging also vieles verloren, denn es war ein großes Zeitalter volkssprachlicher Literatur in vielen europäischen Sprachen.

Warum das so war, ist eine Frage, die nicht leicht zu beantworten ist. Die Bibelübersetzungen, die auf die Reformation folgten, waren offensichtlich für die Entwicklung der Volkssprachen wichtig, sie erklären aber nicht, warum Spanien, wo volkssprachliche Bibeln verboten waren, damals ein «goldenes Zeitalter» der Literatur erlebte. Der Aufstieg der Literatur in anderen Volkssprachen stellte ebenfalls eine Reaktion auf die Herausforderung dar, die von Dante, Petrarca, Boccaccio, Ariosto und Tasso ausging. Einige moderne europäische Autoren wurden als volkssprachliche Klassiker betrachtet, so wie die Italiener bereits Petrarca und Ariosto behandelt hatten (vgl. oben, S. 138). 1553 und 1560 wurden beispielsweise zwei Kommentare über Ronsards *Amours* veröffentlicht. In ihnen wurde auf die Anleihen des Dichters bei Petrarca hingewiesen und seine Anspielungen auf die antike Philosophie und Mythologie erklärt. Die Werke Ronsards wurden 1587 von seinem Sekretär herausgegeben, sie enthielten eine Biographie des Dichters, so wie beispielsweise Ausgaben von Werken Vergils oftmals mit einem biographischen Vorwort versehen waren. Vor Ende des 17. Jahrhunderts waren neun Auflagen der *Werke* von Ronsard in Frankreich veröffentlicht worden. Zu seinen Bewunderern zählten Niederländer (van der Noot), Engländer (Daniel Rogers), Deutsche (Opitz), Polen (Kochanowski) und Italiener (Speroni; Nolhac 1921: 205–35; Maugain 1926).

In Spanien erschienen in den Jahren 1574 und 1580 zwei kritische Ausgaben des Dichters Garcilaso de la Vega, sie wurden herausgegeben von Francisco Sánchez (Professor für Rhetorik an der Universität Salamanca) und dem Dichter Fernando de Herrera. Sánchez versuchte hinter Personen mit klassischen Namen Leute zu entdecken, die Garcilaso bekannt waren, und er wies auf Anleihen bei den Klassikern hin, etwa bei Horaz und Ovid, aber auch bei den Italienern, insbesondere bei Petrarca. Herrera seinerseits bemühte sich, Bembos kritische Terminologie auf Garcilasos Dichtkunst anzuwenden. In Portugal gab 1613 Manoel Correa die *Lusiaden* mit Kommentaren versehen heraus. In England edierte der Schulmeister Thomas Speght die Werke von Geoffrey Chaucer im Jahr 1598 mit Zusammenfassungen der Texte und Erklärungen veralteter und schwieriger Wörter, was durch Veränderungen der englischen Sprache in den letzten zwei Jahrhunderten notwendig geworden war.

Vielfalt der Gattungen

In der europäischen Literatur handelte es sich hier um ein Zeitalter von Klassikern in den Volkssprachen in einer Vielzahl von Gattungen: Epik, Lyrik, Komödie, Tragödie, Satire, Roman und nicht zuletzt auf dem Gebiet der Sachliteratur – Historien, Dialoge, Essays. Beispielsweise wurde schließlich die Trennlinie zwischen volkssprachlichen Chroniken in mittelalterlicher Tradition, die zwar höchst lebhaft geschrieben, aber locker gegliedert waren (Giovanni Villani in Florenz, Jean Froissart in Frankreich, Ferno Lopes in Portugal usw.), und den humanistischen Historien in lateinischer Sprache überbrückt, die formal korrekter waren, denen es aber oft an der Lebhaftigkeit ihrer Vorgänger fehlte.

Francesco Guicciardinis *Geschichte Italiens* (die ins Französische, Englische, Spanische und Niederländische übersetzt wurde) stellt ein berühmtes Beispiel dieser Tendenz dar (Phillips 1977). Guicciardinis Schlachtszenen, seine Charakterskizzen wichtiger Protagonisten wie Alexanders VI. und Lodovico Sforzas und die Reden, die er den führenden Protagonisten in den Mund legte, folgen sämtlich klassischen Mustern. Die Emphase, mit der er hervorhebt, daß Geschehnisse oftmals Resultate haben, die sich von den Absichten der Protagonisten nicht nur unterscheiden, sondern ihnen manchmal direkt zuwiderlaufen, erinnert an die Ironie des Tragischen im griechischen Drama. Sein Interesse an der Analyse und an der Erklärung drückt sich oftmals in kernigen Maximen aus und erinnert nicht nur an Thukydides und Tacitus, sondern auch an seinen florentinischen Vorläufer Leonardo Bruni. Doch sind Guicciardinis Portraits von Einzelpersönlichkeiten wie Alexander VI. oder Julius II. farbiger als jene Brunis, während seine Erzählungen wie bei Villani durch fesselnde Bilder belebt werden. Schreibt er über die Schlacht von Fornovo, so heißt es etwa über die Pferde, sie «kämpften nicht weniger als die Menschen mit Tritten, Bissen und Stößen (*combattendo co' calci co' morsi con gli urti i cavalli non meno che gli uomini*)». Dieses Bild sollte in Tassos *Das befreite Jerusalem* (28. Gesang) wiederauftauchen: «Auch jedes Pferd bereitete sich für den Krieg vor (*ogni cavallo in guerra anco s'appresta*)», und ebenso in Sidneys *Arkadia* (3. Buch, 7. Kap.), wo folgendes dargestellt wird: «Die Pferde selber übernahmen den Zorn ihrer Herren mit Liebe und Knechtschaft, sie brachten die Auswirkungen von Haß und Widerstand hervor» (*The very horses angry in their master's anger, with love and servitude brought forth the effects of hate and resistance*).

Die Werke von Niccolò Machiavelli (1532 posthum veröffentlicht) waren ein wichtiger Beitrag zur Literatur in der Volkssprache, aber auch zum politischen Denken. Trotz aller Verbotsversuche zogen diese Arbeiten außerhalb wie innerhalb Italiens eine beträchtliche Aufmerksamkeit auf sich. Machiavellis *Discorsi* wurden 1544 ins Französische übersetzt, ins Spanische in den 1550er Jahren und ins Lateinische im Jahr 1588. Der *Principe* von 1532 wurde (zweimal, 1553 und erneut 1571) ins Französische übersetzt sowie 1560 ins Lateinische. *Über die Kriegskunst* wurde 1560 ins Englische und 1610 ins Lateinische übertragen. Dem Beispiel Machiavellis folgend wurden volkssprachliche Werke über dic Politik häufiger. Vermutlich stellte dies einen Versuch dar, über das traditionelle akademische Publikum hinaus zu gelangen. Fadrique Furó Ceriols *Über den Rat und die Räte des Fürsten* (1559), das zuerst auf Spanisch erschien, und Jean Bodins *Six Livres de la République* (1576) erreichten bald ein Publikum außerhalb ihrer Entstehungsländer. Bodins Werk wurde von Kritikern in Italien, Spanien und Deutschland diskutiert und ins Lateinische und Englische übersetzt. Furó Ceriol wurde zweimal ins Lateinische und einmal ins Polnische übersetzt.

Ein anderes spanisches Traktat in der Volkssprache, das weit über die Halbinsel hinaus Widerhall fand, stellte die *Prüfung der Köpfe zu den Wissenschaften* (dt. v. G. E. Lessing) des Arztes Juan Huarte von 1575 dar, ein Werk, in dem verschiedene menschliche Anlagen und Fähigkeiten erörtert wurden. Bis 1628 war Huartes Buch ins Lateinische, Französische, Englische und zweimal ins Italienische übersetzt. Wie bei Robert Burtons *Anatomie der Melancholie* handelte es sich hier gleichermaßen um eine literarische und eine psychologische Arbeit. Einige wenige Jahre später folgte Luis de Leóns *Nombres de Cristo* (1583), eine Abhandlung zur christlichen Kabbala in der Tradition Reuchlins und Giorgis (vgl. oben, S. 122). Im Unterschied zu diesen älteren Gelehrten schrieb jedoch Luis de León nicht lateinisch. Er enthüllte die «Geheimnisse» und «Mysterien» der Kabbala und des Neoplatonismus in seiner spanischen Muttersprache. Es wundert nicht, daß sein Versuch, das Christentum durch Heranziehung jüdischer Traditionen zu bereichern, auch die Aufmerksamkeit der Inquisition weckte, und dies um so mehr, als er persönlich jüdischer Abstammung war (Thompson 1988).

Sachbücher wurden oftmals in Form von Gesprächen verfaßt. Diese Form eignete sich gut zum lauten Vorlesen, was zu jener Zeit immer noch die normale Praxis war. In Italien erschien fast jedes Jahr ein Dialog von einiger Bedeutung, wobei das Thema die Sprache, die Malerei, die Musik, die Philosophie oder die Politik sein konnte. Einige dieser italienischen Dialoge wurden in andere Sprachen übersetzt, und in vielen Teilen Europas wurden neue Dialoge zu einer Vielzahl von Themen verfaßt. So erörtert beispielsweise der anonyme *Discourse of the Common Weal*, der dem englischen Humanisten Sir Thomas Smith zugeschrieben wird, die Gründe für den «Niedergang» der englischen Wirtschaft und den Anstieg der Preise in Form eines Gesprächs zwischen einem Ritter, einem Kaufmann, einem Doktor der Theologie, einem Mützenmacher und einem Bauern. Diese Dialoge orientierten sich an einer Vielzahl antiker Muster, insbesondere an Cicero und Platon. In einigen dieser Fälle legt ein Lehrer seine Thesen dar, und die Zuhörer tun wenig mehr, als ein paar Fragen zu stellen. In anderen werden ernsthafte Meinungsverschiedenheiten präsentiert, und die Persönlichkeiten der Redenden werden ebenso lebhaft dargestellt wie ihre Ideen. Castigliones *Hofmann* beispielsweise gab seinen Dialog als «ein Porträt des Hofes von Urbino» aus, und führende Gestalten des Hofes werden in ihm lebendig. Dies reicht von Gasparo Pallavicino, der gern die Damen neckt, bis zu dem begeisterten Neoplatoniker Pietro Bembo. Der Dialog des portugiesischen Humanisten Francisco de Hollanda *Tractato de pintura antigua* gab nicht nur die Kunstauffassungen Michelangelos wieder, er stellte auch seine Persönlichkeit und seine derbe, leidenschaftliche Art zu reden dar (Jones-Davies 1984; Ferreras 1985; Burke 1989; Cox 1992).

Eine andere Methode, Informationen zu einer Vielzahl von Themen den Lesern, die keine Gelehrten oder Studenten waren, begreiflich zu machen, bestand darin, sie in Form einer Sammlung von Diskursen zu präsentieren. Dieser klassischen Tradition entstammen Montaignes *Essais* im Sinne von Experimenten oder Spekulationen, obwohl sie sich immer mehr von ihrem ursprünglichen Modell entfernten. Montaignes Buch wurde ins Italienische und Englische übersetzt, in Deutschland und Spanien viel gelobt und von Francis Bacon nachgeahmt, der seine ersten zehn Essays in diesem Genre 1597 veröffentlichte. Bacons *Essays* erfuhren bald durch ihre Übersetzung ins Lateinische eine noch weitere Verbreitung in Europa. Angesichts einer derartigen Vielfältigkeit literarischer Gattungen wird es unumgänglich – wie auch im Falle der Malerei und Bildhauerei –, eine gegenüber der Fülle grausame Auswahl zu treffen. Der folgende Überblick wird sich wiederum auf drei Genres beschränken, das Epos, die Romanze und die Komödie, und wird in jedem dieser Fälle einige Beispiele besonders herausstellen.

Epen

Das Epos galt normalerweise als die vornehmste unter den literarischen Gattungen. Die in Europa am meisten gefeierten modernen Beispiele kamen wiederum aus Italien. Ariostos *Orlando Furioso* wurde 1544 im Französischen, 1549 im Spanischen und 1591 im Englischen publiziert. Tassos *Befreites Jerusalem* war sogar noch erfolgreicher. Von diesem Werk erschienen Ausgaben in lateinischer (1584, 1623), in englischer (1594, 1600), in französischer (zwei 1595 und eine dritte 1626) und in polnischer Sprache (1618). Nachahmungen waren unvermeidlich. Edmund Spenser beispielsweise gab zu, seine *Faerie Queene* geschrieben zu haben, um Ariosto zu übertreffen. In der Praxis folgten die epischen Dichter einer Vielzahl italienischer und klassischer Muster. Zu den antiken Vorbildern zählten nicht nur Vergil und Homer, sondern auch Lucan, dessen *Pharsalia* die Geschichte des römischen Bürgerkrieges war. Agrippa D'Aubignés Gedicht über den französischen Bürgerkrieg *Les Tragiques* stützte sich selbstverständlich auf Lucan. Auch biblische Themen fanden einen breiten Anklang. Zu den Helden und Heldinnen solcher Epen zählten Joseph, Judith und Esther, während das Epos über die Schöpfungsgeschichte von Du Bartas (vgl. oben, S. 170) in verschiedenen Teilen Europas gut aufgenommen wurde; es wurde dreimal ins Lateinische sowie ins Italienische, Englische und Deutsche übersetzt.

Ein weiteres verbreitetes Thema für Epen stellte die nationale Vergangenheit dar. Trissinos *Italia liberata da'Goti* (1547–48) spielte im frühen Mittelalter und ähnelte Guicciardinis *Istoria d' Italia*, die etwa gleichzeitig entstand, beide brachten ein neues Bewußtsein von Italien als Einheit zum Ausdruck, das durch die ausländischen Invasionen jener Zeit gestärkt wurde. Tatsächlich kann man dieses epische Gedicht als eine Allegorie auf diese Invasionen lesen, obwohl es einem der führenden Eindringlinge, nämlich Kaiser Karl V., gewidmet ist. Die Widmung ermutigte Karl, Osteuropa von den Türken zu befreien, und dies geschah vielleicht mit dem Hintergedanken, daß er das christliche Italien dann in Ruhe lassen würde.

Ronsards *Franciade*, die König Karl IX. gewidmet war, ging sogar noch weiter als Trissino in die Vergangenheit zurück und erzählte die Geschichte der Gründung der französischen Nation durch Francion, den Sohn des Hektor von Troja. Wie Vergils Held im sechsten Buch der *Aeneis* steigt Francion in die Unterwelt herab, wo er eine prophetische Vision der langen Reihe zukünftiger Könige von Frankreich hat. Der Dichter machte sein politisches Ziel in seinem Vorwort ganz deutlich. «Zu Ehren des Hauses von Frankreich» und insbesondere des regierenden Monarchen Karl IX. und seiner «heldenhaften und göttlichen Tugenden» gereiche es, den Poeten hoffen zu lassen, Karls Leistungen würden nicht geringer sein als jene seines Vorfahren Karls des Großen. Ironischerweise jedoch erinnert sich die Nachwelt an Karl IX. am häufigsten wegen seiner Beteiligung am Massaker an den französischen Protestanten in der Bartholomäusnacht von 1572. Ronsards Poem blieb unvollendet.

Ebenfalls im Jahre 1572 veröffentlichte ein ebenso bedeutender Dichter, der Portugiese Luis de Camões, seine *Lusiaden*. Der Titel des Epos leitet sich von Lusus ab, dem legendären Gründer Portugals, aber das Gedicht selbst handelt nicht von der fernen Vergangenheit. Die Geschichte, die hier erzählt wird, ist gleichsam Zeitgeschichte, es geht um die Taten Vasco da Gamas. Camões bezeichnete sein Epos als Geschichtsschreibung im Gegensatz zu den Schilderungen der «phantastischen Taten (*façanhas fantásticas*)» der Helden des Ariosto, und er zog es vor, sich an Vergil zu orientieren. Er hatte den Vorteil, sich eng an seine eigenen Erfahrungen halten zu können, da er selber im Orient Soldat gewesen war, während er gleichzeitig Vergils Muster der Gründung eines «neuen Königreiches (*Novo Reino*)» folgte. Er bewies seinen Erfindungsreichtum, indem er in einer Reihe von Hinsichten von dem Modell abwich. Beispielsweise gab Camões Hinweise auf die indische Kultur, die sich auf persönliche Beobachtung gründeten. Sie reichten vom Kastensystem bis zu den im Hindutempel gezeigten Bildnissen, die der Dichter mit jenen römischer und ägyptischer Götter verglich.

Gleichzeitig wird Vasco da Gama als ein neuer Aeneas dargestellt. Die Beschreibung seiner Banner beispielsweise, auf denen

Szenen aus der Geschichte Portugals zu sehen sind, ist ein Widerhall von Vergils Beschreibung des Schilds des Aeneas. Wie im Falle Vergils spielt auch in diesem Gedicht die Prophezeiung eine bedeutende Rolle. Jupiter erzählt der Venus, daß die Portugiesen von Malakka bis China, vom Bengalischen Meer bis zum Atlantik siegreich sein werden. Am Ende des Gedichts zeigt die Seenymphe Thetis Vasco da Gama ein Modell des Universums (ein geozentrisches Modell, obwohl Kopernikus bereits dreißig Jahre zuvor sein großes Buch veröffentlicht hatte) und erzählt ihm, daß die Portugiesen Brasilien erobern werden. Wie bei Vergil gibt es Hinweise auf die Schicksalsbestimmung des Reiches, und am Ende des Gedichts ermuntert Camões König Sebastian, selber zu einem heroischen Unternehmen aufzubrechen. Sechs Jahre später tat Sebastian genau dieses. Seine Expedition nach Nordafrika zum Kampf gegen die Muslime endete 1578 bei Alcazarkebir mit seinem Tod im Kampf.

Das Beispiel von Camões zeigt die wohlbekannte Verbindung zwischen epischer Dichtung und Grenzräumen. Die Gründe für diese Verbindung wurden von Sir Philip Sidney in seiner *Defence of Poetry* erklärt, als er sich an seinen Besuch im Grenzland zwischen dem Habsburgischen und dem Osmanischen Reich erinnerte: «In Ungarn bin ich bei allen Festen und ähnlichen Treffen dabeigewesen, wie man Lieder zu Ehren der Vorfahren sang, welche diese recht soldatische Nation für die wichtigsten Auslöser tapferen Muts hält.» Sidneys Zeitgenosse, der Ungar Bálint Balassa, schrieb ein berühmtes Gedicht «zum Lobpreis der Grenze». Er stellte sie als eine Gegend dar, wo tapfere junge Männer, die auf «guten Araberpferden» ritten und mit «bannergeschmückten Lanzen» und «guten, scharfen Säbeln» bewaffnet waren, ihr Leben wagten, «um einen guten Ruf und beispiellosen Ruhm» im Kampf gegen die Türken zu gewinnen (Klaniczay 1977: 47–78). An den Grenzen des Osmanischen Reiches überlebte das traditionelle Militärepos länger als in anderen Teilen Europas. Der Kroate Brne Krnarutic schrieb ein Epos über die Verteidigung der Festung Szigetvár gegen den Osmanensultan Suleiman den Prächtigen. Der ungarische Aristokrat Miklós Zrinyi, ein Enkel des Verteidigers von Szigetvár, schrieb in den 1640er Jahren ein Epos über das gleiche Thema. Noch im Jahre 1670 verfaßte der Pole Wacław Potocki ein Epos der gleichen

Art. *Wojna Chocimska* erzählt vom Krieg mit den Türken im Jahr 1621 und dem Sieg der Polen bei Chotin.

Die Neue Welt stellte eine weitere Grenzregion dar. Das Epos über Kolumbus, die *Columbeidos* (1585) des römischen Edelmanns Giulio Cesare Stella, sollte niemals berühmt werden, während die Heldentaten von Cortés und Pizzarro überhaupt keine Dichter angesprochen zu haben scheinen. Doch ließ der spanische Edelmann Alonso de Ercilla sein Werk *Araucana* (1569–90) in jenem entlegenen Teil des Vizekönigreichs Peru spielen, den wir heute Chile nennen, und wo er selbst gelebt und gekämpft hatte. *Araucana* beschreibt den Widerstand der Eingeborenen gegen die Spanier. Die Einheimischen werden als «ungezähmte» Barbaren dargestellt, die «weder Gott noch Gesetz» kennen (*sin dios ni ley*), die aber dennoch tapfer, kühn, ehrbar und diszipliniert sind. Ihr Anführer Caupolicán wird als ein wahrer Staatsmann geschildert, während tapfere araukanische Frauen wie Guacolda und Tegualda an die Heldinnen Ariostos erinnern. Die Spanier andererseits werden bei passenden Gelegenheiten für zwei gewaltige Schwächen kritisiert: Feigheit und Habsucht. Kein Wunder, daß das Vorwort des Autors versuchte, mögliche Kritik daran zu entschärfen, daß er «ein wenig zur Seite der Araukanier tendiere (*algo inclinado a la parte de los araucanos*)» (Pastor 1983: 207–75).

Ercillas Epos wurde wegen seiner Abweichung vom klassischen Modell, insbesondere aber weil es keinen Helden besaß, geschmäht. Dennoch hatte sein Autor klassische Beispiele im Kopf. Er verglich die Araukanier mit den Trojanern, bezog sich immer wieder auf antike Götter und führende Gestalten der römischen Geschichte (Julius Caesar, Pompeius, Marius, Sulla, Augustus und so weiter), und er ahmte Lucans *Pharsalia* nach. Seine Beschreibung der Höhle von Fiton lehnt sich beispielsweise an Lucans Beschreibung der Höhle von Erictho an (Quint 1993). Ercilla war sich ebenfalls italienischer Muster bewußt, insbesondere des Ariosto, den er in seinem epischen Gedicht namentlich nannte und bei mehr als einer Gelegenheit nachahmte. Dort allerdings, wo Ariosto sich für die Liebe und den Krieg gleichermaßen interessierte, beschränkte sich Ercilla auf den letztgenannten, wie er seine Leser in den allerersten Zeilen warnt, die den Anfang von *Orlando Furioso* umkehren: «Ich singe nicht von Frauenhuld und Liebe, noch von der ritterlichen Helden Artigkeiten (*No las damas, amor, no gentilezas/de cabaleros canto enamorados*)».

Die *Araucana* gefiel dem spanischen Lesepublikum so sehr, daß das Werk bis 1632 achtzehn Auflagen erlebte. Eine niederländische Übersetzung erschien 1690 und eine Teilübertragung in englische Prosa wurde von Sir George Carew angefertigt, der unter dem Earl of Essex gegen Spanien gekämpft hatte. In diesen beiden Fällen jedoch sprach das Gedicht nicht – oder nicht nur – seiner poetischen Leistung wegen an, sondern auch wegen seiner wohlwollenden Darstellung des Widerstands gegen die spanische Eroberung.

Romane

Wie wir gesehen haben, blieben Ritterromane an den Höfen der Fürsten und Fürstinnen der Renaissance trotz der Kritik führender Humanisten wie Erasmus und Vives weiterhin beliebt (vgl. oben, S. 128). Um diesen und anderen kritischen Einwänden zu begegnen, bedurfte das Genre eines Wandels. Ein Schritt in diese Richtung bestand in der Modernisierung des Romans, wie etwa im Falle vieler Fortsetzungen von *Amadis de Gaula*, die Bezüge zu neuen Bräuchen und Werten enthielten. Ein zweiter Weg bestand darin, die Romane ins Klassische zu heben, wie es Ariosto anstrebte, der beim Schreiben nicht nur an die Taten Rolands und anderer Paladine, sondern auch an Vergil dachte. Eine weitere Methode bestand in der Parodierung der Romane wie bei Rabelais und Cervantes. Rabelais beispielsweise erniedrigte dieses noble Genre bewußt, indem er in seinem Werk *Gargantua und Pantagruel* die Riesen zu Helden und nicht zu Schurken machte und die Suche nach dem Gral durch das Verlangen nach der Flasche ersetzte. Und was Cervantes *Don Quixote* betrifft, so scheint es sich hier ursprünglich um einen Anti-Ritterroman gehandelt zu haben, bevor die Dichtung ein Eigenleben zu führen begann. Ariosto, Rabelais und Cervantes kannten alle genau die Volkskultur ihrer Zeit. Manchmal machten sie sie ihren eigenen Zwecken dienstbar, bei anderen Gelegenheiten schienen sie sich von ihr inspirieren zu lassen. Darin lag nichts

Überraschendes. Zu jener Zeit waren die Eliten «bi-kulturell». Ihre Angehörigen lernten von ihren Ammen das, was wir als Volkslieder und Märchen bezeichnen würden, und unterschieden sich von gewöhnlichen Leuten nicht dadurch, daß sie diese Kultur zurückwiesen, sondern indem sie zusätzlich noch eine andere kannten, die klassische Tradition, mit der sie auf den Gymnasien vertraut gemacht wurden (Burke 1978).

Die Verteidigung dieses Genres in humanistischen Kreisen wurde durch die Entdeckung von antiken Romanen, insbesondere der *Aethiopica* des griechischen Autors Heliodor, erleichtert, in der Stürme, Schiffbrüche und die Leiden eines Liebespaares beschrieben wurden, bis die beiden schließlich zueinander fanden. Die *Aethiopica* erschienen 1547 in einer französischen, 1556 in einer italienischen und 1587 in einer spanischen und einer englischen Übersetzung. Es ist Heliodor zu verdanken, daß der Roman von humanistischen Kritikern nun ernster genommen wurde. Endlich sah man in ihm das in Prosa verfaßte Gegenstück zum Epos, der Gattung, an deren Stelle er schließlich trat. Neue Romane orientierten sich nun eher an klassischen Mustern und stützten sich dabei etwa auf die Tradition der Hirtenlyrik. Die Hirtengedichte Vergils beschrieben die Liebe zwischen Schäfern und Schäferinnen, sie wurden sehr bewundert und immer wieder nachgeahmt. Der italienische Autor Jacopo Sannazaro führte den seufzenden Liebhaber nach Art des Petrarca in die Hirtendichtung ein und fügte seine Gedichte in ein erzählerisches Gerüst ein. Seine Neuerungen wurden freundlich aufgenommen. Sein Roman *Arcadia* wurde im Italien des 16. Jahrhunderts etwa fünfzigmal nachgedruckt, und er begründete eine modische Begeisterung für wilde Landschaften – oder brachte diese zum Ausdruck. Dieser Enthusiasmus mag mit dem gleichzeitigen Aufstieg der Villa zu tun gehabt haben. Die *Arcadia* regte auch zu Schauspielen an, insbesondere zu Tassos *Aminta* und dem damit konkurrierenden Werk *Il Pastor Fido* («der treue Schäfer») von Giovanni Battista Guarini. Der letztgenannte Dichter sollte schließlich auch Petrarca den Rang streitig machen, da seine Verse von führenden Komponisten von Madrigalen vertont wurden, insbesondere von Luca Marenzio, Giaches de Wert und Claudio Monteverdi. Monteverdis Oper *Orfeo* (mit einem Libretto des Dichters Alessandro Striggio) wurde als *Favola pastorale* («Hirtenfabel») vorgestellt.

Die Begeisterung für das Hirtenidyll ging weit über die Grenzen Italiens hinaus. Guarinis Schauspiel wurde nicht nur ins Französische und Englische, sondern auch ins Kroatische und Kretische übersetzt. In Spanien insbesondere eiferte eine Anzahl von Autoren Sannazaro nach und schrieb Hirtenromanzen. Jorge de Montemayors *Diana* führte Betrachtungen über neoplatonische Liebestheorien in diese ein. Die von Gil Polo stammende Fortsetzung *Dianas Liebe* verband die Tradition der Pastorale mit Themen von Heliodor. In England stützte sich Philip Sidneys *Arcadia* auf Heliodor, Sannazaro und Montemayor, enthielt aber auch Anspielungen auf zeitgenössische politische Probleme. In Polen schufen Szymon Szymonowiczs *Idyllen* eine Art von lokalem Sondertypus der klassischen Pastorale, dies geschah durch Einbeziehung von Szenen aus dem ländlichen Leben, die sich unter anderem mit Zauberei, der Ernte und einer Heirat beschäftigten.

Das ergänzende Gegenstück zum Hirtenidyll stellte das dar, was wir heute als «pikaresken» Roman bezeichnen, weil der Held oder Antiheld ein Spitzbube, auf Spanisch ein *pícaro* war. Dieses Genre wurde von spanischen Autoren beherrscht. Das anonyme Werk *Lazarillo de Tormes* von 1554 gab beispielshalber vor, eine Autobiographie darzustellen und wurde im Spanischen zwanzigmal nachgedruckt sowie in fünf Sprachen übersetzt. Mateo Alemáns Roman *Guzmán de Alfarache*, der ebenfalls in der Form einer Autobiographie verfaßt war, errang mit etwa 20 Ausgaben zwischen 1599 und 1604 einen ähnlichen Erfolg, auf den Übersetzungen ins Französische, Italienische, Englische und Deutsche folgten. Das neue Genre kann man als eine Übersetzung einer langen Tradition moralischer Beschreibungen der Tricks von Bettlern und Dieben ins Fiktionale betrachten, wenn auch der Übergang zur Erzählung in der ersten Person oder zur fiktionalen Autobiographie auffallend häufig war (vgl. unten, S. 273), dabei wurden die Ereignisse zumindest hin und wieder vom Standpunkt des Schurken dargestellt (Rico 1970). Doch selbst hier folgten die Autoren klassischen Vorbildern, insbesondere dem *Goldenen Esel* des Apuleius und dem *Satyricon* des Petronius. Petronius inspirierte auch einen anderen internationalen

Erfolg jener Zeit, die lateinische Romanze *Argenis* des Schotten John Barclay, die voller Anspielungen auf die internationale Politik des frühen 17. Jahrhunderts steckte.

Komödien

Im späten 16. Jahrhundert kam es zum Aufstieg permanent spielender Theater und weltlicher Schauspiele in vielen Teilen Europas. In Paris wurde dafür seit 1548 das Hôtel de Bourgogne benutzt. In Madrid wurden der Corral de la Cruz und der Corral del Príncipe mit Garderoben für die Schauspieler und Logen für die wohlhabenderen Angehörigen des Publikums komplett zu Theatern umgebaut. Die Städte Valencia, Sevilla, Valladolid und Barcelona folgten bald dem Beispiel Madrids. In London wurde 1576 das erste permanente Theater oder «Schauspielhaus» errichtet. In Vicenza entwarf, wie wir bereits erfahren haben, Palladio das Teatro Olimpico (welches 1585 mit einer Aufführung eines Stückes von Sophokles eröffnet wurde), hier handelte es sich um das erste geschlossene Theater im Renaissancestil. In London wurde das zweite Globe Theatre 1614 mit einer klassischen Fassade im Hintergrund der Bühne in ähnlichem Stil errichtet.

Zu den Dramatikern, die sich diese neuen Chancen zunutze machten, zählten viele bedeutende Gestalten wie Lope de Vega und Shakespeare. In Frankreich verhinderten die Bürgerkriege des späten 16. Jahrhunderts die Errichtung örtlicher Bühnen, nicht aber das Emporkommen begabter Dramatiker wie Robert Garnier. Die Portugiesen hatten einen Francisco Sá de Miranda, dessen Stück *Comédia des Estrangeiros* die erste Komödie im klassischen Stil in ihrer Sprache war. In Holland gab es Gerbrand Bredero, den Autor des *De Spaansche Brabanter*, und in Kroatien Marin Držić, der vor allem für seine Komödie *Onkel Maroje* bekannt ist (Kadic 1959). In Polen verfaßte Jan Kochanowski eine Tragödie über den Ausbruch des Trojanischen Krieges unter dem Titel *Die Abweisung der griechischen Gesandten*. In England waren bedeutende Schauspielautoren wie Christopher Marlowe, John Webster und Ben Jonson die Zeitgenossen Shakespeares.

Die Schauspiele, die von dieser bemerkenswerten Gruppe bekannter Dramatiker verfaßt wurden, schöpften ihre Themen aus einer Vielzahl von Quellen, so handelten sie beispielsweise von zeitgeschichtlichen Themen (Marlowes *Massacre at Paris* beispielsweise von der Bartholomäusnacht), vom Orient (sein *Tamburlaine*) und vom Mittelalter (sein *Eduard II.*). Tragische Themen aus der römischen Geschichte waren außerordentlich weit verbreitet, und das Genre folgte eher römischen als griechischen Mustern, insbesondere dem Vorbild Senecas, in dessen Schauspielen Eltern ihre Kinder, Kinder ihre Eltern töten und einige Gestalten (siehe Jokaste und Phaedra) sich selbst umbringen – und dies manchmal sogar auf offener Bühne. Doch wurde dieses römische Modell durch ein für die Frühmoderne typisches Rachebedürfnis ebenso verzerrt wie auch durch die modische Ansicht, daß Italiener Spezialisten für den Meuchel-, insbesondere für den Giftmord seien (vgl. unten, S. 221).

Auch die Komödie folgte römischen Vorbildern. Der schwäbische Schauspielautor Nicodemus Frischlin bemühte sich ausgerechnet um eine Wiederbelebung der Komödien des Aristophanes, in denen es, anders als bei den politisch harmlosen Autoren Terenz oder Plautus, um öffentliche Angelegenheiten ging. Die Komödien des Plautus wurden sehr häufig aufgeführt, und seine listigen Diener, mißtrauischen Väter oder liebeskranken jungen Leute tauchten immer wieder auf der Bühne auf. Die Brüder in dem Stück *Zwillinge* regten zu einer Vielzahl von Adaptionen und Umwandlungen an, die von Ariostos *Suppositi* bis zu Shakespeares *Komödie der Irrungen* reichten. Plautus wurde oftmals via Ariosto und anderen italienischen Komödienschreibern nachgeahmt, so etwa von Sá de Miranda in Portugal und Drzic in Dalmatien. Die Handlung von Terenz' *Die Eunuchen* wurde von Bredero in seinem Stück *Het moortje* nach Amsterdam transponiert.

Die Rolle des prahlerischen Soldaten bietet ein ungewöhnlich lebensvolles Beispiel des Gebrauchs der klassischen Tradition und der Schaffung neuer regionaler Typen. Das ursprüngliche Muster bildete Pyrgopolinices in Plautus' *Miles Gloriosus,* ein Aufschneider, der unaufhörlich erzählt, wie tapfer er ist und wie viele Männer er getötet hat. Schon der bloße Name Pyrgopolinices, «Brandstifter von Städten», inspirierte zu vielen Nachahmungen der stilisierten Prahlereien dieser Gestalt: Spezzaferro (Eisenbrecher), Taillebras (Armabschneider), Matamoros (Maurentöter), Roister Doister (Krakeeler) und so weiter (Boughner 1954; Lazard 1978: 211–43). Die Beliebtheit dieser komischen Gestalt ist wohl zum guten Teil auf das Erscheinungsbild jener Soldaten zurückzuführen, die zu dieser Zeit über die Straßen Europas marschierten und dessen Städte plünderten. Auf jeden Fall führten die Dramatiker aktuelle und örtliche Bezüge ein. Der wiederauferstandene Pyrgopolinices sprach gewöhnlich zumindest ein paar Worte Spanisch, was an die Furcht und den Haß erinnerte, die spanische Heere in Italien und anderswo hervorriefen. In Venedig dagegen sprach er ein paar Worte Griechisch, schuf damit einen örtlichen Sondertypus und karikierte die griechischsprachigen Soldaten im Dienste der Republik. Gemeinsam mit Pantalone, dem närrischen Vater, und Gratiano, dem pedantischen Professor, wurde die Figur des «Capitano», des Hauptmanns, zu einer der Standardgestalten der *commedia dell'arte,* des improvisierten Dramas, in dem die Schauspieler Masken trugen, ein Genre, das zu jener Zeit auftauchte (wenn nicht gar erfunden wurde) und das wandernde italienische Schauspieler nach Frankreich, Deutschland, Polen und anderswohin brachte. Man mußte nicht Italienisch verstehen, um an diesen Schauspielen Spaß zu haben, bei denen die Pantomime noch wichtiger als sonst war. Capitanos gestische Rhetorik ist schließlich nicht schwer zu verstehen.

Die Reformationen

Das Theater war eines der Hauptangriffsziele der religiösen Neuerer wie Calvin auf der einen und dem Heiligen Karl Borromäus auf der anderen Seite. Calvin war mit Schauspielen nicht einverstanden, selbst wenn sie religiöse Themen behandelten. Der Heilige Karl seinerseits hielt sie für die Liturgie des Teufels. Die Anhänger dieser beiden kompromißlosen Reformer gingen nicht immer ganz so weit. Sie zogen einen Kompromiß vor, das sogenannte Erbauungsdrama, in dem klassische Formen christlichen Zielen dienen.

So verbarg etwa das Schauspiel von Calvins Schüler Theodore Beza über die Opferung Isaaks durch Abraham geschickt die biblische Geschichte hinter einem klassischen Modell, nämlich dem der Opferung Iphigenies durch ihren Vater Agamemnon, wie sie Euripides darstellt. Ein weiterer Kalvinist, Jean de la Taille, schrieb ein Schauspiel über den Wahnsinn des Saulus, das sich auf Senecas Tragödie über den Wahn des Herkules stützte. In protestantischen Schulen Deutschlands und der Niederlande spielten die Schüler oft in Schauspielen mit, die von ihren Lehrern verfaßt worden waren. In ihnen wurden biblische Themen im Stil von Terenz behandelt, dem man Plautus gegenüber den Vorzug gab, weil seine Dramen weniger als Herausforderung der guten Sitten verstanden wurden und in einem reineren Latein geschrieben waren. Auf katholischer Seite waren die Jesuiten die Pioniere des Lehrstücks, das gewöhnlich in Latein verfaßt war und religiöse Themen behandelte. Messina, Wien und Cordoba zählten zu den ersten Städten, in denen diese Vorstellungen, zu denen Eltern und die lokalen Eliten eingeladen wurden, zu sehen waren.

Wie das Beispiel des Dramas verdeutlicht, war die Beziehung zwischen dem Humanismus und den katholischen und protestantischen Reformationen nicht so einfach, wie einst von den Historikern angenommen, die die Renaissance gegen 1530 enden ließen. Auf der einen Seite gab es, wie wir gesehen haben (vgl. oben, S. 51–2), immer Spannungen zwischen christlichen Wertvorstellungen und dem Versuch der Wiederbelebung einer heidnischen Antike. Auf der anderen Seite können wir feststellen, daß einige der führenden Akteure der Reformation die Renaissance als einen Vorläufer derselben betrachteten. Luther behauptete etwa, Gott habe das Hebräische, Griechische und Lateinische (über die griechische Diaspora von 1453) zur Förderung des Glaubens wieder aufleben lassen, und er ermutigte seinen Kollegen Melanchthon, an der Universität Wittenberg die Humaniora zu lehren. Wie sein Porträt zeigt (Abbildung 15), akzeptierte Melanchthon die Ansicht Basilius' von Caesarea, daß ein Christ sich Gedanken aus einer heidnischen Kultur zu eigen machen könne. Ulrich von Hutten publizierte Lorenzo Vallas Traktat über die Unechtheit der Konstantinischen Schenkung im Jahre 1517 als eine Waffe im Konflikt zwischen Luther und dem Papst. Zwingli und Calvin hatten eine gute humanistische Erziehung genossen, bevor sie Protestanten wurden. Calvin verfaßte einen Kommentar zu Senecas Abhandlung über die Gnade. Als heftiger Kritiker

15. *Lucas Cranach der Jüngere, Porträt von Philipp Melanchthon, Städtische Galerie im Städelschen Kunstinstitut, Frankfurt. Bei dem Buch handelt es sich um Basilius von Caesareas Abhandlung über die Erziehung in einer zweisprachigen griechisch-lateinischen Ausgabe.*

des Neoplatonismus im Kreis um Margarete von Navarra zitierte Calvin in seinem wichtigsten Traktat, dem *Unterricht in der christlichen Religion*, dennoch viele Male Platon. Sein Anhänger Beza lobte Franz I. für die Wiederbelebung des Hebräischen, Griechischen und Lateinischen, «der Tore zum Tempel der wahren Religion (*les portières du temple de la vraie religion*)».

Die italienische protestantische Diaspora spielte nicht nur bei der Verbreitung der Renaissance, sondern auch bei ihrer Aneignung in Nordeuropa eine wichtige Rolle (Tedeschi 1974). In Basel beispielsweise druckte Pietro Perna klassische Werke der Renaissance. Darunter befand sich Guicciardinis *Istoria d'Italia*, in die Perna die Kritik am Papsttum wieder einfügte, die in den italienischen Ausgaben gestrichen worden war. In Altdorf bei Nürnberg übersetzte ein protestantischer Professor der Rechte, Scipione Gentili, Tassos *Befreites Jerusalem* ins Lateinische. In London lebte John Florio, der Sohn eines italienischen protestantischen Flüchtlings, vom Italienischunterricht, wenn er auch heute eher als der Übersetzer der *Essais* von Montaigne bekannt ist.

Es trifft zu, daß die Kritik am klassischen Heidentum in den 1530er Jahren häufiger und radikaler wurde. Dieser Stimmungsumschwung läßt sich am Schicksal des Lukian verdeutlichen. In der Frühphase der Reformation, als die Widerlegung der Ansprüche der katholischen Kirche besonders wichtig war, wurde Lukians Spöttelei, wie wir gesehen haben, häufig nachgeahmt (vgl. oben, S. 123). Bald darauf wurde er jedoch zunehmend von Katholiken und auch von Protestanten wegen seines Skeptizismus, seiner Blasphemie, ja sogar wegen «Atheismus» kritisiert. Unter den Protestanten verwarfen ihn vor allem Luther und Calvin. Einige seiner Werke gelangten in den 50er Jahren des 16. Jahrhunderts schon auf den katholischen *Index verbotener Bücher*, sein gesamtes Werk kam 1590 in diese Verbotsliste.

Es ist leicht, Beispiele für Angriffe von theologischer Seite auf die weltliche Literatur zu finden. Beza bedauerte es, in seiner Jugend lateinische Epigramme geschrieben zu haben, und schalt auf die Lügen der Dichter. Der kalvinistische Drucker Henri Estienne übte Kritik an Ronsard wegen seines Heidentums. Calvin ließ die *Amadis* in Genf verbieten, während dort 1576 ein Italiener verhaftet wurde, dem man vorwarf, sein Exemplar des *Orlando Furioso* als sein «Neues Testament» bezeichnet zu haben.

Rabelais, der Calvin kritisiert hatte, wurde zur besonderen Zielscheibe für die Kalvinisten. Für Calvin gehörte Rabelais zu den «schmutzigen Hunden», die die Religion verspotteten. Ein englischer Puritaner, Joseph Hall, brandmarkte «die besoffenen Trinkgelage des verruchten Rabelais» und ein anderer, Everard Guilpin, dessen «dreckiges Maul».

Trotz dieser Angriffe wurden humanistische Werte zu dieser Zeit eher mit protestantischen oder gegenreformatorischen Einstellungen in Verbindung gebracht. Die Kräfte des Ausgleichs oder der Vermischung waren stärker als die des Purismus. Melanchthon zum Beispiel berief sich wie seine italienischen Vorläufer auf das Beispiel der Kirchenväter wie Basilius von Caesarea. Ein Porträt des Reformators (Abbildung 15) zeigt ihn mit dem Text, den Salutati einst zu seiner Verteidigung der heidnischen Literatur benutzt hatte (vgl. oben, S. 52). Der protestantische Humanist Philip Sidney verteidigte die Poesie, indem er sich auf das Vorbild der Psalmen berief, die er und seine Schwester Mary in englische Verse übersetzt hatten. In ähnlicher Weise wurden Paraphrasen der Psalmen in Versform in französischer Sprache durch Theodore Beza und in lateinischer durch George Buchanan geschaffen. Wichtige Autoren der Renaissance sah man gleichsam mit protestantischen Augen. Petrarcas Kritik am päpstlichen Hof zu Avignon und Vallas beißende Kritik am Anspruch des Papstes auf den Kirchenstaat wurden als Beweis dafür verstanden, daß ihre Autoren Vorläufer des Protestantismus waren. Die französischen Dichter Du Bartas und D'Aubigné offenbarten ihren Humanismus und ihren Protestantismus in ihren epischen Werken, die zum einen von der Schöpfung des Universums, zum anderen von den Religionskriegen in Frankreich handelten. Ein ungewöhnlich deutliches Beispiel des Prozesses der Harmonisierung stellt die Tätigkeit des Engländers Arthur Golding dar, der sowohl Calvin als auch Ovid übersetzte. Seiner Übersetzung von Ovids *Metamorphosen* stellte er einige Verse voran, in denen er behauptete, mit dem Goldenen Zeitalter habe Ovid die Zeit vor dem Sündenfall gemeint.

Die protestantischen Humanisten unterhielten ein internationales Netzwerk von Beziehungen. Will man ihre persönlichen Verbindungen kennenlernen, muß man nur einen Blick auf das *Album der Freunde* werfen, das Abraham Ortelius aus Antwerpen führte. Es enthält nicht nur die Namen seiner niederländischen Landsleute, sondern auch Italiener (wie Pietro Bizzari, der durch Europa wanderte, nachdem er Italien aus religiösen Gründen verlassen hatte), Engländer (den Historiker William Camden und den Magier John Dee), Franzosen (Hubert Languet, einen Freund Philip Sidneys) und Mitteleuropäer (den Schlesier Johannes Crato und den Ungarn Andreas Dudith).

Die Korrespondenz des Justus Lipsius, der im kalvinistischen Leiden und im gegenreformatorischen Leuwen gelebt hatte, erstreckte sich über die katholische und die protestantische Welt von Lissabon bis Lwów (Lemberg). Auf katholischer Seite steht Lipsius in Kontakt mit den Jesuitengelehrten Martin Delrio und Antonio Possevino, dem französischen hohen Beamten Jacques-Auguste de Thou, dem polnischen Aristokraten Jan Zamojski und dem spanischen Dichter Francisco de Quevedo. Unter den Protestanten zählte zu seinen Briefpartnern der dänische Adlige Henrik Rantzau, der deutsche Professor Nathan Chytraeus, der französische Gelehrte Isaac Casaubon und der ungarische Schriftsteller János Rimay. Die Korrespondenz des Lipsius zeigt noch stärker als die des Erasmus die Kraft der humanistischen Literatenwelt.

Die katholischen Reformer hatten wie die Protestanten ein ambivalentes Verhältnis zur Renaissancekultur. Was sie abstieß, reichte von der lockeren Moral und von den Anleihen bei der «heidnischen» Antike bis hinunter zu den Einzelheiten der Anpassung des Wortschatzes an den klassischen Stil. So wurden beispielsweise Castiglione und auch Montaigne gescholten, weil sie das heidnische Wort «Schicksal» dem christlichen Gegenbegriff «Vorsehung» vorzogen. Eine Reihe von Texten der Renaissance gelangte auf die verschiedenen Indizes verbotener Bücher. *Gargantua und Pantagruel* wurde von der Sorbonne (also der theologischen Fakultät der Universität Paris) 1544 verurteilt. Der spanische Index von 1559 enthielt den *Decamerone* des Boccaccio, die *Colloquia* und das *Lob der Torheit* des Erasmus sowie den Dialog *Mercurio y Charón*. Eine spätere Ausgabe des spanischen Index umfaßte auch Montaignes *Essais*. Unter den Büchern, die der portugiesische Index von 1581 verdammte, befanden sich die *Utopia* und der *Orlando Furioso*. Auf der anderen Seite verteidigte der italienische Jesuit Roberto Bellarmino die große florentinische Dichtertrias Dante, Petrarca und Boccaccio als gute Katholiken, während eine nicht weniger bedeutsame Gestalt als der Großinquisitor persönlich (Michele Ghislieri, der spätere Papst Pius V.) Ariostos *Orlando Furioso* in Schutz nahm.

Als ein Beispiel der Zwiespältigkeit können wir den Pikaro-Roman *Lazarillo de Tormes* betrachten. Nachdem das Werk 1559, fünf Jahre nach seiner Veröffentlichung, verboten worden war, erschien es erneut 1573 in gesäuberter Form als *Lazarillo castigado.* Diese Version diente als Grundlage für die italienische Übersetzung von 1622, in der alle antiklerikalen Stellen getilgt waren und der Held sich von einem Kanonikus in einen Arzt verwandelt hatte. Dennoch wurde die Geschichte in ihrer Originalform in zwei katholischen Ländern wieder veröffentlicht, nämlich 1587 und 1597 in Italien und 1595 und 1602 in den südlichen Niederlanden.

Eine ähnliche Ambivalenz läßt sich an den Beziehungen zwischen den katholischen Reformern und den bildenden Künsten feststellen. Auf der negativen Seite kritisierten die *Instruktionen für den Kirchenbau* des Heiligen Karl Borromäus von 1577 kreisförmig angelegte Kirchen, weil sie «den Götzentempeln» ähnelten. Im Jahre 1582 bekannte Bartolommeo Ammannati, der Bildhauer, der den Neptunbrunnen in Florenz geschaffen hatte, in einem Brief an seine Kollegen seine Irrtümer. Er bat um Verzeihung, weil er Gott gekränkt und im Betrachter schlechte Gedanken geweckt habe, indem er «viele meiner Gestalten vollkommen nackt und unbedeckt schuf (*facendo molte mie figure del tutto ignude e scoperte*)». Auf der positiven Seite verbanden die von Palladio in Venedig und von Pellegrino Tibaldi (der für Borromäus arbeitete) in Mailand geschaffenen Kirchen die klassische Tradition mit reformerischen Idealen. Palladio hatte mit seinem Gönner Daniele Barbaro das Konzil von Trient besucht, und seine Kirchengebäude, insbesondere San Giorgio Maggiore und Il Redentore mit ihren blendend weißen Innenräumen, schienen die Reinigung der Kirche zu symbolisieren. Auch der Escorial Philipps II. ist ein schönes Beispiel für die Architektur der Gegenreformation. Das Bauwerk ist so nüchtern und ernst, wie es den Wünschen des Heiligen Karl entsprochen hätte, und dennoch stimmt es mit der Ästhetik des Heiligen Augustinus überein, wenn es nicht gar von ihr inspiriert worden ist, und verwendet außerdem auch klassische Formen.

In ähnlicher Weise wurde mit Hilfe der Kirchenväter des christlichen Altertums eine Synthese zwischen humanistischen und gegenreformatorischen Werten oder auf jeden Fall eine Mischung zwischen beiden geschaffen. Diese Synthese läßt sich am Beispiel der nach 1550 errichteten Jesuitenkollegs illustrieren (Dainville 1978; Mészáros 1981). Man pflegte zu sagen, daß die Jesuiten einfach die Formen der Renaissance nutzten, während sie ihren Inhalt verwarfen. Heute, da man das Zeitalter Brunis und Vallas eher als eines des christlichen denn des heidnischen Humanismus versteht, hat dieser Gegensatz viel von seiner Bedeutung verloren. Ignatius von Loyola war nicht der erste, der in einem Brief von 1555 empfahl, die heidnische Antike so zu behandeln, wie das Volk Israel mit «diesen Beutestücken aus Ägypten» umging (*guesti spogli de Egipto;* vgl. oben, S. 53). In der Praxis jedoch besaß das Oberhaupt eines Ordens, der bis zum Jahre 1626 nicht weniger als 444 Kollegs gegründet hatte, einen weiterreichenden europäischen Einfluß als etwa Salutati oder Ficino. Cicero und Quintilian, Vergil und – in gereinigter Form – Ovid spielten eine große Rolle in den Lehrplänen dieser Kollegs, bei denen es ausdrücklich um die *studia humanitatis* ging (Dainville 1978: 168 ff., 186–9).

Die Rolle der Jesuiten bei der Ausbreitung der Renaissancearchitektur wie auch des Humanismus war gerade an der Peripherie von besonderer Bedeutung. Dies gilt für Städte wie Braunsberg (Braniewo), Wilna (Wilno), Kolozsvár (Cluj) oder Lwów, in denen zu jener Zeit Kollegs errichtet wurden. Die Kirche des Heiligen Kasimir in Wilna beispielsweise war nach dem Muster von Il Gesù in Rom gestaltet. Als religiöser Führer ist Ignatius von Loyola manchmal mit Calvin verglichen worden. Was immer diese Parallele aussagen mag, so kann die Bedeutung der Jesuiten bei der Rezeption der Renaissance vernünftigerweise mit der der italienischen Protestanten verglichen werden.

Die Aristokratisierung der Künste

Die bewußte Übernahme klassischer oder italianisierender Gedanken und Formen in neuem Zusammenhang wird in den Fällen der Reformation und der Gegenreformation besonders deutlich. Weniger direkt sichtbar, aber ebenso wichtig für die Geschichte der Renaissance sind die Auswirkungen sozialer Wandlungen in dieser Phase. Fürsten spielten weiterhin eine bedeutende Rolle. Bürgerliche Patronage verschwand, wie wir gesehen haben, nicht vollständig. Doch traten Aristokraten und in wachsendem Maße auch Aristokratinnen zu jener Zeit besonders hervor, und dies nicht nur als Förderer, sondern auch als Autoren. Aus diesem Grunde können wir sogar von einer «Aristokratisierung» der Renaissance sprechen. Wie in früheren Kapiteln mag es nützlich sein, die soziale Basis dieser Bewegung anhand von Schauplätzen zu diskutieren, in diesem Falle dem Hof, der Stadt und dem Landhaus.

Die Höfe der Habsburger blieben zu dieser Zeit von Bedeutung. Philipp II. beispielsweise gab nicht nur den Escorial in Auftrag, sondern interessierte sich auch für so verschiedenartige Maler wie Tizian und Hieronymus Bosch, allerdings entsprach das Werk von El Greco nicht seinem Geschmack (Checa 1992). Kaiser Rudolf II. wurde vor allem durch seine Faszination für die Naturphilosophie und den Okkultismus bekannt, aber seine geistigen Interessen reichten weiter. Er war persönlich als Goldschmied tätig, und der Kaiser adelte Künstler und ernannte eine Reihe von *poetae laureati*. Wie Franz I. nutzte er seine Stellung, um Geschenke für seine Sammlung zu erbitten. In Prag stand Rudolf einem kosmopolitischen Hof vor, an dem es italienische Künstler wie Giuseppe Arcimboldo, Deutsche wie Bartholomäus Spranger und Niederländer wie den Bildhauer Adriaen de Vries und den Landschaftsmaler Roelant Savery gab, schließlich wirkten dort auch der ungarische Humanist Johannes Sambucus und der tschechische Dichter Simon Lomnický, der tschechische Komponist Kryštof Harant und der slowenische Komponist Jacobus Gallus. Die verschiedenen Mitglieder dieses Kreises scheinen einander angeregt zu haben. Unter Rudolfs Schirmherrschaft wurde Prag, zumindest für einige wenige Jahre, eines der führenden künstlerischen Zentren Europas (Evans 1973; Kaufmann 1985; Fuciková 1988).

Zu dieser Zeit jedoch errangen die Höfe an den Rändern Europas neue Bedeutung. João III. von Portugal beispielsweise, der eine humanistische Erziehung genossen hatte, lud Humanisten an seinen Hof und bestellte João de Barros zum amtlichen

Historiker des portugiesischen Reiches in beiden Indien. Wie wir gesehen haben, schickte er auch den Künstler Francisco de Hollanda zum Studium nach Rom. In Polen war Zygmunt II. August der Schutzherr von Lukasz Górnicki, der seinen *Polnischen Hofmann* dem König widmete, sowie des Musikers Valentin Bakfark, allerdings nicht (wie der Poet gehofft hatte) von Jan Kochanowski. In Skandinavien interessierten sich sowohl Friedrich II. und Christian IV. von Dänemark als auch Erich XIV. und Johann III. von Schweden allesamt für die neue, italienisch geprägte Kultur. Christian IV. war beispielsweise ein begeisterter Freund der Architektur, und Inigo Jones arbeitete für ihn, bevor ihn die Stuarts beriefen. Christian war außerdem der Auftraggeber einer Reihe von Musikern, darunter dem englischen Komponisten John Dowland, dem es nicht gelang, am englischen Hofe eine Stellung zu erlangen (Skovgaard 1973; Christensen 1988; Heiberg 1988).

Was die Städte anging, so war zu jener Zeit die bemerkenswerteste Entwicklung der Aufstieg des kommerziellen Theaters. Das Emporkommen des weltlichen Dramas in vielen Teilen Europas ist bereits erörtert worden. Es war verbunden mit einem Aufschwung der Schauspielhäuser, der es den Schauspielern gestattete, sich auf Dauer niederzulassen, statt ständig ein Wanderleben zu führen. Grundlage dieser Entwicklung waren das Wachstum der Bevölkerung und die Bevölkerungswanderung vom Land in die Stadt. Von einer bestimmten Schwelle an (vielleicht 100 000 Menschen, möglicherweise auch etwas weniger) wurde es Schauspielerensembles möglich, davon zu leben, mindestens für einige Jahre die gleichen Stücke vor wechselndem Publikum jeweils in der gleichen Stadt aufzuführen.

Wie wir bereits gesehen haben (vgl. oben, S. 152), wurden weiterhin städtische Gebäude in Auftrag gegeben. Für die humanistischen Schulen blieb die Förderung durch die Städte von Bedeutung. Ein berühmtes Beispiel in dieser Hinsicht stellt Johannes Sturms Gymnasium in Straßburg (1538) dar, das zum Muster für viele spätere Gründungen wurde (Simon 1966; Schindling 1977; Huppert 1984). Auf der anderen Seite schien sich der städtische Humanismus im Abstieg zu befinden. In Italien war der 1527 restaurierten florentinischen Republik keine lange Dauer beschieden. In Deutschland schwand die politische und kulturelle Bedeutung der Reichsstädte wie Augsburg und Nürnberg, obwohl die Augsburger Fugger als private Förderer wichtig blieben. Calvins Genf war ein unabhängiger Stadtstaat, aber wie wir gesehen haben, zählte Calvin nicht zu den Freunden der Humanisten. Die Unabhängigkeit Antwerpens wurde hinweggefegt, als die spanischen Streitkräfte 1585 die Stadt wiedereroberten. Außer in Venedig überlebten die Ideale des städtischen Humanismus nur in der neu entstandenen holländischen Republik, die im Verlauf des Aufstandes gegen Philipp II. geschaffen wurde. Dies kam in der Architektur, in der Malerei, in der Tapisserie und sogar in der Ausschmückung von Schiffen, schließlich aber auch in Texten zum Ausdruck. Stevins Abhandlung *Über das bürgerliche Leben* von 1590 setzte politisches, städtisches und zivilisiertes Leben buchstäblich gleich. Sein zentrales Konzept nannte der Autor *Burgerlicheyt.* Samuel Ampzings *Lob Haarlems* von 1628 war das holländische Gegenstück zu Brunis Lobgesang auf Florenz, der etwa zweihundert Jahre zuvor erklang (Bièvre 1988).

Doch die Stellung der Städte und der Städtebewohner, die in früheren Phasen der Renaissance so bedeutend war, wurde nun durch einen sozialen Prozeß bedroht, der in vielen Teilen Europas von Spanien bis Polen wahrnehmbar war und der manchmal als «Refeudalisierung» bezeichnet wird. Dabei handelte es sich um die Rückkehr zur Dominanz der landbesitzenden Aristokratie auf den Feldern der Wirtschaft, der Politik und der Kultur (Antal 1948; Yates 1957: 108). Der hier verwendete Begriff für diesen Vorgang soll «Aristokratisierung» lauten, um die Implikation zu vermeiden, daß die wachsende Beteiligung der Aristokratie an der Renaissancebewegung im Kern das Ergebnis wirtschaftlicher und politischer Veränderungen war.

Für diese Aristokratisierung gibt es zwei Hauptgründe: Adlige waren nicht nur als Auftraggeber, sondern auch als Autoren, insbesondere als Dichter, tätig. Trotz des Beispiels von Kaiser Rudolf II. hielten viele von ihnen Handarbeit, wie etwa Malerei oder Bildhauerei, für unter ihrer Würde liegend. Die Veröffentlichung eines Buches konnte durchaus ein Auslöser gesellschaftlicher Stigmatisierung und sozialer Abstempelung sein, da eine derartige Veröffentlichung mit dem Profitbegriff in Verbindung gebracht werden konnte. Auf der anderen Seite war die Verbreitung von Manuskripten unter ausgewählten Lesern eine Angelegenheit, die mit aristokratischen Wertmaßstäben zu vereinbaren war. Wie wir bereits gesehen haben, waren adlige Dichter, insbesondere Soldaten-Poeten, zu dieser Zeit sehr zahlreich. In Spanien zählten dazu Garcilaso de la Vega, der während des Krieges zwischen Frankreich und Spanien in Nizza den Tod fand, und Alfonso Ercilla, der in Chile kämpfte. In Portugal gehörte Luis de Camões, der im fernen Osten diente, dazu, in Ungarn Bálint Balassa, der gegen die Türken kämpfte und bei der Belagerung von Esztergom durch eine Kanonenkugel getötet wurde. In England galt dies für Sir Philip Sidney, der bei Zutphen den Tod fand, als er an der Seite der rebellierenden Niederländer gegen Philipp von Spanien kämpfte.

Ronsard und Kochanowski griffen nicht zu den Waffen, sondern sie lebten das Leben ländlicher Gentlemen. Kochanowski zog sich auf sein Gut Czarnolas («Schwarzwald») zurück, nachdem sich seine Hoffnungen auf Förderung bei Hofe zerschlagen hatten. In Frankreich, England, Polen und anderswo wurde das Leben einer tätigen Muße oder des *otium* nicht nur wie in den Villen des Veneto mit dem Landleben gleichgesetzt, sondern auch mit der Zurückweisung des Hofes oder gar mit der Kritik an ihm. Die internationale Begeisterung für Hirtenidyllen, in denen Edelleute die Rolle von Schäfern spielen, wird verständlicher, wenn man sie in diesem Zusammenhang sieht.

Unter den hier genannten Beteiligten zählen einige eher zur Gentry als zur Aristokratie im strengen Sinne, aber der Unterschied gegenüber früheren Jahrhunderten bleibt bemerkenswert. In Frankreich beispielsweise war die soziale Stellung der Dichter des Pléiade-Kreises beträchtlich höher als jene der Dichter, die ihnen vorausgegangen waren, den sogenannten *Rhétoriqueurs* (Weber 1956: 63–106). Den Dichtern könnte man auch Essayisten wie Michel de Montaigne und Francis Bacon hinzugesellen.

Die Patronage durch die Aristokratie läßt sich in vielen Teilen Europas beobachten und verschiebt unsere Aufmerksamkeit vom Hof zur Stadt und zum «Landsitz Haus» im Zentrum eines Landgutes. Die folgenden Beispiele ließen sich leicht vervielfachen. In Frankreich waren einige der wichtigsten Adelsfamilien wie die Guise und die Montmorency aktive Auftraggeber der Kunst und der Architektur neuen Stils. Im Norden Europas ließ der Gouverneur von Holstein, Henrik Rantzau, nicht weniger als 25 Häuser bauen oder wiederaufbauen und sammelte mehr als 6000 Bücher, darunter Werke von Vitruvius, Serlio und Du Cerceau, die von seinem Interesse am klassischen Stil der Architektur zeugen (Abbildung 14). Rantzau, ein Freund Tycho Brahes (der sich zeitweise in seinem Haus in Wandsbek aufhielt) und ein Briefpartner von Lipsius, schrieb lateinische Gedichte und Bücher über Geschichte, Genealogie, Reisen, Gesundheit, Träume und Astrologie, während sein Mäzenatentum mit jenem Lorenzo de' Medicis verglichen worden ist (Walde 1932; Steinmetz 1991). Zu jener Zeit waren jedoch sehr viel mehr «Lorenzos» aktiv als im späten 15. Jahrhundert.

In der tschechischen Renaissance beispielsweise spielte ein anderer Freund Tychos, Peter Vok von Rozmberk, zusammen mit seinem Bruder Vilém eine wichtige Rolle. Die Brüder waren große Büchersammler, Auftraggeber von Musikern und Alchemisten sowie Eigentümer eines Palastes in Prag und einer Anzahl von Landhäusern im Süden Böhmens wie Kratochvil und Trzebon (Evans 1973: 140–43, 212–15). Im Falle Polens ist das nächstliegende Beispiel das des Kanzlers Jan Zamojski. Der Kanzler, der an der Universität Padua studiert hatte, war Gönner des Musikers Valentin Bakfark und der Dichter Klonowic, Szymonowic und Kochanowski, letzterer schrieb *Die Abweisung der griechischen Gesandten* für Zamojskis Hochzeit mit Krystina Radziwill. Zamojski war auch der Gründer der Stadt Zamość, die für ihn durch den italienischen Architekten Bernardo Morando für 3000 Einwohner komplett mit Kirche, drei Plätzen, drei Toren und einem Haus, in dem Zamojskis Akademie zusammentreten konnte, entworfen wurde.

Zamosc ist ein extremes Beispiel der Kontrolle durch die Aristokratie in einer Region, wo große Güter und private Städte ortstypische Erscheinungen waren, aber auch in Westeuropa handelte es sich damals um ein Zeitalter aristokratischer Patrone. In Spanien beispielsweise spielte Don Diego Hurtado de Mendoza, der in den 1520er Jahren in Italien gelebt hatte, eine solche Rolle. Im Sommer war Don Diego als Soldat tätig, aber im Winter, wenn die Saison der Feldzüge vorbei war, ging er als Student an die Universitäten von Rom und Siena. Als er spanischer Botschafter in Venedig war, studierte er in seiner Freizeit die griechische Sprache, ließ sein Portrait von Tizian malen und richtete gleichzeitig eine hübsche Bibliothek von Renaissancebüchern ein. Zu seinen Schützlingen zählten Vasari und der Architekt Jacopo Sansovino (González Palencia und Mclc 1943). In England war Robert Dudley, Graf von Leicester, ein wichtiger Mäzen der Literatur, wie hunderte ihm gewidmeter Bücher bezeugen. Er unterstützte Edmund Spenser, aber auch die Übersetzer John Florio und Thomas Blundeville, letzterer widmete dem Grafen seine Übertragung italienischer Texte über die Kunst des Reisens und die Geschichte. In der Bibliothek des Grafen fanden sich auch Werke von Erasmus, Machiavelli und dem Neuplatoniker Leone Ebreo. Dudley interessierte sich auch für italienische Kunst, und man weiß, daß er mit einem italienischen Diplomaten darüber diskutiert hat (Rosenberg 1955).

Man hätte erwarten können, daß kirchliche Förderer im Zeitalter der Gegenreformation zu einer aussterbenden Art gehörten, aber zwei spektakuläre Beispiele reichten in diese Phase hinein, nämlich die Kardinäle Farnese und Granvelle. Alessandro Farnese überlebte den Papst, der ihn berufen hatte (seinen Großvater Paul III.), um vierzig Jahre. Er lebte bis in die Regierungszeit von Sixtus V., als sich das kulturelle Klima stark verändert hatte. Wie einige Gelehrte behaupteten, war er zu seiner Zeit der wichtigste Gönner der Künste, obwohl Michelangelo (nach Francisco de Hollanda) meinte, daß der Kardinal «keine Vorstellung von Malerei» besaß. Auf jeden Fall verfügte er über gute Berater, unter ihnen den Historiker Paolo Giovio, die ihn davon überzeugten, Vasari zu beauftragen, den Audienzsaal seines Palastes auszuschmücken. Es geschah in diesem Palast bei einem Gespräch nach dem Essen, daß Vasari ermutigt wurde, seine *Lebensbeschreibungen italienischer Künstler* zu schreiben. Farnese war außerdem ein Sammler von Büchern, Manuskripten, Werken aus Marmor und Medaillen. Die Farnese-Kamee (*Tazza Farnese*), ein Stück aus der Antike, und das Farnese-Stundenbuch, ein Manuskript, das von dem kroatischen Maler Giulio Clovio, illustriert worden war, tragen ihre Namen nach ihrem früheren Eigentümer, während sein Name in Antiquaschrift auf der Fassade der Kirche Il Gesù in Rom zu lesen ist und seine Förderung für dieses berühmte Gebäude zum Ausdruck bringt (Riebesell 1989; Robertson 1992).

Kardinal Antoine Perrenot de Granvelle (Abbildung 16) gehörte beinahe zur gleichen Kategorie wie Farnese. Als führender Minister Philipps II. beschäftigte Granvelle den Humanisten Justus Lipsius als Sekretär und nahm ihn mit nach Italien. Er ermutigte Plantin, Bücher italienischer Gelehrter zu drucken. Er schätzte wertvolle Bucheinbände und wurde mit einem dieser Bände in der Hand von Tizian gemalt. Granvelles Eifer als Sammler läßt sein Brief an Primaticcio über eine klassische Statue des Antinous erkennen, die er besitzen wollte, «was immer sie kostet (*quoy qu'il couste*)». Er gab bei Künstlern aus Italien und aus dem Norden Werke in Auftrag. Zu diesen zählten Tizian, Antonis Mor, der das Portrait des Kardinals malte (Abbildung 16), und der Bildhauer Giambologna. Er ließ auch in Brüssel einen Palast im italienischen Stil bauen, einen der ersten dieser Art in den Niederlanden. Der Graveur Hieronymus Cock widmete diesem «Maecenas aller guten Künste» einen Band.

Granvelles Briefe erwecken den Eindruck, daß er sich, obwohl er aus einer erst kürzlich geadelten Familie stammte, den Künsten nicht so sehr deshalb zuwandte, um an Status zu gewinnen, sondern daß es ihm um Vergnügen und Entspannung von den Sorgen des Staatsmannes ging. In der Kunst wie in der Politik wußte er, was er wollte. Als er Tizian um ein Christusbild bat, schrieb er: «Vor allem anderen wünsche ich, daß das Gesicht schön, süß und zart ist, wie Sie es, wie ich weiß, zu schaffen imstande sind (*sopra tutto vorrei che avesse la faccia bella, dolce e delicata tanto quanto la sapete fare*)» (Picquard, 1947–48, 1951; Durme 1953: 337–57).

Ein anderer führender Minister jener Zeit, der Engländer William Cecil, wurde von Königin Elisabeth zum Lord Burghley geadelt. Er war ein Förderer der Architektur und der Wissenschaft, und dies aus ähnlichen Gründen wie Granvelle (an Malerei scheint er weniger interessiert gewesen zu sein). Sein Haus in Theobalds dürfte wohl das erste in England gewesen sein, das einem italienischen Vorbild nacheiferte. Ein Marmorbrunnen im Innenhof war mit den Figuren der Venus und des Cupido und der Kaminsims im Großen Saal mit einer Bronze des Vulkan und der Venus geschmückt. Cecils Interesse an den Einzelheiten des Bauens ergibt sich deutlich aus seinen Briefwechseln – mit seinem Steinmetz, der ihn um Zeichnungen bat, mit dem Finanzier

16. Antonis Mor, Porträt von Kardinal Antoine Perrenot de Granvelle, Kunsthistorisches Museum, Wien.

Thomas Gresham über den Erwerb einer Steinloggia in den Niederlanden und mit dem englischen Botschafter in Frankreich, in dem politische Instruktionen mit der Bitte um ein «Buch zum Thema Architektur [unterbrochen wurden], das ich bei Sir Thomas Smith gesehen habe» (Summerson 1953: 46f.; Summerson 1959).

Einer zeitgenössischen Biographie zufolge «liebte [Cecil] die Gelehrsamkeit und die Gelehrten durch und durch», während «er Erholung hauptsächlich in seinen Büchern suchte». Er spendete auch Geld an Schulen. Es hieß von ihm, daß er Ciceros *Über die Pflichten* stets bei sich trug. Cecil interessierte sich insbesondere für Geschichte, Geographie und Astrologie. Er war Gönner des Historikers William Camden, während Arthur Golding ihm eine Übersetzung eines Textes von Leonardo Bruni über das Eindringen der Goten nach Italien widmete. Er bestellte Landkarten in Frankreich und ließ Ansichten europäischer Städte in den Saal von Theobalds malen. Die Decke des Großen Saales war mit den Tierkreiszeichen geschmückt, und solche Zeichen wurden manchmal als Chiffren benutzt (der Herzog von Parma war dann der Widder, Moritz von Nassau war der Zwilling und so weiter).

Die Aristokratisierung der Renaissance betraf auch die Frauen. Der Aufstieg der Volkssprachen setzte die Schranken für weibliche Autoren in Italien, Frankreich, den Niederlanden, England und vielleicht auch anderswo herab. Dies führte in einem solchen Maße zu poetischen Ergüssen, daß es nicht einmal in die Irre führt, zu dieser Zeit von einer «Feminisierung» der Renaissance zu sprechen, die sich gleichzeitig mit ihrer Aristokratisierung ereignete. Dies gilt insbesondere, wenn wir die Rolle der Frauen bei der Veralltäglichung der Bewegung in Betracht ziehen (vgl. unten, S. 231). Die Stellung der Frauen wurde in der Renaissance weniger randständig als zuvor. Zwei italienische Anthologien aus der Mitte des 16. Jahrhunderts aus dem venezianischen Verlag Giolito widmeten sich ausschließlich den literarischen Arbeiten von Frauen. Im ersten Fall handelte es sich um die *Briefe vieler ehrenwerter Frauen* (1548), insgesamt 181 Briefe, allerdings hat man Zweifel an der Authentizität einiger dieser Briefe angemeldet. Die zweite Anthologie, *Gedichte edler und begabter Frauen* (1559), umfaßte 53 Beiträge (Dionisotti 1967: 237ff.;

Piéjus 1982). In der Mehrzahl handelte es sich bei diesen Frauen um Aristokratinnen. Unter den bekanntesten Autorinnen jener Zeit war die Dichterin Vittoria Colonna, eine Marchesa, während ihre Briefpartnerin Margarete von Navarra, die Schauspiele, Gedichte und eine Sammlung von Geschichten, *Das Heptameron*, schrieb, die Schwester König Franz' I. war.

Wie wir gesehen haben (vgl. oben, S. 107), waren aristokratische Damen bereits in früheren Phasen der Renaissance als Mäzene tätig. Diese Tradition setzte sich fort. In Poitiers führten gegen Ende des 16. Jahrhunderts Madeleine Des Roches und ihre Tochter Catherine einen Salon, in dem Gedichte vorgelesen und über die platonische Liebe diskutiert wurde. Gleiches taten in Urbino Elisabetta Gonzaga und Baldassare Castiglione (Keating 1941: 49–69). Zwei wohlbekannte englische Beispiele der Patronage sind Bess of Hardwick und Mary Sidney. Elisabeth Talbot, die verwitwete Countess of Shrewsbury, ist besser als Bess of Hardwick bekannt, weil sie Hardwick Hall bauen ließ (mit ihren Initialen E. S., im Stil des Kardinal Farnese an den Zinnen). Es ist vermutet worden, daß die Neuerungen im Entwurf durch die Tatsache erleichtert wurde, daß man von einer Frau nicht erwartete, im herkömmlichen verschwenderischen Stil Gastfreundschaft zu gewähren (Friedman 1989a: 103).

Philip Sidneys Schwester Mary wurde die Gräfin von Pembroke und stand einem anderen großen Haus zu Wilton in Wiltshire vor. Sie übersetzte Petrarcas *Triumph des Todes* (aus den *Trionfi*), Robert Garniers Tragödie *Marc Anton*, den *Discourse* des französischen Humanisten Philippe Mornay sowie zusammen mit ihrem Bruder die *Psalmen*, außerdem bereitete sie Philip Sidneys *Arcadia* zur Publikation vor. Die Übersetzungen von Garnier und Mornay wurden 1592 publiziert: Übersetzungen galten für Frauen als respektablere Aktivitäten als ganz eigenständige Publikationen. Mary, die zu ihrer Zeit als «eine zweite Minerva» bezeichnet wurde, übernahm von ihrem verstorbenen Bruder die Förderung der Dichter Edmund Spenser und Samuel Daniel, und sie ermutigte auch Nicholas Breton, der sie mit der Herzogin von Urbino zur Zeit Castigliones und seines *Hofmanns* verglich (Waller 1979; Lamb 1982, 1990).

In Spanien, Frankreich und England regten aristokratische Damen die Übersetzung von Castigliones Buch an. Die spanische Übersetzung durch Joan Boscán erfolgte, wie er sagte, «auf Befehl» von Gerónima Palova de Almogáver. Die Existenz einer Übersetzung ins Französische in Manuskriptform vom dritten Buch des *Hofmanns*, in dem die Hofdame das Hauptthema der Erörterung darstellt, läßt vermuten, daß dies auf eine weibliche Initiative, vielleicht jene Margaretes von Navarra, zurückging. In England erfolgte Sir Thomas Hobys Übersetzung auf Bitten der Marquise von Northampton, Elizabeth Parr (Burke 1995a: 148 ff.).

Die humanistischen Interessen einer Anzahl von Damen jener Zeit sind wohldokumentiert. Diese Interessen waren nicht vollständig neu, aber sie scheinen für die Männer immer akzeptabler geworden zu sein – im 15. Jahrhundert waren Isotta Nogarola und Cassandra Fedele von Guarino und Poliziano geschmäht worden, weil sie versuchten, sich in den unter den Humanisten üblichen Austausch von Briefen einzuschalten (Grafton und Jardine 1986: 38, 51). Die französische Aristokratin Marie de Gournay andererseits erfuhr sowohl von Montaigne als auch von Lipsius eine freundlichere Reaktion, als sie an diese schrieb. Die Töchter der Humanisten waren besonders sorgfältig erzogen. Antonio Nebrijas Tochter beispielsweise lehrte Rhetorik an der Universität von Alcalà. Bembo organisierte die Studien seiner Tochter Elena, während Thomas Morus seine Tochter Margaret, die spätere Margaret Roper, unterrichtete. Die Tochter des gelehrten Druckers Christophe Plantin, Magdalene, las für ihn die Druckfahnen in Lateinisch, Griechisch, Hebräisch, Chaldäisch und Syrisch.

Eine zweite Gruppe von Damen mit Zugang zu einer humanistischen Erziehung stellte der Adel, der von den Prinzessinnen bis hinunter zu den Damen von Stand reichte. Bevor sie Königin wurde, erhielt Elisabeth I. durch Roger Ascham eine gute humanistische Erziehung. Einige wenige weitere englische Beispiele werden zeigen, wie sich der Humanismus unter den Damen von Stand ausbreitete. Lady Jane Grey, deren königliches Blut sie das Leben kostete, wurde beobachtet, als sie Platons *Phaidon* im griechischen Original las. Mildred Cooke, die zweite Ehefrau von William Cecil, wurde von Ascham mit Lady Jane verglichen und als die gelehrteste Frau in England bezeichnet. Tatsächlich teilten vier von Cookes Schwestern diese Interessen. Mildred übersetzte den griechischen Prediger Johannes Chrysostomus. Anne, die Ehefrau von Sir Nicholas Bacon (und Mutter von Francis), übersetzte den italienischen Protestanten Bernardo Ochino. Die jüngeren Schwestern Elizabeth und Katharine verfaßten Grabinschriften, eines der Genres, in denen (wie bei der lyrischen Dichtung, den Briefen und Übersetzungen) Männer am ehesten weibliche Autoren akzeptierten (Lamb 1985; Warnicke 1988).

Es ist gewöhnlich schwierig, die Interessen von Frauen mit Hilfe von Bibliotheken zu rekonstruieren, da die Bücher gewöhnlich die Namen ihrer Ehemänner trugen. Henrik Rantzau war in dieser Hinsicht ein Sonderfall, da er den Namen seiner Ehefrau Christina von Halle auf seinen Exlibris nannte (Steinmetz 1991: 134). Die Tatsache, daß es einige Bibliotheken gab, die auf den Namen von Frauen registriert waren, unterstützt den Eindruck von der Existenz einer wachsenden Zahl aristokratischer Damen außerhalb Italiens, die die Literatur und die Gelehrsamkeit ernst nahmen. Maria von Ungarn beispielshalber verfügte in ihrer Bibliothek über eine ganze Anzahl von Büchern, die wir als wichtige Texte der Renaissance bezeichnen können und zwar nicht nur italienische Werke wie die von Castiglione, Machiavelli und Serlio, sondern auch Bücher von Erasmus in Latein und eine Anzahl von historischen Werken (Lemaire 1996). Katharina de' Medici besaß eine gute Bibliothek, die ihr Interesse an Geographie offenbart. Die Bibliothek von Maria Stuart, der Königin von Schottland, die Latein und etwas Griechisch sowie vier moderne Sprachen beherrschte und Gedichte auf französisch schrieb, spiegelte eine Mischung von Interessen am Humanismus (Biondo, Erasmus, Vives) und an volkssprachlicher Literatur wider (hier gab es nicht nur die üblichen Titel von Ariosto und Bembo, sondern auch solche von Du Bellay, Rabelais und Ronsard).

Aus dieser Zeit existieren außerdem beträchtliche Beweise für das Interesse von Frauen an anderen Künsten und auch für die Teilnahme nichtadliger Damen an der Renaissancekultur. Maria Stuart zeichnete, sang und spielte die Laute. Eine Gruppe von Sängerinnen war unter dem Namen *Concerto delle dame* 1580 in Ferrara aktiv, zu ihr gehörte die Adlige Tarquinia Molza. Zu den Schauspielerinnen zählten Isabella Andreini von der *Compagnia*

17. *Catherina van Hemessen, Selbstporträt, 1548,*
Öffentliche Kunstsammlung Basel, Kunstmuseum, Martin Buhler.

dei Gelosi, die an den Höfen von Florenz und Frankreich auftrat. Laura Terracina war möglicherweise die erste weibliche Literaturkritikerin. Dürer kaufte das Werk einer weiblichen Illustratorin und bemerkte, «es sei ein großes Wunder, daß ein bloßes Weib so gutes leisten kann» (zitiert nach Meiss 1967: 362). Trotz ihrer generellen Herabsetzung waren einige wenige weibliche Maler zu jener Zeit wohlbekannt, was insbesondere Catherina van Hemessen (Abbildung 17) in den Niederlanden, Levina Teerlinc in England sowie Sofonisba Anguissola und Lavinia Fontana in Italien betrifft. Catherina wurde die Kammerfrau der Maria von Ungarn, Levina (die Tochter eines Illustrators aus Flandern) eine Hofdame am Hofe Königin Elisabeths, während Sofonisba eine Kammerzofe der Königin von Spanien wurde. Lavinia konnte andererseits von ihren Portraits und religiösen Gemälden leben, und ihr Ehegatte betätigte sich als ihr Agent. Noch ungewöhnlicher aber war Anna Coxcie, die Tochter eines flämischen Bildhauers, die den Beruf ihres Vaters ausübte.

Zwei venezianische Kurtisanen wurden ihrer Dichtungen wegen berühmt, Gaspara Stampa, die man «die neue Sappho» nannte, und Veronica Franco, die sich auf poetische Duelle mit Männern einließ. Gaspara Stampa war außerdem wie ihre Schwester Cassandra eine Sängerin (Feldman 1995: 104–8). In Rom nahm Tullia d'Aragona eine ähnliche Position ein. In Lyon zählte zu den Dichterinnen die Kaufmannstochter Louise Labé, deren Verse sich an die Damen ihrer Stadt richteten. Anna Bijns, eine Schullehrerin aus Antwerpen, war in der Lage, einem der literarischen Vereine oder «Rhetorikkammern» (*Rederijkerkamers*) beizutreten, in denen Gedichte und Schauspiele aufgeführt wurden. In der gleichen Stadt gab es eine Mädchenschule, den *«Lorbeerbaum»*, den eine Humanistin leitete.

Einige wenige Frauen nutzten ihr literarisches Talent, um die Gesellschaft zu kritisieren, die ihren Chancen Schranken setzte. Als beispielsweise Louise Labé ihre Werke Mademoiselle Clemence de Bourges widmete, schalt sie die Männer für die Übel, die sie den Frauen angetan hatten, indem sie ihnen den Zugang zur Erziehung verweigerten, und bemerkte, zumindest «hinderten die strengen Gesetze der Männer die Frauen nicht mehr länger, sich selbst der Gelehrsamkeit zu widmen (*les sévères lois des hommes n'empêchent plus les femmes de s'appliquer aux sciences et disciplines*)». In Venedig schrieben zwei Damen über dieses Thema. Lucrezia Marinellas *Le Nobiltà et eccellenze delle donne* wurde 1591 veröffentlicht und Modesta Pozzos *Il Merito delle donne* (ein schönes Beispiel eines Renaissancedialogs) 1600. In Frankreich stammt Marie de Gournays *Egalité des hommes et des femmes* aus dem Jahre 1622 (Jordan 1990: 173–7; Rosenthal 1992).

Die Freiheit der Frauen, zu schreiben und insbesondere zu veröffentlichen, darf man nicht überschätzen. Die Werke einiger Autorinnen, die heute sehr bekannt sind – Gaspara Stampa und Pernette Du Guillet beispielsweise –, wurden erst nach deren Tod veröffentlicht. Dennoch verdeutlicht die Publikation einer Anzahl von Büchern von Frauen zu ihren Lebzeiten einen bedeutsamen Wandel zu dieser Zeit. In Italien veröffentlichte, abgesehen von den oben erörterten Anthologien, Vittoria Colonna 1538 ihre Gedichte. Tullia d'Aragona publizierte im Jahre 1547 ihre Gedichte und auch einen Dialog; Laura Terracina veröffentlichte 1548 Gedichte und 1550 ihren Diskurs über Ariosto bei Giolito in Venedig. Laura Battiferri brachte 1560 ihre Gedichte heraus, Veronica Franco publizierte ihre Gedichte 1576 und ihre Briefe 1580, Isabella Andreini veröffentlichte ihr Hirtengedicht *Mirtillo* 1594, und Lucrezia Marinella publizierte ihre Verteidigung der Frauen 1591. Außerhalb Italiens sind derlei Beispiele nicht so leicht zu finden, aber Anna Bijns publizierte ihre Gedichte 1528, 1548 und 1567 in drei Bänden, Louise Labé veröffentlichte ihre Werke 1555, und Mary Sidney ließ 1592 zwei Übersetzungen erscheinen.

Kurzum, die Spätrenaissance stellt jene Periode dar, in der die Bewegung sozial wie geographisch am weitesten akzeptiert war. Viele Gruppen übernahmen Ideen und Formen, die vorher nur relativ wenige angesprochen hatten, und wandten sie an. Dies war auch die Zeit, in der die Bewegung am tiefsten ins gesellschaftliche Leben eindrang. Und dieser Prozeß der Veralltäglichung der Renaissance ist Thema des folgenden Kapitels.

5.
Die Alltagskultur der Renaissance

Der Begriff «Renaissance» ist mächtig, aber gleichzeitig auch zwiespältig. Für einige Historiker bezeichnet er ein Ereignis, für andere eine Phase und für eine dritte Gruppe eine Bewegung. Die Schwierigkeiten, die damit verbunden sind, eine Tendenz, die Jahrhunderte dauerte, als ein Ereignis zu schildern, sind oben beschrieben worden (S. 135–6). Den Begriff zur Darstellung einer Periode zu benutzen, wie Burckhardt es im Falle Italiens tat, ist buchstäblich unmöglich, wenn man über Europa als Ganzes schreibt. Der Versuch, widersprüchliche Tendenzen und Konflikte wiederzugeben, macht den Begriff vage und damit nutzlos. Eine präzisere Definition der Renaissance ist dagegen die einer selbstbewußten Bewegung, wie sie Gombrich und andere vorgestellt haben, sie ist weit nützlicher, und dieses Buch folgt ihr in der Regel.

Doch hat auch dieses Konzept seine Nachteile. Was als Bewegung einer kleinen Gruppe von Italienern im 14. Jahrhundert begann, verwandelte sich im Laufe der Ausbreitung auf andere Länder und in andere soziale Gruppen. Was einst ein bewußter Erneuerungsprozeß war, wurde allmählich zum Teil der Alltagsbräuche und Denkgewohnheiten, beeinflußte Mentalitäten, die materielle Kultur und, wie wir sehen werden, sogar den Körper. In diesem Kapitel geht es vor allem um nicht überprüfte Voraussetzungen und sich wandelnde Lebensstile.

Die Frage, wessen Annahmen und Lebensstile durch die Renaissance zu jener Zeit berührt wurden, ist nicht einfach zu beantworten. Von wenigen Ausnahmen abgesehen, gibt es außerhalb der Städte Florenz und Venedig kaum Hinweise darauf, daß die Bewegung auch andere soziale Gruppen berührte, wenn man von bestimmten Sparten von Handwerkern, so etwa Steinmetzen und Schreinern, absieht. Eine der bemerkenswertesten dieser Ausnahmen findet sich in den Gerichtsarchiven über ein Schauspiel, das zum Karneval 1574 im Dorfe Aspra in der Nähe von Rom aufgeführt worden ist. Ein Zeuge beschrieb das Stück «als ein altes, gedrucktes Schauspiel», ein Hirtenidyll mit Nymphen und Schäfern. Als Schauspieler agierten dabei ein Schuster, ein Töpfer und einige Bauern, die lesen und schreiben konnten, allerdings, wie es einschränkend hieß: «nur ein wenig» (Cohen und Cohen 1993: 243–77). Im Vergleich zu diesem Dokument erscheint Shakespeares kleine Skizze im *Sommernachtstraum* von Zettel, dem Weber, der den Liebhaber Pyramus spielt, und Flute, der Blasebalgflickerin, die die Thisbe spielt, nicht länger mehr so unrealistisch wie zuvor. Dennoch sind solche Beweisstücke selten. Die folgenden Seiten werden sich daher auf den Adel und den Klerus konzentrieren, aber auch einige Hinweise auf die Welt der Anwälte, Ärzte, Kaufleute und ihrer Frauen bringen. Wenn die zu untersuchende Gruppe sozial eingegrenzt ist, so ist sie geographisch gesehen ausgeweitet. Wir kommen damit auf ein stets wiederkehrendes Thema dieses Buches zurück: die Europäisierung Europas.

Die Idee einer Geschichte des Alltagslebens, einer *Alltagsgeschichte,* wie im Deutschen gesagt wird, ist etwas Neues. Sie hat aber, etwa im Verlaufe der letzten Generation, wachsendes Interesse auf sich gezogen, und dies als Teil einer Bewegung, die darauf abzielt, die Geschichte «von unten» zu schreiben. Die Alltagsgeschichte ist oftmals mehr oder weniger unabhängig von anderen Arten der Geschichtsschreibung betrieben worden. Im folgenden jedoch wird der Schwerpunkt auf der Interaktion zwischen einer kulturellen Erneuerungsbewegung und den Strukturen des Alltagslebens in verschiedenen Teilen Europas liegen. Diese Wechselbeziehung läßt sich beschreiben und analysieren in Begriffen wie Rezeption, Widerstand, Vermischung und durch das, was als «Veralltäglichung» bezeichnet wird. Dies ist nicht im Sinne einer «Zähmung» der Renaissance gemeint, sondern bezeichnet ihren Eintritt in häuslich-private und alltägliche Lebenszusammenhänge. Das angemessenste Wort in diesem Zusammenhang ist ein *deutsches* Wort, nämlich *Veralltäglichung*, ein Begriff, den man im Englischen etwa mit den Vokabeln «domestication», «quotidianisation» und «routinisation» wiedergeben kann, drei Worte, die jeweils unterschiedliche Aspekte dieses komplexen Prozesses, die alle für dieses Kapitel relevant sind, in den Vordergrund stellen.

Es wird sich nicht vermeiden lassen, hier den Begriff «Mode» im Sinne von Interessen zu gebrauchen, die nur einige wenige Jahre oder höchstens einige Jahrzehnte anhielten. Doch die langfristigen Folgen der miteinander verknüpften Begeisterung für die Antike und Italien sind noch wichtiger. Der niederländische Historiker Johan Huizinga hat einen berühmten Essay über die Geschichte der Lebensideale geschrieben (Huizinga 1938). Dieses Kapitel wird den Prozeß der Umsetzung eines dieser Ideale, nämlich desjenigen des «Renaissancemenschen» – Männer wie Frauen –, in die Alltagspraxis untersuchen. Zumindest einige der Teilnehmer an manchen der Praktiken, die hier zu beschreiben sind, waren sich bewußt, daß sie dieses kulturelle Ideal verwirklichten.

Die meisten der Beispiele, die nun folgen, werden aus der Spätrenaissance stammen, der Phase, in der sich die neuen Ideen und Formen nicht nur, wie im vorigen Kapitel bereits beschrieben, geographisch und sozial am weitesten ausbreiteten, sondern auch in mehr Tätigkeitsbereiche als je zuvor eindrangen. Selbst die Idee der Renaissance wandelte sich zu dieser Zeit. Zeitgenossen, die um die Mitte des 16. Jahrhunderts lebten und behaupteten, sie lebten in einer neuen Zeit, dachten wahrscheinlich nicht nur an das Wiederaufleben der Antike, sondern auch an die Erfindung der Druckpresse und des Schießpulvers sowie an die Entdeckung der Neuen Welt. Zu den Beispielen für solche Persönlichkeiten zählen der französische Physiker Jean Fernel, dessen Traktat *Über die verborgenen Gründe* 1548 erschien, und der französische Humanist Christophorus Mylaeus, der 1551 ein Buch über die Geschichtsschreibung veröffentlichte. Fernel beschrieb «diese unsere Zeit» als bemerkenswert wegen des Wiederauflebens der Beredsamkeit, der Philosophie, der Musik, der Geometrie, der Malerei, der Architektur, der Bildhauerei, der Erfindung der Kanone und der Druckmaschine sowie wegen der Entdeckungsreisen, insbesondere in die Neue Welt. Mylaeus seinerseits ging auf das Wiederaufleben des Griechischen, die Erfindung der Kanone und der Druckpresse «in Deutschland», die Entdeckung Amerikas und die Arbeit bedeutender Maler wie Michelangelo und Dürer ein.

Italophilie und Italophobie

In vielen Teilen Europas wurde, wie wir gesehen haben, die italienische Kultur in höfischen Kreisen zu einer Modeangelegenheit. In Polen beispielsweise scheint diese Tendenz durch die Ankunft der Königin Bona Sforza im Jahre 1518 eingeleitet worden zu sein. Piotr Tomicki, der Bischof von Krakau, erhielt den Spitznamen «der Italiener» wegen jener Neigungen, die ein Mitglied seines Kreises als seine «enorme Sehnsucht» nach Italien beschrieb. Die Begeisterung für Italien scheint in Polen um die Mitte des 16. Jahrhunderts ihren Höhepunkt erreicht zu haben. Eine Generation später kam es in Transsylvanien zu einer ähnlichen Schwärmerei, als Isabella (die Tochter der Bona) Königinmutter war. Die Italianisierung des Hofes scheint in Frankreich etwa zur gleichen Zeit ihren Höhepunkt erreicht zu haben wie in Polen, mit anderen Worten: im späten 16. Jahrhundert, dem Zeitalter von Katharina de' Medici, Henri von Anjou (der kurze Zeit König von Polen war, bevor er als Heinrich III. König von Frankreich wurde) und Stefan Bathory (Backvis 1958–60; Barycz 1967; Boucher 1986: 97–125). In England scheint diese Tendenz, wenn man auf der Grundlage der Diskussion über dieses Thema urteilt, ein wenig später ihren Höhepunkt gefunden zu haben, nämlich gegen Ende der Regierungszeit von Königin Elisabeth.

Italien galt als Vorbild in der Kunst und im Leben. William Thomas, ein Waliser, der Italien gut kannte, erklärte im Jahre 1549: «Die italienische Nation ... scheint heute in der Lebensart und den Künsten stärker zu blühen als alle anderen.» In ähnlicher Weise forderte Beccadelli einen Freund in Ragusa (dem heutigen Dubrovnik) auf, seinen Sohn herzuschicken, «um ihn in Italien zu polieren (*per affinarsi in Italia*)» (Torbarina 1931: 52). Es wäre leicht, die Zahl der Beispiele für diese Art von Italophilie zu vervielfachen, aber es wäre auch müßig, denn wir sind ihr bereits in beinahe jedem Kapitel dieses Buches begegnet.

Doch führte gerade der Erfolg italienischer Gebräuche und Moden im späten 16. Jahrhundert im Ausland zu einem antiitalienischen «Rückschlag», der von England und Frankreich bis Ungarn und Polen überall spürbar wurde. Die Italophobie existierte im 16. Jahrhundert zugleich und im Zusammenspiel mit der Italophilie. Dies war genausogut möglich wie die Tatsache, daß Liebe und Haß gegenüber der amerikanischen Kultur in Europa und anderen Teilen der Welt in der zweiten Hälfte des 20. Jahrhunderts Hand in Hand existieren und aufeinander einwirken – und dies manchmal sogar in ein und derselben Person.

Eine gewisse Feindseligkeit gegenüber Italien hatte bei anderen Europäern Tradition. Sie war eine Reaktion auf die päpstlichen Steuern, lombardischen Bankiers oder das römische Recht. Der Aufstieg des Protestantismus führte zu einem wachsenden Mißtrauen gegenüber Italien als Heimat des Papsttums. Doch steigerten sich Feindseligkeit und Mißtrauen in dieser Periode noch weiter als Reaktion auf das, was man als den «Kulturimperialismus» der Italiener bezeichnen könnte, mit anderen Worten, auf das Eindringen ihrer Produkte, Gebräuche und Ideen, ganz zu schweigen von ihrer Behauptung, daß andere Europäer bloß Barbaren seien. Diese Zurückweisung Italiens war nicht so sehr nationalistisch bestimmt (obwohl sie langfristig das Nationalbewußtsein förderte), sondern vor allem eine Reaktion auf ein Gefühl kultureller Unterlegenheit. Diese feindseligen Reaktionen sollte man auch zu der oben erörterten Neubewertung des Mittelalters in Bezug setzen (S. 165).

So stand der schwedische Humanist Olaus Magnus den «weichen» Südländern kritisch gegenüber. Eine ungarische Chronik griff Sigismund von Transsylvanien wegen seiner «Speichelleckkerei» bei den Italienern an. Der polnische Autor Marcin Bielski bezeichnete Italienreisen als Ursache von Verweichlichung und Luxus. In Lukasz Górnickis Adaption von Castigliones *Hofmann*, die eine Umsetzung in ein polnisches Umfeld war, übernahm eine der Gestalten die Rolle des Verteidigers heimischer Traditionen und des Gegners alles Italienischen. In Deutschland behauptete Conrad Celtis, daß «italienischer Luxus uns korrumpiert (*Nos italicus luxus corrupit*)». Der Ausdruck «Ein verwelschter Deutscher ist die Inkarnation des Teufels (*Tedesco Italianato. Diabolo incarnato*)» wurde in Deutschland zu einer weitverbreiteten Redewendung.

Und ein ähnlicher Satz: «*Inglese italianato, diavolo incarnato*», wurde in England zum Sprichwort. In seinem Erziehungsbuch *The Scholemaster* kritisierte der protestantische Humanist Roger

Ascham «italianisierte» Engländer, die Petrarca, Boccaccio und Cicero der Bibel vorzögen. In einem Buch mit dem eindringlichen Titel *The English Ape* von 1588 setzte der Autor Italien mit Schmeichelei, Verschlagenheit und Eitelkeit gleich und entlarvte die Verdorbenheit der Engländer, die sich selber «italianisierten». Der Herzog von York brandmarkte in Shakespeares *Richard II.* das «stolze Welschland,/dem unser Volk, nach Art der Affen/nachhinkend, strebt sich knechtisch umzuschaffen». Die hier zum Ausdruck kommende Gefühlsäußerung ist ambivalent. Ressentiments gegenüber dem Fremden treten in Verbindung mit Selbstverachtung auf.

In Frankreich war die Kritik an Italien und vor allem am italianisierten Franzosen, dem *françois ytaliqué* besonders scharf (Sozzi 1972). Das Sprichwort «*dissimuler comme un Italien*, heucheln wie ein Italiener», war zu jener Zeit weit verbreitet. Joachim Du Bellay machte die Art von Franzosen zum Ziel seiner Satire, die italianisiert in Gesten, Kleidung und Sprache von ihrer Auslandsreise zurückkehrten (*De gestes et d'habits, de port et de langage*). In einem Gedicht geißelte er ein heute noch wohlbekanntes Phänomen, die Bewunderung des Exotischen und die Verachtung der eigenen Kultur: «Das Fremde zu loben und das Französische zu verachten (*Louer les étrangers, les Francais mépriser*)». Der kalvinistische Drucker Henri Estienne verachtete insbesondere das, was er als die «Italianisierung» der französischen Sprache bezeichnete. Er erklärte die italienischen Kriege und den Hof mit seinem besonderen «Jargon» für schuldig an dieser Entwicklung.

Die Furcht vor Italien wurde manchmal durch die Metapher des Gifts zum Ausdruck gebracht, etwa durch zwei protestantische Adelige, François de La Noue, der von den «süßen Giften (*douces poisons*)» Italiens sprach, und Agrippa d'Aubigné, der sich auf das «Florentiner Gift (*venin florentin*)» bezog. Spensers Freund Gabriel Harvey, der persönlich von einigen Engländern als Halbitaliener betrachtet wurde, griff Machiavelli als einen «giftigen Politiker», Aretino als «einen giftigen Zotenreißer» und Pomponazzi als «einen giftigen Philosophen» an. Einige Ausländer betrachteten Italien im wörtlichen Sinne als die Heimat des Gifts. Dies ist zum Teil auf die in Guicciardinis *Istoria d'Italia* erzählte Episode über Papst Alexander VI. zurückzuführen, der aufgrund einer Verwechslung einen Becher mit Gift trank, der für einen seiner Kardinäle bestimmt war. Es besteht die Versuchung, dieses Bild als symbolisch anzusehen und die Italophobie als eine Bewegung zur Selbstreinigung, als eine Reaktion gegen eine Überdosis an ausländischer Kultur zu betrachten.

Aus diesen Konflikten über die italienische und auch über die klassische Kultur (vgl. oben, S. 193) ergab sich eine Synthese, auf jeden Fall aber ein Kompromiß oder sogar eine Mischung, die sowohl Italien als auch die Künste betraf. Wenn man sich die verschiedenen Bereiche des Alltagslebens genauer ansieht, dann kann es nützlich sein, drei weite Felder voneinander zu unterscheiden: die materielle Kultur, die Gebräuche und die Mentalitäten.

Materielle Kultur

Wir wollen mit den materiellen Aspekten dessen beginnen, was man den «Chic der Renaissance» nennen könnte, nämlich mit der Verankerung von Objekten in neuen Lebensstilen. Die Untersuchung über die Veralltäglichung sollte angemessenerweise mit dem Haus und seiner Möblierung beginnen. Das Bauen war ein deutliches Beispiel sichtbaren Konsums und führte manchmal zum finanziellen Ruin des Bauherrn, es war aber auch eine Investition sowie Symbol und Mittel zugleich, um Status und Macht zu demonstrieren (Stone 1965: 549–55; vgl. Girouard 1966). Zur selben Zeit bedeutete der Bau eines Hauses im neuen Stil die Mitwirkung an der Wiederbelebung der Antike. Der Baustil stellte also einen bildhaften Ausdruck des Lebensstils dar.

Aus diesem Grunde war die Architektur im späten 16. Jahrhundert, wenn nicht gar früher, zu einer zu ernsten Angelegenheit geworden, als daß man sie den Architekten oder gar den Handwerkern hätte überlassen können. Tycho Brahe und William Cecil sind bereits als Beispiele für Adlige genannt worden, die sich persönlich sehr stark für den Bau ihrer Häuser interessierten (vgl. oben, S. 207). Solche Amateurbaumeister, die Exemplare des Werkes von Serlio oder andere Abhandlungen zur Architektur in ihren Händen hielten, waren damals nicht ungewöhnlich. So spielte etwa Sir John Thynne eine wichtige Rolle bei der Planung seines riesigen Hauses zu Longleat in Wiltshire, desgleichen Francis Bacon bei der Planung seines Hauses in Verulam. Sir Thomas Smith, ein von der Architektur begeisterter Elisabethaner, besaß nicht weniger als sechs Ausgaben des Vitruvius. Die Illustrationen zu Vitruvius, Serlio und anderen Abhandlungen mögen für viele Leser noch wichtiger als der Text gewesen sein, da sie den potentiellen Klienten eine Vielzahl von Torbauten, Portalen, Fenstern, Kaminen und Ornamenten darboten.

Der Adel in vielen Teilen Europas, so in Frankreich, England, Deutschland, Böhmen, Polen oder Skandinavien, lebte in Burgen oder Herrenhäusern draußen auf dem Lande. Während die italienischen Aristokraten in der Stadt lebten und sich nur im Sommer in ihre Villen zurückzogen, taten diese Edelleute das Gegenteil. Im späten 16. Jahrhundert, als es vielerorts nicht mehr so notwendig war, diese Landhäuser zu befestigen, kam es gleichzeitig zur Wiederentdeckung klassischer Formen, und dies führte zur Entwicklung des besonderen Landhauses der Renaissance. Es war in diesem Zusammenhang nur zu erwarten, daß regionale Typen entsprechend der jeweiligen ortsgebundenen Ausstattung mit Baumaterial und den sozialen Bedürfnissen der Eigentümer entwickelt werden würden. Der Landadel benötigte in verschiedenen Teilen Europas ganz andere Arten von Behausungen als die italienischen Patrizier, weil das Alltagsleben anders ablief. Die soziale Distanz zwischen den Edelleuten und den Landarbeitern war ebenso unterschiedlich wie die räumliche Distanz zwischen dem Landhaus und dem Dorf. Mancherorts, so auch in Großbritannien, war der große Saal im späten 16. Jahrhundert immer noch eine Notwendigkeit, da dort Mahlzeiten für Gefolgsleute oder Vasallen gereicht werden konnten. Als die Adelsfamilien sich schrittweise aus dem großen Saal in den «Salon» zurückzogen, brachten sie durch diese Verhaltensweise ein Bedürfnis nach Privatheit zum Ausdruck, das in England allerdings größer oder auf jeden Fall sichtbarer war als in Italien (Girouard 1978).

Der Bann Italiens offenbart sich an der Entschlossenheit, den italienischen Stil trotz eines nördlichen Klimas zu übernehmen (ironischerweise ignorierte man dabei die Ratschläge des Vitruvius über die Notwendigkeit der Anpassung von Gebäuden an örtliche Bedingungen). Ein spektakuläres Beispiel war die modische Vorliebe für offene Loggien in englischen Landhäusern gegen Ende des 16. Jahrhunderts. Loggien im italienischen Stil, die zum Dinieren, Spazierengehen und zur Aufstellung von Statuen dienten, wurden für William Cecil (Theobalds und Burghley House), für seinen Freund Sir Thomas Smith (Hill Hall in Essex) und für Bess of Hardwick sowie für Cecils Sohn Robert (Hatfield House) errichtet (Henderson 1955). Francis Bacons Essay *Of Building* empfahl den Bau «einer offenen Galerie auf Pfeilern, um die Aussicht auf den Garten und dessen Frische genießen zu können».

Spätere Generationen sprachen sich gegen diese Mode aus. In seinen *Elements of Architecture* von 1624 bemerkte Sir Henry Wotton, daß «die natürliche Gastfreundschaft Englands» die Speisekammern und die Küchen wichtiger machten, als sie es in Italien waren. Eine Generation später kritisierte Roger North in seinem Traktat *Of Building* Inigo Jones und bemerkte: «Es war bei den Italienern üblich und wurde von einigen närrischen Architekten in England nachgeahmt, die Säulenhalle im Hause unterzubringen, wie es in den Räumen der Königin zu Greenwich der Fall ist ... In Italien ist dies angemessen und nützlich, denn es hält die Hitze fern und schwächt die Kraft des Sonnenlichtes, die belästigend ist ... Wir aber haben, allgemein gesprochen, zuviel Luft und zuwenig Hitze und daher müssen wir die Räume nicht so anordnen, um das eine zu behalten und das andere fernzuhalten.» Im 18. Jahrhundert machte sich der Dichter Alexander Pope immer noch über jene Enthusiasten lustig, die «stolz darauf waren, sich an einer venezianischen Tür zu erkälten». Andere Kritiker entschieden sich für neue Formen der Dekoration. Nach einer anonymen französischen Erörterung über den kürzlich erfolgten Preisanstieg (*Discourse sur les causes de l'extresme cherté*) von 1586 lag eine der Ursachen dieser Inflation in dem neuen «exzessiven und stolzen Baustil (*cette excessive et superbe façon de bastir*)», mit anderen Worten also: im Bauen im klassischen Stil mit all seinen Galerien, Säulenhallen, Balustraden, Friesen, Gesimsen, Kapitellen und so weiter.

Wie dem auch sei: Der italianisierende Stil verbreitete sich nicht nur von Palast zu Palast, von Landhaus zu Landhaus, sondern er prägte auch relativ bescheidene Häuser in der Stadt. Unter den Vorbildern für die letztgenannten sind Häuser italienischer Künstler wie Mantegna, Raffael, Giulio Romano, Vasari und Zuccaro zu nennen. Vasari beispielsweise bemalte sein Haus in Arezzo mit illustrierten Geschichten über Künstler, während sein Haus in Florenz mit Allegorien der Künste und Portraitmedallions berühmter Künstler geschmückt war.

In Nürnberg ließ der Patrizier Sebald Schreyer, ein Freund des Humanisten Conrad Celtis, sein Haus in der Burgstraße mit Bildern von Orpheus, Apollo und den Musen ausschmücken. In Amsterdam verfügte der friesische Bankier Pompejus Occo über ein Haus in der Kalverstraat mit Innendekorationen und Möbeln, die so reichhaltig waren, daß das Haus unter dem Namen «Paradies» bekannt wurde. In Antwerpen beauftragte der Kaufmann Niclaes Jongelinck den Künstler Frans Floris, sein Haus mit einem Gemäldezyklus der Arbeiten des Herkules zu schmücken. Floris' eigenes Haus warb für sein Gewerbe mit einer bemalten Fassade, auf der Skulpturen in ihren Nischen nachgeahmt wurden, die allegorische Gestalten wie die «Kunstfertigkeit», die «Kenntnis der Dichtung» und die «Kenntnis der Architektur» repräsentierten. Gelegentlich bestand das Neue an einem Stadthaus eigentlich nur in einer Fassade oder sogar in noch weniger. In den Niederlanden und in Mitteleuropa konnte ein Haus mit traditionellen Stufengiebeln eine Renaissancefassade erhalten, indem man es mit Pilastern, Balustraden, Statuen und Obelisken ausstattete.

Die rapide Ausbreitung von klassischen oder zumindest an klassischen Vorbildern orientierten Formen wurde seit Beginn der 1520er Jahre durch gedruckte Musterbücher ermöglicht. Dazu gehörten die entsprechenden Werke von Serlio (Buch 4), Jacques Androuet Du Cerceau und Hans Vredeman de Vries, der in Antwerpen zwischen 1555 und 1587 nicht weniger als 27 Bände mit Mustervorlagen veröffentlichte, etwa für Säulenordnungen, Karyatiden, Brunnen und Gärten. Die Musterbücher boten ein umfassendes neues System von Formen zur Ersetzung des gotischen Systems, das schließlich selbst von den Kathedralen bis zu den Bestecken alle Formen bestimmt hatte. Klassische Muster der Architektur und der Bildhauerei wie Säulen, Kapitelle, Karyatiden, Giebel, Friese, Girlanden und Putten erwiesen sich als unglaublich anpassungsfähig und regten zur Ausschmükkung von Betten und Bucheinbänden, Tassen und Uhren, Tex-

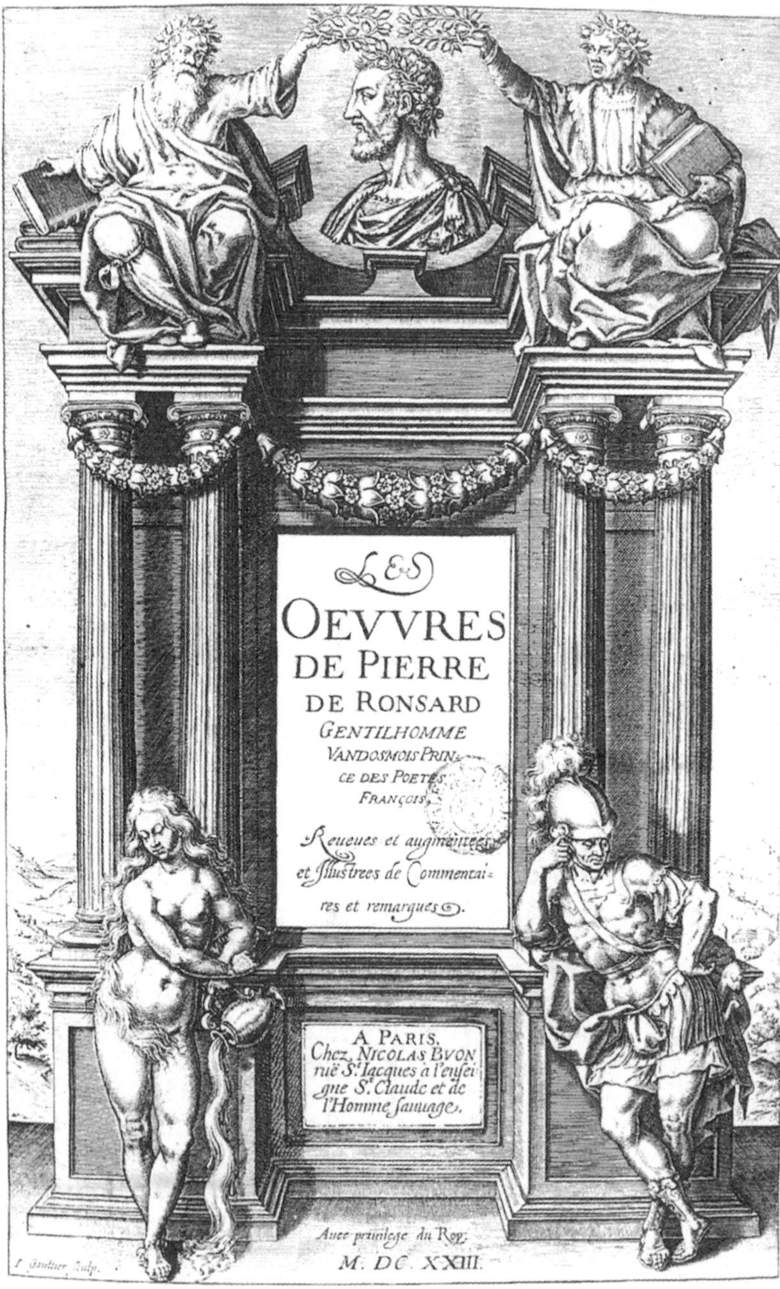

18. Léon Gaultier, Frontispiz zu Pierre Ronsard, Oeuvres, Paris 1623. Man vergleiche die Büste von Ronsard mit der obigen von Ariosto.

19. *Anlage aus Hans Vredeman de Vries, Architectura (1577), f. 10a, Cambridge University Library.*

tilien, Grabmälern und Titelseiten von Büchern an, wobei letztere oftmals Triumphbögen oder Torbauten mit Säulen nachahmten, um so den Eintritt des Lesers in die Welt des Buches zu symbolisieren (Abbildung 18).

Doch war das neue System nicht rein klassisch oder auch nur ausschließlich italianisierend. Wie wir bereits gesehen haben (vgl. oben, S. 102), hatten Grotesken «ohne jede Regel (*senza alcuna regola*)», wie Vasari sie bezeichnet hatte, wie unklassisch oder gar antiklassisch sie auch immer sein mochten, die alten Römer angesprochen und in Italien gegen Ende des 15. Jahrhunderts wieder einen Aufschwung erlebt. Musterbücher aus den Niederlanden (Vredeman), Frankreich (Du Cerceau) und Deutschland (Jamnitzer) verbreiteten das Wissen über diesen Reichtum an phantastischen und monströsen Formen. Diese Bücher kodifizierten die Regeln der Unordnung. Grotesken stellten oftmals Mischformen zwischen menschlichen und tierischen Wesen (Satyrn, Centauren, Harpien und so weiter) dar. Es war nur folgerichtig, daß sie die Hybridisierung förderten. In diesem Genre galt ein Satz, den ein Engländer im Jahre 1612 niederschrieb: «Je mehr Mannigfaltigkeit man im Erfinden zeigt, desto mehr Gefallen erregt man» (zitiert bei Mercer 1962: 99). Und durch diese Bresche in der Mauer der klassischen Regeln konnte auch eine Vielzahl von anderen Formen eindringen.

Dies gilt beispielsweise für einen neuen Typus der Dekoration, der zu jener Zeit in den Niederlanden geschaffen wurde und im nördlichen Europa von Cambridge bis Königsberg weite Verbreitung fand. Er ist als Beschlagwerk bekannt, weil seine geschlungenen Formen aussehen, als seien sie aus Metall herausgeschnitten (Abbildung 19). Sie wurden benutzt, um Häuser, Grabmäler, Brunnen, Bücher etc. zu verzieren. Jene abstrakten Formen, die als «Arabesken» bekannt wurden, stellen ein schlagendes Beispiel für den Einfluß der islamischen Kultur auf den Westen dar, sie waren in Spanien schon lange bekannt, aber im 16. Jahrhundert drangen sie nach Italien, Frankreich und in andere Teile Europas ein. Im Jahre 1582 veröffentlichte Du Cerceau ein Musterbuch unter dem Titel *Grandes arabesques*. Inmitten dieses Aufruhrs von Formen ist es möglich, auch gotische Elemente zu entdecken. Ob man sie nun als Zeugnisse des Überlebens oder der Wiederherstellung betrachtet, so stellten sie auf jeden

20. Jan Kochanowski-Denkmal in Zwoleń, ca. 1610. Grabmonumente im gleichen Stil lassen sich von England bis Polen überall finden.

Fall die Rückkehr zu unterdrückten Formen dar. Ein Satyr der Renaissance ist nicht immer leicht von einem mittelalterlichen Wasserspeier zu unterscheiden.

Die Musterbücher entsprachen einem Bedürfnis, denn zu jener Zeit gab es immer mehr Objekte, die man verzieren konnte oder die der Verzierung bedurften. Man hat das 16. Jahrhundert das Zeitalter der «Entdeckung der Dinge» genannt, weil die Häuser der Reichen sich zu jener Zeit mit Gegenständen zu füllen begannen. Moralische Kritik an diesem Luxus oder diesen «Überflüssigkeiten» war verbreitet. Conrad Celtis und Marcin Bielski sind in diesem Zusammenhang bereits angeführt worden, während der *Discours sur la cherté* behauptete, daß in den guten alten Tagen vor der Mitte des 16. Jahrhunderts «die Menschen nicht so viele reiche und wertvolle Möbel kauften (*on n'achetoit point tant de riches et precieux meubles*)». Wie dem auch sei, so war die Kritik an diesen *braveries* (ein Begriff, den man mit «Gegenständen, die beeindrucken sollten», übersetzen könnte) nicht stark genug, um dem Prozeß der Akkumulation und der Zurschaustellung Einhalt zu gebieten. Viele dieser Luxusobjekte verkörperten Ideale der Renaissance und können daher von Historikern als Beweis für die Neigungen oder Versuche ihrer Eigentümer gedeutet werden, ihre Identitäten im neuen Stil zu konstruieren oder zu rekonstruieren (Goldthwaite 1987, 1993: 226 f.; Thornton 1991).

Die Sorge um die Identität wird an zwei Genres besonders deutlich, nämlich dem Grabmal und dem Porträt. Eine Familienkapelle in einer örtlichen Kirche kann als eine Erweiterung des «Herrensitzes» und das Grabmal als ein Teil der Möblierung verstanden werden. Grabmale wurden im klassischen Stil gebaut, wie er sich zunächst gemäß den Vorstellungen italienischer Bildhauer und dann durch die Niederländer gefiltert über Europa hinweg verbreitete (vgl. oben, S. 141). Sie enthielten fast immer das Familienwappen, Grabschriften zum Lobpreis der Tugenden der Verstorbenen und Darstellungen der Ehemänner und -frauen und nicht selten auch der Kinder, und zwar jeweils der Jungen auf der einen und der Mädchen auf der anderen Seite und in abfallenden Reihen von den größten zu den kleinsten arrangiert. Ob die Bildhauer nun auf wirkliche Ähnlichkeit aus waren (Abbildung 20) oder auch nicht, so repräsentierte das Grabmal die Familie gegenüber der Gemeinschaft, wie es die Porträtgalerie im Inneren des Hauses tat (vgl. unten, S. 279; Esdaile 1946; Mercer 1962: 217–52; Llewellyn 1996).

Sowohl das Innere der Häuser als auch die Fassaden wandelten sich in dieser Zeitspanne. Dies galt für die Decken, Eingangstüren und Treppen nicht weniger als für die Möbel (Mercer 1962: 60–98; Thornton 1991). Daß das Innere des Hauses wenigstens zunächst das Reich der Frauen darstellte, wird durch die Tatsache angedeutet, daß sich unter den frühesten Beispielen großzügig dekorierter Möbel *cassoni* und *deschi di parto* befanden. *Cassoni* waren Truhen, in denen die Bräute ihre Aussteuer aufbewahrten, sie waren oftmals mit Bildern geschmückt, die Homer oder Vergil, Petrarca oder Boccaccio darstellten oder berühmte Frauen wie Helena von Troja, Dido von Carthago, Lucretia oder Griselda. *Deschi di parto* oder «Geburtsteller» wurden gewöhnlich dazu benutzt, den Müttern nach der Entbindung Erfrischungen zu bringen, und sie waren in ähnlicher Weise verziert (Welch 1997, Teil 4). *Cassoni* kamen im Laufe des 16. Jahrhunderts aus der Mode und wurden durch Schränke ersetzt, die ausländische Besucher, so etwa den Engländer Fynes Moryson, wegen der Fertigkeiten beeindruckten, die ihr Schnitzwerk und ihre Innenausstattung unter Beweis stellten, (Schubring 1915; Riccardi-Cubitt 1992).

Die Engländer dagegen verfügten ihrerseits über geschnitzte Betten auf vier Pfosten, die manchmal mit Grotesken und Karyatiden nach den Vorbildern von Du Cerceau und Vredemann (Roberts 1995) geschmückt waren. Auch die Tische wurden im neuen Stil umgestaltet. In Italien waren sie manchmal mit farbigem Marmor getäfelt. Im Hôtel Montmorency in Paris stellte der Konnetabel von Frankreich einen Ebenholztisch zur Schau, der mit Bronzemedaillen von zwölf römischen Kaisern ausgeschmückt war. Achteckige Steintische, in die antike Götter und Göttinnen eingeschnitten waren, fand man Mitte des 16. Jahrhunderts in einem englischen Landhaus, nämlich Lacock Abbey in Wiltshire. Auch Stühle wurden im neuen Stil gearbeitet, so auch die leichten Stühle, die nun in Gebrauch kamen, wie der italienische *sgabello* (französisch: *escabelle*), der wenig mehr war als ein Schemel mit einer Lehne. Musikinstrumente wie das Spinett waren zur Zierde ebenso wie zum Gebrauch gedacht und wurden mit sorgfältiger Bemalung versehen.

Das berühmte Salzfaß, das Benvenuto Cellini für König Franz I. entwarf, mit seinen Figuren der Göttin Erde (Symbol für den Pfeffer) und Neptuns (Symbol für das Salz) war kaum ein Gegenstand des alltäglichen Gebrauchs, aber es kann wohl

21. Majolikaplatte mit dem Urteil des Paris nach Raffael, Fitzwilliam Museum, Cambridge. Die nicht-mechanische Reproduktion eines Kunstwerkes.

als Hinweis auf die Bedeutung neuer Formen des Tafelgeschirrs zu jener Zeit dienen. Die Familie Jamnitzer in Nürnberg war für ihre Leistungen auf diesem Gebiet bekannt und arbeitete für die Kaiser; aber auch nicht so berühmte Handwerker, die für weniger vornehme Kunden arbeiteten, produzierten große Mengen von Krügen, Kannen, Seideln und Bechern, die von Halterungen in Form von kleinen Figuren oder Früchten – Äpfel, Birnen oder Pampelmusen – gekrönt oder gestützt wurden und mit Verzierungen geschmückt waren.

22. Entwurf für einen Kamin aus Sebastiano Serlio, Fünf Bücher über Architektur (englische Ausgabe, London 1611), Buch 4, Kapitel 7, f. S. 43.

Rüstungen und Waffen dienten der Zurschaustellung genausosehr wie dem Gebrauch, und sie symbolisierten die Identität ihrer Besitzer als Krieger. Ob sie nun nur zeremoniellen Zwekken oder dem Gebrauch im Krieg, beim Turnier, beim Duell oder bei der Jagd dienten, so wurden Schwerter, Schußwaffen und andere Waffen jedenfalls zu Kunstwerken. Zu den wichtigsten Produktionszentren für diese Produkte zählten Mailand und Augsburg. Schwerter konnten mit Gold eingelegt werden, ein Prozeß, den man als «Damaszierung» bezeichnete und der eine Spezialität spanischer Handwerker war. Ihre Griffe waren oftmals mit Bandornamenten, Blattverzierungen oder Masken geschmückt. Die Schäfte und Kolben der Gewehre waren oftmals mit Hirschhorn ausgelegt und je nach ihrem vorgesehenem Gebrauch mit Jagd- oder Kampfszenen geschmückt (Hayward 1976).

Zu den billigeren Produkten zählten solche aus Terrakotta und Majolika. Einige der bemalten Terrakotten, wie sie in Florenz in der Werkstatt der Familie Della Robbia produziert wurden, waren großartige Objekte, vorgesehen für Kirchen oder für Herrscher wie René von Anjou; aber die Werkstatt produzierte auch kleine Bildnisse für Schreine am Wegesrand oder für Privatpersonen. Es mag eine Übertreibung sein, hier von einer «Massenproduktion» zu sprechen, aber man hat doch Anzeichen von eiliger Arbeitsweise entdeckt, und Bilder mit populären Themen wie der Anbetung der Heiligen Drei Könige oder der Madonna mit dem Kind haben in zahllosen, buchstäblich identischen Kopien überlebt (Marquand 1922: 2, 64 und Nr. 122–42, 157–67, 302–9, 312–20).

Viele der Majolikateller, Geschirre und Krüge aus den Werkstätten von Faenza, Urbino, Deruta und anderswo in Italien waren außerordentlich aufwendig und wahrscheinlich auch sehr teuer. Diese Keramikarbeiten wurden selbst von Isabella d'Este nicht verachtet, einer Dame, deren Gefallen schwer zu erregen war, da sie am Erwerb von Kunstwerken interessiert war. Ein Eßservice aus bemalter Majolika war für einen Fürsten geeignet und ein solches, das von einem berühmten Maler entworfen war, nämlich von Taddeo Zuccaro, wurde Philipp II. von Spanien vom Herzog von Urbino geschenkt. Es gab jedoch auch Majoliken billigerer Art, so etwa die Serien von Tellern, die mit Bildern hübscher Mädchen bemalt waren und «Laura Bella», «Jerolima Bella» und so weiter hießen und in vielen Museen erhalten geblieben sind (Rackham 1952).

Berühmte Gemälde sind immer wieder auf Majoliken reproduziert worden. Teller und Geschirr aus Urbino beispielsweise ahmen häufig Gemälde des in der Stadt geborenen Raffael nach. Man kann nachweisen, daß diese Maler Raffaels Arbeiten aus zweiter Hand über die Drucke von Raimondi kannten (vgl. oben, S. 101). Eine ähnliche Situation herrschte in Frankreich, wo das mit Emaille verzierte Tischzeug von Handwerkern aus Limoges Werke von Raffael, Primaticcio und Dürer nachbildete. Auf diese Weise wurden einige der berühmtesten Bilder der Renaissancekunst zu Bestandteilen des Alltagslebens einer Gruppe von Konsumenten, wobei allerdings, was jene Tag für Tag zu sehen bekamen, die Reproduktion einer Reproduktion darstellte.

Die Feuerstätte oder der Kamin bietet ein weiteres eindrucksvolles Beispiel des Eindringens neuer Formen ins Alltagsleben. Im 15. Jahrhundert waren marmorne Feuerstellen bereits ein wichtiger Teil der italienischen Innenausstattung, so beispielsweise im Palast von Urbino. Serlios Abhandlungen über die Architektur boten alternative Muster von Kaminen (Abbildung 22), die reich an klassischen Details waren, diesen Modellen folgte man in Abwandlungen, beispielsweise in Fontainebleau, in Burghley House, in Hardwick Hall und anderswo (Mercer 1962: 115–20). Spätere Traktate über die Architektur boten eine Vielzahl von Vorlagen, die manchmal als dorisch, ionisch, korinthisch bezeichnet wurden. Der *Discours sur la cherté* klagte, daß in den alten Tagen «niemand etwas davon verstand, Marmor oder Porphyr für Kamine zu verwenden (*on ne savait que c'était mettre du marbre ni du porphyre aux cheminées*)», aber es gab keinen Weg zurück.

Die wachsende Beliebtheit der Bildnisse von Kaisern bei der Dekoration von Häusern und Palästen machte die Geschichte des antiken Rom zu einem Teil des Alltagslebens. Das Château Gaillon, das für den Kardinal Georges d'Amboise errichtet wurde, war mit Marmorschmuckplatten dekoriert, die die Köpfe römischer Kaiser zeigten. Dem Château Gaillon nacheifernd wurde Kardinal Wolseys Hampton Court mit acht Terrakottaschmuckplatten römischer Kaiser von Giovanni da Maiano geschmückt (Abbildung 7). Es war üblich, eine Reihe der «zwölf Kaiser» zur Schau zu stellen, deren Biographien der römische Historiker Sueton geschrieben hatte und die dadurch kanonisiert wurden: Julius Caesar, Augustus, Tiberius, Caligula, Claudius, Nero, Galba, Otho, Vitellius, Vespasian, Titus und Domitian. So stattete beispielsweise der französische Beamte Florimond Robertet sein Haus in Blois mit Medaillons der zwölf Kaiser aus. Tizian malte Portraits der Cäsaren für Federigo Gonzaga von Mantua. Einen Satz der zwölf Büsten zu besitzen, wurde geradewegs zu einer Mode. Kardinal Farnese besaß einen solchen, der Kardinal von Lothringen einen weiteren, der Herzog von Mantua einen dritten und der Herzog von Bayern einen vierten (Brown und Lorenzoni 1993: 29; Schmitt 1989: 215–58). William Cecil bestellte eine Reihe solcher Kaiserbüsten in Venedig und stellte sie in Theobalds auf. Der Gelehrte Sir Robert Cotton benutzte seinen Satz (ergänzt um die Büsten der Kleopatra und der Faustina), um die Themenkategorien zu kennzeichnen, in die seine berühmte Bibliothek unterteilt war.

Die damaligen Diskussionen über bildliche Darstellungen betonten im allgemeinen deren moralischen Zweck, konkrete Beispiele von Tugendhaftigkeit anzubieten. Erasmus erklärte beispielsweise in seiner *Erziehung eines christlichen Fürsten*, daß moralische Beispiele auf «Ringe eingeschnitzt, in Form von Bildern gemalt» werden sollten, um den Geist der Betrachter zu beeindrucken. Ein bevorzugtes Motiv, das von Gemälden bis zu Tellern Verwendung fand, war der antike Römer Mucius Scaevola, der seine Hand ins Feuer legte. Die Popularität von Gruppen der zwölf Kaiser, bei denen «gute» Herrscher wie Julius Caesar oder Augustus «schlechten» wie Nero und Caligula gegenübergestellt wurden, unter den europäischen Eliten legt nahe, daß das Ziel ihrer jeweiligen Besitzer nicht so sehr darin bestand, zur Tugend zu ermutigen, wie sich selber mit der Kultur des antiken Roms zu identifizieren.

Innerhalb des Hauses war das *studiolo* das wichtigste Symbol humanistischer Werte; es stellte die säkulare Version einer Mönchszelle dar, einen Raum (oder zumindest eine Zimmerekke), der ganz der *vita contemplativa*, dem Denken, Lesen und Schreiben, gewidmet war. Ein anderer Name für diesen Ort war «Schreibzimmer (*scrittoio*)». Hier konnten Maximen an die Wän-

23. Peter Vischer der Jüngere, Tintenfaß, ca. 1516, Ashmolean Museum, Oxford. Eine angemessene Ausstattung für das Arbeitszimmer eines Humanisten.

de gemalt sein, die zur rechten Art von Gedanken anregen sollten, wie in Ficinos Studiolo in seiner Villa in Careggi außerhalb von Florenz. In einem Brief an seinen Freund Vettori schilderte Machiavelli, wie er sich seine besten Kleider anzog, bevor er sein *scrittoio* betrat, um mit den Alten Konversation zu treiben. Wie wir bereits gesehen haben (vgl. oben, S. 66, 107) waren Humanisten wie Salutati und Poggio und Fürsten und Fürstinnen wie Federigo von Urbino und Isabella d'Este stolz auf ihre Studioli und bemühten sich, sie angemessen auszustatten, und zwar nicht nur mit Schreibtischen und Tintenfässern, sondern auch mit Gemälden berühmter Männer, Statuen und (wie ein Berater dem Kardinal Farnese riet) «all euren kleinen Gegenständen wie Medaillen, Kameen, Schreibzeug und Uhren». Gemälde, die den Heiligen Hieronymus oder den Heiligen Augustinus beim Schreiben oder Meditieren zeigen, stellen mehr oder weniger korrekte Wiedergaben von Studioli dieser Art dar. Bereits vor Ende des 16. Jahrhunderts hatte sich diese Mode über den Kreis der Humanisten und Fürsten hinaus verbreitet. Im Jahre 1569 enthielt das Studiolo der venezianischen Kurtisane Julia Lombarda «eine Bronzefigur, die einen Bogen hält (*una figura di bronzo con un arco in man*)» (vermutlich den Cupido), ein Porträt von Dante, die *Trionfi* des Petrarca, vier Majolikakrüge und einige Bücher (Santore 1988; vgl. Liebenwein 1977; Thornton 1998).

Außerhalb Italiens ist es ebenfalls möglich, das Voranschreiten der modischen Begeisterung für das «studio» oder *étude* zu verfolgen, indem man erhalten gebliebene Möbel untersucht. Silberne Tintenfässer sind ein Beispiel, ebenso Schachteln für Schreibwerkzeuge, darunter einige von deutschen Goldschmieden wie Peter Vischer dem Jüngeren (Abbildung 23) und Wenzel Jamnitzer. Eine Schreibschatulle, die 1562 in Nürnberg hergestellt wurde, war von der Figur einer Frau gekrönt, die die Philosophie repräsentierte und ein Tablett hielt, auf dem die typische Renaissancebotschaft stand, daß das Lernen «das Sterbende wiederbelebt (*rebus caducis suscitat vitam*)», während die Künste «zurück ins Leben bringen, was in den Schatten gefallen ist (*revocant ad auras lapsa sub umbras*)». Schreibtische sind ein weiteres Beweisstück für die wachsende Bedeutung des Studiolo. In verschiedenen Teilen Europas entwickelten sich eigene Typen, so das spanische *escritorio*, oftmals mit Perleneinlagen und mit Arabesken geschmückt, oder der deutsche *Schreibtisch* oder *Kunstschrank*, der die Form der Fassade einer Kirche oder eines Tempels annehmen konnte und (wie ein deutscher Autor 1619 erklärte) mit Statuetten an passender Stelle für *schöne meditationes et contemplationes* geschmückt war (Philipp Hainhofer zitiert bei Mercer 1969: 118). Nürnberg war ein bedeutendes Zentrum der Produktion und des Exports derartiger Pulte und Schränke (Riccardi-Cubitt 1992).

Zu diesen erhalten gebliebenen Gegenständen kann man die Aussagen von Inventaren hinzufügen. Jacques Perdrier, ein königlicher Sekretär, der 1578 starb, besaß einen Raum mit Büchern, zwei Schreibpulten, einer Statuette des Jupiter, einem Astrolabium und einer Sammlung von Medaillen. Juan Bautista de Monegro, ein spanischer Architekt, der 1623 starb, bewahrte seine Bücher in einem Raum auf, der außerdem eine Uhr, Astrolabia, Quadranten und Erd- und Himmelsgloben enthielt. Lehrer und Studenten im Cambridge des 16. Jahrhunderts statteten ihre Studioli mit Stundengläsern, Globen und Lauten aus. Bestandslisten berichten uns nichts über die dekorative Ausmalung dieser Räume, doch weist Montaignes berühmtes Studiolo im Turm seines Landhauses immer noch Inschriften auf den Balken auf, nämlich 25 griechische und 32 lateinische.

Im Laufe dieser Phase erfolgte eine allmähliche Verschiebung der Interessen vom Studiolo zum Museum, dies galt zumindest unter den Eigentümern großer Häuser (Schlosser 1908; Lugli 1983; Impey und MacGregor 1985; Findlen 1989). Der Begriff «Museum» (wörtlich: ein den Musen gewidmeter Ort) wurde von Paolo Giovio in Umlauf gebracht, einem humanistischen Bischof, der in seinem Haus in Como eine Sammlung von Porträts der berühmten Männer seiner Zeit (und einiger weniger Frauen) zusammentrug. Das Haus soll (wie er behauptete) auf den Ruinen der Villa des Plinius errichtet worden sein und war mit Gemälden der neun Musen geschmückt (Zimmermann 1995: 159–62, 187 ff.). Ein Raum, der der Zurschaustellung von Statuen und anderen Objekten diente, wurde auch als *Galeria* bezeichnet, also als ein Ort, an dem man auf- und abgehen konnte. Ein frühes Beispiel eines als Zweckbau errichteten Museums stellt der Raum dar, den man 1568 dem Palazzo Grimani in Venedig hinzugefügt hatte, um klassische Skulpturen zur

Schau zu stellen. Ein Teil der Uffizien wurde von Großherzog Francesco I. in den 1570er Jahren für die öffentliche Darbietung der Sammlung der Medici bestimmt, der Großherzog hatte seine Schätze zuvor in seinem privaten *scrittoio* aufbewahrt.

Zu dieser Zeit sammelten und zeigten auch einige Deutsche antike Stücke. Raimund Fugger aus Augsburg besaß eine wichtige Sammlung, die 1531 von dem Humanisten Beatus Rhenanus beschrieben worden ist. Die Idee eines Museums oder einer Galerie zog diese Sammler bald an. Ein italienischer Korrespondenzpartner von Raimund Fuggers Sohn Johann Jakob berichtete ihm in einem Brief über das neue Museum im Palazzo Grimani, als wolle er diesem Modell folgen. Manche deutschen Herrscher zeigten ihre Sammlung in sogenannten *Kunstkammern* (ein Begriff, der in den 1550er Jahren erstmals auftaucht). Der Kurfürst August von Sachsen gründete 1560 in Dresden ein Museum dieser Art, dann folgten ihm bald Kaiser Ferdinand I. in Wien, Erzherzog Ferdinand II. von Tirol in Ambras und Herzog Albrecht V. von Bayern in München, wo das Museum als das *Antiquarium* bezeichnet wurde (Kaufmann 1994).

Der Garten eines Hauses diente oftmals als Freiluftgalerie. Der Humanist Poggio schrieb voller Erregung an seinen Freund Niccoli, daß er in Rom «eine völlig unversehrte Marmorbüste einer Frau gefunden habe, die ich sehr mag», und er beabsichtige, sie in «meinem kleinen Garten zu Terra Nova, den ich mit alten Stücken schmücken will», aufzustellen. In seinem Dialog *De nobilitate* beschrieb Poggio seine Wunschvorstellung, seinen Garten mit den Überresten klassischer Statuen auszustalten, während Lorenzo Valla über seine Leidenschaft für diese «kleinen, gebrochenen Marmorstücke» lästerte. Lorenzo de' Medici verwirklichte Poggios Ambitionen in seinem Garten hinter der Piazza San Marco in Florenz. Die prächtigen Gärten der Familie Medici in Pratolino oder jener der Familie Este in Tivoli versuchten, die altrömischen Gärten wiederzubeleben, wie sie Cicero und Plinius beschrieben hatten (Lazzaro 1990).

Diesem italienischen Modell folgte man Anfang des 16. Jahrhunderts auch anderswo. Zum Beispiel entschloß sich Florimond Robertet, eine Bronzekopie von Michelangelos David, die er in Italien erworben hatte, in seinem Garten in Burg unterzubringen, und der Herzog von Benavente stellte seine Skulpturensammlung in Sevilla aus. Der Garten mit seinen Blumenbeeten und Terrassen, seinen Pavillons und Galerien, seinen Brunnen und Grotten, seinen künstlichen Seen und Bergen war oft selbst ein Kunstwerk. Bei Serlio hatten Gartenpläne einen ebenso prominenten Rang wie bei Vredeman, der seinen Lesern die Wahl zwischen dorischem, ionischem und korinthischem Stil offenließ. Seltsamerweise war das 16. Jahrhundert in China genausosehr wie in Europa das Zeitalter des Aufstiegs des Gartens als ästhetisches Objekt und als Gegenstand verschwenderischen Konsums. Eine der wenigen Personen, die hier zu einem Vergleich fähig waren, der Jesuit Matteo Ricci, besuchte 1598 einen Garten in Nanjing und lobte dessen Terrassen, Pavillons und Türme, als habe es sich um italienische gehandelt (Clunas 1996).

Wie in der Architektur stammten auch in diesem Bereich die wichtigsten Beispiele aus Italien: die Medicigärten in Pratolino, die Boboligärten in Florenz und die Gärten der Villa Este in Tivoli außerhalb von Rom. Kaiser Maximilian II. beispielsweise bat seinen Botschafter in Rom, ihm Pläne italienischer Gärten zu schicken, und 1571 erhielt er eine Zeichnung des Gartens von Tivoli. Laurentius Scholtz, ein Arzt aus Breslau, der in Padua und Bologna studiert hatte, legte einen Garten nach italienischem Muster an und kombinierte Exemplare von Heilkräutern und exotischen Pflanzen mit Brunnen, Grotten, einem Pavillon und einer Kunstkammer (Warnke 1985: 187; Fleischer 1979). Auf der anderen Seite distanzierte sich der Engländer Sir Henry Wotton, obwohl er viele Jahre in Italien verbracht hatte, von der italienischen Formkunst und erklärte: «Gärten sollten unregelmäßig sein oder zumindest eine sehr ausschweifende Regelmäßigkeit aufweisen.» In Frankreich gab es im stets kritischen *Discourse on Dearness* auch Platz für Klagen über die neue Mode der Blumenbeete, Baumgänge, Kanäle und Brunnen. Die Nützlichkeit von Gärten als Orten zum Spazierengehen, zum Meditieren, zur Konversation oder zum Speisen wird sehr deutlich in literarischen Darstellungen wie Erasmus' Dialog über «Das göttliche Fest (*convivium religiosum*)» oder der Beschreibung von Kalanders Garten und «Lusthaus» in Sidneys *Arcadia*.

Städte dagegen ließen sich weniger leicht modifizieren als Gärten, aber Stadtplanung war ein Weg, auf dem die Ideale der Renaissance das Alltagsleben sehr vieler Menschen beeinflussen konnten. Die vollständig symmetrische Stadt war eine Seltenheit außerhalb von Abhandlungen über die Architektur, wie jener, in der Filarete seine Idealstadt «Sforzinda» beschrieb, die eine oktogonale Form haben sollte. Eine der wenigen derartigen Städte war La Valletta auf Malta, das nach der Belagerung durch die Türken im Jahre 1565 wiederaufgebaut worden war. Ein anderes Beispiel bildete Palmanova in Friaul, ein venezianisches Fort mit dem Grundriß eines neunzackigen Sterns. Zu den nördlichen Beispielen zählten Frederikstad in Norwegen, Freudenstadt in Württemberg, Glückstadt in Holstein und Christianstad auf Skåne. Die beiden letztgenannten wurden für Christian IV. von Dänemark errichtet, der sich persönlich für diese Städte interessierte. Im Falle der spanischen Städte in der neuen Welt stießen zwei Traditionen der Planung zusammen. Ein Gesetz von 1571, das eine ältere Praxis modifizierte, verlangte, daß neue Ansiedlungen, in denen viele Indianer zu leben gezwungen waren, nach einem gitterförmigen Plan angelegt werden sollten, der das zum Ausdruck bringen sollte, was man als die «geometrische Mentalität der Renaissance» bezeichnet hat. Doch waren der Bau von geraden Straßen und zentralen Plätzen in Mexiko und Peru bereits seit alters her üblich. In Mexiko-Stadt beispielsweise folgten die Straßen und Plätze den Grundrissen der Aztekenstadt Tenochtitlán, auf deren Ruinen die Stadt errichtet worden war (Benevolo 1993: 85–104, 112–23).

Es war nicht so sehr die symmetrische Stadt, die einen Teil der Alltagserfahrungen bildete, wie der symmetrische Platz. Mehr oder weniger regelmäßige Plätze mit Arkaden, wie sie Vitruvius und Alberti beschrieben hatten, wurden in wachsendem Maße üblich. In Venedig wurde die Piazza San Marco im 16. Jahrhundert neu gestaltet, um sie regelmäßiger zu machen. Auf der Piazza del Campidoglio in Rom und der Piazza Santissima Annunziata in Florenz wurden neue Gebäude errichtet, um den jeweiligen Platz symmetrisch zu machen (Lotz 1977). In den 1590er Jahren erhielt die neu errichtete Stadt Livorno in der Toskana eine Piazza Grande, die von Loggien eingefaßt war. Gegen Ende des Jahrhunderts wurde dieses italienische Beispiel in anderen Teilen Europas nachgeahmt. Paris beispielsweise erhielt die Place Royale (die heutige Place des Vosges) nach dem Vorbild von Livorno. Mit dem Bau dieses Platzes wurde 1605 begonnen. In Madrid begann man im Jahre 1617 mit der Arbeit an der Plaza Mayor, und London hatte bis 1630 auf den Covent Garden zu warten. Im Falle der Plätze hatte eher die Peripherie die Führung inne, als daß sie sich nach Mustern gerichtet hätte, denn ein zentraler Grundzug der Städte in der Neuen Welt war die jeweilige Plaza de Armas mit der Kathedrale auf der einen und dem Rathaus auf der anderen Seite. Das Gesetz von 1571 verfügte dazu: «Der Hauptplatz soll im Mittelpunkt der Stadt liegen und ein Rechteck bilden. Seine Länge soll mindestens anderthalb mal so groß sein wie seine Breite, da diese Proportion sich am besten für Festlichkeiten eignet, bei denen Pferde zum Einsatz kommen, sowie für jede andere Art von Feiern, die abgehalten werden müssen» (Benevolo 1993: 119).

Praktiken

Aus der Perspektive der Geschichte des Alltagslebens kann man die Renaissancebewegung auch als eine Reihe kultureller Praktiken betrachten. In den Künsten beispielsweise verbreitete sich die Praxis des Studierens, Messens und Kopierens klassischer Skulpturen und Gebäude immer mehr. Gleiches gilt für das Studium der Anatomie und des nackten menschlichen Modells in der «Aktklasse» der Akademie, die ihren Ursprung in Italien im späten 16. Jahrhundert hatte und in den Niederlanden und anderswo nachgeahmt wurde. Den Humanismus kann man auch als Variante derartiger Praktiken ansehen, dazu zählen Textkritik, Nachahmung sowie das Lesen, Schreiben und Sprechen nach Regeln, die in einer Schule gelehrt wurden.

Die Lateinschule war eine der wichtigsten Schauplätze der Veralltäglichung der Renaissance. Einige wenige dieser Schulen, an denen Humanisten wirkten, wurden zum Vorbild für alle übrigen. Die St. Paul's School, die John Colet gegründet hatte, um «die Barbarei» auszutreiben, stellte das Muster für die Schule in Ipswich, die Kardinal Wolsey gegründet hatte, und für die Merchant Taylor's School in London dar. Die Akademie in Straßburg, 1538 von Jakob Sturm gegründet, zog Studenten aus vielen Teilen Europas an, während Schulen in Basel und Genf sowie die Akademie in Zamość sich an diesen Vorbildern orientierten (Schindling 1977; vgl. Simon 1966 und Huppert 1984). Die Zahl der Schüler an einigen dieser Institute verdient es, hervorgehoben zu werden. Die Straßburger Akademie wurde 1546 von mehr als 600 Schülern besucht. Einige Jesuitenkollegs waren sogar noch größer. In München gab es 1597 beispielsweise 900 Schüler. Das Jesuitenkolleg in Paris hatte 1300 Schüler im Jahre 1580 und das Kolleg in Billom 1500 Schüler im Jahre 1582. Diese Schulen bildeten ihre Schüler im Sprechen und Schreiben des klassischen Latein in Vers und Prosa aus. Lateinische Stücke, die von den Schülern aufgeführt wurden (vgl. oben, S. 194), trugen dazu bei, sie mit dieser Sprache vertraut zu machen. Aus diesem Grunde entschloß sich der schottische Humanist George Buchanan, seine lateinischen Schauspiele zu schreiben, während er am Collège de Guyenne in Bordeaux lehrte, wo Montaigne zu den Schülern gehörte und auch in einigen dieser Produktionen mitspielte. Die Schauspielaufführungen unterstützten auch die alltäglichen Übungen in Rhetorik, zu denen Vortragskunst, Gestik und systematische Lernübungen genauso zählten wie Techniken der Überzeugung oder Umstimmung eines Publikums oder verbale Methoden der Anklage und der Verteidigung.

Zu dieser Zeit vervielfachte sich die Zahl der Abhandlungen über die Rhetorik und die berühmtesten unter ihnen stammten von Erasmus, Melanchthon, Sturm und Cipriano Soarez, dessen Lehrbuch offiziell von den Jesuiten eingeführt wurde (Fumaroli 1980; Murphy 1983; Skinner 1996: 19–211). Die Popularität dieser Werke sollte den modernen Leser nicht überraschen, denn die Rhetorik hatte zu jener Zeit einen vielfachen praktischen Nutzen. Formale Reden prägten spezielle Ereignisse wie Bestattungen oder königliche Besuche in Städten, während sie für Anwälte, Priester und Diplomaten ein Teil ihres alltäglichen Arbeitslebens waren. Eine Praxis, zu der in den Schulen seit den 1530er Jahren angeregt wurde, war das Anlegen von «Kollektaneenbüchern», also Aufzeichnungen über die eigene Lektüre, die es den Studenten gestatten sollten, sich einen Schatz an fertigen Redensarten und Beispielen anzulegen, die bei Reden oder in Briefen zu verschiedenen Gelegenheiten einzusetzen waren (Moss 1996). Montaignes frühe Essays entwickelten sich aus einem solchen Notizbuch, bevor der Autor zu seinem persönlichen Stil fand. Das gleiche gilt für die Abhandlung über die Politik des Lipsius (vgl. oben, S. 20), im wesentlichen eine Anthologie von Bemerkungen antiker Autoren zur Politik, die damals so sehr geschätzt wurde, daß sie bis 1604 in sieben europäische Sprachen übersetzt worden war.

Informelle Praktiken spielten auch eine wichtige Rolle für die Ausbreitung des Humanismus im Alltagsleben. Es gab sogar einen besonderen humanistischen Stil der Freundschaft, der den Empfehlungen Ciceros und Senecas folgte und sich immer wieder auf ewige Liebe, Altäre der Freundschaft und das Beispiel der Antike, insbesondere das des Pylades und des Orestes bezog. Dieser humanistische Stil, der den sogenannten «Gesetzen» der Freundschaft folgte, zeigte sich beispielsweise an Widmungen in Büchern, die darauf hinwiesen, diese seien Besitz des Eigentümers «und seiner Freunde (*et amicorum*)». Er dokumentiert sich bei Geschenken, insbesondere Büchern und Porträts, so etwa dem Doppelporträt von Erasmus und Peter Gillis, welches die beiden ihrem gemeinsamen Freund Thomas Morus schenkten. Schließlich ist in diesem Zusammenhang das «Album der Freunde (*album amicorum*)» zu erwähnen, das Autographen, Wappen, Bilder, Verse und Leitworte enthalten konnte. Mehr als 1500 solcher Alben sind aus dem 16. Jahrhundert erhalten geblieben. Der Brauch scheint sich in einem Kreis von Patriziern in Augsburg und Nürnberg, insbesondere unter Absolventen ausländischer Universitäten, entwickelt zu haben, er verbreitete sich bis in die Schweiz und die Niederlande, nach Polen und Schottland. In den 1550er Jahren bestand großer Bedarf an jenen Alben mit leeren Seiten, auf denen Aufschriften wie «Ein Schatz von Freunden (*Thesaurus Amicorum*)» standen (Morford 1991; Burke 1996).

Das Sammeln von Objekten, die mit der klassischen Antike in Verbindung gebracht wurden, war ein anderer Brauch, durch den Werte der Renaissance zu Bestandteilen des Alltagslebens wurden. Der Buchhändler Vespasiano da Bisticci schrieb über den Florentiner Patrizier Niccolò Niccoli, jene, die um seine Gunst buhlten, hätten ihm Marmorstatuen oder antike Vasen oder Inschriften geschickt. In der nächsten Generation zählte Lorenzo de' Medici zu den berühmten Sammlern von Gemmen, Kameen, Statuen, Vasen und Medaillen. Pietro Bembo war ein weiterer Enthusiast dieser Art, das bezeugt ein Brief, den er 1516 an Kardinal Bibbiena schrieb: «Da Raffael aus Urbino nicht imstande war, in Ihrem neuen Badezimmer einen Platz für die kleine Marmorvenus zu finden, die Signor Giangiorgio Cesarino Ihnen gegeben hat (...) seien Sie bitte so gut, sie mir zu geben. Ich werde sie in Ehren halten und in mein Studio (*camerino*), zwischen Jupiter und Merkur, ihren Vater und ihren Bruder, stellen.»

Zu Bembos Zeiten waren derlei Interessen nicht weiter bemerkenswert. Sie wurden von einem internationalen Kreis von Kennern und Genießern geteilt. In den 1560er Jahren behauptete der Künstler Hubert Goltzius, beinahe tausend Sammlungen dieser Art in verschiedenen Teilen Europas zu kennen. Die gesammelten Objekte waren ebenfalls von unterschiedlicher Manier. Giovios Galerie historischer Portraits strebten viele Sammler nach, und sie wurde von Erzherzog Ferdinand II. von Tirol übertroffen, der über tausend Werke besaß. Der Antwerpener Patrizier Cornelius van de Gheest sammelte flämische Gemälde des 15. Jahrhunderts. Zu der berühmten Kollektion Kaiser Rudolf II. zählten Objekte aus dem Osmanischem Reich, aus Persien, Indien, China und der Neuen Welt. Die grandiosen Werke der Natur waren ebenfalls für Sammler von Interesse: Muschelschalen oder ausgestopfte oder getrocknete Exemplare exotischer Tiere, Vögel, Fische oder Pflanzen (Lach 1977: 10–45; Pomian 1987: 35; Morán und Checa 1985).

Die sprachlichen Gewohnheiten waren ein weiteres Zeichen der Veralltäglichung der Renaissance. Dies gilt beispielsweise für die Namengebung. Personennamen waren ein Zeichen der Verpflichtung auf humanistische Werte, stellten eine Verbindung zum Kult der Antike her. In der Familie Anguissola beispielsweise waren Sofonisba und Asdrubale die Kinder von Amilcare; in der Familie Aldrovandi aus Bologna waren Ulisses, der berühmte Naturforscher, und sein Bruder Achilles Söhne des Teseo. Häufig kam es vor, daß Gelehrte ihren Nachnamen latinisierten, insbesondere, wenn es sich um deutsche oder holländische Namen handelte, wie in den Fällen Agricola (ursprünglich Bauer), Mercator (Kramer), Sapidus (Witz) und Vulcanius (Smet). Die Identifikation mit der Antike zeigt sich auch an dem Brauch, modernen Institutionen klassische Titel zu verleihen. Mailand, Wittenberg und Coimbra wurden sämtlich als ein «neues Athen» bezeichnet. Venedig, Antwerpen und Sevilla galten dagegen jeweils als ein neues Rom. Der Papst wurde mit dem Titel seines heidnischen Vorgängers *pontifex maximus* genannt. Die französische Infanterie nannte man «Legionen». Die Deputiertenkammer von Paris und die Stadträte vieler Städte erhielten den Titel «Senat».

Anleihen aus dem Griechischen, Lateinischen und Italienischen illustrieren sowohl den Enthusiasmus für die klassische und die italienische Kultur als auch die Notwendigkeit eines neuen Vokabulars zur Erörterung neuer Dinge. In der Diskussion über die Dichtkunst kamen in verschiedenen europäischen Sprachen Wörter wie «Elegie», «Epigramm», «Hexameter» und «Sonett» auf. In der Musik gingen technische Ausdrücke für Lieder (*madrigale, strambotta, villanella*) oder Tänze (*pavana, alla gagliarda*) ins Französische, Englische und sogar ins Deutsche (*Paduanen und Gagliarden*) ein. Es wäre äußerst schwierig gewesen, den klassischen Stil der Architektur ohne Begriffe wie «Architrav», «Cornice» (= Sims), «Fries», «Galerie», «Pilaster», «Piazza» oder «Portikus (Säulenreihe)» zu benutzen, ob diese Worte nun aus dem Italienischen übernommen wurden, wie es im Französischen, Englischen und Spanischen häufig geschah, oder wie im Deutschen dafür Neologismen geprägt wurden.

Montaigne verdammte das, was er als den «Jargon» der Architektur bezeichnete und was, wie es mit dem Jargon so häufig der Fall ist, möglicherweise benutzt wurde, um die Nichteingeweihten zu beeindrucken. In ähnlicher Weise machten sich die *Contes nouveaux d'Eutrapel* (Schilderungen aus dem Dorfleben in der Bretagne) des bretonischen Aristokraten Noël Du Fail über Leute lustig, die «keine anderen Worte in den Mund nahmen wie Frontispiz, Piedestal, Obelisk und Kolumne (*n'avaient autres mots en bouche que frontispieces, piedestals, obelisques, colonnes*)». Wie wir gesehen haben, konnte Henri Estienne in der «Italianisierung» des Französischen nichts anderes als eine Absurdität erblicken. Doch die langfristigen Konsequenzen dieser Mode waren bedeutsam. Eine internationale Sprache der Kunst begann sich herauszubilden mit Worten, die nicht nur wie Fresko oder Damaszieren für Techniken standen, sondern auch für Stile – rustikal, grotesk, arabesk und vor allem klassisch (*all'antica, á l'antique, a lo romano, nach antiquischer manier* und so weiter). Da sich die Sprache auf die Wahrnehmung auswirkt, ist es wahrscheinlich, daß dieses Gemenge von Begriffen das Bewußtsein für Unterschiede zwischen verschiedenen Stilen schärfte. Im Rückblick auf die Jahre um 1500, als all diese Worte noch nicht gängige Münze geworden waren, ist es nicht leicht, sich vorzustellen, wie Nichtitaliener über die neuen Strömungen in der Architektur, der Malerei oder der Musik hätten nachdenken oder gar sprechen können.

Das Schreiben war eine weitere Praxis, in der man sich anschickte, den Mustern der Antike und Italiens zu folgen. Die italienischen Humanisten belebten jenen Stil der Handschrift wieder, wie ihn Schreiber zu Zeiten Karls des Großen praktiziert hatten, und hielten diesen für einen antik-römischen Stil, während Poggio und Niccoli eine neue Schreibweise einführten, die als Kursivschrift bekannt wurde. Klassische Inschriften beeinflußten die italienische Kalligraphie, insbesondere die Großbuchstaben. Schüler lernten auf diese Art zu schreiben (Abbildung 2), und italienische Kanzleien, Schreiblehrer und gedruckte Traktate trugen samt und sonders dazu bei, die neuen Ideale zu verbreiten (Wardrop 1963; Petrucci 1986). Für viele bedeutete die kursive Handschrift ein Zeichen der Zugehörigkeit zur humanistischen Bewegung (obgleich manche Leute mit humanistischen Interessen, wie etwa Rabelais, sie nicht übernahmen). Dürer wechselte seine Art der Handschrift, nachdem er Italien besucht hatte (Wuttke 1977). Das gleiche tat ein Jahrhundert später Inigo Jones. Die Typographie folgte dem gleichen Muster, wenn auch in verschiedenem Ausmaß in unterschiedlichen Ländern wie auch in Büchern über unterschiedliche Themen. Erbauungsbücher, Romane und juristische Literatur wurden weiterhin in gotischen Typen gedruckt, nachdem das *Italische* die Norm für lyrische Dichtungen und Dialoge geworden war.

Eine andere soziale Praxis, durch die die Renaissance ins Alltagsleben eindrang, stellte das Schreiben von Versen, insbesondere von Liebessonetten nach Art des Petrarca, dar, eine Übung die damals halb im Scherz als «petrarkisieren (*petrarcheggiare, pétrarquiser*)» bezeichnet wurde. Celia, Delia, Julia, Helena, Stella und viele andere schlossen sich Petrarcas Laura als Objekte solch poetischer Huldigungen an. In Italien beschränkte sich diese Praxis nicht auf junge Edelleute, sondern dehnte sich auch auf Künstler wie Raffael und Michelangelo und auf Kurtisanen aus. Eine venezianische Kurtisane, die von der Inquisition unter Beobachtung gestellt wurde, erklärte, sie habe Petrarca gelesen und «viele Sonette komponiert» (sie scheint sich Veronica Franco zum Vorbild genommen zu haben). Die Lobpreisungen der Dame als Rose, Lilie, Koralle und Alabaster und die paradoxen Aussagen über die Geliebte als «lieber Feind» des Liebenden, als «süße Last (*dolce tormento*)» und «eisiges Feuer» gingen allesamt in die Sprache der Liebe ein (Forster 1969: 1–83). Es wurden Wörterbücher der Sprache des Petrarca zusammengestellt. In Petrarca-Ausgaben wurden Register seiner Adjektive angelegt, und ein italienischer Kritiker verdammte einen Dichter, weil er Worte benutzte, die bei Petrarca nicht zu finden waren, eine Kritik, die an die Debatte über die Nachahmung Ciceros erinnert (vgl. oben, S. 132). Auf diese Weise zu sprechen oder zu schreiben, stellte eine Art von Spiel dar. Entsprechend gab es im Italien des 16. Jahrhunderts ein Gesellschaftsspiel, bei dem von den Mitspielern verlangt wurde, Teile des Körpers mit Zeilen von Petrarca zu belegen.

Das Briefschreiben, insbesondere das Verfassen von Liebesbriefen, war eine weitere Fertigkeit, die klassischen und italienischen Vorbildern viel verdankte. Wie Sonette sollten auch Briefe auf eine elegante Weise Alltägliches zum Ausdruck bringen, Bekanntes neu kombinieren und formulieren. Die Zahl der Abhandlungen über die Kunst des Briefschreibens vervielfachte sich. Es bestand eine großen Nachfrage nach Briefstellern – Empfehlungsbriefen, Dankbriefen, Entschuldigungsbriefen, Trostbriefen etc. Die Briefe von Cicero, Petrarca, Aretino und anderen Meistern dieser Gattung waren in gedruckten Ausgaben erhältlich. Es wurden auch Anthologien von Briefen verschiedener Autoren veröffentlicht wie die oben erörterten (vgl. oben, S. 208). Montaigne behauptete, eine Kollektion von hundert Briefsammlungen zu besitzen, die er auf seiner Italienreise gekauft habe.

Vorlagen für Liebesbriefe stellten ein eigenes Genre dar, das Anregung für eine frühe Briefnovelle, Alvise Pasqualigos *Liebesbriefe* von 1569, bot. Zu den immer wiederkehrenden Themen gehören die Übersendung eines Geschenks, Beschwerden über die Grausamkeit oder «Härte» der geliebten Person, über die Qualen der Eifersucht und so weiter. Die Reize der geliebten

Person wurden in sehr formalistischer Art geschildert: *la vostra angelica bellezza, l'incredibile bellezza vostra, quella bellezza estrema* und so weiter. Das ist die Sprache des Liebhabers bei Petrarca, sein Seufzen und Schluchzen oder das des «armen und bescheidenen kleinen Schäfers (*umile e povero pastorello*)» in der Tradition der Hirtendichtung.

Der Leser mag sich an dieser Stelle fragen, ob es jemals wirkliche Menschen gegeben haben mag, die sich auf derartige Weise ausdrückten. Daß einige wirklich diesen Vorbildern und den Empfehlungen der entsprechenden Abhandlungen folgten, mag ein Fall verdeutlichen, der vor dem Tribunal des Gouverneurs von Rom im Jahre 1595 verhandelt wurde. Es handelte sich um einen Prozeß wegen Unzucht, in dem einem Priester aus Subiaco vorgeworfen wurde, er habe sich einem Knaben, der allem Anschein nach sein Organist war, in unschicklicher Weise genähert. Schlüsseldokumente in diesem Prozeß waren die unsignierten Liebesbriefe, die sich im Besitz des Knaben befanden. Sie waren in einem andeutungsweise an Petrarca orientierten Stil geschrieben und nannten den Knaben «meine einzige Hoffnung (*unica mia speranza*)», wiesen auf «meine treuen Dienste (*mio fidelissimo servire*)» hin, beschwerten sich über die Vernachlässigung durch ihn, «das üble Schicksal», den «großen Schmerz» und das «aufgerissene Herz (*sviscerato core*)» und schilderten den Briefschreiber selbst als «jenen, der dich mehr als sich selbst geliebt hat (*quel che vi ha amate più che se stesso*)». Was hätte Petrarca über diese Anwendung seiner Ausdrucksweise wohl gedacht?

Eine andere Praxis, die die Begeisterung für die Antike und für Italien offenbart, war das Reisen oder das, was wir «Tourismus» nennen können, mit anderen Worten: Besuche mit der Absicht, sich Orte von bestimmter kultureller Bedeutung anzusehen (Mączak 1978). Petrarca meditierte nicht nur auf den Ruinen Roms, sondern suchte auch das Grab des Vergil auf Capri und das Grabmal des Livius zu Padua auf. Verhaltensweisen dieser Art wurden in wachsendem Maße üblich. Alfonso von Aragon beispielsweise besuchte jene Stätten, die er für Ovids Haus und für Ciceros Gruft hielt. Vergils Grabstätte auf Capri wurde von Erasmus und von König Karl VIII. von Frankreich aufgesucht. Im Jahre 1598 ritzte ein polnischer Besucher seinen Namen dort ein (Mączak 1978: 272 f.).

Die Italophilie kam ebenfalls durch den Tourismus zum Ausdruck und wurde durch ihn auch ermutigt. Diese Praxis läßt sich seit dem 15. Jahrhundert dokumentieren, als die Stadtverwaltung von Arezzo erklärte, Petrarcas Haus solle ein öffentliches Monument werden. Der florentinische Humanist Traversari besuchte Petrarcas Grabmal in Arquà, während der französische Humanist Fichet die Stätte aufsuchte, die er für Petrarcas Grab in Avignon hielt. Doch erst im 16. Jahrhundert wurde diese Art von Tourismus zu einer ganz alltäglichen Erscheinung, was insbesondere auf den wachsenden Kult zurückzuführen war, der sich mit Petrarca und seiner geliebten Laura beschäftigte. Im Jahre 1533 entdeckte der Dichter Maurice Scève, damals Student in Avignon, das, was er für Lauras Grab hielt (Saulnier 1948: 38–44). Im folgenden Jahr besuchte der spanische Dichter Garcilaso de la Vega die Grabstätte. Der englische Reisende Fynes Moryson besuchte Arquà im Jahre 1594 und sah nicht nur Petrarcas Grabmal, sondern auch sein Haus, wo der Eigentümer «uns einige Haushaltsgegenstände zeigte, die ihm gehört hatten und die Haut einer Katze, die er liebte und die sie getrocknet haben und immer noch aufbewahren».

Zu den Stätten kultureller Pilgerfahrten zählten Ariostos Grabmal in Ferrara, Boccaccios Grab in Certaldo, Sannazaros Ruhestätte in Mergellina, Castigliones Grabmal in Mantua und die Grabstätten von Giotto, Ficino und Michelangelo in Florenz. Seit den 1620er Jahren stand Michelangelos Haus Besuchern offen. In den Reiseberichten von Italienreisenden finden sich auch Aufzählungen von Kunstwerken sowie von lebenden Künstlern und Gelehrten. Der spätere Magistrat Jacques-Auguste de Thou besuchte das *studiolo* der Isabella d'Este in Mantua und traf Vasari in Florenz. Die Kapelle der Medici wurde immer wieder von ausländischen Reisenden erwähnt, die Florenz um das Jahr 1600 besuchten. Die Gepflogenheit der «Grand Tour», der Kavaliersreise, auf der junge Adlige aus England, Frankreich, den Niederlanden, Deutschland, Dänemark, Polen und anderswo Italien und hie und da auch andere Länder besuchten, setzte sich im späten 16. Jahrhundert durch. Abhandlungen von Justus Lipsius, Henrik Rantzau, dem schweizerischen Humanisten Theodor Zwinger und anderen kodifizierten diese Praxis, lehrten, was sie als die «Kunst» oder «Methode» des Reisens bezeichneten, was man zu tun hatte, was man sich ansehen mußte – und sie nannten in diesem Zusammenhang antike Stätten, Kirchen, Brunnen, Gärten, Inschriften, Bibliotheken, Plätze, Statuen und so weiter (Stagl 1980; Rubiès 1995).

Man betrachtet die Kriegskunst nicht eben häufig als Komponente der Renaissance, aber auch in diesem Bereich folgten die europäischen Praktiken zunehmend den gemeinsamen Vorbildern der Antike und Italiens. Italienische militärische Begriffe wie *bastione* und *cannone* drangen ins Französische, Englische und in andere Sprachen ein. Italienische Abhandlungen über das Kriegswesen wurden studiert und übersetzt, darunter Machiavellis *Dell'arte della guerra* mit ihrer Hervorhebung militärischer Wertmaßstäbe des alten Rom. Die Schriften antiker Autoren, die sich zu Fragen der Kriegskunst geäußert hatten, wie Julius Caesar, Polybios und Aelian, wurden von den Heerführern jener Zeit ernstgenommen.

Moritz von Nassau beispielsweise, ein ehemaliger Schüler des Lipsius und einer der führenden Feldherren seiner Zeit, folgte in seinem militärischen Handeln antiken Vorbildern; er ersetzte die Gefechtsordnung im Karree durch lineare Formationen, betonte die Bedeutung des Exerzierens und des Ausgrabens befestigter Lager. Moritz kannte den Kommentar des Lipsius über Polybios' Beschreibung des römischen Heeres. Es hatte den Anschein, daß eine «militärische Renaissance» für die «militärische Revolution» des späten 16. Jahrhunderts unumgänglich war (Oestreich 1969, 1982; Reinhard 1986). Doch diese Dinge haben auch eine ironische Komponente. Zunächst hinderte das erfolgreiche Eindringen der «Barbaren» nach Italien im Jahre 1494 nicht daran, daß man die Italiener als militärische Vorbilder betrachtete. Zweitens ging die Epoche des Schießpulvers, die manchmal als Teil des «neuen Zeitalters» gefeiert wurde, mit einer Rückkehr zu Vorbildern der Antike einher. Drittens lernten sture, pragmatische und erfolgreiche Generäle wie Moritz von Nassau etwas Nützliches von Gelehrten wie Lipsius. Wie im Falle der Musik, der Handschrift und der Architektur trugen Humanisten auch hier zum Wandel kulturhistorischer Praktiken bei.

Weitere Alltagspraktiken wie das Tanzen, Reiten und Fechten orientierten sich ebenfalls an italienischen Modellen. Die Mehrheit der Abhandlungen zu diesen Themen, die im 16. Jahrhun-

24. *Ehrentor, Gonville and Caius College Cambridge.*

dert immer zahlreicher wurden, waren von Italienern verfaßt, und ihre technischen Begriffe drangen ebenso in andere Sprachen ein, wie es beim Vokabular der Architektur und des Krieges der Fall war. Für italienische Tanzmeister, Reitlehrer und Fechtmeister bestand große Nachfrage an den Höfen und den Akademien, an denen junge Edelleute den Verhaltensstil lernten, der in ihrer Schicht als angemessen galt. Diese Praktiken scheinen dem recht fernzustehen, was man allgemein als Renaissance kennt, aber das Beispiel von Castigliones *Hofmann* mag genügen, um die Verbindungen aufzuzeigen. Der *Hofmann* diskutiert über den Tanz, das Gehen, die Gestik und die Haltung als Mittel, um Grazie (*grazia*) oder eine elegante Lässigkeit (*sprezzatura*) zu demonstrieren. Diese Konzepte stammen von Cicero und anderen antiken Autoren und wurden allmählich ins Alltagsleben eingegliedert.

Italienische Bücher über das Tranchieren und andere Elemente des Tischrituals wie die Kunst, Servietten zu falten, stießen ebenfalls andernorts auf Interesse. Von Italien aus verbreitete sich der Gebrauch der Gabel in andere Teile Europas, obwohl der Widerstand dagegen stark blieb und man nicht sagen kann, daß sich vor dem Ende des 17. Jahrhunderts die Verwendung dieses Instruments auch nur unter den Eliten weitgehend durchgesetzt hätte. König Matthias von Ungarn, der in vielen Aspekten als italophil gelten muß, sagte, er habe sich geweigert, Gabeln zu benutzen, die ihm der Herrscher von Ferrara geschenkt habe (Elias 1939; Klaniczay 1990: 83). Doch Ungarn war in dieser Hinsicht nicht besonders rückständig. In England mußte der Reisende Thomas Coryate im Jahre 1608 seinen Landsleuten noch umständlich erklären, was eine Gabel sei, und er mußte die Beschreibung dieses fremdartigen Gegenstands durch eine Illustration begreiflich machen.

Gewohnheiten und Werte

Es ist an der Zeit, die Prinzipien, die diesen Praktiken unterliegen, zu untersuchen, mit anderen Worten: Veränderungen im Alltagsdenken, unausgesprochene Voraussetzungen, mentale Gewohnheiten oder Empfindlichkeiten. So brachten architektonische Formen manchmal komplexe Vorstellungen zum Ausdruck. Als das Gonville and Caius College in Cambridge während der 1560er und der 1570er Jahre im Renaissancestil umgebaut wurde, konstruierte man drei Tordurchfahrten: das einfache *Gate of Humility* (Tor der Demut) am Eingang, das feiner ausgearbeitete *Gate of Virtue* (Tor der Tugend) und schließlich das stark geschmückte *Gate of Honour* (Tor der Ehre) mit seinen Obelisken als Zugang zu dem Ort, wo akademische Grade verliehen wurden (Abbildung 24). Wenn man durch diese drei Tordurchfahrten geht, dann folgt man gleichsam dem Weg des Studenten durch die Universität. So wird gleichsam ein Initiationsritual inszeniert, eine Art von Wiedergeburt oder Renaissance, wobei der Torweg den Mutterleib repräsentiert. Der Symbolismus – und die Bezugnahme auf die Werte – erinnert an das Renaissanceemblem (vgl. unten, S. 258). Das Gate of Honour (Ehrentor) repräsentiert wie die Säulenhallen der Universität von Alcalà (Abbildung 10) eine akademische Variante des Triumphbogens, Ruhm gilt hier als Ansporn zum Fleiß.

Auch die Museen oder «Kuriositätenkabinette» der Renaissance kann man als Vergegenständlichung des zeitgenössischen Interesses am Großartigen in den Wundern oder Wunderlichkeiten der Natur sehen (Cèard 1977). Ihr Aufstieg steht in Bezug zu einer neuen und positiveren Bewertung der Neugierde, einer Haltung, die durch christliche Denker von Augustinus bis Calvin lange verdammt worden ist (Blumenberg 1966, Teil 3; vgl. Blumenberg 1988, Daston 1995). Sie sind auch als Verkörperungen eines enzyklopädischen Ideals analysiert worden und wurden gleichsam als Versuche verstanden, einen Mikrokosmos des Universums aufzubauen, der Tiere, Pflanzen und Mineralien gemeinsam mit Produkten menschlicher Kunstfertigkeit aus verschiedenen Teilen der Welt umfaßt. Es sind Versuche unternommen worden, das System zu rekonstruieren, das dem Arrangement solcher Museen zugrunde lag. Dies geschah etwa mit Hilfe von Abhandlungen wie den *Inscriptiones* des Arztes Samuel Quicchelberg von 1565, die ihren Lesern vermittelten, wie sie ihre Sammlungen arrangieren und klassifizieren sollten (Lugli 1983; Olmi 1992).

Die Ideen, die Machiavelli in seinem *Principe* und seinen *Discorsi* formal dargelegt hat, wurden mit dem politischen Denken auf der Alltagsebene verglichen, wie es sich an Memoranden von Ratgebern an Fürsten, Debatten in Versammlungen und Berichten von Botschaftern zeigt. Es ging nicht nur darum, daß eine hohe Theorie die gewöhnliche Praxis beeinflußte. Die politischen Alltagsideen wechselten im Florenz des Zeitalters von Machiavelli insbesondere nach der Krise, die auf die französische Invasion von 1494 folgte. Die politischen Debatten unter den Mitgliedern der herrschenden Klasse in Florenz zeigen nun weniger Vertrauen in die Vernunft, als es vor der Krise festzustellen war, und mehr Interesse an der Gewalt. Machiavellis Schriften brachten diese Annahmen zum Ausdruck und beeinflußten sie gleichzeitig ihrerseits (Albertini 1955; Gilbert 1965: 105–52). Einige seiner Ideen gingen als Selbstverständlichkeiten in zahllose Abhandlungen über die «Staatsräson» ein, darunter jene, die Machiavelli ausdrücklich angriffen, wie die von Giovanni Botero, dessen Schrift *Ragione di Stato* von 1589 bis zum Ende des Jahrhunderts ins Französische, Deutsche, Spanische und Lateinische übersetzt wurde und im Jahre 1606 ihre sechste italienische Auflage erreichte.

Ein weiteres Beispiel für Veränderungen bei den stillschweigenden Voraussetzungen ereignete sich auf dem Gebiet dessen, was man das «Gefühl für die Vergangenheit» nennen kann. Die Bewegung zur Wiederbelebung der klassischen Antike beruhte auf zwei miteinander im Wettstreit, wenn nicht im Widerspruch stehenden Voraussetzungen. Die erste betonte die kulturelle Distanz, die Annahme, daß die Alten auf andere Art und Weise als die Menschen der Moderne handelten. Die zweite beruhte darauf, daß es nicht nur wünschenswert, sondern auch möglich sei, diese kulturelle Distanz zu überwinden, also beispielsweise die Sprache Ciceros wieder ins Leben zurückzubringen. Die materielle Kultur offenbart unausgesprochene Voraussetzungen manchmal deutlicher, als Texte dies tun. Das Bauen im klassischen Stil und das Auftreten von Zeitgenossen im Kostüm der Alten waren jeweils Versuche zur Aufhebung der kulturellen Distanz. Auf der anderen Seite offenbart sich das Gefühl der Distanz in dem, was man «den römischen Soldatentest» nennen könnte. Wo mittelalterliche Künstler römische Soldaten (am Grabmal Christi schlafend beispielsweise) in der Rüstung der eigenen Zeit gezeigt hatten, studierte Mantegna römische

Skulpturen, um antike Rüstungen und Waffen genau wiederzugeben. In ähnlicher Weise schildern die Bühnenanweisungen eines Stücks von Cervantes, *La Numancia*, die römischen Soldaten als «in antiker Weise ohne Arkebusen bewaffnet».

Letztlich wurde das Gefühl der Distanz so deutlich, daß es den Willen zur Nachahmung der Antike untergrub. Wie wir bereits gesehen haben (vgl. oben, S. 132), griff Erasmus das Ciceronianertum an, weil Cicero ja schließlich in der Sprache seiner eigenen Zeit und nicht in der einer früheren Zeit geredet und geschrieben hatte. Ein Gesprächspartner in Castigliones *Hofmann* erklärte: Wenn wir die Alten nachahmen, dann unterscheiden wir uns tatsächlich bereits von ihnen, da die Alten niemand anderen nachahmten. Der französische Gelehrte François Hotman kam in seinen Untersuchungen über das römische Recht in seinem *Anti-Tribonian ou sur l'estude des loix* von 1567 zu dem Schluß, daß diese Analysen für moderne Franzosen nutzlos seien, weil «das römische republikanische System sich sehr stark von dem französischen unterscheide (*l'état de la république romaine est fort différent de celui de France*)» (Burke 1969; Kelley 1970: 29–50).

Folgt man dem Prozeß der Herausbildung mentaler Gewohnheiten, dann ist es offensichtlich notwendig, die Aufmerksamkeit auf Veränderungen im Erziehungswesen zu richten. Kollektaneenbücher trugen dazu bei, Gedanken, die in Gemeinplätzen zum Ausdruck kamen, zu strukturieren, Studenten zu ermutigen, die Welt in Begriffen moralischer Qualitäten und in hierarchischer Ordnung arrangiert zu betrachten sowie sie auch in antagonistischen Gegensatzpaaren zu sehen – so etwa dem zwischen dem Soldatenberuf und dem Gelehrtenberuf, zwischen *otium* und *negotium*, zwischen Lastern und Tugenden und so weiter (Curtius 1948; Moss 1996). Enzyklopädien wie Theodor Zwingers *Theatrum vitae humanae* von 1586, ein Werk, das hauptsächlich nach moralischen Qualitäten geordnet ist, verstärkten diese Botschaft. Das gleiche taten Sammlungen moralischer Maximen wie der Bestseller *Adagia* des Erasmus. Dies leisteten auch die *Gnomologiae*, also Register von Maximen, die von Verlegern solcher Bücher wie Guicciardinis *Storia d'Italia* und Lipsius' *Briefen* aufgestellt wurden und einen nützlichen Führer darstellen, um die Art und Weise kennenzulernen, in der diese Bücher zu jener Zeit gelesen wurden. Ein Grund für die Begeisterung über Tacitus im späten 16. und frühen 17. Jahrhundert besteht, wenn man von der Bedeutung seines Werkes für die Diskussion um die «Staatsräson» absieht, in der Liebe des Autors zu Maximen. Botero zitierte ihn nicht weniger als dreiundsiebzigmal.

Die Weltbetrachtung auf der Grundlage moralischer Eigenschaften wurde auch von der modischen Gattung der *Emblembücher* unterstützt, wie sie der humanistische Jurist Andrea Alciati in den 1530er Jahren einführte. Das Emblem war ein Sinnbild mit einer bewußt kryptischen Moral, die aber verbunden war mit einem Motto und einer Subscriptio, die es dem Betrachter erlauben sollten, sie zu entschlüsseln. Das Emblem war gleichermaßen eine Weiterentwicklung und eine Popularisierung der *Imprese,* der persönlichen Devise mit einem Motto, wie sie Humanisten und andere auf Medaillen und anderswo benutzten. So bestand etwa die Devise von Kaiser Karl V., die ein italienischer Humanist für den Kaiser entwickelt hatte, aus zwei Säulen und dem Motto «darüber hinaus (*plus oultre*)», damit wurde zum Ausdruck gebracht, daß sich Karls Reich über die Säulen des Herkules hinaus erstreckte, die einst von den Europäern als die Grenzen der bekannten Welt betrachtet worden waren (Bataillon 1960; Rosenthal 1973).

In Italien, Frankreich, Spanien, den Niederlanden, Mitteleuropa und anderswo wurden im 16. Jahrhundert zahllose Emblembücher veröffentlicht. Die moralisierte Welt der Natur, wie sie in Plinius' *Naturgeschichte* und in mittelalterlichen Bestiarien beschrieben ist, stellt eine der reichsten Quellen für Embleme dar. Einige der Losungen drangen in die Alltagssprache ein (wenn sie nicht sogar in erster Linie aus ihr kamen) und haben bis heute überlebt. Dies gilt etwa für die Redewendungen «den Ast absägen, auf dem man sitzt», «Krokodilstränen weinen», «jemand durch Freundlichkeit umbringen» (letzteres erinnert an das Bild des Affen, der seinen Nachwuchs beruhigt, indem er ihn allzu fest an sich drückt; Saunders 1989).

Die Philosophie Platons und der Stoiker durchdrang oder prägte zumindest das Alltagsleben einiger Gruppen, zu denen Künstler wie Michelangelo und El Greco zählten. Daß die neuplatonische Theorie der Liebe, die sich auf Ficinos Kommentar zu Platons *Symposion* stützte, ein modischer Gesprächsgegenstand in gemischten Gesellschaften von einer gewissen sozialen Stellung im Italien des 16. Jahrhundert wurde, zeigt sich an der Verbreitung von Dialogen zu diesem Thema. Sie erwecken den Eindruck, wie es der Kunsthistoriker Erwin Panofsky einmal formuliert hat, «in der Gesellschaft des Cinquecento eine Rolle gespielt zu haben, die sich kaum von der Bedeutung populärwissenschaftlicher Bücher über die Psychoanalyse heutzutage unterscheidet». Ein Humanist bemerkte dazu ganz trocken: «Schließlich hielten es die Höflinge für einen unverzichtbaren Teil ihrer Aufgaben zu wissen, wie viele und welche Arten von Liebe es gab» – also etwa die physische, intellektuelle und spirituelle Liebe» (Panofsky 1939: 146). Ob sie dabei nun erkannten, daß es bei Platon um die Liebe zwischen Männern ging oder nicht, die Teilnehmer an diesen Diskussionen konzentrierten sich jedenfalls auf Beziehungen zwischen Männern und Frauen. Und auch Frauen trugen zu diesen Debatten bei, dies geschah manchmal, indem sie Dialoge wie *Die Unendlichkeit der Liebe* (verfaßt von der Kurtisane Tullia d'Aragona) schrieben. Man kann sogar behaupten, daß der Platonismus «feminisiert» wurde.

Der einflußreichste aller Dialoge über die Liebe – mit der möglichen Ausnahme der Rede über das Thema von Bembo am Ende von Castigliones *Hofmann* – wurde 1535 in Rom von Leone Ebreo publiziert, der auch unter dem Namen Judah Abranavel bekannt ist und ein jüdischer Arzt aus Lissabon war. Nach der Vertreibung der Juden aus Portugal im Jahre 1492 ließ sich Leones Familie in Italien nieder. Leones Darlegung der Definition, der Ursprünge, der Verschiedenartigkeiten und der Wirkungen der Liebe erfolgte in Form eines Dialogs zwischen einem Lehrer und einer Schülerin, die er liebt, also zwischen Philo und Sophia. «Sophia» bedeutet selbstverständlich «Weisheit», und wenn man die beiden Namen miteinander verbindet, dann ergibt sich das Wort «Philosophie». Von allen damaligen Abhandlungen über die Liebe war diese die erfolgreichste: Bis 1607 gab es davon 14 italienische Auflagen, hinzu kamen eine Übersetzung ins Lateinische, zwei ins Französische und drei ins Spanische. Sowohl Montaigne als auch Cervantes erwähnen Leones Dialoge, während die Ideen, die dort dargelegt sind, in den Dichtungen der Pléiade-Gruppe wie in Montemayors Hirtenromanze *Diana* (vgl. oben, S. 190) wiederkehren, insbesondere in der Diskussion über die Liebe im vierten Buch.

Das starke Interesse an diesem Thema zeigt sich an der Aufmerksamkeit, die italienische «Akademien», also Diskussionsgruppen oder Zirkel, von denen einige, wie die Dubbiosi in Venedig oder die Incogniti in Neapel, auch Frauen zuließen, für platonische Lehren über die Liebe aufbrachten. Die wachsende Verbreitung des Begriffs der «Idee» deutete in die gleiche Richtung. Der Ausdruck spielte in der Kunsttheorie von Michelangelo bis Giovanni Paolo Lomazzo und Vincenzo Scamozzi eine große Rolle. Lomazzo publizierte seine Abhandlung *Idea* im Jahre 1590, und Vincenzo Scamozzis *Idea dell' Architettura universale* erschien 1615 (Panofsky 1924). Der Begriff wurde außerdem in einer Vielzahl von anderen Zusammenhängen angewandt. Beispielsweise nannte ein gewisser Bartolomeo Zucchi seinen Briefführer *L'idea del segretario* (1606).

Die Begeisterung für die Ideen Platons und seiner Anhänger verbreitete sich über die Grenzen Italiens hinaus und erreichte möglicherweise in der zweiten Hälfte des 16. Jahrhunderts ihren Höhepunkt. 1548 kaufte ein Student des Magdalen College in Oxford eine lateinische Ausgabe Platons und schrieb auf die Titelseite «Deus Philosophorum Plato». Viele von Platons Dialogen wurden in den 1540er und 1550er Jahren ins Französische übersetzt. Die Vorstellungswelt der Dichter der Pléiade-Gruppe und ihrer Zeitgenossen von Edmund Spenser in England bis zu Sá de Miranda in Portugal stützte sich auf den Neoplatonismus. Was diese Poeten anzog, war nicht nur die Analyse der Vielgestaltigkeit der Liebe, sondern auch die Parallelen zwischen der Ekstase, der Verrücktheit und der Inspiration von Liebhabern, Dichtern und Propheten. Durch die Dichter erreichten diese Ideen ein immer größeres Publikum.

Wenn der Neoplatonismus feminisiert wurde, dann wurde er gleichzeitig an ein neues Milieu angepaßt und zwar an den Komplex von Ideen, die man als «Neostoizismus» bezeichnet hat. Der römische Philosoph Seneca hat diese Gedankenwelt in seinen Briefen und anderen Schriften entwickelt, und sie hatte ein ausgesprochen männliches Image. Das Eindringen dieser Vorstellungen ins Alltagsleben wurde durch Antonio Guevaras idealisierte Biographie des Marc Aurel von 1528, die ins Französische, Englische, Italienische, Lateinische und Deutsche übersetzt wurde, sowie durch den Dialog *De Constantia libri II* von Justus Lipsius (1584) gefördert, der zu Lebzeiten des Autors 24 lateinische Auflagen erlebte und außerdem ins Französische, Niederländische, Englische, Deutsche, Spanische, Italienische und Polnische übersetzt wurde. Lipsius' sehr zahlreiche veröffentlichte Briefe kehrten oftmals zu diesem Thema zurück und flossen an moralischen Maximen geradezu über.

Die zentrale Vorstellung des Stoizismus, zumindest in seiner Renaissanceversion, läßt sich mit den Begriffen «Apathie», «Beständigkeit» oder «geistige Ruhe» ausdrücken. Das Lieblingsbild stellte einen Mann dar, der eine Katastrophe so ruhig wie ein Baum oder ein Fels einen Sturm hinnahm. Guicciardinis Medaille beispielsweise zeigte einen Felsen im Meer. In seiner Tragödie über den Heiligen Johannes den Täufer verglich George Buchanan seinem Helden mit einer Eiche, die fest im Sturm dastand, oder mit einem Fels in der Brandung. In seinem Roman *Arcadia* beschrieb Sidney seine Heldin Pamela folgendermaßen: «Wie ein Fels mitten im Meer, gepeitscht von den Stürmen und den Wellen, doch selber unbeweglich» (Buch 3, Kapitel 30). Und eine anonyme Biographie jener Zeit stellte William Cecil dar als «niemals von Leidenschaften beherrscht (...) weder vor Freude erregt angesichts der besten [Nachrichten], noch von den schlimmsten erschüttert».

Es war nicht schwierig, den Stoizismus mit Hilfe der Kirchenväter mit dem Christentum zu vereinbaren. Die Diskussionen über *adiaphora,* Dinge also, die «gleichgültig» oder «äußerlich» waren, über die es sich demnach zu disputieren nicht lohnte, waren vielfach praktische Anwendungen des Stoizismus durch Melanchthon und andere auf die Probleme der Reformation. Katholiken und Protestanten begeisterten sich in gleicher Weise für die Unerschütterlichkeit des Hiob wie auch für jene ihrer jeweiligen Glaubenszeugen. Jacques-Auguste de Thou beispielsweise schrieb eine Paraphrase des Buchs Hiob in lateinischen Versen (1587) mit dem Untertitel «Über die Standhaftigkeit» – ein Echo auf den Titel des Dialogs, den Lipsius drei Jahre zuvor veröffentlicht hatte. Warum die Idee der Unerschütterlichkeit in einem Zeitalter der Bürgerkriege so sehr ansprach, ist klar. Ihre Relevanz für die Probleme des späten 16. Jahrhunderts unterstrichen Lipsius und sein Anhänger, der französische Magistrat Guillaume Du Vair, dessen Dialog über die *Beständigkeit zu Zeiten öffentlichen Unglücks* (*De la constance et consolation és calamités publiques*) in Paris während einer Belagerung spielte (Fumaroli 1980: 498–519).

Der Nutzen dieser männlichen Tugend ist in einem militärischen Zusammenhang sogar noch offensichtlicher. Es ist kein Zufall, daß Lipsius sich sowohl zum Studium des Stoizismus als auch zu dem des römischen Heeres hingezogen fühlte. Die Selbstdisziplin, die Seneca und Lipsius empfohlen hatten, wurde in einem Zeitalter des Drills in militärische Disziplin umgewandelt. Der Neostoizismus wirkte sich sogar auf die modische Begeisterung für Gärten aus. Lipsius ließ seinen Dialog im Garten seines Hauses in Lüttich spielen und verwandelte den Garten in ein Symbol der moralischen Qualitäten, die er empfahl. Der erste Teil von Du Vairs Dialog findet ebenfalls in einem Garten statt (Oestreich 1969: 267–71; Morford 1987).

Selbst die stoische Empfehlung des Selbstmords wurde zu jener Zeit ernstgenommen, obwohl sie mit den christlichen Lehren nicht zu vereinbaren war. Der florentinische Patrizier Filippo Strozzi brachte sich selber 1538 nach dem Scheitern seiner republikanischen Hoffnungen in der Schlacht von Montemurlo um und hinterließ einen Brief, in dem er sich auf das Beispiel des Cato von Utica in einer ähnlichen Situation berief. Die Praxis des Suizids nach dem klassischen Vorbild von Cato, Lucretia oder Seneca (der sich die Adern im Bad aufschnitt) mag niemals Mode geworden sein, aber die Theorie des Suizids zog damals eine wachsende Aufmerksamkeit auf sich. Guicciardini, Lipsius, Montaigne und John Donne diskutierten sämtlich die ethischen Grundlagen des Selbstmords. Lipsius bestellte sogar ein Gemälde zu diesem Thema (Jehasse 1976: 636–9; MacDonald und Murphy 1990: 86–95). Der Gegenstand tauchte immer wieder in Gedichten, Schauspielen und Romanen des späten 16. Jahrhunderts auf. Der Kroate Dominko Ranjina schrieb Gedichte über die Selbstmorde von Cato, Sophonisbe und Kleopatra. George Chapmans *Caesar and Pompey* ließ Catos Selbstmord, Garniers *Porcie* jenen von Catos Tochter auf der Bühne stattfinden. Shakespeare zeigte Brutus und Kleopatra dabei, wie sie sich auf kultivierte Weise selbst umbrachten (obwohl Brutus in einem früheren Teil des Stückes den Suizid als «feige und abscheulich» verdammt hatte). Sidneys *Arcadia* beschrieb, wie Pyrocles und Philoclea zu entscheiden versuchten, ob sie sich, um Unehre zu vermeiden, selber umbringen sollten oder nicht.

Die Entdeckung der Welt

Es ist nun an der Zeit, zu den Burckhardtschen Ideen des «Individualismus» und der Entdeckung der Welt und des Menschen zurückzukehren (vgl. oben, S. 35). Doch werden die folgenden Seiten in einigen wichtigen Aspekten von Burckhardt abweichen. Sie gehen nicht davon aus, daß der Individualismus dem Mittelalter vollkommen fremd war oder daß zur Zeit des Petrarca ein unerklärlicher Wandel des «Zeitgeistes» stattfand (Gurjewitsch 1994; vgl. Batkin 1992). Statt dessen wird die Betonung auf einem zirkulären Prozeß oder einer Kettenreaktion liegen, bei der wechselnde Vorstellungen eine Nachfrage nach neuen Arten von Texten und Bildern schufen, darunter nach Reiseberichten, Landschaftsdarstellungen, Biographien und Porträts, und diese neuen Texte und Bilder beeinflußten freilich ihrerseits die Vorstellungen von der Welt. Die Menschen lernten die Natur als «pittoresk» oder gar ihr eigenes Leben als Geschichte zu begreifen.

Die Idee der Entdeckung ist, wie wir gesehen haben, seit langem schon mit der Idee der Renaissance verbunden (vgl. oben, S. 35). Das Wort Entdeckung kam im 15. Jahrhundert in einem geographischen Zusammenhang in Gebrauch. So benutzte beispielsweise Poggio den Begriff «entdecken» in einem Brief an den portugiesischen Prinzen Heinrich den Seefahrer, weil die Orte in Afrika, an denen die Portugiesen kürzlich gelandet waren, den Alten nicht bekannt gewesen waren. Fünfzig Jahre später und etwa drei Jahre, bevor Kolumbus seinen berühmten Landgang machte, schrieb Poliziano an den König von Portugal über «die Entdeckungen neuer Länder, neuer Meere, neuer Welten». Die Entdeckung beider Amerika war ein Bestandteil einer größeren europäischen Expansionsbewegung. Wie im Falle der Manuskripte klassischer Autoren spielten Italiener beim Prozeß der Entdeckung und auch bei der Verbreitung der Nachrichten darüber eine wichtige Rolle. Kolumbus war Genuese und stand im Kontakt mit dem florentinischen humanistischen Geographen Paolo Toscanelli. Der Florentiner Amerigo Vespucci, dessen Name dem Wort «Amerika» zugrunde liegt, besuchte 1501/02 Patagonien. Lodovico di Varthema bereiste zwischen 1500 und 1508 Ägypten, Persien und Indien. Antonio Pigafetta aus Vicenza ging mit Magellan (Fernando de Magalhaes) im Jahre 1519 auf seine Reise um die Welt und schrieb auf, was er sah. Der Humanist Pietro Martire aus Anghiera in der Lombardei blieb in Europa, schrieb aber ein einflußreiches Buch über die Neue Welt, er betrachtete darin deren Einwohner aus klassischer Perspektive und beschrieb sie als in einem goldenen Zeitalter und ohne Besitz lebend, wie in den Gedichten von Ovid. Gianbattista Ramusio, ein venezianischer Beamter aus dem Kreis um Bembo und Navagero, sammelte ältere Reiseberichte und publizierte sie in drei großen Bänden von *Navigationi e Viaggi* in den Jahren 1550–59 (Lach 1965: 204–9; Broc 1980; Lestringant 1991; Grafton 1992).

Ein Bewußtsein von der Welt außerhalb Europas läßt sich auch in den von Bembo, Guicciardini und insbesondere von Giovio geschriebenen Historien finden. Giovio verfaßte eine Geschichte seiner eigenen Zeit, konzentrierte sich auf Europa, erwähnte aber dennoch andere Teile der Welt «von Kathay bis Tenochtitlàn», wie er einmal formulierte. Er war der erste europäische Autor, der darauf hinwies, daß das Druckwesen seine Ursprünge in China hatte. Giovio war ein Mann von umfassender Neugier. Gleichzeitig waren sein Wissensdrang und jener seiner Leser nicht ganz frei von Eigeninteresse. Beispielsweise schrieb er ein Buch über das Osmanische Reich, um zu einem Kreuzzug gegen die Türken zu ermutigen. Die «Entdeckung der Welt» durch Europäer fand nicht in einem politischen Vakuum statt (Zimmermann 1995: 121f., 140).

Nachdem die Entdeckungen jedoch einmal gemacht waren, beeinflußten sie die Vorstellungskraft vieler Europäer, und dies betraf auch ihr Empfinden für ihre Stellung in Raum und Zeit. Wie wir gesehen haben, wurden Kolumbus, der manchmal als «der zweite Neptun» bezeichnet wurde, und Magellan bei den Definitionen der «Neuen Zeit» beachtet. Ein venezianischer Senator meinte gegenüber Ramusio, Kolumbus verdiene ein Bronzestandbild, und dieser Gedanke wurde im späten 16. Jahrhundert von dem Genueser Patrizier Andrea Spinola aufgegriffen, der die

Errichtung einer Marmorstatue des Kolumbus vor dem Rathaus der Stadt empfahl. Francis Bacon beschrieb das Standbild des Kolumbus, wie es in dem von ihm geplanten Forschungsinstitut «Salomon's House» unter «den Statuen aller wichtigen Erfinder» aufgerichtet werden sollte. Lope de Vega schrieb ein Schauspiel über Kolumbus, während Giulio Cesare Stella ihn zum Helden eines Epos machte. Die noch berühmteren Epen von Ercilla und Camões (vgl. oben, S. 185–7) beschrieben ebenfalls die Welt außerhalb Europas.

Gedrucktes trug offensichtlich auch dazu bei, den Horizont jener zu erweitern, die daheim blieben. Im 16. Jahrhundert wurden viele Darstellungen aus erster Hand über Reisen außerhalb Europas veröffentlicht. Darunter befanden sich solche Klassiker wie die Schriften des flämischen Diplomaten Ogier Ghiselin de Busbecq, in denen das Osmanische Reich beschrieben wurde, sowie die Darstellungen der Tupinamba in Brasilien durch den deutschen Söldner Hans Staden und den französischen protestantischen Missionar Jean de Léry. Dem Beispiel Ramusius folgend, veröffentlichten der Geistliche Richard Hakluyt in London und der Stecher und Verleger Theodor de Bry in Frankfurt Sammlungen von Reisebeschreibungen (Helgerson 1992: 163–91). Beide Männer waren miteinander bekannt, Hakluyt kannte auch André Thevet, den königlich-französischen Kosmographen, sowie die humanistischen Geographen Gerard Mercator und Abraham Ortelius, die den Engländer zu seinen Publikationen ermutigten.

In der zweiten Hälfte des 16. Jahrhunderts wurden geschichtliche Werke über die Welt außerhalb Europas immer zahlreicher. João de Barros (vgl. oben, S. 201–2) berichtete über die Historie der Heldentaten der Portugiesen in Asien. Für die Kapitel über Indien und Persien befragte er zurückgekehrte Soldaten, Kaufleute und Verwaltungsbeamte. Für China benutzte er chinesische Quellen, darunter Karten, und er hatte sich «zur Interpretation dieser Dinge» einen chinesischen Sklaven gekauft (Boxer 1948). Auch Gonzales de Mendoza schrieb über China. Lopez de Gómara, der der Feldgeistliche von Hernán Cortés gewesen war, und der Jesuit José de Acosta schilderten die beiden Amerika aus dem Blickwinkel der Eroberer und der Missionare. Die von Girolamo Benzoni, einem Mailänder, der 14 Jahre in der Neuen Welt verbracht hatte, geschriebene Geschichte verdammte die Grausamkeiten der Spanier, während Garcilaso (vgl. oben, S. 142) die Leistungen seiner Ahnen, der Inka, feierte (Burke 1985). Zumindest einige dieser Geschichtswerke wurden zu internationalen verlegerischen Erfolgen. Das Werk von Lopez de Gómara beispielsweise erschien auf Italienisch, Französisch und Englisch. Benzonis Buch wurde in französischen und lateinischen Übersetzungen in Genf publiziert und außerdem ins Deutsche und ins Holländische übersetzt, weil seine antispanische Haltung die protestantische Welt ansprach. Gonzales de Mendoza hatte sogar eine noch größere internationale Wirkung; er wurde innerhalb von zehn Jahren nach der ersten Publikation in sechs Sprachen (Italienisch, Französisch, Englisch, Deutsch, Latein und Holländisch) übersetzt (Lach 1977: 742–94).

Eine der bemerkenswertesten Darstellungen des 16. Jahrhunderts über die Welt außerhalb Europas war die *Beschreibung Afrikas*, die 1550 von «Leo Africanus» in italienischer Sprache publiziert wurde. Der Autor wurde bald als ein zweiter Kolumbus gefeiert (Zhiri 1991). Es war die Arbeit eines Mannes, der Europa von innen und von außen her kannte. Hasan ibn Mohammed Al-wazàn, um ihn bei seinem islamischen Namen zu nennen, war in Granada geboren. Nach der Ausweisung der Muslime im Jahre 1492 zog seine Familie nach Fez, wo er eine erfolgreiche Laufbahn als Botschafter im Dienste des Herrschers absolvierte. 1518 wurde Hasan von sizilianischen Seeräubern gefangengenommen, nach Rom geschafft und dem Papst Leo X. vorgestellt. Nachdem er zum Christentum konvertiert und vom Papst selber getauft worden war, wurde Hasan zu Giovanni Leo. Seine historische Geographie Afrikas, die möglicherweise in Arabisch verfaßt und vom Autor selbst ins Italienische übersetzt worden war, wurde zuerst in Ramusius' Sammlung von Reiseberichten veröffentlicht. Sie wurde auch ins Lateinische, Französische, Spanische und (von einem Freund Hakluyts) ins Englische übersetzt. Jean Bodin lobte den Autor als «den einzigen, der nach tausend Jahren Afrika entdeckte ... und es für jedermann darstellte». Was er schilderte, so sollte man hinzufügen, war im Grunde der Norden Afrikas. Nur ein sehr kurzer siebter Teil seiner Reisebeschreibung handelt von Afrika südlich der Sahara.

Im späten 16. Jahrhundert machten bildliche Darstellungen die exotischen Länder und ihre Völker vielen Europäern besser bekannt. Der spanische Historiker Oviedo brachte einmal sein Bedauern zum Ausdruck, daß Leonardo da Vinci und Mantegna nicht Amerika gemalt hätten. Doch ließen sich viele Gegenstände aus Amerika, ob nun natürliche oder von Menschen geschaffene, darunter Gürteltiere, Alligatoren, Arbeiten aus Federn und Mosaikmasken in europäischen Kuriositätenkabinetten finden (Impey und MacGregor 1985; Olmi 1992: 211–52). Stiche wie die Illustrationen in Theodor de Brys vielbändiger Sammlung *America* ließen einige Bilder der Neuen Welt weithin bekannt werden. Gemalte und gedruckte Landkarten halfen ihren Betrachtern, örtlich einzuordnen, was sie über verschiedene Regionen wußten. Die illustrierten Landkarten in der vatikanischen *Galleria delle carte* sind ein spektakuläres Beispiel der Verbindung von Information und Dekoration. Inventare offenbaren die wachsende Bedeutung von Globen als Teil der Möblierung von Studioli und vermutlich auch der Ausstattung der Köpfe ihrer Besitzer. Reisebücher, wie Sigismund von Herbersteins Darstellung Rußlands, wurden im wachsenden Maße mit Karten illustriert. Weltkarten und vollständige Atlanten wie das *Theatrum Orbis Terrarum* des Niederländers Abraham Ortelius vermittelten dem Betrachter ein Verständnis für das Ganze (Broc 1980). Ortelius' erstmals 1570 in lateinischer Sprache veröffentlichter Atlas war bis 1608 in sechs Sprachen übersetzt worden, ein Anzeichen dafür, daß er über die Grenzen der humanistischen Gemeinschaft, aus der er stammte, hinaus auf Interesse stieß. Detaillierte Informationen über politische Systeme und Religionen lieferten die *Relationi Universali*, die der piemontesische Autor Giovanni Botero in den 1590er Jahren zusammengestellt hatte. Das durch dieses Werk, das sich auf das Vorbild der Berichte von Botschaftern und Missionaren gründete, sich aber auf die ganze Welt bezog, geweckte Interesse zeigte sich an den vielen späteren Auflagen ebenso wie an den Übersetzungen ins Deutsche, Lateinische, Englische, Spanische und Polnische (Lach 1977: 235–52).

Die Vorstellungen von der Welt außerhalb Europas bestanden oft aus Stereotypen. Und diese Klischees stammten nicht selten aus der klassischen Antike. So waren beispielsweise die Auffassungen über die sogenannten «monströsen Rassen», etwa die

Einbeinigen (die Sciopoden), die Einbrüstigen (die Amazonen), die Hundeköpfigen (die Cynocephali) oder die ganz und gar Kopflosen (die Blemmyae), die so ferngelegene Orte wie Indien oder Äthiopien bewohnen sollten, auf das antike Griechenland zurückzuführen und wurden durch Plinius' *Naturgeschichte* der Nachwelt übermittelt. Nach 1492 wurden diese Völker in einer erdichteten Neuen Welt neu lokalisiert. Gedruckte Darstellungen machten ihr Erscheinungsbild lebendiger und auch bekannter, so im Fall der Kannibalen, die besonders, wenn auch nicht ausschließlich, mit Brasilien in Zusammenhang gebracht wurden. Vorstellungen von der Neuen Welt als einem erhalten gebliebenen Goldenen Zeitalter (wie bei Pietro Martire) oder als von Edlen Wilden bevölkert (wie bei Jean de Léry) waren nicht weniger phrasenhaft als feindselige Schilderungen. Montaignes Originalität bestand nicht so sehr darin, daß er ein sympathisches Portrait der Bewohner der Neuen Welt zeichnete, sie zeigte sich vielmehr an der Tatsache, daß er eine konventionelle Auffassung auf den Kopf stellte und behauptete, die Europäer seien die wahren Barbaren (Honour 1975; Lestringant 1990,1991, 1994).

Auch Asien wurde auf schematische Weise betrachtet. Die muslimischen Reiche der Osmanen und der Mongolen wurden nicht selten (so wie die alten Griechen bereits den persischen Staat beschrieben hatten) als orientalische Despotien dargestellt. In seiner *République* von 1576 schilderte Jean Bodin das Osmanische Reich als eine *monarchie seigneuriale,* in der der Fürst der Eigentümer allen Besitzes war. Venezianische Diplomaten berichteten ähnliches aus Istanbul. Christopher Marlowes Tragödie *Tamburlaine* (um 1587) bot dem Publikum ein unvergeßliches Bild dessen, was später im Westen als «orientalischer Despotismus» bekannt werden sollte, es präsentierte den osmanischen Sultan Bayezid zuerst im Triumph, umgeben von Janitscharen und Paschas, dann wurde er nach der Niederlage im Käfig auf die Bühne gezerrt und von Timur als Fußabtreter benutzt. In ähnlicher Weise schilderte ein englischer Botschafter in Indien, Sir Thomas Roe, die mongolische Form der Regierung als «ungewiß, ohne geschriebenes Gesetz, ohne Politik» (dabei verstand er «Politik» im Sinne einer Verfassung, die die Macht des Herrschers begrenzte).

Begegnungen mit der Außenwelt sollten einen bedeutsamen Einfluß auf die europäischen Vorstellungen von Humanität und auch von Europa selbst haben. Das Zusammentreffen mit den Einheimischen Amerikas führte zu einer Diskussion über das Wesen des Menschen, in der einige Teilnehmer Aristoteles' Vorstellungen von den «Sklaven von Natur aus» auf die Indianer anwandten, während andere sie zurückwiesen (Gliozzi 1977: 286–306; Pagden 1982: 109–18). Reflexionen darüber, was es denn bedeute, ein Europäer zu sein, fanden ebenfalls in den Grenzregionen statt. Die Gefahr einer türkischen Invasion stärkte, insbesondere in den 1450er und 1520er Jahren, die europäische Solidarität. Als er 1453 vom Fall Konstantinopels hörte, kommentierte Pius II. dies mit den Worten: «Nun sind wir wirklich in Europa getroffen worden, dies ist zu Hause geschehen.» Es ist nicht ohne Ironie, daß es ein Papst war, der zu den ersten gehörte, der das Wort «Christentum» durch «Europa» ersetzte, aber Pius (davor Enea Silvio Piccolomini) war ein Humanist, der sich sehr stark für Geographie interessierte. Die erste Geschichte Europas, die den Namen des Kontinents im Titel trug, die *Storia dell'Europa,* war das Werk eines anderen Humanisten, des Florentiners Pierfrancecso Giambullari, und sie wurde 1566 veröffentlicht, also zu einer Zeit intensiven westlichen Interesses am Osmanischen Reich. Das Eindringen von Europäern in die Neue Welt war zur Anregung des Bewußtseins von einer europäischen Identität ebenso wichtig wie das Einbrechen der Türken nach Europa. Der Kosmograph André Thevet beispielsweise setzte die Lebensweise der Indianer Brasiliens in Gegensatz zu derjenigen von *nostre Europe* (Hay 1957; Chabod 1964).

Ob ihr Interesse nun durch ein Bewußtsein der Gegensätze zu anderen Teilen der Welt stimuliert wurde oder nicht, so brachte eine Anzahl von Humanisten doch *Landeskunden* oder historische Topographien verschiedener Teile Europas heraus. Dabei folgten sie dem klassischen Modell des griechischen Geographen Strabo und einem italienischen Beispiel, nämlich Flavio Biondos *De Italia Illustrata* (vgl. oben, S. 60). Als Werke von Außenseitern enthielten diese Landeskunden oftmals auch die Beschreibung der Sitten und Gebräuche verschiedener Völker im Stile dessen, was Herodot über die Perser und Tacitus über die Germanen geschrieben hatte. Zu den wohlbekannten Beiträgen zu dieser Gattung zählten das Werk über die Sarmaten (1517) von Matthias von Michow, dem Rektor der Universität Krakau; die *Rerum moscovitarum commentarii* (1549) vom Botschafter des Reiches beim Zaren, Sigismund von Herberstein; die *Beschreibung der Niederlande* (1567) von Lodovico Guicciardini, einem Neffen des Historikers; die *Description of Britain* (1572) des walisischen Gelehrten Humphry Lluyd und die *Britannia* (1586) des englischen Historikers William Camden (Strauss 1959; Broc 1980: 99–119). Man sollte hinzufügen, daß die Publikation der Werke von Lluyd und Camden wie auch jene der Sammlung, die Hakluyt herausgegeben hatte, einiges der Ermutigung durch den Niederländer Ortelius verdankten. Auf der Mikroebene folgte eine Reihe von Geschichten der englischen Grafschaften dem landeskundlichen Modell. Dies begann mit William Lambards *Perambulation of Kent* von 1576 und veranlaßte einen Gelehrten dazu, von «der elisabethanischen Entdeckung Englands» zu sprechen (Rowse 1950: 31–65; vgl. Helgerson 1992: 107–47). Gemalte Darstellungen Europas und der Welt jenseits seiner Grenzen änderten sich zu dieser Zeit ebenfalls. Das Werk venezianischer Maler wie Vittore Carpaccio oder Gentile Bellini war bemerkenswert wegen seines «faktischen» – oder «Augenzeugen»-Stils und seiner relativen Freiheit von Stereotypen, insbesondere von Klischees über den Islam (Raby 1982; Brown 1988).

Einige Künstler und Gelehrte des 16. Jahrhunderts interessierten sich auch in bislang nie gekannter Weise für die Einzelheiten des Erscheinungsbildes von Tieren und Pflanzen. Dabei stimulierte sie möglicherweise der Fluß an Informationen über exotische Flora und Fauna, einschließlich jener über die Giraffe, welche der Sultan Lorenzo de' Medici schenkte, und den Elefanten und das Rhinozeros, welche König Manuel I. von Portugal in Indien erwarb und 1514 bzw. 1515 an den Papst schickte. Raffael malte den Elefanten, während Dürer einen Holzschnitt des Rhinozeros anfertigte, nachdem er eine Skizze gesehen hatte, die man von dem Tier gezeichnet hatte, als es in Lissabon ankam (Lach 1977: 131–72; vgl. Lazzaro 1995). Einige Gelehrte, insbesondere der Franzose Pierre Belon und der Deutsche Leonhard Rauwolf, besuchten den Mittleren Osten eigens, um Pflanzen und Tiere zu studieren. Ein portugiesischer Arzt, Garcia d'Orta, schrieb ein Buch über die Pflanzen und Drogen Indiens (1563), während sein spanischer Kollege Nicolás Monardes eine ähnliche Studie über Amerika veröffentlichte (1565). Die Enzyklopädie der Tiere, die der Schweizer Humanist Konrad Gessner von 1551 an publizierte, umfaßte 1200 Holzschnitte. Illustrationen waren auch bei anderen naturhistorischen Klassikern des 16. Jahrhunderts entscheidend, so in dem Buch über die Fische des französischen Arztes Guillaume Rondelet (einem Freund von Rabelais) und in der Untersuchung über Fische und Vögel von Pierre Belon. Die Bilder von Tieren und Pflanzen, die für den Biologen Ulisse Aldrovandi aus Bologna angefertigt wurden, stellen ein weiteres Beispiel der Verbindungen zwischen dem dar, was wir inzwischen als «künstlerische» und «wissenschaftliche» Beobachtung voneinander unterscheiden (Olmi 1992: 21ff.).

In einer berühmten Stelle seines Buchs über den Unglauben im Zeitalter des Rabelais bemerkte Lucien Febvre über den Mangel an Interesse am Visuellen: «Im 16. Jahrhundert gab es kein Hotel zur Schönen Aussicht. Derlei tauchte erst im Zeitalter des Romantizismus auf» (Febvre 1942: 437). Dabei vergaß er allerdings die Villa Belriguardo in der Nähe von Ferrara, um nicht das Belvedere im Vatikan und die Festung gleichen Namens in Florenz zu erwähnen. Petrarca, der 1336 den Mont Ventoux bestieg und «die ungewöhnlich offene und weite Aussicht» bewunderte, war, wie Burckhardt sehr wohl wußte, empfänglich für die ästhetischen Qualitäten der Landschaft (Burckhardt 1860, Kapitel 4; vgl. Stierle 1979).

Die Literaturgeschichte berichtet ähnliches. Die Beschreibungen eines «schönen Fleckens» (*locus amoenus*) wie man sie bei Homer, Vergil und anderen klassischen Autoren findet, wurden von den Renaissancedichtern oftmals nachgeahmt und beeinflußten die Wahrnehmung von Hügeln, Hainen und anderen Zügen der Landschaft. Sannazaros *Arcadia* zeigt einen feinen Sinn für die Schönheit der unberührten Landschaft. Kurzum: Auch die literarischen Quellen unterstützen das, was die Existenz von Landschaftsmalerei und die Auswahl von Plätzen zur Errichtung von Villen nahelegen, daß nämlich unter den Italienern des 15. und 16. Jahrhunderts ein Sinn für schöne Anblicke nicht ungewöhnlich war (Curtius 1948: 183–202; Turner 1966).

Im 16. Jahrhundert, wenn nicht früher, war diese Art von Sensibilität auch in anderen Teilen Europas zu finden. Die Landschaftsmalerei entwickelte sich zu diesem Zeitpunkt im Deutschland Albrecht Altdorfers und der «Donauschule» wie auch in den Niederlanden eines Joachim Patinir zu einem unabhängigen Genre. Es geschah um 1520, daß das deutsche Wort *Landschaft* wie das italienische Wort *paese* zum erstenmal für Gemälde benutzt wurden, die die Natur eher als das Land selber darstellten. Der Schweizer Humanist Joachim Vadianus erkletterte mit seinen Freunden im Jahre 1518 den Gnepfstein in der Nähe von Luzern, um jenen Blick auf den See zu werfen, wie er von dem antiken Geographen Pomponius Mela, über den er eine Reihe von Vorlesungen hielt, beschrieben worden war.

Das neue Interesse an der Natur ist im Falle Italiens, sowie gleichermaßen in den Niederlanden und Zentraleuropa, ganz einfach nachzuweisen, obwohl man Beispiele auch aus anderen Regionen finden kann, vor allem El Grecos berühmte Ansicht von Toledo. Dieses Interesse war oft ein ästhetisches. Das poetische Vokabular für die Beschreibung der Schönheiten der Natur wurde immer umfangreicher, und einzelne Dichter wie Ronsard beschrieben mit wachsendem Interesse und wachsender Genauigkeit Flüsse und Wälder, Quellen und den Herbst, die Dämmerung und die Morgenfrühe (Wilson 1961). Autoren, die sich mit der Kunst des Reisens beschäftigten, wie der Deutsche Hilarius Pyrckmair, forderten ihre Leser auf, nach «Bergen, Wäldern, Tälern, Flüssen (*montes, sylvae, valles, flumina*)» Ausschau zu halten. Für andere jedoch war das Interesse an der Natur eher «wissenschaftlich». Roelandt Savery wurde von seinem Auftraggeber, dem Kaiser Rudolf II., nach Tirol geschickt, um die Wunder der Natur für die kaiserlichen Sammlungen zu porträtieren. Es gab Gedichte, die Reisen beschrieben, es kam zu einer Wiederauferstehung der klassischen Gattung des *Hodoeporicon* (Reise- und Geleitgedicht), des literarischen Äquivalents zur Landschaftsmalerei, und lokale Typen entwickelten sich in diesem Bereich der Lyrik. Zwei polnische Beispiele offenbaren sowohl das ethnographische als auch das ästhetische Interesse an der Region. Sebastian Klonowic beispielsweise beschrieb die ländlichen Gebiete Rutheniens und die Sitten seiner Bewohner in seinem lateinischen Gedicht *Roxolania* von 1584, während sein polnisches Gedicht *Der Flößer* (1595) den Fluß Weichsel schilderte. Sein Zeitgenosse Szymon Szymonowic gab in seinen *Idyllen* polnische Landschaften und lokale Bräuche wieder.

Die Entdeckung der eigenen Persönlichkeit

Der menschliche Körper wurde wie jener der Tiere in der Spätrenaissance in dem Sinne «entdeckt», daß er genauer zergliedert, studiert und bildlich veranschaulicht wurde. Dies geschah insbesondere in der Untersuchung über die Anatomie von Vesalius (vgl. oben, S. 171). Wie dem auch sei, so beschäftigt sich dieser Abschnitt doch vorrangig mit der menschlichen Persönlichkeit. Im Falle der Entdeckung des Selbst wie in dem der Entdeckung der Welt ermutigten die Darstellungen der Entdeckungen zu weiteren Forschungen. Wie Burckhardt bemerkte, wurden im Italien des 15. und 16. Jahrhundert Porträts und Selbstporträts, Biographien und Autobiographien immer häufiger und folgten oftmals klassischen Modellen, die von Cäsars *Commentarii* (über den Bürgerkrieg und über den gallischen Krieg) bis zu Augustinus' *Confessiones* reichten. Auf diesem Feld, wie auf so vielen anderen, folgte man dem italienischen Beispiel wenig später in anderen Teilen Europas. So kam beispielsweise in Deutschland der «Augenblick der Selbstportraits» im Zeitalter Dürers (Koerner 1993). Die große Stunde der Autobiographie schlug ein wenig später, nämlich nach 1550. Im Falle Italiens denkt man in diesem Zusammenhang an Benvenuto Cellini und den Mailänder Arzt Girolamo Cardano. Im Falle Frankreichs fallen einem hier Montaigne oder der Soldat Blaise de Monluc ein. In der deutschsprachigen Welt denkt man an Bartholomäus Sastrow und Thomas Platter, in den Niederlanden an Justus Lipsius, in England an den Musiker Thomas Whythorne. In Spanien fallen einem hier die Heilige Theresa von Avila, der Heilige Ignatius von Loyola, der Hauptmann Alonso Contreras und eine Anzahl anderer ein, die ihre Autobiographien schrieben. Es ist ganz sicher kein Zufall, daß diese spanischen Werke gleichzeitig mit dem Auftauchen des pikaresken Romans in der ersten Person Singular entstanden (vgl. oben, S. 190), ganz gleich, ob hier nun die «Tatsachen» die «Fiktionen» beeinflußten oder umgekehrt (Buck 1988; Spadaccini und Talens 1988).

Man kann keineswegs behaupten, daß diese Tendenz ausschließlich westlich oder modern ist. Porträts und Biographien, einschließlich Autobiographien oder «Ego-Dokumenten» (ein

25. Fassade von Huntley Gallery Strathbogie, Gordon. Ein Beispiel der Selbstdarstellung im Renaissancestil.

bewußt vager Begriff, der weniger Fragen aufwirft), sind auch in anderen Kulturen wie etwa in China, Japan und der islamischen Welt zu finden. Tatsächlich soll das «Goldene Zeitalter» der chinesischen Autobiographie um das Jahr 1566 begonnen haben, also buchstäblich im gleichen Augenblick wie in Europa, ein Zusammentreffen, das – ähnlich dem Aufstieg des nach ästhetischen Maßstäben angelegten Gartens, wie oben beschrieben – genügend Anregung zum Nachdenken geben sollte (Wu 1990: 106). Biographien und einige wenige Ich-Dokumente findet man auch im Europa des 12. Jahrhunderts und Porträts im Sinne von erkennbarer Ebenbildlichkeit im 14. Jahrhundert. Auf der anderen Seite gibt es – trotz Burckhardt – im Italien der Renaissance keinen Mangel an Beweisen für die fortwährende Identifikation von Individuen mit ihren Familien, Gilden, Cliquen oder Städten. Die *ricordanze* oder «Memoranden», die in

Florenz so verbreitet waren, stellen trotz all ihrer persönlichen Details keine individuellen Autobiographien dar, sondern eine Mischung von Rechnungsbüchern, Familienkalendern und lokalen Chroniken (Guglielminetti 1977; Burke 1992).

Es ist vielleicht lehrreicher, die Auffassung der Renaissance vom Individuum zu betrachten, als, wie Burckhardt es tat, von «der Entwicklung der Persönlichkeit» zu dieser Zeit zu sprechen. Es mag besser sein, immer noch in Begriffen des Wandels hinsichtlich der Kategorie der Person, der Ansichten über das Selbst oder der Stile und Methoden der Präsentation des Selbst oder der «Selbstdarstellung» zu denken (Greenblatt 1980). Castigliones *Hofmann* kann als eine Anleitung zur Selbstdarstellung betrachtet werden, und gleiches gilt für viele Leitfäden zum Briefschreiben aus dieser Periode. Das Bewußtsein der Bedeutung der brieflichen Selbstdarstellung offenbart sich am Interesse von Petrarca, Erasmus, Lipsius und anderen an der Zusammenstellung und Herausgabe ihrer Briefe (Jardine 1993). Gleichermaßen können viele Formen der materiellen Kultur, die in diesem Kapitel bereits erörtert worden sind – Häuser und ihre Möblierung, ganz zu schweigen von Kleidung –, als Hilfen zur Selbstdarstellung betrachtet werden. Dieser Aspekt wird besonders in den Fällen deutlich, in denen Auftraggeber ihren Namen an den Gebäuden, die sie hatten bauen lassen, anbringen ließen. Marco Antonio Barbaros Name erscheint an der Fassade der Kirche in der Nähe seiner Villa in Maser, der des Kardinals Farnese an der Kirche *Il Gesù* in Rom, Bess of Hardwicks Initialen tauchen auf den Brüstungen von Hardwick Hall auf. Im Jahre 1602 erhielt die Galerie des schottischen Schlosses Strathbogie eine Inschrift in römischen Großbuchstaben «GEORGE GORDOUN FIRST MARQUIS OF HUNTLIE» (Abbildung 25).

Medaillen, die meist Porträts auf der einen Seite und eine persönliche Devise auf der Rückseite aufwiesen, waren ein anderes Beispiel für die Selbstdarstellung. Die Mode der Medaillen, hauptsächlich ein italienischer Brauch des 15. Jahrhunderts (vgl. oben, S. 66), verbreitete sich im 16. Jahrhundert in ganz Europa, und zwar nicht nur unter Herrschern, die sie für Propagandazwecke benutzten, sondern auch unter Humanisten: Hier sind beispielsweise Erasmus zu nennen, dessen Medaille von dem Künstler Quentin Matsys entworfen wurde, Willibald Pirckheimer, Sir John Cheke, dessen Medaille in Padua hergestellt wurde, sowie schließlich der Astronom Tycho Brahe.

Biographien

Wie in anderen Bereichen, so ist es auch hier notwendig, von Petrarca auszugehen, und zwar in diesem Falle von seiner Sammlung der Lebensgeschichten berühmter Römer und anderer großer Gestalten. Zu den Sammelbiographien des 15. Jahrhunderts zählten Bartolomeo Fazios *Berühmte Männer*, Platinas *Leben der Päpste*, Vespasiano da Bisticcis Erinnerungen an berühmte Männer, die er gekannt hatte, und die Lebensgeschichten berühmter Frauen von dem Augustiner-Eremiten Jacopo Filippo Foresti, die sich am Vorbild des Boccaccio orientierten (vgl. oben, S. 43), jedoch die Humanistinnen Isotta Nogarola und Cassandra Fedele enthielten. Wenden wir uns nun Einzelbiographien zu: Boccaccio schrieb über Dante und Petrarca, Leonardo Bruni über Aristoteles, Cicero, Dante und Petrarca, Guarino da Verona über Platon, und Giannozzo Manetti schrieb über Sokrates und Seneca. Unter den Zeitgenossen, denen auf diese Weise Ehre widerfuhr, befanden sich Nikolaus V., Alfonso von Aragon, Filippo Maria Visconti, Cosimo de' Medici, der Architekt Brunelleschi, der Humanist Pomponio Leto und der Condottiere Braccio da Montone (Burke 1998b).

Im Italien des 16. Jahrhunderts wurde die Biographie zu einem noch wichtigeren Teil der kulturellen Landschaft. Wenn wir hierbei zunächst an Vasaris *Lebensbeschreibungen italienischer Künstler* denken, so dachten die Zeitgenossen wohl eher an Giovios Biographien von Soldaten und Sultanen, es folgten dann Giuseppe Betussis Lebensgeschichten von Damen, die den Boccaccio aktualisierten, indem sie (unter anderem) Isabella d'Este und Margarete von Navarra hinzufügten. Zu den Einzelbiographien zählten Corsis Ficino, Machiavellis Castruccio Castracani, Condivis Michelangelo und Pignas Ariosto.

Von jenseits der Alpen ist vor dem Jahre 1500 zu dieser Thematik wenig zu berichten. Rodolphus Agricola schrieb über Petrarca und Hernando Pulgar über die «berühmten Männer Kastiliens». Die Lebensgeschichte Heinrichs V. von England wurde nicht von einem Engländer geschrieben, sondern von einem im Ausland lebenden Italiener, nämlich von Tito Livio Frulovisi (einem Schüler Guarinos da Verona), ebenso wurde die Lebensgeschichte des polnischen Bischofs Gregor von Sanok von einem anderen italienischen Humanisten, nämlich Filippo Buonaccorsi «Callimaco», geschrieben. Nach 1500 änderte sich die Situation allerdings. Die Lebensgeschichte des Hieronymus, die Erasmus im Jahre 1516 publizierte, war gleichzeitig ein Symptom und eine Anregung für ein neues Interesse. Eine Lebensgeschichte des Erasmus wurde 1540 von dem Humanisten Beatus Rhenanus geschrieben, während Beatus selber elf Jahre später zum Thema einer Biographie werden sollte.

In England schrieb Sir Thomas Elyot die Biographie des römischen Kaisers Alexander Severus. William Roper und Nicholas Harpsfield verfaßten Lebensbeschreibungen von Thomas Morus, und George Cavendish schrieb die Biographie des Kardinals Wolsey. Fulke Greville beschrieb das Leben von Philip Sidney. Im französischsprachigen Raum gab es Biographien von Guillaume Budé, Jean Calvin, Catherina de' Medici, Petrus Ramus und Pierre Ronsard sowie Brantômes kollektive Lebensgeschichten «großer Persönlichkeiten». Die Dichter Eoban Hessus und Jan Kochanowski, die Künstler Albrecht Dürer und Lambert Lombard, der Komponist Josquin des Prez, der Reformator Philipp Melanchthon und der Humanist Justus Lipsius fanden sämtlich ihre Biographen.

In einigen dieser Fälle ist das italienische Vorbild ganz augenscheinlich. Karl van Manders *Schilderboek* oder «Buch der Maler» von 1604 orientierte sich an Vasari, so wie Brantôme Giovio nacheiferte. Aber auch die Italiener folgten gewissen Mustern. Petrarca ließ sich möglicherweise durch *De viris illustribus* von Hieronymus inspirieren, das selber dem Vorbild des Buches von Sueton über römische Autoren folgte. Giovio gab zu, Plutarch nachgeahmt zu haben. Seine Lebensbilder von Soldaten folgten Cornelius Nepos, während Vasari die Künstler nach dem Muster der Lebensgeschichten der Philosophen von Diogenes Laertios beschrieb. Selbst Brantôme, der kein Gelehrter, sondern Soldat war, studierte Plutarch und Sueton in französischen Übersetzungen und sah manchmal seine Helden und Heldinnen durch ihre Augen.

Biographien wurden für verschiedene Zwecke und in unterschiedlichen Zusammenhängen produziert. Die Lebensgeschichten von Heiligen, die immer noch verfaßt wurden, stellten den Lesern Vorbilder vor, denen sie nachstreben sollten. Vasari schrieb, wie er behauptete, über Künstler aus ähnlichen Gründen, und dies hilft die Tatsache zu erklären, warum er manchmal dieselbe Anekdote über verschiedene Künstler erzählte, so wie etwa bestimmte Geschichten über die Heiligen in einer Hagiographie nach der anderen immer wieder auftauchen. Andere Biographien hatten ihren Ursprung in Trauerreden (Mayer und Woolf 1995).

Ein Kontext der Biographie ist hinsichtlich genereller Veränderungen in den Haltungen oder Mentalitäten besonders aufschlußreich. Vom späten 15. Jahrhundert an wurden Lebensgeschichten von Autoren immer wieder als Vorworte zu ihren Werken geschrieben und veröffentlicht. So dienten beispielsweise die Biographien altrömischer Dichter, die der Humanist Pietro Crinito ursprünglich 1508 als Sammlung veröffentlicht hatte, später als Einleitungen zu Ausgaben dieser Dichter. Erasmus' Biographie des Hieronymus wurde als Vorwort zu einer Ausgabe der Werke des Hieronymus benutzt, die der Basler Drucker Froben 1516 veröffentlichte. In ähnlicher Weise wurde die Erasmus-Biographie von Beatus Rhenanus von Froben als Vorwort zu einer neuen Ausgabe der Werke des Erasmus in Auftrag gegeben. Pignas Biographie von Ariosto wurde umgehend Neuausgaben des *Orlando Furioso* hinzugefügt. Die Ausgaben von Ronsard, Chaucer und Francisco de Sá, die jeweils 1586, 1598 und 1614 veröffentlicht wurden, enthielten auch Biographien als Vorworte. Dieser neue Brauch beweist den Aufstieg des Gedankens der individuellen Autorschaft, also der Idee oder der Annahme, daß Informationen über das persönliche Leben von Autoren den Lesern helfen, deren Werke zu verstehen.

Porträts

Porträts oder Selbstporträts stellen ganz offensichtlich Parallelen zu Biographien und Autobiographien dar, und all diese Gattungen entwickelten sich gleichzeitig und großenteils auch an den gleichen Orten, insbesondere in Italien, Deutschland und den Niederlanden. Jean Fouquets Selbstporträt bildet ein frühes Beispiel dafür (Abbildung 2). Zu den bekanntesten italienischen Beispielen zählen die Selbstporträts von Tizian, Parmigianino und Vasari, während nicht weniger als zwölf Selbstporträts von Sofonisba Anguissola erhalten geblieben sind. Im Falle Deutschlands denkt man an die Reihe der Selbstporträts von Dürer, in den Niederlanden an Maarten van Heemskerck und an Catherina van Hemessen (Abb. 17).

Dem Vorbild des altrömischen Gelehrten Varro folgend, wurden Biographien und Porträts in den Büchern von Giovio und Vasari miteinander verbunden (in der zweiten Ausgabe seiner *Lebensbeschreibungen*, erschienen 1568, waren 144 Holzschnitt-Porträts enthalten). Porträts berühmter Männer und seltener auch von Frauen wurden im wachsendem Maße ein wichtiger Teil der Einrichtung «von Palästen» oder öffentlichen Gebäuden, insbesondere von Bibliotheken. Jene Leute, die das Interesse an diesen historischen Gestalten teilten, sich es aber nicht leisten konnten, Ölgemälde in Auftrag zu geben, konnten ein «Papiermuseum» erwerben, also Bücher mit gedruckten Porträts von Päpsten, Herrschern, Gelehrten, Ketzern und so weiter, die im 16. Jahrhundert in Unmassen veröffentlicht wurden (Burke 1995).

Editionen berühmter Autoren enthielten nicht nur deren Biographien, sondern auch deren Porträts, üblicherweise in der Form eines Frontispiz wie bei Dante (1521), Ariosto (1532: Abbildung 5), Erasmus (1533), Petrarca (1536), Ronsard (1552), Tasso (1593) und Shakespeare (1623). Die Verse, die unter dem Porträt stehen, erklären oftmals den Grund. Unter Ronsards Porträt stand: «*Ici le corps, et l'esprit dans ses vers*». Unter Shakespeares Porträt standen Ben Jonsons berühmte Verse über den Künstler:

O could he but have drawn his wit
As well in brass, as he has hit
His face: the print would then surpass
All that was ever writ in brass:
But since he cannot, reader, look
Not on his picture but his book.

Weniger bedeutende Juristen, Ärzte und andere profitierten von dieser Tendenz. Bis zum Jahre 1600 waren wenigstens achtzig Italiener, darunter zwei oder drei Frauen (Isabella Andreini, Modesta Pozzo und möglicherweise Veronica Franco), auf den Frontispizen ihrer Bücher porträtiert worden (Zappella 1988). Für das übrige Europa gibt es in dieser Hinsicht keine systematischen Untersuchungen, aber ich habe fünfzig Beispiele gefunden, die bis auf acht aus der Zeit nach 1550 stammen.

Wie können wir den Aufstieg des Porträts im Europa jener Zeit erklären? Die Versuchung, eine Antwort auf diese Frage in der Begrifflichkeit des «Individualismus» zu finden – des westlichen Individualismus im allgemeinen und des Renaissanceindividualismus im besonderen – ist stark. Es kann nicht überraschen, daß Jacob Burckhardt, der mit derartigem Nachdruck die «Entwicklung der Persönlichkeit» in der italienischen Renaissance hervorhob, der Geschichte des Porträts eine Abhandlung gewidmet hat. Diese Beweisführung hat gewiß einiges für sich. Die Existenz von «Sälen berühmter Männer», die die Leistungen hervorragender Individuen feiern (vgl. oben, S. 41–2, 66), legt Verbindungen nahe zwischen dem Aufstieg des Porträts und dem, was Burckhardt «den modernen Sinn des Ruhms» genannt hat. Das gleiche leisten Giovios Museum historischer Porträts und andere Sammlungen dieser Art. Die Idee des einzigartigen Individuums paßt gut mit wachsenden Forderungen nach wirklicher Ähnlichkeit zusammen. Margarete von Österreich schickte Jan Vermeyen nach Augsburg, um Karl V. «so lebensnah wie möglich» zu porträtieren (*au plus pres du vif que possible luy seroit*). Die Instruktionen für das Begräbnis Philipps II. enthielten den Befehl, ihn «so natürlich wie möglich (*el más al natural que fuere posible*)» zu malen (zitiert bei Checa 1992: 451). Zur gleichen Zeit begannen Engländer und Engländerinnen, die Grabmale für sich selbst oder für ihre Familie in Auftrag gaben, nach lebensnahen Porträts der Dahingeschiedenen zu fragen (Esdaile 1946: 47 f.). Als Montaigne das Grabmal des Ariosto in Ferrara besuchte, bemerkte er, daß er auf dem Bild «ein wenig voller im Gesicht war, als er in seinen Büchern erscheint (*un peu plus plein de visage qu'il n'est en ses livres*)», mit anderen Worten: auf dem Frontispiz von *Orlando Furioso*. Es ist daher wahrscheinlich, daß das Bild von Jan Kochanowski auf seinem Grabmal (Abbildung 20) ein Porträt darstellt.

Dennoch wirft die Auffassung, daß der Aufstieg des Porträts ein Ausdruck des Aufstiegs der Persönlichkeit sei, unangenehme Fragen auf. Eine Überprüfung des Gebrauchs von Porträts in der Renaissance zeigt, daß die meisten dieser Objekte ursprünglich in Gruppen aufgehängt wurden, die jeweils Mitglieder einer bestimmten Familie oder Inhaber bestimmter Ämter (Bischöfe, Dogen und so weiter) umfaßten. Das Porträt repräsentierte gewöhnlich soziale Rollen und kaum Individuen. Wichtige Leute wurden insbesondere durch ihr kulturelles Gepäck «leichter gemacht», wurden umgeben von solchen Accessoires wie Roben, Kronen, Zeptern, Schwertern, Säulen, Vorhängen. Diese Praktiken legen nahe, daß die von den Gemälden unterstützten Identitäten eher kollektiver oder institutioneller als individueller Art waren. Eine Ausnahme stellen hier nur in Auftrag gegebene Porträts von Freunden der Besitzer der Bilder dar (eine Art von Porträt, zu der nur ein kleiner Teil der Gattung zählte).

Eine noch ernsthaftere Schwierigkeit wird durch die Existenz dessen aufgeworfen, was man manchmal als das «generische Porträt» bezeichnet, das also eher «einen Ritter» oder «eine Dame» darstellt als eine bestimmte Einzelpersönlichkeit. Im späten 15. Jahrhundert benutzte die *Weltchronik* des Nürnberger Humanisten Hartmann Schedel den gleichen Holzschnitt, um Homer, den Propheten Jesaja, Hippokrates, Terenz und den mittelalterlichen Anwalt Accursius sowie schließlich den Renaissancephilosophen Francesco Filelfo zu porträtieren. In den 1550er Jahren verwandten die anonymen Illustratoren einer Sammlung von Biographien des schweizerischen Gelehrten Heinrich Pantaleon die gleichen Holzschnitte, um den deutschen Humanisten Johann Reuchlin und Einhard, den Biographen Karls des Großen aus dem neunten Jahrhundert, wiederzugeben. In ähnlicher Weise wurde der niederländische Humanist Gemma Frisius ausgerechnet mit Albrecht Dürer «verschmolzen», einem Mann, dessen viele Selbstporträts nahelegen, daß er sich geradezu fanatisch mit seiner eigenen Erscheinung auseinandersetzte.

Kurzum, es gibt dem Anschein nach einen Widerspruch zwischen zwei Arten von Erklärung, zwei Perspektiven für die Bedeutung von Porträts. Eine breite, umfassende Ansicht offenbart eine ungleichmäßige Verteilung von Porträts über die Zeit, die eine Erklärung erfordert, und die parallel zu der ungleichmäßigen Verteilung von Biographien verläuft. Auf der anderen Seite stellt sich das Bild aus der «Nahperspektive» ganz anders dar. Die Verwendungszwecke des Porträts waren häufiger institutioneller als individualistischer Art. Es gab eine ähnliche Spannung zwischen den Stilen und Funktionen von Biographien. Die eher «individualistische Biographie» koexistierte Seite an Seite mit der exemplarischen, generischen oder typischen Biographie, die eher die Rolle als die Einzelpersönlichkeit betonte und dem Leser ein Vorbild anbot, dem er nachstreben sollte.

Renaissance und Mittelalter

Das Nebeneinanderbestehen der sich ums Individuum drehenden Mentalität und der sich auf den Typus beziehenden Geisteshaltung offenbart sich an Biographien und Porträts und ist gleichzeitig Beispiel und Symbol eines tiefen Bruchs in der Kultur jener Zeit, um die es in diesem Buch geht. Der Konflikt zwischen Burckhardtianern und Anti-Burckhardtianern unter den Historikern, die darüber diskutieren, ob man die Renaissance in Begriffen des Realismus oder des Symbolismus beschreibt, mag so überflüssig sein wie die Wahl zwischen individueller und kollektiver Identität. Gruppen und Individuen mögen je nach Gelegenheit und Kontext von einem zum anderen gewechselt haben. Die gemeinsame Existenz zueinander im Widerspruch stehender Haltungen und die Spannungen zwischen ihnen bildeten wichtige strukturelle Züge der Renaissancekultur.

Der Geschmack von Kaiser Karl V. an der traditionellen Kultur des burgundischen Hofes ist wohlbekannt, und dies bezog sich auch auf den Ritterroman *Le chevalier délibéré.* Franz I. verband Renaissanceinteressen, wie oben beschrieben (vgl. oben, S. 109–110), mit der Begeisterung für andere Ritterromane wie den *Amadis.* Im Falle des späten 16. Jahrhundert sprechen die Historiker des elisabethanischen England nicht vom Überleben, sondern vom «Wiederaufleben des Rittertums». Zu den Erscheinungsformen dieses Wiederauflebens zählten Turniere, an denen Renaissancehöflinge wie Sidney teilnahmen, und auch eine Rückkehr zu gotischen Formen in der Architektur, die nun mit

Elementen der klassischen Traditionen verbunden wurden (Yates 1957; Ferguson 1960; Mercer 1962: 85–90; Girouard 1966). Solch eine Rückkehr des bereits Unterdrückten wurde im Falle der Dekoration bereits erörtert (vgl. oben, S. 228–9), sie ist auch in anderen Teilen Europas zu finden und ist mit dem Prozeß «der Refeudalisierung» oder «Aristokratisierung», der oben beschrieben wurde (vgl. S. 203), in Verbindung gebracht worden.

Diesmal jedoch war die Lage genau umgekehrt als jene, die im zweiten Kapitel beschrieben wurde: Es handelte sich hier eher um mittelalterliche Elemente innerhalb der Renaissancekultur als um Renaissanceelemente in der mittelalterlichen Kultur. Gegenstände und Haltungen, die einst fremd erschienen waren, wirkten nun vertraut und alltäglich. Neue Praktiken, die einstmals eine Zurückweisung der Tradition zum Ausdruck gebracht hatten, hatten sich nun in Traditionen oder Routinen verwandelt, gegen die, wie das folgende Kapitel darlegen wird, wiederum spätere Generationen rebellierten.

Epilog:
Die Nachwirkungen der Renaissance

Wann die Renaissance endete, ist eine genauso umstrittene Frage wie die nach dem Beginn der Bewegung. Die Antwort, die – mit einigen Einschränkungen – auf den folgenden Seiten gegeben wird, lautet, daß es im frühen 17. Jahrhundert mit der wissenschaftlichen Revolution und dem Aufstieg des Barock zur Auflösung dieses kulturellen Zusammenhangs kam, obwohl auf gewissen Gebieten, von den Gymnasien bis zu den Kunstakademien, Praktiken der Renaissance weit länger währten.

Im nachhinein kann man argumentieren, ein unklares Bewußtsein dieser Veränderungen sei bereits im späten 16. Jahrhundert zu finden gewesen und in Form eines Gefühls des Chaos oder des Niedergangs zum Ausdruck gekommen, das beispielsweise bei den französischen Humanisten Etienne Pasquier, Louis Le Roy und Montaigne festzustellen war. «Alle Dinge sind in beständiger Bewegung, im Wandel und in der Veränderung», schrieb Montaigne in seinen *Essais* (Buch 2, Kapitel 12). Und in Buch 3, Kapitel 2 heißt es dort: «Die Welt ist in ständiger Bewegung (*le monde n'est qu'une branloire perenne*)» (Starobinski 1982). Ob wir sie nun der Spätrenaissance, der metaphysischen Schule oder dem Barock zurechnen, so offenbaren die Dichter dieser Phase – D'Aubigné, Quevedo, Donne, Sep-Szarzynski – ein akutes und oftmals angstbeladenes Gefühl von der Veränderlichkeit und Unbeständigkeit menschlicher Dinge. Bei den beiden zuletzt genannten Dichtern wurde das Gefühl der Instabilität durch ihren Glaubenswechsel unterstrichen, im Falle des Polen vom Protestantismus zum Katholizismus und bei dem Engländer vom Katholizismus zum Protestantismus. Da kann es wenig wundern, daß der niederländische katholische Dichter Joost van den Vondel Donne als eine «dunkle Sonne (*duistre zon*)» bezeichnete (Rousset 1953; Backvis 1963–65).

Eine derartige Haltung hilft die Beliebtheit von Ovids *Metamorphosen* (ein Lieblingsbuch Montaignes) als Quelle für Dichter, Künstler, Komponisten dieser Zeit zu erklären: Aktaeon verwandelte sich in einen Rothirsch, Daphne in einen Lorbeerbaum und so weiter. Wie wir bereits gesehen haben (vgl. oben, S. 168), regte die Geschichte der Daphne im Jahre 1598 zu einer der ersten Opern an. Die Apoll und Daphne-Gruppe von Bernini wird im allgemeinen zu den ersten großen Werken der Barockbildhauerei gezählt und stammt aus den Jahren 1622 bis 1624.

Der Philosoph Tommaso Campanella behauptete im Jahre 1632 in einem Brief an Galileo, «ein neues Zeitalter» zu erblikken, das sich durch «neue Welten, neue Sterne, neue Systeme, neue Nationen» ankündige. Er sagte in diesem Zusammenhang nichts über die Wiedergeburt oder das Beispiel der Antike. Im Gegenteil, er behauptete, daß seine Zeitgenossen die wahren «Alten» seien, da die Welt ihrer Tage älter sei als zu Zeiten der Griechen und Römer der Antike. Dieses Argument wurde im 17. Jahrhundert nicht selten vorgebracht, zu jener Zeit also, da die ihrem eigenen Bewußtsein nach «Modernen» behaupteten, sie hätten mehr Leistungen vorzuweisen als ihre antiken Vorläufer. Galileo und Descartes bieten besonders deutliche Beispiele eines bewußten Bruchs mit der Tradition, insbesondere mit der Naturphilosophie des Aristoteles. Galileo wies den Gedanken zurück, daß im Himmelskreise alles vollkommen sei, während Descartes versuchte, auf dem Gebiete der Philosophie vollständig von vorn zu beginnen. Die Partei der «Modernen» benutzte das Beispiel der «neuen Philosophie» von Galileo und Descartes, um ihre Zurückweisung dessen zu unterstreichen, was eine zentrale Annahme der Renaissancehumanisten gewesen war, nämlich die des Primats der Antike.

Die wachsende Respektabilität der Innovation spiegelte sich in Buchtiteln wider wie Keplers *Astronomia Nova* von 1609, Bacons *New Organon* von 1620 und Galileos *Discorsi e dimostrazioni matematiche intorno a due nuove szienze* von 1638 (Thorndike 1951). Das Weltbild der europäischen Eliten war seit der Rezeption des Aristoteles im 13. Jahrhundert relativ stabil gewesen. Aristoteles' Ansichten wurden oft kritisiert und manchmal modifiziert, aber das von Aristoteles geprägte intellektuelle System wurde nicht ersetzt. Humanistische Einstellungen zur Würde des Menschen beispielsweise mögen in ihrer Zielrichtung neu gewesen sein, aber sie zerstörten nicht die traditionelle Vorstellung vom Kosmos (Grant 1978; Schmitt 1983).

Doch dieses Bild änderte sich in vielen wichtigen Aspekten zwischen 1600 und 1700, als die kopernikanische Hypothese, die Erde sei nicht das Zentrum des Universums, immer weiter verbreitet und der Kosmos im wachsenden Maße nicht als lebendes Wesen, sondern als mechanisches Gebilde betrachtet wurde. Und seine Wirkungsweise wurde als den Gesetzen der Physik unterworfen verstanden. Kepler, der einmal geglaubt hatte, die Planeten würden von Seelen oder «Intelligenzen» angetrieben, wechselte zu der Auffassung über, die Planetenbewegung könne mit mechanischen Begriffen erklärt werden. Descartes verglich das Funktionieren menschlicher und tierischer Körper mit dem von Maschinen (Shapin 1996). Andere wichtige Veränderungen bestanden in dem, was man «das Aufbrechen des Kreises» genannt hat, mit anderen Worten also im Niedergang des Gedankens von objektiven «Korrespondenzen» zwischen Mikrokosmos und Makrokosmos beispielsweise oder zwischen dem menschlichen Körper und dem «politischen Körper», wobei verschiedene soziale Gruppen die Rollen des Kopfes, der Hand, des Bauchs und so weiter übernahmen. Dichter und Philosophen fuhren fort, «Analogien» dieser Art zu ziehen, aber man betrachtete diese im wachsenden Maße bloß noch als Metaphern (Nicolson 1950; Foucault 1966). Die Vernunft, die sich in der Mathematik ausdrückte, insbesondere in der Geometrie, gewann an intellektuellem Prestige, welches die Autorität der Antike zu verlieren im Begriff war. In seinem *Leviathan* von 1651 erörterte Thomas Hobbes die politische Theorie in der Sprache der mechanischen Philosophie und versuchte, seine Schlußfolgerungen von allgemeinen Axiomen abzuleiten. Spinoza behauptete, daß die Voraussetzungen seiner *Ethik* «geometrisch bewiesen» seien. Man versuchte sogar, die geometrische Methode auf die Geschichtsschreibung anzuwenden.

Und aus genau diesen Gründen wurde der Ausdruck «wissenschaftliche Revolution» geprägt und benutzt, um die Phase zwischen der Renaissance und der Aufklärung zu beschreiben. Ein britischer Historiker erklärte in den 1940er Jahren, diese Revolution sei in der Weltgeschichte derart wichtig gewesen, daß sie die Renaissance und die Reformation «auf den Rang bloßer Episoden» herabstufe. Neuere Untersuchungen haben jedoch graduelle Veränderungen gegenüber einer plötzlichen «Revolution» hervorgehoben, haben die geometrische Methode teils kritisiert und teils gefeiert sowie zu all dem bemerkt, daß – wie im Falle der Renaissance – die Kohärenz der Bewegung übertrieben worden sei. Wie dem auch sei: es leugnen jedenfalls nur wenige Historiker die geschichtliche Bedeutung der Verbesserung des Wissens über die Natur im 17. Jahrhundert (Butterfield 1949: VIII).

Ob die Kunststile, die wir heute als Klassizismus oder Barock bezeichnen, einen frühen wichtigen Bruch mit jenen der Renaissance bedeuten, wird viel diskutiert. Monteverdi beispielsweise ist sowohl für die Spätrenaissance (vgl. oben, S. 168) als auch für den Barock in Anspruch genommen worden (Tomlinson 1987). Ähnliches ließe sich im Falle Rubens' angesichts seiner Mitgliedschaft im Humanistenkreis um Lipsius, seinem Interesse an Altertümern, seinem Italienaufenthalt in den Jahren von 1600 bis 1608 und der Bewunderung für das Zeitalter des Wetteifers, die sich in seinen Skizzen nach Michelangelo und Raffael und seinen Kopien von Gemälden Tizians zeigt, anführen (Stechow 1968; Jaffé 1977). Es geht aber, um es noch einmal zu betonen, nicht darum, Rubens für die Renaissance zu usurpieren, sondern vielmehr darum, die Grenzlinien zwischen den Perioden, wie sie die Historiker ziehen, zu verwischen, indem man die Dinge von mehr als nur einem Standpunkt aus betrachtet. Genauso wie man Petrarca und Giotto als mittelalterliche Gestalten schildern kann, die gleichwohl zentrale Rollen in der Renaissance spielten, so kann man auch Rubens in mehr als eine Kategorie einordnen.

Eine weit offensichtlichere Veränderung zeigt sich im allmählichen Niedergang der italienischen Kulturhegemonie. Im 17. Jahrhundert, dem Zeitalter von Descartes und Corneille, Racine und Molière, Boileau und Bossuet, ist wie im Hochmittelalter eine neue *préponderance française* zu beobachten (vgl. oben, S. 36). Auch wurde die Hegemonie der klassischen Tradition herausgefordert. Die Zunahme an Bedeutung von Gattungen wie dem Roman und dem Landschaftsbild, die wenige klassische Vorbilder hatten, vergrößerte die Entfernung zwischen Autoren und Malern des 17. Jahrhunderts und antiken Vorbildern. Der «Kampf der Bücher» zwischen den Anhängern der Antike und jenen der «Moderne» in Frankreich und England im späten 17. Jahrhundert spitzte einen älteren Konflikt zwischen beiden

Welten zu. Diese Veränderungen, die Ideen und Praktiken betrafen, führen zu der Schlußfolgerung, daß das Ende der Renaissance als zusammenhängender Bewegung sich um das Jahr 1630 ereignete und dies am offensichtlichsten in Italien (Cochrane 1970; Lafond und Stegmann 1981; Tomlinson 1987: 243–60). Doch gibt es mindestens drei Einschränkungen zu dieser verallgemeinernden Aussage.

Erstens verlief der Abstieg der Bewegung im allgemeinen eher langsam als plötzlich, es handelte sich sozusagen mehr um ein Dahinschwinden oder einen Zerfall als um ein abruptes Ende. Anders als zur Zeit von Petrarca arbeiteten die Kräfte des Widerstands und der kulturellen Reproduktion nunmehr zugunsten der Renaissance. Wie im Falle der Gotik ist es nicht leicht, zwischen Überleben und Wiedergeburt zu unterscheiden. Schließlich war der Prozeß der Zustimmung und der Nachahmung, ob bewußt oder unbewußt, in beiden Fällen zu beobachten. Zweitens kann man nicht annehmen, daß es eine gemeinsame Chronologie gibt, die alle kulturellen Bereiche verbindet. Sie hatten jeweils ihre eigenen Kontinuitäten und Diskontinuitäten. Drittens gab es, was das Schicksal der Bewegung betrifft, regionale Unterschiede. Gewisse Tendenzen wurden am Rande Europas zu genau der Zeit entdeckt, als sie im Zentrum verschwanden. In englischen Provinzstädten begann man mit dem Bau von Rathäusern im klassischen Stil erst im späten 17. Jahrhundert, so beispielsweise in Abingdon im Jahre 1678 (Borsay 1989: 104 ff.). Rußland, das im 15. und 16. Jahrhundert nur marginal an der Renaissance teilgenommen hatte (vgl. oben, S. 88–90), entdeckte die Bewegung am Ende des 17. Jahrhunderts. Zar Peter der Große etwa feierte seinen Triumph über die Tataren im Jahre 1696 mit einer Siegesparade im Renaissancestil. Seine wohlbekannte Begeisterung für die Technik scheint mit einem Interesse an der Kultur des Humanismus und auch an Emblemen verbunden gewesen zu sein (vgl. oben, S. 258). Auf jeden Fall wurde für ihn 1705 in Amsterdam ein Musterbuch publiziert und 1719 in Rußland nachgedruckt (Wortman 1995: 42–46).

Von daher handelt es sich bei der Geschichte, die am Ende dieses Kapitels zu erzählen ist, um eine Reihe von Vorgängen des Überlebens und der Wiedergeburt sowohl im Bereich des Humanismus als auch in dem der Künste.

Das Überleben des Humanismus

Der Humanismus überlebte die wissenschaftliche Revolution, obwohl seine Stellung in der europäischen Kultur immer schwächer wurde. Der Lehrplan der Lateinschulen blieb bis zu Beginn des 19. Jahrhunderts mehr oder weniger der gleiche. An den Universitäten begann die Verdrängung des Aristotelismus durch die mechanische Philosophie um das Jahr 1650, aber dieser Prozeß benötigte mehr als ein Jahrhundert bis zu seiner Vollendung. Angesichts all dessen kann es nicht verwundern, daß das Denken von Galileo, Hobbes und Descartes zum Teil von den Konzepten, Methoden und Werten des Humanismus geprägt war. Tatsächlich ist Galileo als «ein treuer Erbe der humanistischen Tradition» bezeichnet worden (Panofsky 1954; Cochrane 1976: 1057).

Auf dem Gebiet der Literatur war Rom unter Papst Urban VIII. der Schauplatz einer «zweiten römischen Renaissance» nach dem Vorbild des Zeitalters von Leo X. (Fumaroli 1980: 202–26). Und auch allgemeiner waren Kontinuitäten zwischen dem Klassizismus des 17. Jahrhunderts und der Hochrenaissance recht leicht zu entdecken. In den Niederlanden betrachtet man normalerweise die Zeit des Dramatikers und Lyrikers Joost van den Vondel als Teil der literarischen Renaissance, und damit dauert diese dort bis in die 1660er Jahre. Boileau und Racine kann man in dem Sinne als Humanisten ansehen, daß der «hohe Stil», in dem sie schrieben, wie auch ihre Nachahmung der Alten schwer von der Theorie und Praxis eines Pietro Bembo zu unterscheiden sind. Das klassische Zeitalter der französischen Literatur bedeutete als Reaktion auf den Bruch von Regeln im späten 16. Jahrhundert eine Rückkehr zu den Maßstäben der Hochrenaissance.

Auch in England war das Ende des Humanismus fast nicht zu bemerken. Robert Burton begann 1621 seine *Anatomy of Melancholy* in echt humanistischer Weise mit der Formulierung: «Der Mensch, die großartigste und edelste Kreatur auf der Welt.» In seiner *Religio Medici* von 1642 schrieb der Arzt Thomas Browne über «die Würde der Humanität». Wenn wir Browne zur humanistischen Bewegung zählen, dann ist es schwierig, den

Politiker Edward Hyde auszuschließen, dessen Reflexionen über die jeweiligen Vorzüge des tätigen und des kontemplativen Lebens der Tradition von Leonardo Bruni folgten. Und wenn wir Hyde dazu zählen, dann ist es kaum möglich, den Ausschluß der sogenannten «Cambridge Platonists» zu rechtfertigen, die bis ins späte 17. Jahrhundert die Tradition von Ficino fortsetzten. Anderswo in Europa erinnern die enzyklopädischen Interessen von Gelehrten wie dem deutschen Jesuiten Athanasius Kircher oder dem Schweden Olaus Rudbeck an eine Reihe früherer Humanisten. Als die Gesamtausgabe der Werke des Erasmus zwischen 1703 und 1706 in Leiden in zehn Foliobänden, herausgegeben von Jean Leclerc, neu publiziert wurde, war es schwer zu entscheiden, ob man in diesem Fall von einem Überleben oder von einer Wiedergeburt sprechen sollte. Für Leclerc, einen kalvinistischen Geistlichen der stärker voluntaristischen oder «arminianischen» Richtung, stellte Erasmus' Verteidigung des freien Willens eine Bestätigung seiner eigenen Position dar. Leclerc sprach die Vermutung aus, es bestehe in seinem Zeitalter ein Bedürfnis nach «einem neuen Erasmus», um neue Formen des Aberglaubens zu bekämpfen. Für seinen Zeitgenossen und Gegner Pierre Bayle, einen weiteren kalvinistischen Pastor, der in der niederländischen Republik lebte, war Erasmus vor allem eine große Figur in der gebildeten Welt, und Bayle widmete dieser ebenfalls zahlreiche Bemühungen. Für Voltaire andererseits war Erasmus vor allem als Kritiker des Mönchtums höchst erinnernswert (Kaegi 1936; Flitner 1952: 120–9; Mansfield 1979: 236–58).

Selbst im 18. Jahrhundert hatten die Überzeugungen und Wertmaßstäbe einiger führender europäischer Intellektueller noch sehr viel mit jenen eines Bruni, Pico oder Bembo gemeinsam. Der Philosoph Ernst Cassirer hat die Renaissance einmal als «die erste Aufklärung» bezeichnet; es scheint mindestens ebenso angemessen, die Aufklärung eine «zweite Renaissance» zu nennen. In Deutschland ging es Gotthold Ephraim Lessing und Johann Gottfried Herder gleichermaßen um das, was Herder *Humanität* nannte, eine Adaption des Ideals der *humanitas*. In einem gewissen Sinne kann man diese beiden Denker sinnvollerweise als Späthumanisten bezeichnen, obwohl Herders Interesse an der Volkskultur einen Bembo sicher schockiert hätte, während Lessings *Laokoon* von 1766 die Analogien zwischen der

Dichtkunst und der Malerei untergrub, die den Renaissancekritikern so teuer gewesen waren. Bei diesen Vergleichen kommt es, wie schon im Falle von Rubens, nicht darauf an, den Wandel zu leugnen oder zu versuchen, das 18. Jahrhundert der Renaissance zuzuschlagen, sondern es geht einfach darum, die Macht der Tradition zur Kenntnis zu nehmen. Was Lessing und Herder angeht, so kann man sagen, daß sie den Humanismus rekonstruiert haben, um ihn den Notwendigkeiten ihrer Zeit anzupassen. Doch die humanistische Tradition war ein Projekt, bei dem die Bauphase niemals endete. Bruni unterschied sich auf bestimmte Weise von Petrarca, Ficino von Bruni, Erasmus von Ficino und Lipsius von Erasmus.

In England hat man den Kreis um Samuel Johnson als «augusteischen Humanismus» bezeichnet, weil jener Zirkel danach strebte, den kulturellen Leistungen des Rom von Bembo und Leo X. genauso wie dem Rom von Vergil und Augustus nachzueifern (Fussel 1965). Eine Bewegung des staatsbürgerlichen Humanismus hat man im Britannien des 18. Jahrhunderts (insbesondere in Schottland) und auch in Nordamerika zur Zeit der Revolution festgestellt: Sie zeigte ein Interesse an bürgerlichen Tugenden, Freiheit und tätigem Leben und orientierte sich am Beispiel von Florenz und Venedig in der Renaissance und ebenso am antiken Rom (Pocock 1975: 423–552). Doch der staatsbürgerliche Humanismus des 18. Jahrhunderts beschränkte sich nicht auf die englischsprechende Welt. Herder verband eine Verehrung der Antike mit einer Kritik der Höfe und einem Gefühl für die Verantwortlichkeit des Bürgers in Frankreich zur Zeit der Revolution, und das gleiche gilt für den jungen Wilhelm von Humboldt (Spranger 1909; Knoll 1982; Sorkin 1983). Auf diese Weise überlebte der Kult der Antike bis zur amerikanischen und zur französischen Revolution, und in beiden Fällen waren die römischen Republikaner Vorbild politischen Verhaltens. Teilnehmer an der romantischen Bewegung, einem Protest gegen die Nachahmung in den Künsten im Namen der Spontaneität und «der wahren Stimme des Gefühls», mögen wohl Recht gehabt haben, wenn sie Kontinuitäten zwischen der Renaissance und dem 18. Jahrhundert feststellten.

Zur Zeit der Romantiker jedoch, also ums Jahr 1800, hatten zwei bedeutsame Veränderungen stattgefunden. Erstens ersetzte

Griechenland, und insbesondere Athen, Rom als Vorbild in der Literatur und in der Politik genauso wie in den bildenden Künsten. Humboldt, der Leiter des Kultus- und Unterrichtswesens in Preußen und einer der Gründer der Universität Berlin war, hielt das antike Griechenland für *das Ideal allen Menschendaseins*. In dieser Hinsicht unterschied sich der «Neoklassiszismus», wie die Bewegung jener Zeit oftmals bezeichnet worden ist, vom Klassizismus der vorangegangenen Phase. Zweitens gelangten die Eiferer der *studia humanitatis* (im Unterschied zu ihren Vorläufern in der Renaissance) zu der Auffassung, die exakte Wissenschaft sei als eine Bedrohung zu betrachten. Um das Jahr 1800 diskutierte man in Deutschland, ob man in den Lehrplänen etwa für praktische und nützliche Themen wie die Naturwissenschaften einen Platz schaffen sollte. Und zu jener Zeit und in diesem Zusammenhang entstand der Begriff *Humanismus* (im Gegensatz zum *Philanthropismus)*, um die Werte zu beschreiben, die angegriffen wurden (Rüegg 1944). Die Klassiker hörten auf, das «Grundnahrungsmittel» der Schüler zu sein, und einige von ihnen studierten nun moderne Fächer im neusprachlichen *Realgymnasium*, das so genannt wurde, weil man annahm, daß es den «Realien» näher sei. Die Anhänger des *Humanismus* waren eher bewußte «Reaktionäre» denn unbewußte Konservative, sie interessierten sich eher für das Wiederbeleben als für das Überleben. In diesem Sinne waren sie «Neuhumanisten». Wie ein berühmter Sinologe es einmal formulierte: «Ein Publikum, das nicht zu würdigen weiß, daß Mozart nicht Wagner ist, wird niemals den *Don Giovanni* des 18. Jahrhunderts hören» (Levenson 1958: xx).

Die Argumente für das Überleben des Humanismus bis ins 19. Jahrhundert hinein sind schwächer, aber es mag dennoch nützlich sein, sie mit Hilfe einiger englischer Beispiele vorzutragen. John Stuart Mill ist aufgrund seiner klassischen Erziehung und seines lebenslangen Interesses an ethischen Fragen als Humanist bezeichnet worden. Auch Walter Pater ist als Humanist dargestellt worden. Pater identifizierte sich mit dem, was er als die humanistische Versöhnung zwischen Heidentum und Christentum verstand und darüber hinaus mit der Renaissance als einer Bewegung, der es um das ging, was er «die Liebe zu den geistigen Dingen und zur Phantasie um ihrer selbst willen, den

Wunsch nach einer freieren und angenehmeren Art der Lebensführung» nannte (Tinkler 1992; Crinkley 1970). Zu diesen beiden Gestalten der viktorianischen Zeit können wir eine dritte, nämlich Matthew Arnold hinzufügen, der die Rolle des Dichters mit der eines Kulturkritikers und Schulinspektors verband und allem Anschein nach der erste war, der im Englischen den Begriff *humanism* verwendete. Doch selbst Arnold war möglicherweise nicht der letzte der Humanisten. Der britische Historiker Arnold Toynbee bemerkte einmal: «Meine Generation war fast die letzte in England, die eine Erziehung in der griechischen und lateinischen Sprache und Literatur erhielt, die den strengsten Maßstäben des italienischen 15. Jahrhunderts entsprach» (Toynbee 1954: 557). Es ist also noch nicht lange her, daß die Welt des Humanismus zu einem fremden Territorium wurde.

Die Künste

In den Künsten ist es wie beim Humanismus schwierig, genau den Moment zu erkennen, da die Renaissance endete. Die Jahre um 1630 werden in dieser Hinsicht wegen des Aufstiegs des Stils, den wir heute «Barock» nennen, oft gewählt, aber dieser Stil bediente sich genau wie jener der Renaissance eines klassischen Vokabulars. Die Neugotik des 19. Jahrhunderts war ein viel tieferer Bruch mit der klassischen Tradition. Verglichen damit waren Barock und Neoklassizismus nicht mehr als Risse in einem klassischen Bauwerk.

In der Malerei war die «gran maniera» des Nicolas Poussin, der in Rom lebte, dem Stil Raffaels genauso nahe wie jener Boileaus dem Bembos. Die Sitte der Italienreisen ausländischer Künstler lebte weiter. So reiste beispielsweise Velázquez 1629 und 1649 dorthin, es folgten Mengs 1740, Reynolds 1749 und Romney 1773. Sie besuchten Italien, um die Antike zu studieren, wie es die Renaissancekünstler getan hatten, und auch, um von Raffael, Tizian und Michelangelo zu lernen. Die Kunstakademien hielten weiterhin die Maler und Bildhauer dazu an, der Antike nachzueifern. Reiterstandbilder in der Art Donatellos und Giambolognas bevölkerten auch künftig die Plätze Europas und Amerikas. Posen, die Raffael oder Tizian erfunden hatten, wurden Bestandteile der Traditionen der Porträtmalerei späterer Jahrhunderte; selbst das moderne Familienphoto orientiert sich immer noch an einigen dieser Konventionen. Man kann daher behaupten, daß die Renaissance – in einer akzentuierten Form – bis zum Beginn des 20. Jahrhunderts überlebte, also bis zum Zeitalter der Revolte gegen die Perspektive, gegen das Repräsentative und gegen die Tradition der «akademischen» Kunst. Ironischerweise jedoch fiel das Ende des Einflusses der Renaissance in den Künsten zumindest in Italien mit einer Bewegung zusammen, die wie die Renaissance eine *renovatio* anstrebte. Marinetti hoffte auf die Erneuerung der Welt durch den Futurismus.

Wiedergeburten

Im 18. Jahrhundert wurde der Palladianismus oder der Neopalladianismus zu einer internationalen Bewegung architektonischer Wiedergeburt. Palladios *Vier Bücher über die Architektur* wurden 1698 auf deutsch, 1726 auf französisch, 1715 auf englisch und erneut 1728 in dieser Sprache veröffentlicht. Illustrierte Bücher mit Titeln wie *Danske Vitruvius* und *Vitruvius Britannicus* verbreiteten seine Ideale. Zu seinen Schülern zählten Ottavio Bertotti in Italien, Jacques-Germain Soufflot in Frankreich und zwei berühmte Amateurarchitekten aus der englischsprechenden Welt. Der dritte Graf von Burlington sammelte Zeichnungen von Palladio, besuchte Italien, um seine Gebäude zu studieren, und ahmte seinen Stil nach. Burlingtons Villa in Chiswick beispielsweise, mit deren Bau um 1725 begonnen wurde, orientiert sich ebenso an der berühmten Villa Rotonda in der Nähe von Vicenza wie Mereworth Castle in Kent, das zwei oder drei Jahre zuvor errichtet wurde. Thomas Jefferson kannte Palladios Werk nur durch die *Vier Bücher*, aber auch er folgte bei seinem Haus in Monticello dem Modell der Villa Rotonda. Weder im englischen noch im amerikanischen Fall war die Entscheidung für Palladio politisch neutral. Seine Zugehörigkeit zur Republik Venedig machte ihn in Britannien zu einem attraktiven Vorbild für die Whigs und in den Vereinigten Staaten für die Republikaner (Tavernor 1990: 151–209).

Man muß den Neopalladianismus in einen breiteren Zusammenhang stellen: nämlich den der Renaissance der Renaissance im 18. Jahrhundert, und diese stellte vor allem eine Wiedergeburt des Zeitalters Leos X. dar, als (wie Alexander Pope schrieb) «ein Raffael malte und ein Vida sang». Popes *Essay on Criticism* war selber dem Vorbild von Vidas *De arte poetica* verpflichtet. Und was Raffael anging, so inspirierte er den Neoklassizismus des böhmischen Malers Anton Raphael Mengs. Gianbattista Tiepolos Fresken für die Residenz von Würzburg in den 1750er Jahren mit vielen Figuren in Kostümen des 16. Jahrhunderts erinnern an die Gemälde von Veronese und damit an das goldene Zeitalter Venedigs. In Italien wurde dieses Wiederaufleben der Renaissance durch neue Ausgaben der Werke von Petrarca, Poggio, Castiglione und anderer Humanisten sowie durch die Erstveröffentlichungen zahlreicher Texte des 16. Jahrhunderts verdeutlicht, insbesondere durch die Autobiographie von Benvenuto Cellini, die 1728 erschien.

Das 19. Jahrhundert war ebenfalls ein Zeitalter von Wiedergeburten der Renaissance im Hinblick auf eine Anzahl unterschiedlicher Zwecke. Zwei auffallende, wenn auch paradoxe Beispiele stammen aus der Malerei, nämlich die Nazarener und die Präraffaeliten. Die Nazarener waren eine Gruppe junger deutscher Künstler, die nach 1810 in Rom lebte. Sie lehnten den Neoklassizismus von Mengs und seinem Idol Raffael scharf ab. In ähnlicher Weise wünschten Dante Gabriel Rossetti und seine Freunde eine Rückkehr zu der Zeit vor Raffael. Und daher stammt ihr Name «präraffaelitische Bruderschaft». Alexis Rio in Frankreich, der Autor eines Buchs über christliche Dichtkunst, das sich mit der «geistlichen» Kunst des Mittelalters beschäftigte, vertrat ähnliche Ziele.

Diese Künstler und Schriftsteller trugen jedenfalls dazu bei, die Kunst dessen zu rehabilitieren, was sie das «Mittelalter» nannten, obwohl wir diese Phase heute eher als «Frührenaissance» ansehen. Die Nazarener beispielsweise waren Liebhaber von Masaccio und Fra Angelico. Rio bewunderte Giotto. Und es geschah zu dieser Zeit und in diesen Kreisen, daß Botticelli (Abb. 1) wiederentdeckt wurde. Also wurden die von Vasari formulierten Maßstäbe, denen zufolge die dritte Phase der Renaissance, nämlich das Zeitalter von Raffael und Michelangelo, die vollendete war, nicht mehr akzeptiert. Der Kanon, der die europäische Kunst von 1550 bis 1850 beherrscht hatte, wurde herausgefordert und umgebildet (Levey 1960; Bullen 1994: 80–90). Der Aufstieg des Jugendstils sollte den Ruf von Botticelli noch weiter steigern, während der Expressionismus zur Wiederentdeckung der Manieristen beitrug. So wurde beispielsweise in einem Vortrag des Kunstkritikers Max Dvořák von 1920 der Reiz von El Greco für «ein neues, spirituelles und antimaterialistisches Zeitalter» nach dem Ersten Weltkrieg hervorgehoben (zitiert bei Gombrich 1961). Der Aufstieg des Postimpressionismus und das Interesse an geometrischen Formen trugen zur Neubewertung der Maler der Frührenaissance in gleicher Weise bei. Der Maler Giorgio Morandi wurde beispielsweise nicht nur von Cézanne inspiriert, sondern auch von Giotto, Masaccio und Piero della Francesca.

Die Begeisterung für die Renaissance ging manchmal so weit wie die Begeisterung der Renaissance für die Antike. Isabella S. Gardner aus Boston beispielsweise versuchte die Laufbahn ihrer «Schutzheiligen» Isabella d'Este nachzuleben, indem sie Kunstobjekte der Renaissance sammelte, und dies insbesondere, wenn diese mit Frauen zu tun hatten, und außerdem ließ sie sich selber von John Sargent malen. Ihre Sammlung war in einem Palast im italienischen Stil, Fenway Court, untergebracht, der 1903 für das Publikum geöffnet wurde (Brandt 1992). Das Interesse an der Renaissance als Vorbild für die Gegenwart breitete sich auf Möbel, Keramik und Schmuck aus, so beispielsweise die sogenannten «Medicibroschen», die von Juwelieren in Paris hergestellt wurden. Ganz deutlich sichtbar wird die Renaissance der Renaissance, wenn wir uns der Architektur zuwenden. Im Zeitalter der Neugotik entdeckte eine Reihe von Architekten den Nutzen der Renaissance als eines Alternativstils für moderne Gebäude wie Stadthäuser, Villen, Banken, Clubs, Bibliotheken und Rathäuser. Die berühmtesten weltlichen Gebäude der Renaissance in Florenz, Rom und Venedig wurden mehr oder weniger frei in eine Sprache des 19. Jahrhunderts übertragen, die für Deutschland, Frankreich, England, Italien und die Vereinigten Staaten geeignet schien (Milde 1981; Pavoni 1997). In München etwa ahmte der Königsbau der Residenz (1823–42) den Palazzo Pitti in Florenz nach. Gottfried Sempers Villa Rosa in Dresden von 1839 imitierte eine Renaissancevilla und sein Palais Oppenheim von 1845 einen Renaissancepalazzo. In Paris zählen zu den auffallendsten Beispielen des Wiederauflebens der Renaissance die Ecole des Beaux-Arts von 1833 und die Bibliothek Saint-Geneviève von 1842.

In London entwarf Charles Barry, der in den 1820er Jahren in Rom Planzeichnungen von Renaissancegebäuden angefertigt hatte, den Traveller's Club (1832) und den Reform Club (1841) in römischem Stil, während eine Bank in Bristol in den 1850er Jahren dem Beispiel von Sansovinos Marciana-Bibliothek in Venedig folgte. In Italien hielt der Stil der Neorenaissance relativ spät Einzug, und zwar kurz nach der Vereinigung des Landes im Jahre 1860; ein gutes Beispiel ist ein Bankgebäude in Bologna, der Palazzo della Cassa del Risparmio (1868), der von Giuseppe Mengoni entworfen wurde. In New York, Boston und Chicago wurden Bibliotheken und Wohnhäuser in der Manier von Renaissancepalästen errichtet, insbesondere nach dem Vorbild des Palazzo della Cancelleria in Rom. Auch wurde der Stil der französischen Renaissance wieder zum Leben erweckt und dies nicht nur in Frankreich. Das Schloß in Schwerin von 1843 wurde nach dem Vorbild eines französischen Château errichtet, nachdem der Architekt auf eine Reise ins Loiretal geschickt worden war. Holloway College in der Nähe von Egham in Surrey (1879) ist eine Nachahmung von Chambord.

Diese Beispiele sind Architekturhistorikern sämtlich wohlbekannt und von ihnen als Exempel für die Suche nach einem modernen Stil erörtert worden, der weder gotisch noch im strengen Sinne klassisch ist. Man sollte hinzufügen, daß der Stil zumindest in einigen Fällen möglicherweise seiner Vorstellungsverknüpfungen wegen gewählt wurde. Daß man ihn für das Rathaus in Sheffield auswählte, legt beispielsweise eine Parallele zwischen den italienischen Stadtstaaten und den neuen demokratischen Stadtgebilden nahe. Banken profitierten von den Gedankenverbindungen zwischen der Renaissance und den Medici, während der italianisierende Stil das kulturelle Kapital des Victoria und Albert Museums und der Newberry Library in Chicago erweiterte. Charles Barry übernahm den Stil der römischen Renaissance für Clubs in London, aber er entwarf auch Highclere Castle im elisabethanischen Stil, als sei dieser für ein Landhaus geeigneter.

Je weiter die Renaissance in die Vergangenheit rückte, desto stärker wurde sie mit Deutlichkeit als Einheit begriffen. Für Voltaire repräsentierte in den 1750er Jahren Italien im Zeitalter der Medici und «der Wiedergeburt der Gelehrsamkeit (*la renaissance des lettres*)» die dritte der vier glorreichsten Perioden der menschlichen Geschichte, sie folgte dem klassischen Griechenland und Rom und ging dem Zeitalter Ludwigs XIV. voran. Im Jahre 1775 veröffentlichte der italienische Gelehrte Saverio Bettinelli eine Geschichte des «Wiederauflebens» der Gelehrsamkeit und der Künste in Italien. Bettinelli benutzt den Begriff *risorgimento*, der eine Generation später auf die Bewegung zur nationalen Wiedergeburt angewandt wurde. Historiengemälde begannen damit, das Leben von Helden der Renaissance darzustellen. Leonardos Tod in den Armen von Franz I. beispielsweise (ein Ereignis, das in Wirklichkeit gar nicht stattfand) wurde von François-Guillaume Ménageot (1781) sowie von Jean-Auguste-Dominique Ingres (1818) und von Luigi Mussini (1828) gemalt. Der Tod Raffaels wurde von Nicolas-André Monsiau (1804), Pierre-Nolasque Bergeret (1806) und Rodolfo Morgari (1880) dargestellt.

Im 19. Jahrhundert begannen Jules Michelet, Jacob Burckhardt und andere Historiker über die Renaissance als großes Ereignis zu schreiben, das einen wichtigen Beitrag zur Kultur Europas geleistet hat. Sie erklärten sie zum Bestandteil der großen Geschichte der westlichen Zivilisation (vgl. oben, S. 15). Die Renaissance wurde nun, wie man sagen könnte, in Großbuchstaben geschrieben. Michelet und Burckhardt stimmten dahingehend überein, daß die Entdeckung der Welt und des Menschen in der Renaissance stattfand. Ernest Renan in seinem Werk *Averroës et l'averroïsme* von 1852 und Burckhardt waren sich einig, daß Petrarca der erste moderne Mensch war. Italienische Historiker, insbesondere Francesco De Sanctis in seiner neunbändigen *Storia della letteratura italiana* (1870–71) und Pasquale Villari in seinem Werk *Machiavelli e i suoi tempi* (1877–82), stellten die Renaissance in einen bestimmten Zusammenhang, indem sie sie als Ausdrucksform des italienischen Geistes beschrieben und ihren Beitrag für die Herausbildung des Gefühls der nationalen Identität betonten. Walter Pater beschrieb die «Renascence» (wie er sie zu buchstabieren beliebte) als eine «allgemeine Erregung und Erleuchtung des menschlichen Geistes». Ob sie nun die Renaissance als ein Zeitalter betrachteten, in dem der menschliche Geist erwachte, oder als ein Zeitalter des Heidentums oder des Verfalls der Moral oder ob sie all diese Dinge gleichzeitig zu beobachten glaubten, so machten Dichter, Dramatiker und Romanciers ihr Publikum doch mit Lucrezia Borgia (Victor Hugo 1833), Cola di Rienzo (Richard Wagner 1842), Savonarola (George Eliot, *Romola* 1863) und anderen herausragenden Gestalten dieser Epoche bekannt (Ferguson 1948: 179–252; Bullen 1994).

Zu den Arbeiten der Historiker und anderer Autoren sollten wir die Beiträge hinzufügen, die von Museen, vom Tourismus sowie von Photographen zu den Vorstellungen des 19. und 20. Jahrhunderts über die Renaissance geleistet wurden. Vom späten 18. Jahrhundert an gab es eine allgemeine europäische Bewegung zur Öffnung königlicher, adliger und kirchlicher Galerien und Bibliotheken, um deren Schätze «dem Publikum» zugänglich zu machen. Die Uffizien öffneten ihre Tore im Jahre 1769 für das Publikum. Der Louvre wurde 1793 als Museum eröffnet und der Prado 1818. Um den Triumph der Künste und die Übertragung einer großen Tradition zu verdeutlichen, wurden Museen oftmals mit Bildern großer Künstler, viele von ihnen aus der Renaissance, geschmückt. So entdeckt man beispielsweise in South Court des Victoria und Albert Museum in Kensington Mosaikportraits von Giotto, Raffael, Michelangelo, Holbein und dem Keramikkünstler Bernard Palissy. Daher erklärt sich der Spitzname «Kensington Valhalla». Die zugrundeliegende Vorstellung war eine ähnliche wie bei den «Sälen berühmter Männer» in der Renaissance, allerdings gab es dabei einen bedeutsamen Unterschied. Die Helden waren nun eher Künstler und nicht Herrscher oder Philosophen.

Nach dem Museumsbesuch stellte es nur einen weiteren natürlichen Schritt dar, die Renaissancekunst in ihrer Originalumgebung zu betrachten, und der Aufstieg des organisierten Tourismus und des europäischen Eisenbahnsystems machte solche Besichtigungsreisen leichter als je zuvor. Thomas Cook in Großbritannien und die Familie Baedeker in Deutschland organisierten Mitte des 19. Jahrhunderts Reisen nach Italien. Burckhardts *Cicerone*, ein Touristenführer zu den Schätzen der italienischen

Kunst, wurde 1855 veröffentlicht, fünf Jahre vor seinem berühmten Werk über die Renaissance. Baedekers Führer durch Norditalien, 1862 publiziert, hob ebenfalls die Kunst und Architektur der Renaissance hervor. Und das gleiche tat Cooks Handbuch für Italienreisende.

Der Aufstieg der Photographie gestattete es Touristen, Erinnerungen an die Renaissance mit nach Hause zu bringen, und erlaubte es «Reisenden», die ihren Sessel nie verließen, ein Gefühl dafür zu entwickeln, was ihnen entging. Die Familie Alinari eröffnete im Jahre 1854 in Florenz ihr Photogeschäft und konzentrierte sich auf Wiedergaben der florentinischen Kunst. Die Medici-Gesellschaft wurde 1908 gegründet, um die Arbeit der «alten Meister durch photographische Reproduktionen» bekannter zu machen, dabei nutzte man die neue Technik des Lichtdruckverfahrens. Heute hat die Kamera einige der Meisterwerke der Renaissance bekannter gemacht denn je zuvor. Im Jahre 1500 oder auch 1600 gab es nur wenige Menschen, die auch nur von der Existenz von Botticellis *Primavera* wußten, und Vasari mußte das Werk aus der Erinnerung heraus beschreiben, und er tat dies ungenau, weil das Gemälde nicht ohne weiteres zugänglich war. Heute haben es Millionen von Menschen, wenn auch nur für einen Augenblick, unmittelbar gesehen, und Millionen mehr sind imstande, das Bild von Photos her wiederzuerkennen.

Heute sind die Produkte der Renaissance nicht länger mehr ausschließlich europäischer Alleinbesitz. Ein frühes Beispiel des Prozesses der Globalisierung war eine Monographie, die 1925 (von der Medici-Gesellschaft) veröffentlicht wurde und von einem Professor der Kunstgeschichte an der kaiserlichen Akademie in Tokio namens Yukio Yashiro verfaßt war. Yashiro hatte Interesse an Botticelli wegen der Affinität entwickelt, die er zwischen dem Künstler und den japanischen Traditionen von Bildrollen bis zu den Holzschnitten von Utamaro entdeckte. Er erblickte hier das, was er «den spontanen Zusammenfluß der orientalischen und der westlichen Ideale in seinem Genie» nannte (Yashiro 1925: 82f., 89, 99ff., 148).

Der Erwerb von Gemälden wie Leonardos *Ginevra de' Benci* durch Galerien außerhalb Europas (in diesem Falle durch die Nationalgalerie in Washington) verdeutlicht den Prozeß, durch den die Kunst der Renaissance Teil des «Welterbes» geworden ist. Ausstellungen wie auch Photos unterstützen den Prozeß der Dekontextualisierung. Objekte werden aus ihrer Originalumgebung entfernt und auf neue Weise gesehen, beispielsweise eher als «Kunstwerke» denn als erbauliche Darstellungen. Die Renaissanceliteratur wird auf neue Art gelesen. Die Dramen dieser Zeit werden in neuer Weise produziert, um beispielsweise zu zeigen, daß Shakespeare in einem gewissen Sinn unser Zeitgenosse ist. Die Renaissance fährt fort, sich mit wachsender Geschwindigkeit in die Vergangenheit hinein von uns zurückzuziehen. Jedoch, wie dieses Buch zu zeigen versucht hat, ist der doppelte Prozeß der Aneignung und der Veralltäglichung der Renaissance so alt wie die Bewegung selber.

Anhang

Zeittafel

Bei Büchern beziehen sich Zeitangaben vor 1450 auf die Entstehung oder Widmung, nach 1450 auf das Erscheinungsdatum

1336 Petrarca besteigt den *Mont Ventoux*
1337– Petrarca, *De viris illustribus*
1345 Petrarca entdeckt Ciceros *Briefe an Atticus*
1356 Petrarca in Prag
1368 Petrarca, *De ignorantia*
1375 Salutati wird zum Kanzler von Florenz ernannt
1397 Chrysoloras trifft in Florenz ein
1398 Metge, *Lo Somni*
1401 Ghiberti schlägt Brunelleschi beim Wettbewerb um die Türen des Baptisteriums
1403 Bruni, *Laudatio florentinae urbis*
1415– Bruni, *Historiae florentini populi*
1418 Wettbewerb um die Kuppel des Doms von Florenz
1419– Brunelleschi, *Findelhaus* in Florenz
1427–54 Bruni Kanzler von Florenz
ca. 1427 Masaccio, *Zinsgroschen*
1435 Alberti, *Della pittura*
1444 Enea Silvio Piccolomini, *De duobus amantibus*
1444–46 Biondo, *De Roma restaurata*
ca. 1445–53, Donatello, Reiterstandbild des Gattamelata in Padua
1450 Gutenbergbibel: das erste gedruckte Buch
1453 Die Osmanen erobern Konstantinopel
1453 Poggio Kanzler von Florenz
1469 erstes in Venedig gedrucktes Buch
1470 erstes in Paris gedrucktes Buch
1474 Ficino, *Theologia platonica*
1476 erstes gedrucktes Buch in griechischer Sprache
ca. 1478 Botticelli, *Primavera*
1486 Pico, Rede *De dignitate hominis* gehalten
1487–91 *Granovitaia Palata* im Moskauer Kreml
1490 Isabella d'Este geht nach Mantua
1492 Nebrija, *Gramática castellana*
1494 Französische Armee dringt in Italien ein
1496 Colets Vorlesungen über den Heiligen Paulus

ca. 1497 Leonardo, *Das letzte Abendmahl*
1497 *Sodalitas litteraria danubiana* in Wien gegründet
1499 Rojas, *Celestina*
1502 Celtis, *Amores*
1504 Pietro Martire, *Decades de orbe novo*, Teil 1
1506 Bramante, Baubeginn am Petersdom
1506– Esztergom, Bakócz-Kapelle
1508– Budé, *Annotationes in pandectarum libros*
1508–12 Michelangelo, Fresken in der Sixtinischen Kapelle
1509–11 Raphael, *Parnassus, Schule von Athen*
1511 Erasmus, *Moriae encomium*
ca. 1513 Machiavelli schreibt *Il principe*
1515–17 *Epistolae obscurorum virorum – «Dunkelmännerbriefe»*
1516 Ariosto, *Orlando Furioso*
1516 Erasmus, *Institutio principis christiani*
1516 Morus, *Utopia*
1516 Pomponazzi, *De immortalitate animae*
1519 Erasmus, *Colloquies*
1519 Michelangelo, Beginn der Arbeit an der Medici-Kapelle
1520 Vives, *Contra pseudodialecticos*
1520 Hutten, *Inspicientes*
1524 Erasmus, *De libero arbitrio*
1525 Baubeginn der Biblioteca Laurenziana
ca. 1525 Giulio Romano, Baubeginn des Palazzo del Te in Mantua
1526 Baubeginn des Palastes von Granada
1527 Baubeginn des Palastes von Fontainebleau
1527 Vida, *Ars poetica*
1527 Plünderung Roms durch kaiserliche Truppen *(sacco di Roma)*
1528 Castiglione, *Cortegiano*
1528 Erasmus, *Ciceronianus*
1529 Altdorfer, *Die Schlacht von Issus*
1529 Guevara, *Relox*
1529 Valdés, *Mercurio y Carón*
1530 Franz I. etabliert die *Lecteurs royaux* in Paris
1531 Alciati, *Emblemata*
1534 Rabelais, *Gargantua*
1537–45 Serlio, *Architettura*, Buch 1–4
1537 Baubeginn der Biblioteca Marciana
1537–41 Michelangelo, *Das jüngste Gericht*
1538 Gründung der Straßburger Akademie
1540 Johannes Magnus, *Historia gothorum*
1543 Kopernikus, *De revolutionibus*
1543 Ramus, *Aristotelicae animadversiones*

1543 Vesalius, *De corporis humani fabrica*
1545–63 Konzil von Trient
1547 Goujon, Beginn der Arbeiten an der Fontaine des Innocents
1549 Du Bellay, *Défense et illustration de la langue française*
1550 Beza, *Abraham sacrifiant*
1550 Drzic, *Dundo Maroje*
1550–59 Ramusio, *Navigationi*
1550 Vasari, *Vite de' più eccellenti pittori*
1552 Ronsard, *Amours*
1555 Orlando di Lasso, *Il primo libro de madrigali*
1555 Labé, *Oeuvres*
1556 Jesuitenkolleg in Prag gegründet
1558 Johannes Magnus, *Historia de gentis septentrionalibus*
ca. 1559 Montemayor, *Diana*
1561–67 Guicciardini, *Storia d'Italia* (posthum)
1563 Orta, *Coloquios dos simples*
1564 Gil Polo, *Diana enamorada*
1565 Heere, *Den Hof en Boomgaerd*
1565 Jesuitenkolleg in Braunsberg (Braniewo) gegründet
1565–74 Monardes, *Dos Libros*
1569 Ercilla, *La Araucana,* Teil 1
1569 Jesuitenkolleg in Wilna gegründet
1570 Baïf gründet die *Académie de poésie et de musique*
1570 Noot, *Het Bosken*
1570 Ortelius, *Theatrum orbis terrarum*
1570 Palladio, *Quattro libri*
1572 Camões, *Os Lusíadas*
1572 Jean de la Taille, *Saül le furieux*
1573 Tasso, *Aminta*
1575 Huarte, *Examen de Ingenios*
1576 Bodin, *Six livres de la politique*
1578 Kochanowski, *Odprawa poslow greckich*
1580 Montaigne, *Essais* 1–2
1580 Tasso, *Gerusalemme liberata*
1581 Beaujoyeux, *Ballet comique de la reine*
1581 Vincenzo Galilei, *Dialogo della musica antica et della moderna*
1583 León, *Nombres de Cristo*
1584 Lipsius, *De constantia*
1585 Teatro Olimpico in Vicenza eröffnet
1585 Cervantes, *Galatea*
1589 *Intermedi* für die Hochzeit von Ferdinando de'Medici
1589 Botero, *Ragion di Stato*
1589 Busbecq, *Legatio Turcica*

1589 Guarini, *Pastor Fido*
1589 Hakluyt, *Navigations*
1590 Arcimboldo, *Rudolf II. als Vertumnus*
1590– Bry, *America*
1590 Stevin, *Burgerlick Leven*
1590 Lomazzo, *Idea*
1590 Spenser, *Faerie Queene,* Buch 1–3
1591 Marinella, *La nobiltà et l'eccellenza delle donne*
1594 Shakespeare, *Rape of Lucrece*
1598 Peri, *Dafne,* aufgeführt
1600 Giordano Bruno in Rom verbrannt
1600 Peri, *Euridice,* aufgeführt
1600 Shakespeare, *Hamlet*, aufgeführt
1600 Pozzo, *Il merito delle donne*
1601 Sep-Szarzynski, *Rytmy*
1604 Mander, *Het Schilderboek*
1605 Cervantes, *Don Quixote*, Teil 1
1607–27 D' Urfé, *Astrée*
1607 Monteverdi, *Orfeo*, aufgeführt
1608 Monteverdi, *Arianna,* aufgeführt
1609 Bacon, *De sapientia veterum*
1609 Lope de Vega, *Arte nuevo de hacer comedias*
1611 Hooft, *Emblemata amatoria*
1614 Szymonowicz, *Sielanki*
1614 Webster, *Duchess of Malfi*
1616 Heinsius, *Nederduytsche Poemata*
1616 Jonson, *Works*
1616 Jones, Queen's House Greenwich, Baubeginn
1617 Bredero, *Spanse Brabander*
1617 Maier, *Atlanta Fugiens*
1617 Opitz, *Aristarchus*
1619 Jones, Banqueting House, Whitehall, Baubeginn
1619 Kepler, *Harmonice Mundi*
1620 Bacon, *New Organon*
1621 Barclay, *Argenis*
1621 Burton, *Anatomy of Melancholy*
1623 Shakespeare, *Works,* Band 1
1624 Opitz, *Buch von der deutschen Poeterei*
1627 Schütz, *Daphne*

Abbildungsnachweis

1. Musée du Louvre, Photo: Réunion des Musées Nationaux, Paris.
2. © Biblioteca Apostolica Vaticana.
3. Musée du Louvre. Photo: Réunion des Musées Nationaux, Paris.
4. Schloßmuseum Budapest.
5. Privatsammlung.
6. © The British Museum, London.
7. Photo reproduziert mit Genehmigung von Dr. Phillip Lindley.
8. © Schloß Wawel, Krakau.
9. © Roger-Viollet, Paris.
10. © Institut Amateur d'Art Hispànic.
11. © Photo: Hazel Cook/Architectural Association Photo Library.
12. Vicenza, Privatsammlung.
13. © Photo: Canon Parsous/Architectural Association Photo Library.
14. Mit Genehmigung der Cambridge University Library.
15. © Ursula Edelmann, Städtische Galerie im Städelschen Kunstinstitut, Frankfurt.
16. © Kunsthistorisches Museum, Wien.
17. © Öffentliche Kunstsammlung Basel, Kunstmuseum, Martin Bühler.
18. © Photographie Giraudon, Paris.
19. Cambridge University Library.
20. Aus Samuel Fiszman (Hrsg.), *The Polish Renaissance in its European Context*, reproduziert mit Genehmigung der Indiana University Press, Bloomington 1988.
21. Mit Genehmigung des Fitzwilliam Museum, Cambridge.
22. Reprint: Dover Publications, New York 1982.
23. Mit Genehmigung des Ashmolean Museum, Oxford.
24. Mit Genehmigung des Gonville and Caius College, Cambridge.
25. © Photo: Historic Scotland, Crown Copyright Reserved.

Literaturverzeichnis

Das Studium der Renaissance ist genauso ein internationales Unternehmen, wie es die Renaissance gewesen ist. Jede handliche Bibliographie muß rigoros auswählen, doch sollte sie zumindest sowohl Internationalität als auch Interdisziplinarität anstreben. Über neuere Untersuchungen zu Einzelthemen finden sich Hinweise in Spezialzeitschriften wie *Bibliothèque d'Humanisme et Renaissance, Renaissance Quarterly* und *Renaissance Studies.*

Das folgende Verzeichnis enthält nur Sekundärliteratur, die in den vorangegangenen Kapiteln herangezogen worden ist. Hinweise auf Primärquellen finden sich im Text selbst.

Airs, Malcolm (1988): Architecture, in: 16th Century Britain: the Cambridge Cultural History, hg. von Boris Ford, zweite Auflage, Cambridge, 46–97

Alberici, Clelia (Hrsg., 1984): Leonardo e l'incisione, Mailand

Albertini, Rudolf von (1955): Das Florentinische Staatsbewußtsein, Bern

Antal, Frederick (1948): The Social Background of Mannerism, Neuabdruck in ders.: Classicism and Romanticism, London 1966, 158–161

Archambault, Paul (1974): Seven French Chroniclers, Syracuse

Aufrère, Sydney H. (1990): La momie et la tempête: Nicolas-Claude Fabri de Peiresc et la curiosité egyptienne en Provence au début du 17e siècle, Avignon

Avery, Charles (1987): Giambologna: the Complete Sculpture, Oxford

Babinger, Franz (1953): Mehmed der Eroberer und seine Zeit, München

Bachtin, Michail M. (1995): Rabelais und seine Welt. Volkskultur als Gegenkultur, Frankfurt/M., zuerst russisch Moskau 1965

Bachtin, Michail M. (1981): The Dialogic Imagination, Austin

Backvis, Claude (1958–60): Comment les polonais du 16e siècle voyaient l'Italie et les italiens, in: AIPHOS 15, 195–288

Backvis, Claude (1963–65): Maniérisme ou baroque à la fin du 16e siècle: le cas de Mikolay Sęp-Szarzyński, in: AIPHOS 16–17, 149–220

Balsamo, Jean (1992): Les rencontres des muses: italianisme et anti-italianisme dans les lettres françaises de la fin du 16e siècle, Genf

Bardon, Françoise (1963): Diane de Poitiers et le mythe de Diane, Paris

Baron, Hans (1955): The Crisis of the Early Italian Renaissance, Princeton, erweiterte Auflage Princeton 1966

Bartlett, Robert (1996): Die Geburt Europas aus dem Geist der Gewalt. Eroberung, Kolonisierung und kultureller Wandel von 950 bis 1350, München, englische Ausgabe Harmondsworth 1994

Barycz, Henryk (1967): Italophilia e italofobia nella Polonia del Cinque e Seicento, in: Italia, Venezia e Polonia tra umanesimo e rinascimento, hg. von M. Brahmer, Breslau, 142–58

Bataillon, Marcel (1937): Erasme en Espagne, Paris, 3 Bde., überarbeitete Auflage, Genf 1991

Bataillon, Marcel (1960): Plus Oultre: la cour découvre le nouveau monde, in: Fêtes et cérémonies au temps de Charles Quint, hg. von Jean Jacquot, Paris, 13–27

Batkin, Leonid M. (1992): L'idea di individualità nel Rinascimento italiano, Rom

Battisti, Eugenio (1962): L'Antirinascimento, Mailand

Bauch, Gustav (1903): Die Reception des Humanismus in Wien, Breslau

Baxandall, Michael (1971): Giotto and the Orators, Oxford, Neuauflage Oxford 1986

Beach, Milo (1992): Mughal and Rajput Painting, Cambridge

Béhar, Pierre (1996): Les langues occultes de la Renaissance, Paris

Benevolo, Leonardo (1993): Die Stadt in der europäischen Geschichte, München

Benson, Pamela J. (1992): The Invention of the Renaissance Woman, Philadelphia

Bentley, Jerry H. (1987): Humanists and Holy Writ: New Testament Scholarship in the Renaissance, Princeton

Bevers, Holm (1985): Das Rathaus von Antwerpen, Hildesheim

Białostocki, Jan (1965): Mannerism and Vernacular in Polish Art, in: Walter Friedlaender zum 90. Geburtstag, Berlin, 47–57

Białostocki, Jan (1976a): The Art of the Renaissance in Eastern Europe, London

Białostocki, Jan (1976b): The Baltic Area as an Artistic Region in the Sixteenth Century, in: Hafnia 11–24

Białostocki, Jan (1986–87): Dürer and the Humanists, in: Bulletin of the Society for Renaissance Studies 4/2, 16–29

Białostocki, Jan (1988): Renaissance Sculpture in Poland in its European Context, in: The Polish Renaissance in its European Context, hg. von Samuel Fiszman, Bloomington, 281–290

Bièvre, Elisabeth de (1988): Violence and Virtue: History and Art in the City of Haarlem, in: Art History 11, 303–34

Birnbaum, Henrik (1969): Some Aspects of the Slavonic Renaissance, in: Slavonic and East European Review 47, 37–56

Blumenberg, Hans (1965): Die kopernikanische Wende, Frankfurt/M.
Blumenberg, Hans (1966): Die Legitimität der Neuzeit, Frankfurt/M.
Blumenberg, Hans (1988): Der Prozeß der theoretischen Neugierde, Frankfurt/M.
Bolgar, Robert R. (1954): The Classical Tradition and its Beneficiaries, Cambridge
Bonfil, Robert (1984): The Historian's Perception of the Jews in the Italian Renaissance, in: Revue des Etudes Juives 143, 59–82
Bonfil, Robert (1990): Rabbis and Jewish Communities in Renaissance Italy, Oxford
Boogert, Bob van den, Jacqueline Kerkhoff u. a. (Hrsg., 1993): Maria van Hongarije, Zwolle
Borsay, Peter (1989): The English Urban Renaissance: Culture and Society in the Provincial Town, 1660–1770, Oxford
Borsellino, Niccolo (1973): Gli anticlassicisti del '500, Rom und Bari
Boucher, Jacqueline (1986): La cour de Henri III, La Guerche-de-Bretagne
Boughner, Daniel (1954): The Braggart in Renaissance Comedy, Minneapolis
Bouwsma, William (1979): The Renaissance and the Drama of Western History, Neuabdruck in ders.: A Usable Past: Essays in European Cultural History, Berkeley 1990, 348–65
Boxer, Charles R. (1948): Three Historians of Portuguese Asia, Macão
Boxer, Charles R. (1963): Two Pioneers of Tropical Medicine, London
Brading, David (1991): The First America: the Spanish Monarchy, Creole Patriots and the Liberal State, 1492–1867, Cambridge
Bradshaw, Brendan (1979): Manus the Magnificent: O'Donnell as a Renaissance Prince, Studies in Irish History presented to R. Dudley Edwards, hg. von A. Cosgrove und D. McCartney, Dublin, 15–37
Branca, Vittore (1956): Boccaccio medievale, Florenz
Branca, Vittore (1973): Ermolao Barbaro and Late Quattrocento Venetian Humanism, in: Renaissance Venice, hg. von John R. Hale, London, 218–43
Brandt, Kathleen (1992): Mrs Gardner's Renaissance, in: Fenway Court 1990–91, 10–30
Brann, Noel L. (1981): The Abbot Trithemius (1462–1516): the Renaissance of Monastic Humanism, Leiden
Braudel, Fernand (1974): L'Italia fuori d'Italia, in: Storia d'Italia 2,Turin, 2092–2148, deutsche Übersetzung: Modell Italien, Stuttgart 1991
Broc, Numa (1980): La géographie de la Renaissance, Paris
Brown, Clifford M. und Anna Maria Lorenzoni (1993): Our Accustomed Discourse on the Antique: Cesare Gonzaga and Gerolamo Garimberto, New York

Brown, Patricia F. (1988): Venetian Narrative Painting in the Age of Carpaccio, New Haven

Buck, August (Hrsg., 1983): Biographie und Autobiographie in der Renaissance, Wiesbaden

Buck, August (Hrsg., 1988): Erasmus und Europa, Wiesbaden

Bullen, J. B. (1994): The Myth of the Renaissance in Nineteenth-Century Writing, Oxford

Burckhardt, Jacob (1860): Kultur der Renaissance in Italien, Leipzig, letzte Auflage Essen 1996

Burke, Peter (1969): The Renaissance Sense of the Past, London

Burke, Peter (1981): Helden, Schurken und Narren. Europäische Volkskultur in der frühen Neuzeit, Stuttgart, zuerst englisch London 1978

Burke, Peter (1985): European Views of World History from Giovio to Voltaire, in: History of European Ideas 6, 237–51

Burke, Peter (1989): The Renaissance Dialogue, in: Renaissance Studies 3, 1–12

Burke, Peter (1992): Anthropology of the Renaissance, in: Journal of the Institute for Romance Studies 1, 207–15

Burke, Peter (1995a): The Fortunes of the Courtier: the European Reception of Castiglione's Cortegiano, Cambridge

Burke, Peter (1995b): The Renaissance, Individualism and the Portrait, in: History of European Ideas 21, 393–400

Burke, Peter (1996a): The Myth of 1453: Notes and Reflections, in: Querdenken: Dissens und Toleranz im Wandel der Geschichte: Festschrift Hans Guggisberg, hg. von Michael Erbe u. a., Mannheim, 23–30

Burke, Peter (1996b): Humanism and Friendship in Sixteenth-Century Europe, in: Groniek 134, 90–8; überarbeitete Fassung demnächst in: Medieval Friendship, hg. von Julian Haseldine, London 1998

Burke, Peter (1998a): Translation into Latin in Early Modern Europe, in: Il latino nell'età moderna, hg. von Rino Avesani, Rom

Burke, Peter (1998b): Individuality and Biography in the Renaissance, demnächst in Kunst und Individualität, hg. von Enno Rudolph, Frankfurt/M.

Burns, Howard (1971): Quattrocento Architecture and the Antique, in: Classical Influence in European Culture, hg. von Robert R. Bolgar, Cambridge, 269–88

Butterfield, Herbert (1949): Origins of Modern Science, 1300–1800, London

Cahill, James (1982): The Compelling Image: Nature and Style in Seventeenth-Century Chinese Painting, Cambridge MA

Campbell, Ian (1995a): Linlithgow's «Princely Palace» and its Influence in Europe, in: Architectural Heritage 5, 1–20

Campbell, Ian (1995b): A Romanesque Revival and the Early Renaissance in Scotland, in: Journal of the Society of Architectural Historians 54, 301–25
Camporeale, S. (1972): Lorenzo Valla: umanesimo e teologia, Florenz
Cantimori, Delio (1939): Eretici italiani del '500, Florenz
Carlino, Andrea (1994): La fabbrica del corpo: libri e dissezione nel Rinascimento, Turin
Céard, Jean (1977): La nature et les prodiges: l'insolite au 16ᵉ siècle en France, Genf
Certeau, Michel de (1980): L'invention du quotidien, Paris
Chabod, Federico (1964): Storia dell'idea di Europa, Bari
Chastel, André (1966): La Renaissance italienne et les ottomans, in: Venezia e l'Oriente, hg. von Agostino Pertusi, Florenz
Chastel, André (1983): The Sack of Rome, Princeton
Checa, Fernando (1992): Felipe II, mecenas de las artes, Madrid
Cherniavsky, Michael (1968): Ivan the Terrible as a Renaissance Prince, in: Slavic Review 27, 195–211
Christensen, Charlotte (1988): Christian IVs renæssance, in: Christian IVs Verden, hg. von Svend Ellehøj, Kopenhagen, 302–35
Clunas, Craig (1996): Fruitful Sites: Garden Culture in Ming Dynasty China, London
Cochrane, Eric (Hrsg., 1970): The Late Italian Renaissance, 1525–1630, London
Cochrane, Eric (1976): Science and Humanism in the Italian Renaissance, in: American Historical Review 81, 1039–57
Cochrane, Eric (1981): Historians and Historiography in the Italian Renaissance, Chicago
Cohen, Elizabeth S. und Thomas V. Cohen (1993): Words and Deeds in Renaissance Rome, Toronto
Collett, Barry (1985): Italian Benedictine Scholars and the Reformation, Oxford
Coville, Alfred (1934): Gontier et P. Col et l'humanisme en France au temps de Charles VI, Paris
Cox, Virginia (1992): The Renaissance Dialogue: Literary Dialogue in its Social and Political Contexts, Castiglione to Galileo, Cambridge
Cox-Rearick, Janet (1995): The Collection of François I: Royal Treasures, Antwerpen
Crinkley, Richmond (1970): Walter Pater: Humanist, Lexington
Croll, Morris W. (1966): Style, Rhetoric and Rhythm, Princeton
Csapodi, Csaba und Klára (Hrsg., 1969): Biblioteca Corvina, Shannon
Curtius, Ernst R. (1948): Europäische Literatur und Lateinisches Mittelalter, Tübingen, letzte Auflage Tübingen [11]1993

Dacos, Nicole (1969): La découverte de la Domus Aurea et la formation des grotesques à la Renaissance, Paris

Dainville, François de (1978): L'éducation des jésuites (16e–18e siècle), Paris

Dannenfeldt, Karl H. (1955): The Renaissance Humanists and the Knowledge of Arabic, in: Studies in the Renaissance 2, 96–117

Daston, Lorraine (1995): Curiosity in Early Modern Science, in: Word and Image 11, 391–404

De Caprio, Vincenzo (1991): La tradizione e il trauma: idee del rinascimento romano, Rom

Dempsey, Charles (1992): The Portrayal of Love: Botticelli's Primavera and Humanist Culture at the Time of Lorenzo the Magnificent, Princeton

Denissoff, Elie (1943): Maxime le Grec et l'Occident, Paris und Leuven

Dias, Pedro (1988): A arquitectura manuelina, Lissabon

Dionisotti, Carlo (1967): Geografia e storia della letteratura italiana, Turin

Dubois, Claude-Gilbert (1972): Celtes et Gaulois au 16e siècle: le développement littéraire d'un mythe nationaliste, Paris

Durme, Maurice van (1953): Antoon Perrenot, Brüssel

Eichberger, Dagmar und Lisa Beavers (1995): The Portrait Collection of Margaret of Austria, in: Art Bulletin 77, 225–48

Eisenstein, Elizabeth L. (1979): The Printing Press as an Agent of Change, Cambridge

Elias, Norbert (1939): Der Prozeß der Zivilisation, 2 Bde., Basel, letzte Auflage Frankfurt/M. 1997

Esdaile, Katherine A. (1946): English Church Monuments 1510 to 1840, London

Evans, Robert J. W. (1973): Rudolf II and his World, Oxford

Farago, Claire (Hrsg., 1995): Reframing the Renaissance, New Haven

Febvre, Lucien (1925): La première renaissance française, Neuabdruck in: Pour une histoire à part entière, Paris 1962, 529–603

Febvre, Lucien (1942): Le problème de l'incroyance au 16e siècle, Paris

Feldmann, Martha (1995): City Culture and the Madrigal at Venice, Berkeley

Ferguson, Arthur B. (1960): The Indian Summer of English Chivalry, Durham NC

Ferguson, Wallace K. (1948): The Renaissance in Historical Thought: Five Centuries of Interpretation, Cambridge

Fernandez, James W. (1977): The performance of Ritual Metaphors, in: The Social Use of Metaphor, hg. von J. David Sapir und J. Christopher Crocker, Philadelphia, 100–31

Ferreras, J. (1985): Les dialogues espagnols du 16e siècle, Paris

Feuer-Tóth, Rózsa (1990): Art and Humanism in Hungary in the Age of Matthias Corvinus, Budapest

Field, Arthur (1988): The Origins of the Platonic Academy of Florence, Princeton

Findlen, Paula (1989): The Museum: its Classical Etymology and Renaissance Genealogy, in: Journal of the History of Collections 1, 59–78

Fleischer, Manfred P. (1979): The Garden of Laurentius Scholtz: a Cultural Landmark of Late Sixteenth-Century Lutheranism, in: Journal of Medieval and Renaissance Studies 9, 29–48

Flitner, Andreas (1952): Erasmus im Urteil seiner Nachwelt, Tübingen

Forster, Leonard W. (1969): The Icy Fire: Five Studies in European Petrarchism, Cambridge

Forster, Leonard W. (1970): The Poet's Tongues: Multilingualism in Literature, Cambridge

Foscari, Antonio und Manfredo Tafuri (1983): L'armonia e i conflitti: la chiesa di San Francesco della Vigna nella Venezia del '500, Turin

Foucault, Michel (1971): Die Ordnung der Dinge. Eine Archäologie der Humanwissenschaften, Frankfurt/M., zuerst französisch Paris 1966

Foucault, Michel (1973): Die Geburt der Klinik. Eine Archäologie des ärztlichen Blicks, München, zuerst französisch Paris 1963

Fraser, Valerie (1986): Architecture and Imperialism in Sixteenth-Century Spanish America, in: Art History 9, 325–35

Fraser, Valerie (1990): The Art of Conquest: Building in the Viceroyalty of Peru, Cambridge

Friedman, Alice T. (1989a): House and Household in Elizabethan England: Wollaton Hall and the Willoughby Family, Chicago

Friedman, Alice T. (1989b): Did England have a Renaissance? Classical and anti-classical themes in Elizabethan Culture, in: Cultural Differentiation and Cultural Identity in the Visual Arts, hg. von S. Barnes und Walter Melion, Hannover, 95–111

Fuciková, Eliska (1988): Zur Konzeption der rudolfinischen Sammlungen, in: Prag um 1600, Kunst und Kultur am Hofe Kaiser Rudolfs II., 2 Bde. (Ausstellungskatalog), Freren, 1/177–209

Fumaroli, Marc (1980): L'âge de l'éloquence, Genf

Fumaroli, Marc (1988): The Republic of Letters, in: Diogenes 143, 129–152

Fussell, Paul (1965): The Rhetorical World of Augustan Humanism, Oxford

Gaeta, Franco (1955): Lorenzo Valla: filologia e storia nell'umanesimo italiano, Neapel

Gallet-Guerne, Danielle (1974): Vasque de Lucène et la Cyropédie à la cour de Bourgogne, Genf

Garets, Marie-Louyse des (1946): Un artisan de la Renaissance française au 15e siècle: le roi René, Paris

Garin, Eugenio (1947): Der italienische Humanismus, Bern

Garin, Eugenio (1961): La cultura filosofica del Rinascimento italiano, Florenz

Garin, Eugenio (1975): Rinascite e rivoluzioni, Rom und Bari

Geanakoplos, Deno J. (1976): Interaction of the Sibling Byzantine and Western Cultures, New Haven

Geldner, Ferdinand (1968–70): Die deutschen Inkunabeldrucker, 2 Bde., Stuttgart

Gilbert, Felix (1949): Bernardo Rucellai and the Orti Oricellari: a Study on the Origin of Modern Political Thought, in: Journal of the Warburg and Courtauld Institutes 12, 101–31

Gilbert, Felix (1991): Guicciardini, Machiavelli und die Geschichtsschreibung der italienischen Renaissance, Berlin, zuerst englisch Princeton 1965

Girouard, Mark (1966): Robert Smythson and the Elizabethan Country House, überarbeitete Auflage, New Haven 1983

Girouard, Mark (1978): Life in the English Country House: a Social and Architectural History, New Haven

Gliozzi, Giuliano (1977): Adamo e il nuovo mondo, Florenz

Goldthwaite, Richard (1987): The Empire of Things: Consumer Demand in Renaissance Italy, in: Patronage, Art and Society in Renaissance Italy, hg. von F. William Kent und Patricia Simons, Canberra und Oxford, 153–75

Goldthwaite, Richard (1993): Wealth and the Demand for Art in Italy, 1300–1600, Baltimore

Gombrich, Ernst H. (1981): Aby Warburg. Eine intellektuelle Biographie, Frankfurt/M., zuerst englisch London 1966

Gombrich, Ernst H. (1985): Die Historiographie des Manierismus. Der geschichtliche Hintergrund, in: Die Kunst der Renaissance, Bd. 1: Norm und Form, Stuttgart, 130–39, zuerst englisch London 1961

Gombrich, Ernst H. (1987): Antike Regeln und objektive Kriterien. Von der Schrift- und Sprachreform zur Kunst der Renaissance: Niccolò Niccoli und Filippo Brunelleschi, in ders.: Zur Kunst der Renaissance, Bd. 3: Die Entdeckung des Sichtbaren, Stuttgart, 114–35, zuerst englisch London 1967

González Palencia, Angel und Eugenio Mele (1943): Vida y obras de Don Diego Hurtado de Mendoza, 3 Bde., Madrid

Grafton, Anthony (1991): Defenders of the Text: the Traditions of Scholarship in an Age of Science, 1450–1800, Cambridge MA

Grafton, Anthony (1992): New Worlds. Ancient Texts, London

Grafton, Anthony und Lisa Jardine (1986): From Humanism to the Humanities, London

Grant, Edward (1978): Aristotelianism and the Longevity of the Medieval World View, in: History of Science 16, 93–106

Greenblatt, Stephen J. (1980): Renaissance Self-Fashioning from More to Shakespeare, Chicago

Greenstein, Jack M. (1992): Mantegna and Painting as Historical Narrative, Chicago

Grendler, Paul (1988): Schooling in Renaissance Italy: Literacy and Learning, 1300–1600, Baltimore

Gruffyd, R. Geraint (1990): The Renaissance and Welsh literature, in: The Celts and the Renaissance, hg. von Glanmore Williams und Robert O. Jones, Cardiff

Guglielminetti, Marziano (1977): Memoria e scrittura: l'autobiografia da Dante a Cellini, Turin

Guillaume, Jean (Hrsg., 1983): La maison de ville à la Renaissance, Paris

Guillemain, Bernard (1962): La cour pontificale d'Avignon, 1309–76: étude d'une société, Paris

Gukovski, Matteo (1967): Il Rinascimento italiano e la Russia, in: Rinascimento europeo e rinascimento veneziano, hg. von Vittore Branca, Florenz, 121–36

Gunn, Steven J. und Phillip G. Lindley (1991): Cardinal Wolsey: Church, State and Art, Cambridge

Gurjewitsch, Aaron J. (1994): Das Individuum im europäischen Mittelalter, München

Hahr, August (1907–10): Studier i Johan III: s Renässans, 2 Bde., Uppsala und Leipzig

Hale, John R. (1994): Die Kultur der Renaissance in Europa, München, zuerst englisch London 1993

Hankins, James (1990): Plato in the Italian Renaissance, 2 Bd., Leiden

Hannaway, Owen (1975): The Chemists and the Word, Baltimore

Haskell, Francis und Nicholas Penny (1981): Taste and the Antique, New Haven

Hauser, Arnold (1953): Sozialgeschichte der Kunst und Literatur, München, zuerst englisch 1951

Hay, Denys (1957): Europe: the Emergence of an Idea, Edinburgh

Haydn, Hiram (1950): The Counter-Renaissance, New York

Hayward, J. F. (1976): Virtuoso Goldsmiths and the Triumph of Mannerism, 1540–1620, London

Heiberg, Steffen (Hrsg., 1988): Christian IV and Europe, Kopenhagen

Helgerson, Richard (1992): Forms of Nationhood: The Elizabethan Writing of England, Chicago

Henderson, Paula (1955): The Loggia in Tudor and Early Stuart England: the Adaptation and Function of Classical Form, in: Albion's Classicism: The Visual Arts in Britain, 1550–1660, hg. von Lucy Gent, New Haven, 109–46

Hitchcock, Henry R. (1981): German Renaissance Architecture, Princeton

Hobson, Anthony (1989): Humanists and Bookbinders, Cambridge

Holmes, George (1986): Florence, Rome and the Origins of the Renaissance, Oxford

Honour, Hugh (1975): The New Golden Land: European images of America from the Discoveries to the Present Time, New York

Howard, Deborah (1980): The Architectural History of Venice, London

Huizinga, Johan (1924): Herbst des Mittelalters. Studien über Lebens- und Geistesformen des 14. und 15. Jahrhunderts in Frankreich und in den Niederlanden, München, letzte Auflage Stuttgart 1987, zuerst holländisch Leiden 1919

Huizinga, Johan (1938): Der Mensch und die Kultur, Stockholm

Huppert, George (1984): Public Schools in Renaissance France, Chicago

Hyde, J. Kenneth (1973): Society and Politics in Renaissance Italy: the Evolution of the Civil Life, 1000–1350, London

Hyma, Albert (1950): The Brethren of the Common Life, Michigan

Impey, Oliver und Arthur MacGregor (Hrsg., 1985): The Origins of Museums: the Cabinet of Curiosities in Sixteenth- and Seventeenth-Century Europe, Oxford

Iversen, Erik (1961): The Myth of Egypt and its Hieroglyphs in European Tradition, Kopenhagen

Jaffé, Michael (1977): Rubens and Italy, Oxford

Jardine, Lisa (1993): Erasmus, Man of Letters, Princeton

Jauss, Hans-Robert (^{4}1974): Literaturgeschichte als Provokation

Javitch, Daniel (1991): Proclaiming a Classic: The Canonization of Orlando Furioso, Princeton

Jehasse, Jean (1976): La Renaissance de la critique, St.-Etienne

Johannesson, Kurt (1982): The Renaissance of the Goths in 16th-century Sweden

Jones, Richard F. (1953): The Triumph of the English Language, Stanford

Jones-Davies, Marie-Thérèse (Hrsg., 1984): Le dialogue au temps de la Renaissance, Paris

Jordan, Constance (1990): Renaissance Feminism, Ithaca

Kadić, Ante (1959): Marin Držic, Croatian Playwright, in: Comparative Literature, 347–55

Kadić, Ante (1962): The Croatian Renaissance, in: Slavic Review, 65–88

Kaegi, Werner (1936): Erasmus im achtzehnten Jahrhundert, in: Gedenkschrift Erasmus, Basel, 205–27

Kaufmann, Thomas da Costa (1985): L'école de Prague: la peinture à la cour de Rudolphe II, Paris

Kaufmann, Thomas da Costa (1994): From Treasury to Museum: the

Collections of the Austrian Habsburgs, in: Cultures of Collecting, hg. von Jas Elsner und Roger Cardinal, London, 137–54

Kaufmann, Thomas da Costa (1995): Court, Cloister and City: The Art and Culture of Central Europe, 1450–1800, London

Keating, L. Clark (1941): Studies on the Literary Salon in France, 1550–1615, Cambridge MA

Kelley, Donald R. (1970): Foundations of Modern Historical Scholarship: Language, Law and History in the French Renaissance, New York

King, Margaret L. (1980): Book-Lined Cells: Women and Humanism in the Early Italian Renaissance, in: Beyond their Sex: Learned Women of the European Past, hg. von Patricia Labalme, New York, 66–90

Kipling, Gordon (1977): The Triumph of Honour, Leiden

Klaniczay, Gábor (1990): Daily Life and Elites in the Middle Ages, in: Environment and Society in Hungary, hg. von Ferenc Glatz, Budapest, 75–90

Klaniczay, Tibor (1977): Renaissance and Manierismus: Zum Verhältnis von Gesellschaftsstruktur, Poetik und Stil, Berlin

Knecht, Robert J. (1982): Renaissance Warrior and Patron: the Reign of Francis I, 2. Aufl. Cambridge 1994

Knoll, Samson B. (1982): Herder's Concept of Humanität, in: J. G. Herder. Innovator through the eyes, hg. von Wulf Koepke, Bonn

Koerner, Joseph L. (1993): The Moment of Self-Portraiture in German Renaissance Art, Chicago

Kovalevsky, Pierre (1976): A qui doit-on l'appel des maîtres italiens à Moscou au 15e siècle?, Arte Lombarda 44/45, 153–6

Kristeller, Paul O. (1997): Humanismus und Renaissance, Bd. 1: Die antiken und mittelalterlichen Quellen, 2. Aufl. München, zuerst englisch New York 1979

Kuhn, Thomas S. (1973): Die Struktur wissenschaftlicher Revolutionen, Frankfurt/M., zuerst englisch, New York 1959

Lach, Donald (1965): Asia in the Making of Europe: The Century of Discovery, Chicago

Lach, Donald (1977): Asia in the Making of Europe: A Century of Wonder, Chicago

Lafond, Jean und André Stegmann (Hrsg., 1981): L'automne de la Renaissance, 1580–1630, Paris

La Garanderie, Marie-Madeleine de (1976): Christianisme et lettres profanes (1515–35), Paris

Lakoff, George und Mark Johnson (1980): Metaphors We Live By, Chicago

Lamb, Mary E. (1982): The Countess of Pembroke's Patronage, in: English Literary Renaissance 12, 162–79

Lamb, Mary E. (1985): The Cooke Sisters: Attitudes toward Learned Women in the Renaissance, in: Margaret P. Hannay (Hrsg., 1985): Silent but for the Word: Tudor Women as Patrons, Translators and Writers of Religious Works, Kent, Ohio, 107–25

Lamb, Mary E. (1990): Gender and Authorship in the Sidney Circle, Madison

Landau, David und Peter Parshall (1994): The Renaissance Print 1470–1550, New Haven

Lauvergnat-Gagnière, Christiane (1988): Lucien de Samosate et le lucianisme en France au 16e siècle, Genf

Lazard, Madeleine (1978): La comédie humaniste au 16e siècle et ses personnages, Paris

Lazzaro, Claudia (1990): The Italian Renaissance Garden, New Haven

Lazzaro, Claudia (1995): Animals as Cultural Signs, in: Reframing the Renaissance, hg. von Claire Farago, New Haven, 192–228

Lemaire, Claudine (1996): La bibliothèque de la reine Marie de Hongrie, in: Bibliothèque d'Humanisme et Renaissance 58, 119–40

Lestringant, Frank (1990): Le Huguenot et le sauvage, Paris

Lestringant, Frank (1991): L'atelier du cosmographe ou l'image du monde à la Renaissance, Paris

Lestringant, Frank (1994): Le cannibale: grandeur et décadence, Paris

Levenson, Joseph R. (1958): Confucian China and its Modern Fate, 2. Aufl.: Modern China and its Confucian Past, New York 1964

Levey, Michael (1960): Botticelli in 19th-Century England, in: Journal of the Warburg and Courtauld Institutes 23, 291–306

Lewalski, Kenneth F. (1967): Sigismund I of Poland: Renaissance King and Patron, in: Studies in the Renaissance 14, 49–72

Liebenwein, Wolfgang (1977): Studiolo. Die Entstehung eines Raumtyps und seine Entwicklung bis um 1600, Berlin

Likhachev, Dimitri S. (1962): Die Kultur Rußlands während der osteuropäischen Frührenaissance vom 14. bis zum Beginn des 15. Jahrhunderts, Dresden

Llewellyn, Nigel (1996): Honour in Life, Death and the Memory: Funeral Monuments in Early Modern England, in: Transactions of the Royal Historical Society 6, 179–200

Loewenberg, Peter (1995): The Creation of a Scientific Community, in: Fantasy and Reality in History, New York, 46–89

López Rueda, J. (1973): Helenistas españoles, Madrid

Lotz, Wolfgang (1977): Studies in Italian Renaissance Architecture, Cambridge MA

Lowry, Martin J. C. (1979): The World of Aldus Manutius, Oxford

Lugli, Adalgisa (1983): Naturalia e Mirabilia. Il collezionismo enciclopedico nelle Wunderkammer d'Europa, Mailand

Luttrell, Anthony (1960): Greek Histories Translated and Compiled for Juan Fernández de Heredia, in: Speculum 35, 401–7

Lyotard, Jean-François (1986): Das postmoderne Wissen, Graz, zuerst französisch Paris 1979

McAndrew, John (1969): Sant'Andrea della Certosa, in: Art Bulletin 51, 15–28

MacCormack, Sabine G. (1991): Religions in the Andes: Vision and Imagination in Early Colonial Peru, Princeton

Macdonald, A. A., M. Lynch und I. B. Cowan (Hrsg., 1994): The Renaissance in Scotland, Leiden

MacDonald, Michael und Terence R. Murphy (1990): Sleepless Souls: Suicide in Early Modern England, Oxford

Mace, Dean T. (1969): Pietro Bembo and the Literary Origins of the Italian Madrigal, in: Musical Quarterly 55, 65–86

Mączak, Antoni (1978): Travel in Early Modern Europe, Cambridge 1995

Maffei, Domenico (1956): Gli inizi dell'umanesimo giuridico, 2. Auflage Mailand 1972

Mann, Nicholas (1970): Petrarch's Role as a Moralist in Fifteenth-Century France, in: Humanism in France, hg. von Anthony H. T. Levi, Manchester, 6–28

Mann, Nicholas (1980): Petrarch and Humanism: the Paradox of Posterity, in: Francesco Petrarca Citizen of the World, Padua, 287–99

Mansfield, Bruce (1979): Phoenix of his Age: Interpretations of Erasmus c. 1550–1750, Toronto

Maravall, José Antonio (1966): Antiguos y modernos, Madrid

Mariás, Fernando (1989): El largo siglo xvi: los usos artisticos del Renacimiento español, Madrid

Marnef, Guido (1996): Antwerp in the Age of Reformation, Baltimore

Marquand, Allan (1922): Luca della Robbia and his Atelier, 2 Bde., Princeton

Maugain, Gabriel (1926): Ronsard en Italie, Straßburg

Mayer, Thomas F. und Daniel R. Woolf (Hrsg., 1995): The Rhetorics of Life-Writing in Early Modern Europe, Ann Arbor

Meiss, Millard (1951): Painting in Florence and Siena after the Black Death, Princeton, Neuausgabe Princeton 1978

Meiss, Millard (1967): French Painting in the Time of Jean de Berry, 2 Bde., London

Melczer, Walter (1979): Albrecht von Eyb et les racines italiennes du premier humanisme allemand, in: L'humanisme allemand, hg. von Joël Lefebvre und Jean-Claude Margolin, Paris, 31–44

Melion, Walter S. (1991): Shaping the Netherlandish Canon, Chicago

Menchi, Silvana Seidel (1987): Erasmo in Italia, 1520–1580, Turin

Mercer, Eric (1962): English Art, 1553–1625, Oxford

Mercer, Eric (1969): Furniture 700–1700, London

Mészáros, István (1981): Xvi századi városi iskoláink és a studia humanitatis, Budapest

Milde, Kurt (1981): Neorenaissance in der deutschen Architektur des 19. Jahrhunderts, Dresden

Milner-Gulland, Robin (1974): Russia's Lost Renaissance, in: The Old World: Discovery and Rebirth, hg. von David Daiches und Anthony Thorlby, London, 435–68

Morán, J. Miguel und Fernando Checa (1985): El coleccionismo en España, Madrid

Morand, Kathleen (1991): Claus Sluter: Artist at the Court of Burgundy, Austin

Morford, Mark (1987): The Stoic Garden, in: Journal of Garden History 7, 151–75

Morford, Mark (1991): Stoics and Neostoics: Rubens and the Circle of Lipsius, Princeton

Morison, Stanley (1955): Venice and the Arabesque, London

Mortier, Roland (1974): La poétique des ruines en France, Genf

Moss, Ann (1996): Printed Commonplace Books and the Structuring of Renaissance Thought, Oxford

Murphy, James J. (Hrsg., 1983): Renaissance Eloquence, Berkeley

Nicolson, Marjorie H. (1950): The Breaking of the Circle: Studies in the Effect of the New Science upon Seventeenth-Century Poetry, Evanston

Nolhac, Pierre de (1921): Ronsard et l'humanisme, Paris

Nordström, Johannes (1944–72): Goter och Spanjorer, in: Lychnos 257–280, 171–78

Oberhuber, Konrad (1984): Raffaello e l'incisione, in: Fabrizio Mancinelli u. a.: Raffaello in Vaticano, Mailand, 333–42

Oestreich, Gerhard (1969): Geist und Gestalt des frühmodernen Staats, Berlin

Olmi, Giuseppe (1992): L'inventario del mondo: catalogazione della natura e luoghi del sapere nella prima età moderna, Bologna

O'Malley, Charles (1965): Andreas Vesalius of Brussels, Berkeley

O'Malley, John W. (1968): Giles of Viterbo on Church and Reform, Leiden

Onians, John (1988): Bearers of Meaning: the Classical Orders in Antiquity, the Middle Ages and the Renaissance, Cambridge

Ophir, Adi und Steven Shapin (1991): The Place of Knowledge, in: Science in Context 4, 3–21

Ouy, Gilbert (1973): L'humanisme et les mutations politiques et sociales en France au 14e et 15e siècles, in: L'humanisme français au début de la Renaissance, hg. von Jean Stegmann, Paris, 27–44

Overfield, James H. (1984): Humanism and Scholasticism in Late Medieval Germany, Princeton

Owens, Jessie A. (1995): Was there a Renaissance in Music? in: Language and Images of Renaissance Italy, hg. von Alison Brown, Oxford, 111–126

Pagden, Anthony (1982): The Fall of Natural Man, Cambridge

Palisca, Claude (1985): Humanism in Italian Renaissance Musical Thought, New Haven

Pálsson, Gisli (Hrsg., 1993): Beyond Boundaries: Understanding, Translation and Anthropological Discourse, Oxford

Panofsky, Erwin (1924): Idea: ein Beitrag zur Begriffsgeschichte der älteren Kunsttheorie, Leipzig, Neudruck Berlin [7]1993

Panofsky, Erwin (1953): Early Netherlandish Painting, its Origins and Character, 2 Bde., Cambridge MA

Panofsky, Erwin (1954): Galileo as a Critic of the Arts, The Hague

Panofsky, Erwin (1977): Das Leben und die Kunst Albrecht Dürers, München, zuerst englisch Princeton 1943

Panofsky, Erwin (1980): Studien zur Ikonologie. Humanistische Themen in der Kunst der Renaissance, Köln, zuerst englisch New York 1939

Paoletti, John T. und Gary M. Radtke (1997): Art in Renaissance Italy, London

Pastor, Ludwig von (1886–1993): Geschichte der Päpste, 16 Bde.,Freiburg

Pastor Bodmer, Beatriz (1983): El discurso narrativo de la conquista de América, Havanna

Pavoni, Rosanna (Hrsg., 1997): Reviving the Renaissance, Cambridge

Petrucci, Armando (1986): La scrittura: ideologia e rappresentazione, Turin

Phillips, Mark (1977): Francesco Guicciardini: The Historian's Craft, Manchester

Piéjus, Marie-Françoise (1982): La première anthologie de poèmes féminins, in: Centre de Recherches sur la Renaissance Italienne 10, 193–214

Pigman, G. W., III (1979): Imitation and the Renaissance Sense of the Past: the Reception of Erasmus's Ciceronianus, in: Journal of Medieval and Renaissance Studies 9, 155–78

Pine, Martin L. (1986): Pietro Pomponazzi, Radical Philosopher of the Renaissance, Padua

Picquard, Maurice (1947–8): Le cardinal de Granvelle, les artistes et les écrivains, in: Revue Belge d'Archéologie 17, 133–9

Picquard, Maurice (1951): Les livres du cardinal de Granvelle à la bibliothèque de Besançon, in: Libri 1, 301–23

Pocock, John G. A. (1975): The Machiavellian Moment, Princeton

Pomian, Krzysztof (1987): Collectionneurs, amateurs et curieux, Paris

Puppi, Lionello (1973): Andrea Palladio, 2 Bde., Mailand
Quadflieg, Ralph (1985): Zur Rezeption islamischer Krankenhausarchitektur in der italienischen Frührenaissance, in: Europa und die Kunst des Islam, hg. von E. Liskar, Wien
Quint, David (1993): Epic und Empire: Politics and Generic Form from Virgil to Milton, Princeton
Raby, Julian (1982): Venice, Dürer and the Oriental Mode, London
Rackham, Bernard (1952): Italian Maiolica, 2. Aufl. London 1963
Reinhard, Wolfgang (1986): Humanismus und Militarismus, in: Krieg und Frieden im Horizont des Renaissance-Humanismus, hg. von F. J. Worstbrock, Weinheim, 185–204
Renaudet, Augustin (1916): Préréforme et humanisme à Paris pendant les premières guerres d'Italie, 1494–1517, Paris
Riccardi-Cubitt, Monique (1992): The Art of the Cabinet, London
Rice, Eugene F. jr. (1970): Humanist Aristotelianism in France: Jacques Lefevre d'Etaples and his Circle, in: Humanism in France, hg. von Anthony H. T. Levi, Manchester, 132–49
Richardson, Brian (1994): Print Culture in Renaissance Italy: the Editor and the Vernacular Text, 1470–1600, Cambridge
Rico, Francisco (1970): La novela picaresca y el punto de vista, Barcelona
Rico, Francisco (1978): Nebrija frente a los barbaros, Salamanca
Riebesell, Christine (1989): Die Sammlung des Kardinal Alessandro Farnese, Weinheim
Roberts, Sasha (1995): Lying among the Classics: Ritual and Motif in Elite Elizabethan and Jacobean Beds, in: Albion's Classicism, hg. von Lucy Gent, New Haven, 235–58
Robertson, Clare (1992): Il Gran Cardinale Alessandro Farnese, Patron of the Arts, New Haven
Rose, Paul L. (1975): The Italian Renaissance of Mathematics, Genf
Rosenberg, Eleanor (1955): Leicester: Patron of Letters, New York
Rosenthal, Earl J. (1961): The Cathedral of Granada: a Study in the Spanish Renaissance, Princeton
Rosenthal, Earl J. (1973): The Invention of the Columnar Device of the Emperor Charles V, in: Journal of the Warburg and Courtauld Institutes 36, 198–230
Rosenthal, Earl J. (1985): The Palace of Charles V at Granada, Princeton
Rosenthal, Fritz (1975): The Classical Heritage in Islam, London
Rosenthal, Margaret F. (1992): The Honest Courtesan: Veronica Franco, Chicago
Rousset, Jean (1953): La littérature de l'âge baroque en France, Paris
Rowse, A. Leslie (1950): The England of Elizabeth: the Structure of Society, London

Rubiès, Joan-Paul (1995): Instructions for Travellers, in: History and Anthropology 1, 1–51

Rubin, Patricia L. (1995): Giorgio Vasari: Art und History, New Haven

Rubió, J. (1964): Cultura catalana del Renaixement, Barcelona

Rubió i Lluch, Antoni (1917–18): Joan I humanista, in: Estudis Universitaris Catalans 10, 1–107

Rueda, José Lopez (1973): Helenistas españoles del siglo xvi, Madrid

Rüegg, Walter (1944): Der Begriff «Humanismus», Neuabdruck in ders.: Anstöße: Aufsätze und Vortäge zur dialogischen Lebensform, Frankfurt 1973

Sabbadini, Remigio (1905): Le scoperte dei codici latini e greci ne'secoli xiv e xv, Florenz

Saccaro, Alexander P. (1975): Französischer Humanismus des 14. und 15. Jahrhunderts, München

Sahlins, Marshall (1992): Inseln der Geschichte, Hamburg, zuerst englisch Chicago 1985

Santore, Cathy (1988): Julia Lombarda «Somtuosa Meretrice»: a Portrait by property, in: Renaissance Quarterly 41, 44–83

Saulnier, Verdun-Louis (1948): Maurice Scève, Paris

Saunders, Alison (1989): The Sixteenth-Century French Emblem Book, Genf

Schaeder, Hildegard (1929): Moskau, das dritte Rom, Neuauflage Darmstadt 1957

Schiff, Mario (1905): La bibliothèque du marquis de Santillane, Paris

Schindling, Anton (1977): Humanistische Hochschule und freie Reichsstadt, Wiesbaden

Schlosser, Julius von (1908): Die Kunst- und Wunderkammer der Spätrenaissance, Leipzig, Neuausgabe Braunschweig 1978

Schmidt, Albert-Marie (1938): La poésie scientifique en France au 16e siècle, Paris

Schmitt, Annegrit (1989): Der Einfluß des Humanismus auf die Bildprogramme fürstlicher Residenzen, in: Höfischer Humanismus, hg. von August Buck, Weinheim, 215–58

Schmitt, Charles B. (1983): Aristotle and the Renaissance, Cambridge MA

Schofield, Richard (1992): Avoiding Rome: an Introduction to Lombard Sculptors and the Antique, in: Arte Lombarda 100, 29–44

Scholem, Gershom G. (1957): Die jüdische Mystik in ihren Hauptströmungen, Frankfurt/M., zuerst englisch New York 1941

Schon, Peter M. (1954): Vorformen des Essays in Antike und Humanismus, Wiesbaden

Schubring, Paul (1915): Cassoni, Truhen und Truhenbilder der italienischen Frührenaissance. Ein Beitrag zur Profanmalerei im Quattrocento, Leipzig

Secret, François (1964): Les cabbalistes chrétiens de la Renaissance, Paris

Segel, Harold B. (1989): Renaissance Culture in Poland: the Rise of Humanism, 1470–1543, Ithaca

Setton, Kenneth M. (1956): The Byzantine Background to the Italian Renaissance, in: Proceedings of the American Philosophical Society 199, 1–76

Seymour, Charles, jr. (1967): Michelangelo's David: a Search for Identity, 2. Aufl. New York 1974

Seznec, Jean (1940): La survivance des dieux antiques, London, letzte Auflage Paris 1993

Shapin, Steven (1996): The Scientific Revolution, Chicago

Shearman, John (1967): Mannerism, Harmondsworth, letzte Auflage Harmondsworth 1991

Simon, Joan (1966): Education and Society in Tudor England, Cambridge

Simone, Franco (1961): Il rinascimento francese, Studi e ricerche, Turin

Skinner, Quentin (1995): The Vocabulary of Renaissance Republicanism: a Cultural Longue Durée?, in: Language and Images of Renaissance Italy, hg. von Alison Brown, Oxford, 87–110

Skinner, Quentin (1996): Reason and Rhetoric in the Philosophy of Hobbes, Cambridge

Skovgaard, Joakim A. (1973): A King's Architecture: Christian IV and his Buildings, London

Smith, Christine (1992): Architecture in the Culture of Early Humanism, New York

Sorelius, Gunnar und Michael Srigley (Hrsg., 1994): Cultural Exchange between European Nations during the Renaissance, Uppsala

Sorkin, David (1983): Wilhelm von Humboldt: the Theory and Practice of Self-Formation (Bildung), in: Journal of the History of Ideas 44, 55–73

Southern, Richard W. (1995): Scholastic Humanism and the Unification of Europe, Oxford

Sozzi, Lionello (1972): La polémique anti-italienne en France au 16e siècle, in: Atti della Accademia delle Scienze di Torino 106, ii, 99–190

Spadaccini, Nicholas und Jenaro Talens (Hrsg., 1988): Autobiography in Early Modern Spain, Minneapolis

Spence, Jonathan D. (1984): The Memory Palace of Matteo Ricci, New York

Spitz, Lewis W. (1957): Conrad Celtis: the German Arch-Humanist, Cambridge MA

Spranger, Eduard (1909): Wilhelm von Humboldt und die Humanitätsidee, Berlin

Stagl, Justin (1980): Die Apodemik oder «Reisekunst» als Methodik der

Sozialforschung vom Humanismus bis zur Aufklärung, in: Statistik und Staatsbeschreibung in der Neuzeit, hg. von Mohammed Rassem und Justin Stagl, Paderborn, 131–202

Starobinski, Jean (1986): Montaigne. Denken und Extistenz, München, zuerst französisch Paris 1982

Stechow, Wolfgang (1968): Rubens and the Classical Tradition, Cambridge MA

Stegmann, André (Hrsg., 1973): L'humanisme français au début de la Renaissance, Paris

Steinmetz, Wiebke (1991): Heinrich Rantzau: ein Vertreter des Humanismus in Nordeuropa und seine Wirkung als Förderer der Künste, 2 Bde., Frankfurt/M.

Stierle, Karlheinz (1979): Petrarcas Landschaften: Zur Geschichte ästhetischer Landschaftserfahrung, Krefeld

Stinger, Charles (1977): Humanism and the Church Fathers: Ambrogio Traversari and Christian Antiquity in the Italian Renaissance, Albany

Stone, Lawrence (1965): The Crisis of the Aristocracy, 1558–1641, Oxford

Strauss, Gerald (1959): Sixteenth-Century Germany: its Topography and Topographers, Madison

Strelka, Josef (1957): Der Burgundische Renaissancehof Margarethes von Österreich, Wien

Summers, David (1981): Michelangelo and the Language of Art, Princeton

Summerson, John (1953): Architecture in Britain 1530 to 1830, letzte Auflage London 1993

Summerson, John (1959): The Building of Theobalds. 1564–85, in: Archaeologia 97, 107–26

Sydow, Carl W. von (1948): Geography and Folk-Tale Oicotypes, in: Selected Papers on Folklore, Kopenhagen, 44–69

Tavernor, Richard (1990): Palladio and Palladianism, London

Tedeschi, John (1974): Italian Reformers and the Diffusion of Renaissance Culture, in: Sixteenth-Century Journal 5, 79–94

Thompson, Colin (1988): The Strife of Tongues: fray Luis de León and the Golden Age of Spain, Cambridge

Thoren, Victor E. (1985): Tycho Brahe as the Dean of a Renaissance Research Institute, in: Religion, Science and Worldview: Essays in Honor of Richard S. Westfall, Cambridge, 275–96

Thorndike, Lynn K. (1951): Newness and Novelty in Seventeenth-Century Science, in: Journal of the History of Ideas 12, 584–98

Thornton, Dora (1998): The Scholar in his Study, New Haven

Thornton, Peter (1991): The Italian Renaissance Interior, London

Tinkler, John F. (1992): J. S. Mill as a Nineteenth-Century Humanist, in: Rhetorica 10, 165–91

Tittler, Robert (1991): Architecture and Power: the Town Hall and the English Urban Community c. 1500–1640, Oxford
Tomlinson, Gary (1987): Monteverdi and the End of the Renaissance, Berkeley
Torbarina, Josip (1931): Italian Influence on the Poets of the Ragusan Republic, London
Toynbee, Arnold J. (1954): A Study of History, vol. XII: The Inspirations of Historians, London
Trinkaus, Charles (1970): In Our Image and Likeness: Humanity and Divinity in Italian Humanist Thought, 2 Bde., London
Trovato, Paolo (1991): Con ogni diligenza corretto: la stampa e le revisioni editoriali dei testi letterari italiani, 1470–1570, Bologna
Turner, A. Richard (1966): The Vision of Landscape in Renaissance Italy, Princeton
Ullman, Bernhard L. (1963): The Humanism of Coluccio Salutati, Padua
Villey, Pierre (1908): Les sources italiennes de la Défense et Illustration de la langue française, Paris
Walde, Otto (1932): Studier i Äldre Dansk Bibliotheks-Historia, in: Nordisk Tidskrift för Bok-och Biblioteksväsen 19, 21–51
Walker, Daniel P. (1972): The Ancient Theology: Studies in Christian Platonism, London
Walker, Daniel P. (1985): Music, Spirit and Language in the Renaissance, hg. von Penelope Gouk, London
Waller, Gary F. (1979): Mary, Countess of Pembroke, Salzburg
Warburg, Aby (1932): Die Erneuerung der Heidnischen Antike: Gesammelte Schriften, 2 Bde., Leipzig und Berlin
Wardrop, James (1963): The Script of Humanism, Oxford
Warnicke, Retha M. (1988): Women and Humanism in the Renaissance, in: Renaissance Humanism, hg. von Albert Rabil jr, Philadelphia, Bd. 2, 39–54
Warnke, Martin (1985): Hofkünstler, Köln, zweite Auflage Köln 1996
Weber, Henri (1956): La création poétique au 16e siècle en France, 2 Bde., Paris
Weinberg, Florence M. (1986): Gargantua in a Convex Mirror: Fischart's View of Rabelais, New York
Weiss, Roberto (1941): Humanism in England, 2. Aufl. Oxford 1957
Weiss, Roberto (1969): The Renaissance Discovery of Classical Antiquity, Oxford
Welch, Evelyn S. (1997): Art and Society in Italy, 1350–1500, Oxford
Wilde, Johannes (1944): The Hall of the Great Council of Florence, Neuabdruck in: Renaissance Art, hg. von Creighton Gilbert, New York 1970, 92–132
Wilson, Donald B. (1961): Ronsard, Poet of Nature, Manchester

Wilson, N. G. (1992): From Byzantium to Italy: Greek Studies in the Italian Renaissance, London

Witt, Ronald G. (1983): Hercules at the Cross-Roads: the Life, Work and Thought of Coluccio Salutati, Durham NC

Wittkower, Rudolf (1969): Grundlagen der Architektur im Zeitalter des Humanismus, München, letzte Auflage München 1990, zuerst englisch London 1949

Woods-Marsden, Joanna (1988): The Gonzaga of Mantua and Pisanello's Arthurian Frescoes, Princeton

Wortman, Richard S. (1995): Scenarios of Power: Myth and Ceremony in Russian Monarchy, Princeton

Wu, Pei-Yi (1990): The Confucian's Progress: Autobiographical Writings in Traditional China, Princeton

Wuttke, Dieter (1977): Aby M. Warburgs Methode als Anregung und Aufgabe, Göttingen

Yashiro, Yukio (1925): Sandro Botticelli, 3 Bde., London

Yates, Frances A. (1947): French Academies of the Sixteenth Century, London

Yates, Frances A. (1957): Elizabethan Chivalry: the Romance of the Accession Day Tilts, Neuabdruck in: Astraea: the Imperial Theme in the Sixteenth Century, London 1975, 88–111

Yates, Frances A. (1964): Giordano Bruno and the Hermetic Tradition, London

Zamora, Margarita (1988): Language, Authority and Indigenous History in the Comentarios Reales de los Incas, Cambridge

Zappella, Giuseppina (1988): Il ritratto nel libro italiano del '500, 2 Bde., Mailand

Zavala, Silvio (1937): La Utopia de Tomás Moro en la nueva España, Mexico

Zavala, Silvio (1955): St Thomas More in New Spain, London

Zhiri, Oumelbanine (1991): L'Afrique au miroir de l'Europe: Fortunes de Jean Léon l'Africain à la Renaissance, Genf

Zimmermann, T. C. Price (1995): Paolo Giovio: The Historian and the Crisis of Sixteenth-Century Italy, Princeton

Personenregister

Geschichte bei C. H. Beck

Saul Friedländer & Orna Kenan
Das Dritte Reich und die Juden
1933–1945
Aus dem Englischen von Martin Pfeiffer
2010. 525 Seiten. Paperback
Beck'sche Reihe Band 1965

Heinrich August Winkler
Geschichte des Westens
Die Zeit der Weltkriege 1914–1945
2011. 1350 Seiten. Leinen

Neil MacGregor
Eine Geschichte der Welt in 100 Objekten
Aus dem Englischen von Waltraud Götting, Andreas Wirthensohn und Annabel Zettel
2011. 816 Seiten mit 159 Abbildungen und 4 Karten. Gebunden

Andreas Fahrmeir
Revolutionen und Reformen
Europa 1789–1850
2010. 304 Seiten mit 3 Abbildungen und 3 Karten. Paperback
Beck'sche Reihe Band 1985

Timothy Snyder
Bloodlands
Europa zwischen Hitler und Stalin
Aus dem Englischen von Martin Richter
2. Auflage 2011. 523 Seiten mit 36 Karten. Gebunden

Jürgen Osterhammel
Die Verwandlung der Welt
Eine Geschichte des 19. Jahrhunderts
Einmalige Sonderausgabe. 2011. 1568 Seiten. Gebunden

Verlag C. H. Beck München

Geschichte bei C. H. Beck

Michael Lüders
Tage des Zorns
Die arabische Revolution verändert die Welt
2011. 207 Seiten mit 21 Abbildungen und 2 Karten. Gebunden

Florian Coulmas & Judith Stalpers
Fukushima
Vom Erdbeben zur atomaren Katastrophe
2011. 192 Seiten mit 30 Abbildungen und 8 Tabellen. Paperback
Beck'sche Reihe Band 6018

Johannes Fried & Olaf B. Rader
Die Welt des Mittelalters
Erinnerungsorte eines Jahrtausends
2011. 560 Seiten mit 81 Abbildungen und 3 Karten. Gebunden

Gisela Bock
Frauen in der europäischen Geschichte
Vom Mittelalter bis zur Gegenwart
2005. 393 Seiten. Paperback
Beck'sche Reihe Band 1625

Natalie Zemon Davis
Die schenkende Gesellschaft
Zur Kultur der französischen Renaissance
Aus dem Amerikanischen von Wolfgang Kaiser
2002. 232 Seiten mit 23 Abbildungen. Broschiert
C.H. Beck Kulturwissenschaft

Dani Rodrik
Das Globalisierungs-Paradox
Die Demokratie und die Zukunft der Weltwirtschaft
Aus dem Englischen von Karl Heinz Siber
2011. 416 Seiten. Gebunden

Verlag C. H. Beck München